本书译自

欧洲侵权法与保险法丛书

第 **3** 卷

（欧洲侵权法与保险法中心编辑）

理事会成员

M. 富尔（M. Faure），马斯特里赫特

A. 费尼韦斯（A. Fenyves），维也纳（执行副主任）

H. 考茨欧（H. Koziol），维也纳（执行主任）

U. 马格努斯（U. Magnus），汉堡（执行副主任）

W. V. H. 罗杰斯（W. V. H. Rogers），诺丁汉

本书主编／[德] 乌尔里希·马格努斯
译　者／李威娜

社会保障法对侵权法的影响

撰 写 人

弗朗西斯科·戈麦斯·阿韦列拉（Francisco Gómez Abelleira）　康斯坦丁诺斯·克雷姆利斯（Konstantinos Kremalis）

威廉·H. 范博姆（Willem H. van Boom）　哈维尔·莱特（Javier Lete）

苏珊·卡瓦尔（Suzanne Carval）　理查德·刘易斯（Richard Lewis）

卓凡尼·科曼德（Giovanni Comandé）　乌尔里希·马格努斯（Ulrich Magnus）

赫尔曼·库西（Herman Cousy）　C. 埃德加·杜佩龙（C. Edgar du Perron）

迪米特里·卓夏武特（Dimitri Droshout）　迪亚诺拉·波莱蒂（Dianora Poletti）

米夏埃尔·富尔（Michael Faure）　马里亚·帕斯·加西亚·鲁维奥（Maria Paz Garcia Rubio）

约尔格·费德克（Jörg Fedtke）　亚历山德拉·鲁莫–琼戈（Alexandra Rumo-Jungo）

孔苏埃洛·雷盖罗·费雷罗（Consuelo Regueiro Ferreiro）　埃娃吉丽娅·斯卡拉库（Evagelia Skyllakou）

托恩·哈特列夫（Ton Hartlief）　佐薇·斯皮罗普洛斯（Zoe Spyropoulos）

沃尔夫冈·霍尔策(Wolfgang Holzer)　洛塔·文德尔（Lotta Wendel）

中国法制出版社
CHINA LEGAL PUBLISHING HOUSE

丛书中文版序

赫尔穆特·考茨欧[*]

欧洲侵权法与保险法中心（European Centre of Tort and Insurance Law, ECTIL, www.ectil.org）是在奥地利、德国和瑞士政府部门和保险公司的支持下于1999年在奥地利维也纳建立的。其宗旨是在国内、国际和共同的欧洲侵权法和保险法的领域内从事比较法律研究。除此之外，它曾是并且目前仍是欧洲侵权法团队的宏伟项目的机构依托。该团队由亚普·施皮尔于1993年创建，其宗旨是起草一部未来的欧洲侵权法，即欧洲侵权法原则。欧洲侵权法研究所（Institute for European Tort Law, ETL, www.etl.oeaw.ac.at）是由奥地利科学院于2002年6月创建的。欧洲侵权法研究所和欧洲侵权法与保险法中心合作从事侵权法的比较法研究。欧洲侵权法与保险法中心的重点主要在于应用法律研究，而欧洲侵权法研究所则主要关注基础问题。两个机构之间的持续合作展示出这两个重点经常可以成功地结合，并产生出既可以阐明基础问题又有实际相关性的研究成果。世界范围内超过30个法域的250多名专家和实务工作者都对欧洲侵权法研究所和欧洲侵权法与保险法中心的项目做出贡献。他们研究的结果出版后将近40卷，大多数列入"侵权法与保险法"系列丛书。除了对原则的评论外，我在这方面要提及下述研究项目：医疗事故；对非金钱损失的赔偿；社会保障对侵权法的影响；对人身伤害的赔偿；对人体的生物医学研究的责任和可保性；卫生保健部门的无过错赔偿；纯粹经济损失；恐怖主义；针对大众媒体侵害人格权的保护；侵权

---

[*] 赫尔穆特·考茨欧（Helmut Koziol），欧洲侵权法与保险法中心主任、奥地利维也纳大学荣休教授。

法与责任保险；侵权法中的儿童；侵权法与管制法；欧盟的侵权法；转基因生物引起的经济损失；惩罚性赔偿金；损害的合并与分割；欧洲人权法院法律体系中的侵权法；以及两卷本的"欧洲侵权法精要"，它们涉及有关自然因果关系和损害的重要案例。

两个机构还寻求通过对其他学者国际性的杰出研究提供发表的论坛来促进对欧洲和比较侵权法的理解和发展：同行参考的《欧洲侵权法杂志》。欧洲侵权法年会提供了对有关欧洲国内体系和欧盟法中的侵权法的最新信息和评论的进一步来源（年会的成果发表在"欧洲侵权法年刊"系列中，并由欧洲侵权法数据库提供补充）。

欧洲侵权法研究所和欧洲侵权法与保险法中心坚信比较研究基于诸多理由而成为必要，因而从事这一研究。鉴于这些理由对我们的中国同仁而言颇有干系，而不仅仅因为东亚地区也在讨论私法的协调，我认为在这方面说几句可能是很有用的。

首先，毫无疑问，每个人都会通过研究外国法律体系，通过努力去理解其他法律思维的方式，通过发现解决问题的新工具并通过听说其他国家的不同经验和解决途径而极大获益并受到启示。比较法——以及法律史——使人更为虚心，促进对基本观点的理解，解释共同的基础以及替代的解决方案，并且基于所有这些，极大地支持了改进现有法律体系或起草更好的新体系的机会。不言自明，它扩展了人们的视域，甚至激励人们不仅考虑邻近的或类似自身的法律体系，而且考虑远隔的法律体系。因而，欧洲侵权法团队以及欧洲侵权法研究所和欧洲侵权法与保险法中心通常包括来自中国、日本和韩国的法律工作者。基于类似的理由，中国同仁对欧洲法律体系及其发展有着很大的兴趣。我们对那些启动对欧洲侵权法研究所和欧洲侵权法与保险法中心出版的大量丛书的翻译工作，并因此使得我们研究工作的结论和理念得以引起我们中国同仁关注的人深表感激。而且，我们也想对那些从事对这些丛书的极为困难和艰辛的翻译工作的人表示谢意。

而且，也必须指出，外国法律体系越不同，从中获得启示就更危险。所谓"不同"，我不仅是指私法部分，比如侵权法，甚至整个私法中存在的不同，而且或多或少也包括贯穿整个法律体系的基本分歧。因而，欧洲法律人——美国侵权法对之有着激烈作用——应当考虑陪审团的影响，这对（绝大多数）欧洲法律体系而言仍属未知；他应当关注美国令人吃惊的承担程序费用的制度；关注美国范围狭隘得多的社会保障体系以及行政刑法在美国并不像在欧洲那么常见这一事实。这些因素中的一些可能有重要意义，例如，就承认惩罚性损害赔偿而言，美国和欧盟形成对比。

就私法特别是侵权法的协调而言，我们应当认为，对可为所有旨在协调其法律体系的国家接受的侵权法的共同观念的发展将面临相当多的困难：

不同法律体系以及它们的基本理念之间的深刻差异应当得到克服，基本不同的惯性法律思维方式也应得到调和。这一目标仅能通过首先了解其他法律体系，通过增加对其他法律体系惯性思维方式的理解，以及通过意识到实质上在所有法域会出现同样难题但使用了不同的工具来解决他们并且有时不同的考虑甚至是决定性的来达成。因而，来自不同国家的法律工作者深入的比较研究和宽泛的讨论是一个必要条件。否则，将不可能设计出一个可为所有相关国家接受的，并且可以作为将来协调甚至统一的路线图的新的并且一致的总体概念。

为了在促进协调中成功使用比较法，我们对工作方法的选择必须很认真。我愿意提及欧洲侵权法团队，它在起草《欧洲侵权法原则》时发展出下述程序。基于比较基础来讨论侵权法的基本主题。为了获得对不同法律体系有关任何特定主题所采用的方法的必要综述，该团队的成员起草了一份问卷，该问卷被发送给各个法律体系中受邀起草国别报告的专家。这些问卷包括了抽象的问题以及案例。

这一双重进路的理由就是，通常非常抽象的答案给人印象是，法律体系是类似的，或者恰恰相反，是非常不同的，但在考察有重大影响的案例的结果，可以发现，恰好相反。例如，侵权人是否应当赔偿因其过错行为造成的所有损害这一抽象问题可能从一个国家报告人那里获得"否定"的答案，而从另一个报告人那里获得"肯定的"答案。前者可能解释说，受害人不能就被告造成的、不具备充分性的（不能预见的）或者未为受侵犯的规则的保护性目的所纳入的损害获得赔偿。不过，如果要求提供支持专家主张的案例并询问其判决理由（ratio decidendi），可能会惊奇地发现，结果仍然是同样的，因为，第一个报告人否认责任是因为损害并未为规则的范围所覆盖，而另一个报告人则是认为缺失因果关系的要素而反对责任。

我想再次感谢所有从事欧洲侵权法研究所和欧洲侵权法与保险法中心研究丛书翻译和出版的同仁。我们很感激我们的中国同仁现在更容易注意到我们的研究，我们希望这一在中国和欧洲法律工作者之间的相互关系和合作将加深双方的共同关切。

丛书译序

译事多艰。自晋唐至于明清又迄于民国，前贤先辈仆继不绝者，尽欲追索异域光华，玉石相攻，以开中华文物之繁华生动。直面如此英雄气度，枯燥的译事之后，也倏然增添了一抔神圣与庄严。

本丛书之选译，均为欧洲侵权法与保险法中心累积数十年功力所成，内容涉及医疗责任、公私法衔接、损害赔偿、侵权法与管制法、侵权法与保险法、人格权等十个主题，洋洋数百万言，既有基础之夯实，又有前沿之展望；既有微观之精要，又有宏观之洞见——穷究人间大法，发幽今世正道，大义微言，锥指正义，当堪近世难得的学界盛典，饕餮美宴。

本套丛书选译，一则为介绍当代欧洲侵权法前沿与基础问题之研究状况，二则为我国侵权法研究与立法方向提供一全新视野。对立法而言，我国《侵权责任法》于2009年底颁布，2010年施行，但揆案条文，多属对从前司法解释所取得成果的继承，少有创新，甚至偶有不及，造成许多疏漏。其一，对于当代社会所出现之新生现象认识不足；某些新现象，如人体试验、大众媒体侵权等，是否应纳入侵权法范畴之中，其在侵权法中究竟如何定位、如何规制，立法与研究对此罕有言及。其二，随着社会交往日益扩大与复杂，当代侵权法之任务与界限相较之以往均产生了很大变迁，而我国侵权法立法之基本制度形态还大体保留着十九、二十两个世纪之交的面貌；对于侵权法功能之萎缩（社会保险、社会保障对侵权法功能之挤占），伦理体认之变化（过错责任原则与损失分散之较量），多有不及。其三，对于侵权法与公法衔接，关注不够。对此，本译丛均有涉及，对我国侵权法完善之意义，不言而喻。

对学术研究而言，本译丛之意义多体现于方法层面。目下国内比较法研究著述虽繁，但对于比较研究之方法却并无统一定见与成熟体系；

有所感想，或为学者个人天资所及，怀玉袖中，不愿示人，或为数十年研习所生之思维习惯，并无深刻检讨，遑论方法体系。而本译丛所选书目，均采用比较法之研究方法，对欧洲主要国家侵权法制度以调查问卷方式分专题予以调查，受访者牵涉甚广，学者、法官乃至律师等，均昭然在列，如此则可窥见对同一问题各国法体系之认知、定位与处理方式，既有学说理论，又有事务处理。如此比较，一可保证针对性，二可保证明确性，三可保证全面性。概念之厘定、制度之搭建、体系之旨归，同时并举，既有微观甄别，又有宏观比对，堪称良法，可资鉴戒。当然，如此方法之为可能，首先得益于欧洲侵权法统一这一时代大背景；至于我国，因无此等法体系统一之现实需求，故而对此方法之全盘继受也似无强烈必要。然则本译丛亦愿将其视为一种例证与鞭策，敦促我国学界学人，对国内现行比较法之研究方法、成果、感想，尽快加以体系化、科学化、实证化，使其不再仅为学人之俊秀者的一种洞见，而成为一种实证之科学，惠泽后来。

如此学问，对于我国立法学术助益之大，不言自明；而如此学问不能交通于汉语学界，殊为憾事。故而我辈虽不才，强自勉力，精选十册专著，译成汉语，介绍与我国学者。《孟子》中载，华夏古礼，以钟鼓为大器，新铸新成，必献牺牲以衅之，以其上可通天人，下可安社稷；译丛译者诸君，以一己之身，甘为藜棘牺牲，霜鬓皓髻，献给繁花初现的汉语学界。

然而，译事之功，仅是远征之始；译事虽毕，绝非学养可成。许章润教授曾主编德国法儒萨维尼之研究专刊，佟译国外经典，坚实备至；而在最后却忧心言道：汉语世界之学者，尚不具备欣赏萨维尼的水平。旅德学人虽摩肩接踵，不绝于途，而往往为一叶所障，"既至宝山，空手而归"。异曲同工者，欧洲侵权法与保险法研究中心主任、维也纳大学荣休教授赫尔穆特·考茨欧先生，在给本译丛作序时也谆谆告诫，比较法之难，不在语言交通，而在于概念体系、思维方式、方法论、乃至于法律共同体之不同体认；压抑原初的价值取向而单纯撷取其制度设计，颇难融于本土法制。东西学人，相隔万里，洞见斯同，可谓佳话；

然则郁结之中，也当引人思索。余以为，我国为继受法国家，而又受民族主义之影响，故而在继受之外，又当考虑本土固有制度与固有资源的开掘与匹配。如此历程，比之日本等单纯继受，更为艰辛；而惟其如此，则达成继受法制与本土资源之协调，就成了我辈学人天命所归。余想夫德国继受罗马法时，曾有"经由罗马法、超越罗马法"之豪言；而今，我辈处在如此机缘之间，心怀"经由德国法，超越德国法"之胸襟，重铸中华文明新一千年之法秩序，当不为过！

译事既毕，掩卷扪心。遥想夫唐人佟译梵文，而有中华数百年心性哲学之异彩纷呈，由法相而天台、而华严、而禅，绚烂无比；继起儒学之风，由昌黎而敦颐、而张载、而二程、而朱子，鼓荡天下八百余年，气象万千；而今，本译丛译事甫毕，虽不敢比肩于晋唐先烈，而青灯黄卷中，亦有片刻心雄：骐骥挽骏，尘随马去；学界同仁，共奋其袂，以其固执的啮食，咬穿文化的藩篱，为我中华文物制度，再开下又一个八百年！呜呼，踵烨增华，于斯为盛，如此，诚可馨香而祝之矣！

值此梓行之际，思及丛书所以大行天下者，则感慨之外，又心生感念：中国法制出版社不计利益得失，对本丛书之出版慨然应允，胸襟气度，殊值敬佩；中国人民大学法学院朱虎博士，为本译丛事务，奔忙劳顿，最终促成本译丛印行；出版社领导诸公及策划编辑戴蕊女士，慨允于前，牵线于中，敦促于后，兢兢业业，在此谨致谢忱。此外，本译丛诸位译者，均为当代中国青年才俊，联袂襄赞，共谋中国法学奠基大业；其中最应珍视者，不惟译事克竟，又有戮力同心、共酬大业之精旨，当堪旌表。

李昊[*] 谨识

---

[*] 北京航空航天大学人文与社会科学高等研究院副院长。

前　言

　　本次研究是在位于维也纳的欧洲侵权法与保险法研究中心（EC-TIL）的组织下展开的。感谢为本次研究大力提供资金支持的慕尼黑再保险公司（*Munich Re*）。同时，也感谢主办了国际会议的维也纳市政府（*Wiener Stadtische*），正是在这次国际会议上，我们公开了本次研究的成果。最后，同样重要的是，编者十分感激约尔格·费德克（*Jörg Fedtke*）博士再次对本书出版筹备工作的鼎力相助。

乌尔里希·马格努斯
2003 年 5 月

目 录

导论 ··· 1
问卷 ··· 4
报告人名单 ·· 8

第一部分　国别报告

■ 奥地利报告：社会保障法对侵权法的影响 ·························· 3

　　一、问题 / 3

　　　　1. 一般性问题 / 3

　　　　2. 人身伤害之社会保障保护 / 5

　　　　3. 侵权法与社会保障法之间的关系 / 8

　　二、案例 / 27

■ 比利时报告：社会保障法对侵权法的影响 ·························· 30

　　一、问题 / 30

　　　　1. 一般性问题 / 30

　　　　2. 人身伤害之社会保障保护 / 41

　　　　3. 侵权法与社会保障法之间的关系 / 44

　　二、案例 / 61

■ 英格兰与威尔士报告：社会保障法对侵权法的影响 **65**

一、问题 / 65

1. 一般性问题 / 65
2. 人身伤害之社会保障保护 / 68
3. 侵权法与社会保障法之间的关系 / 72

二、案例 / 83

■ 法国报告：社会保障法对侵权法的影响 **88**

一、问题 / 88

1. 一般性问题 / 88
2. 人身伤害之社会保障保护 / 90
3. 侵权法与社会保障法之间的关系 / 91

二、案例 / 100

■ 德国报告：社会保障法对侵权法的影响 **103**

一、问题 / 103

1. 一般性问题 / 103
2. 人身伤害之社会保障保护 / 110
3. 侵权法与社会保障法之间的关系 / 118

二、案例 / 140

■ 希腊报告：社会保障法对侵权法的影响 **145**

一、问题 / 145

1. 一般性问题 / 145
2. 人身伤害之社会保障保护 / 151
3. 侵权法与社会保障法之间的关系 / 155

二、案例 / 163

■ 意大利报告：社会保障法对侵权法的影响 **166**

一、问题 / 166

1. 一般性问题 / 166
2. 人身伤害之社会保障保护 / 170
3. 侵权法与社会保障法之间的关系 / 174

二、案例 / 181

■ 荷兰报告：社会保障法对侵权法的影响 **185**

一、问题 / 187

1. 一般性问题 / 187
2. 人身伤害之社会保障保护 / 190
3. 侵权法与社会保障法之间的关系 / 193

二、案例 / 203

■ 西班牙报告：社会保障法对侵权法的影响 **207**

一、问题 / 207

1. 一般性问题 / 207
2. 人身伤害之社会保障保护 / 212
3. 侵权法与社会保障法之间的关系 / 213

二、案例 / 218

■ 瑞典报告：社会保障法对侵权法的影响 **220**

一、问题 / 220

1. 一般性问题 / 220
2. 人身伤害之社会保障保护 / 224
3. 侵权法与社会保障法之间的关系 / 226

二、案例 / 230

■ 瑞士报告：社会保障法对侵权法的影响 **234**

一、问题 / 234

1. 一般性问题 / 234

2. 人身伤害之社会保障保护 / 245

3. 侵权法与社会保障法之间的关系 / 252

二、案例 / 272

第二部分　经济分析报告

■ 作为人身伤害赔偿工具的社会保障法与侵权法之比较：荷兰法及经济角度 …………………………… *281*

一、引言 / 281

二、原则 / 283

1. 预防 VS 赔偿 / 283
2. 实践中的结合运用 / 286
3. 侵权法：奢侈品还是"生计"？/ 289

三、责任与保险 VS 社会保障：不同途径 / 290

1. 不同的出发点 / 290
2. 侵权法 / 290
3. 社会保障 / 291
4. 资金来源：商业保险 VS 社会保障 / 292
5. 风险型保费 VS 收入依赖型保费 / 293
6. 道德风险 / 294
7. 风险区分 / 295
8. 使被保险人曝露于风险之下 / 297
9. 商业保险人 VS 官僚体制 / 298
10. 医疗计划的资金来源 / 301
11. 小结 / 302

四、侵权法与社会保障法之间的关系：不断变化的风景 / 304

1. 社会保障的压力 / 304

2. 责任范围的重要性 / 306
   3. 荷兰近期的变化——在社会保障领域 / 308
   4. 病假工资 / 308
   5. 工作场所的安全 / 310
   6. 在侵权法中 / 311
   7. 两个领域的最佳结合 / 313
   8. 朝着"索赔文化"发展？/ 314

五、进一步改革：责任（保险）的替代品？/ 318
   1. 赔偿基金 / 318
   2. 社会保障 / 319
   3. 诱人的替代物——第一方保险 / 320
   4. 第一方保险 VS 直接保险 / 321

六、侵权法和社会保障法的关系：追索权 / 322
   1. 四种选择 / 322
   2. 追索：经济角度的分析 / 323
   3. 涉及的管理成本：一些荷兰数据 / 325
   4. 荷兰的追索：当下的发展 / 327
   5. 赔偿权的重要性 / 327
   6. 限制 / 328
   7. 追偿权的扩张 / 329
   8. 集体追索 / 329

七、结论 / 333

第三部分 比较报告

■ 人身伤害领域社会保障法对侵权法的影响 **337**
   一、比较报告之内容及方法概述 / 337
   二、历史背景 / 338

三、一般性问题 / 339

1. 定义 / 339
2. 社会保障制度之比较 / 340
3. 社会保障救济金的范围 / 343
4. 社会保障对人身伤害的保护范围 / 344
5. 受保护的群体以及区别的原因 / 347
6. 他人所致损害之社会保障保护 / 348
7. 社会保障保护的经济来源 / 349

四、侵权法与社会保障法之间的差异 / 351

1. 侵权法与社会保障法之间大致的分界线 / 351
2. 功能差异 / 353

五、侵权法与社会保障法之间的关系 / 355

1. 替代侵权法 / 355
2. 社会保障法与侵权法在赔偿核心要素方面的显著差异 / 361
3. 不同的赔偿水平？ / 366
4. 追索问题 / 366
5. 一揽子追索协议 / 373
6. 社会保障法和侵权法相互影响的其他问题 / 375
7. 相互影响 / 376
8. 数据 / 376

六、改革思考 / 378

七、假设案例解决方案之比较 / 379

1. 案例1：共同工作场所 / 379
2. 案例2：骑车人案 / 381
3. 案例3：粗心大意的雇主 / 383
4. 案例4：具有共同过失的雇员 / 384

八、最终结论 / 387

索引 **391**

导 论

本书的核心问题是，在人身伤害领域，社会保障法对私法性质的侵权法产生了哪些影响。基于多个原因，位于维也纳的侵权法与保险法研究中心将该论题确定为其第二个研究项目的主题。

历史原因是最重要的一个原因。在二、三十年以前，有论者预言侵权法将会寿终正寝。德国一位著名的律师曾经问道："难道侵权法命不该绝"（*ob dem Deliktsrecht nicht das Sterbeglöcklein geläutet werde*）。其他人则强烈建议由（社会）保险制度代替侵权法。当时，据论者观察，功能的丧失、损害赔偿程序费用过高以及侵权诉讼的结果不公且难以预测是侵权法的不治之症。社会保障法则是介入其中并接管侵权法所有使命及功能的候选人。

然而，近年来，病人的情况似乎有了不少好转。主要囿于资金限制，社会保障法结束了野蛮扩张，侵权法明显重新恢复了一部分它此前具有的重要性。然而，知道当下欧洲社会保障法与侵权法之间的确切关系的人寥寥无几，而且该关系也未成为较具规模的科学研究或关注的主题。

第二个原因即在于欧洲私法的一体化发展。一体化进程方兴未艾，而且现在也没有人确切地知道它将止于何处。但是，了解欧盟成员国如何处理人身伤害赔偿问题——是借助社会保障措施还是侵权法，以及在何种程度上借助这些工具——是欧洲侵权法和谐发展所必需的。最后需要提及的（但显然并非最不重要的）原因是人身伤害问题及其赔偿具有重要的社会及经济意义。正如受害人常常希望的那样，赔偿以及适当赔偿，不仅对于大部分遭受一定人身伤害的个人而言必不可少，而且就整个欧洲而言，每年有几百万人受伤，对他们进行赔偿对欧洲的社会及经济都提出了极大的挑战。构建一个尽可能公平而且高效的损害赔偿体系，计划起来容易实现起来难。

因此，我们有充分的理由去研究这个问题。那么，本次研究的目标何在？首先，对欧洲各国人身伤害赔偿的现状进行概括介绍；其次，如果社会保障法和侵权法之间确有关联，详尽地揭示这些国家中二者之间的关系；再次，比较人身伤害赔偿问题的各种解决方法；最后，从比较中得出结论，以促进欧洲侵权法以及最终社会保障法的进一步发展。

此外，有必要对本项目使用的方法加以说明。本方法遵循了欧洲侵权法小组（European Group on Tort Law）经常运用的模式，而且该小组的工作也已经证实了该模式的有效性。首先，我们欲将广泛的比较调查作为研究的基础。我们可以从 10 个欧盟成员国以及瑞士获得报告。在欧盟中，没有得到展现的只有丹麦、芬兰、爱尔兰、卢森堡以及葡萄牙的情况。可能有人会问为何反将瑞士包括进来。其答案在于，瑞士正准备对自己的侵权法进行一次根本改革——在某种程度上也是针对它的社会保障法——因而，它具有特殊的利害关系，而且，鉴于瑞士也必须为自己 25 个州（kantons）的一体化奋斗，更应该将它包括进来。此外，本项目在很大程度上得益于一种法律的经济分析方法下的综合研究，该研究是由米夏埃尔·富尔（Michael Faure）和托恩·哈特列夫（Ton Hartlief）为本项目完成的。

在召集了 11 个国家的社会法学者及专家组成一个出色的团队之后，我们制作了一份问卷，并将它发送给所有国别报告的报告人，由他们对问卷进行回答。该问卷既包括许多颇具一般性的问题，又包括了一些特定的案例。然后，每位国别报告的报告人为自己的国家准备一份综合性的报告，要回答问卷中的问题并且指出本国法的特征所在。在这些国别报告的基础上，我个人准备了一份比较报告，这份报告后来于2001年4月7日在维也纳的一次国际会议上集中讨论过。各国别报告的报告人以及其他一些专家参加了这次会议。本次研究所有成果的公开及讨论，则发生在那次由欧洲侵权法与保险法研究中心组织、维也纳市政府主办的国际会议上（2001年10月18日及19日）。比较报告中也反映了上述讨论的情况。

最后，希望本次研究及其成果能够对更好地理解及协调侵权法与社会法之间复杂的平衡关系以及相互影响有所助益。

乌尔里希·马格努斯

问　卷

维也纳欧洲侵权法与保险法研究中心，人身伤害领域社会保障法对私法性质的侵权法的影响项目。

一、问题

1. 一般性问题

1.1　为了实现本问卷的目标，"社会保障法"与"社会保障制度（机构）"指由国家主导及设计的法律及机构，它们旨在应对包括疾病在内的所有人身伤害产生的不利后果。敬请说明该定义是否与贵国对社会保障法及社会保障制度（机构）的理解相符。

1.2　在人身伤害领域，侵权法与社会保障法之间是否存在一条大致的分界线？你可否对该分界线进行界定？如果答案是肯定的，这条分界线具有哪些特征？

1.3　在人身伤害领域，侵权法和社会保障法在功能上是否存在显著差异？具体体现在哪些方面？

2. 人身伤害之社会保障保护

2.1　在贵国，多大比例的人口能够获得社会保障制度保护，从而免受人身伤害之不利后果？商业保险在其中又发挥多少作用？

2.2　哪些群体（如雇员等）会受到保护，而哪些不会？区别对待的原因何在？

2.3　对于他人所致伤害，社会保障在多大范围内进行保护？

2.4 谁为社会保障保护提供资金？

3. 侵权法与社会保障法之间的关系

3.1 社会保障法完全取代了侵权责任吗？如果答案是肯定的，那么在哪些领域以及在何种条件下取代？取代的原因有哪些？

2.2 如果社会保障取代了侵权法，那么是否还存在适用侵权法的例外情形？如果存在，那么它们又在何种条件下发生，因何缘故发生？

3.3 在赔偿/保护的核心要素方面，侵权法与社会保障法之间是否存在显著的差异？具体言之，

- 过错
- 因果关系
- 财产性与非财产性损失
- 共同过失

3.4 侵权法与社会保障法通常允许的赔偿在金额上是否存有不同？如果有，这些区别会产生哪些问题？这些问题又该如何解决？

3.5 为受害人提供保护的社会保障机构对引起损害之人享有追索权吗？如果答案是肯定的，条件为何？即便在不法行为者的侵权责任被替代的情形下也是如此吗（参见3.1）？

3.6 如果受害人、受害者的家庭成员或者同事对损害的发生也有过错，那么如何处理追索诉讼？

3.7 社会保障机构与社会或商业保险人之间存在调整损失分配的协议吗？是这些协议导致了追索诉讼泛滥的吗？这些协议是否对侵权法产生了影响？如果的确产生了影响，那么又体现在哪些方面？

3.8 在贵国，侵权法与社会保障法的相互影响还引发了哪些其他问题？

3.9 你可以指出社会保障法对侵权法或者侵权法对社会保障法的一些影响吗（具体是哪些）？

3.10　（如果在贵国可以）请提供一些能够体现侵权法损害赔偿以及社会保障保护的经济规模的数据。追索诉讼的范围方面的数据呢？

3.11　可以提供一些社会保障计划赔偿与侵权法损害赔偿之交易成本进行比较的数据吗？（交易成本＝赔偿程序耗费的费用）

3.12　贵国是否存在一些影响侵权法与社会保障法之间关系的改革思考（哪些）？

二、案例

1. a）X 的雇员 A，在某建筑工地工作时为 Y 的雇员 B 所伤。B 在行为时具有轻过失。对于自己的医疗费以及所遭受的痛苦与创伤（非财产性损失）的赔偿，A 可以向谁主张？

是对通常为如 A（也包括 B）般雇员提供保险保护的社会保障机构请求？

向 B（或他的雇主 Y）请求？

如果社会保障机构承担了费用，那么它可否针对 B（或他的雇主 Y）提起追索诉讼？

b）当 B 具有故意或者重大过失时，结果还相同吗？

c）当 A 和 B 由同一雇主雇佣时，有区别吗？

2. 骑车人 B 严重伤害了雇员 A，因此，A 患病三周以致无法工作。A 可否请求他的雇主 C 继续支付他的工资？全额支付还是部分支付？

如果仅可请求部分支付的话，就其余部分，A 可以起诉 B 吗？

如果 C 有义务支付 A 的工资，那么 C 可以对 B 提起一项追索诉讼吗？

3. 由于雇主 B 的粗心大意，雇员 A 受到了伤害。就自己的损失，A 可以向 B 请求赔偿吗？还是说 A 仅能向社会保障机构请求？如果是后一种情况，社会保障机构是否可以对雇主 B 提起一项追索诉讼？

4. 由于同事 B（雇主 C、第三人）的过失，雇员 A 受到了伤害，但是同时，A 也过失地促成了自己的损害，那么，A 的共同过失在何种程度上会影响到他向社会保障机构或者侵权行为人求偿，如果具有影响的话？

A 的共同过失会影响社会保障机构可对侵权行为人提出的任何追索请求吗？

5. 如有必要，请增添其他案例。

报告人名单

沃尔夫冈·霍尔策（Wolfgang Holzer）
格拉茨大学（奥地利）

苏珊·卡瓦尔（Suzanne Carval）
巴黎大学（法国）

卓凡尼·科曼德（Giovanni Comandé）与迪亚诺拉·波莱蒂（Dianora Poletti）
圣安娜高等研究学校（意大利）

赫尔曼·库西（Herman Cousy）与迪米特里·卓夏武特（Dimitri Droshout）
鲁汶大学（比利时）

C. 埃德加·杜佩龙（C. Edgar du Perron）与威廉·H. 范博姆（Willem H. van Boom）
阿姆斯特丹大学与蒂尔堡大学（荷兰）

米夏埃尔·富尔（Michael Faure）与托恩·哈特列夫（Ton Hartlief）
马斯特里赫特大学与莱顿大学（荷兰）

约尔格·费德克（Jörg Fedtke）与乌尔里希·马格努斯（Ulrich Magnus）
伦敦大学学院（英国）与汉堡大学（德国）

康斯坦丁诺斯·克雷姆利斯（Konstantinos Kremalis）、埃娃吉丽娅·斯卡拉库（Evagelia Skyllakou）与佐薇·斯皮罗普洛斯（Zoe Spyropoulos）

雅典大学（希腊）

理查德·刘易斯（Richard Lewis）

卡迪夫大学（英国）

马里亚·帕斯·加西亚·鲁维奥（Maria Paz Garcia Rubio）、哈维尔·莱特（Javier Lete）、弗朗西斯科·戈麦斯·阿韦列拉（Francisco Gómez Abelleira）以及孔苏埃洛·雷盖罗·费雷罗（Consuelo Regueiro Ferreiro）

圣地亚哥联合大学与胡安卡洛斯国王大学，马德里（西班牙）

亚历山德拉·鲁莫－琼戈（Alexandra Rumo-Jungo）

弗里堡大学（瑞士）

洛塔·文德尔（Lotta Wendel）

隆德大学（瑞典）

第一部分
国别报告

The Impact of Social Security
Law on Tort Law

奥地利报告：社会保障法对侵权法的影响

沃尔夫冈·霍尔策

一、问题

1. 一般性问题

1.1 "社会保障法"及"社会保障制度（机构）"的定义

奥地利社会保障法通过三种制度保护大众免受社会风险侵害，即社会保险、国家资助以及社会救济。[1] 就当下论题而言——主要是如何应对包括疾病在内的身体完整性损害引发的社会风险，社会保险是保护人们免受此类风险的首要措施。尽管要受到国家的监管，但奥地利社会保险组织奉行自治原则。[2]

在国家资助的分支中，只有所谓的"护理费"在一定程度上与本文论题相关。公共机构为那些需要别人照顾的人提供资金帮助。这种帮助分别对应七个需求等级实施。[3]

1　W. Brodil/M. Windisch-Graetz, *Sozialrecht in Grundzügen*（3rd edn. 1998）, p. 15; K. Grillberger, *Österreichisches Sozialrecht*（4th edn. 1998）, p. 2; T. Tomandl, *Grundriß des österreichischen Sozialrechts*（4th edn. 1989）, p. 4.

2　K. Korinek in: T. Tomandl（ed.）, *System des österreichischen Sozialversicherungsrechts*, sub 4.

3　W. Brodil/M. Windisch-Graetz（见前注 1）p. 161; K. Grillberger（见前注 1）p. 130; W. Pfeil, *Neuregelung der Pflegevorsorge in Österreich*（1994）; 同上注, *Bundespflegegeldgesetz*（1996）.

尽管资助制度的许多其他分支也由国家实施，例如对战争受害者[4]或者退伍军人[5]进行的经济资助，但在本文的主题下，它们并不重要。社会救济也是如此，这可归因于它的从属性特征。[6] 需要提及的是，在这些分支中，只有一种具有私法结构，那就是对犯罪行为的受害者[7]进行的资助。这种有利于犯罪行为受害者的救济金以国家在《奥地利普通民法典》第860条规定的悬赏广告为依据。除此之外，上文给出的社会保障法概念对奥地利完全适用。

1.2　侵权法与社会保障法之间的分界线

1.3　侵权法与社会保障法的功能差异

关于人身伤害，侵权法与社会保障法的显著差异在于，"过错"在两者中的地位不同。社会救济金的给予与是否存在第三人过错无关。但是，在某些特殊情形下，由于共同过失的存在，救济金的数额会有所减少。侵权法中的其他"归责事由"[8]（*Zurechnungsgründe*），社会保障法均未提及，比如妨害及引起危险。只有为抵御与雇佣关系有关的风险而设置的劳动意外伤害保险在某种程度上与严格责任相似。在国家资助的各个分支中，存在着赔偿由特定危险导致的损害之理念（例如对退伍军人或战争受害者进行资助）。

尽管社会保障法和侵权法都致力于弥补损失，[9] 但"权利续存思想"（*Rechtsfortwirkungsgedanke*）在社会保障法中毫无意义。而且，预防思想仅在一些例外情形中才会受到重视。

在社会保障法中，"保险原则"占据主导地位。基本上，所有缴纳保险费的人都有权获得救济金。但在特殊情况下，帮助原则也会

4　T. Tomandl（见前注1）p. 241.
5　T. Tomandl（见前注1）p. 248.
6　W. Pfeil, *Österreichisches Sozialhilferecht*（1989）.
7　T. Tomandl（见前注1）p. 251.
8　H. Koziol, *Österreichisches Haftpflichtrecht I*（3rd edn. 1997）, pp. 1 et seq.
9　H. Koziol（见前注8）p. 8.

对保险原则进行补充，比如，通过将没有投保的人纳入劳动事故保险的保护范围（参见3.1/2），而且主要是通过为没有缴纳保费的家庭成员提供健康及养老保险计划实现。

二者的另一区别在于赔偿的范围不同。一般而言，社会救济金无法完全弥补因身体伤害而遭受的损失。原则上，社会救济金取决于收入的高低，但是，由于存在评估的最大基数、等待期以及其他前提条件等客观限制，这些救济金无法覆盖所有损害。社会救济仅旨在维持一定的生活水平。此外，国家资助的一些分支也无法为受害者遭受的损害提供全部赔偿。

尽管自功能角度，侵权法旨在赔偿所有损失，而社会保险法以及既有的一部分国家资助分支仅试图减少社会风险，但是，在损害赔偿法和社会保险法中都存在赔偿思想，只是在强度方面有所不同。"惩罚思想"[10] 仅适用于侵权法中的过错责任，基本上不会适用于社会保险法。预防思想[11]也仅在社会保险法的例外情形中有所体现。在社会保险法中，只有那些排除或减少对自我伤害或者极端自我危险行为提供救济金的规则才是适例。[12]

由于损害赔偿责任的承担需要一个责任主体，因此侵权法以责任主体问题为中心，商业责任保险也同样如此。相反，社会保险法仅与发生一起保险案件有关，其他社会保障制度仅与法定的需求有关。仅在追索时才会讨论到责任问题。

2. 人身伤害之社会保障保护

2.1 保护的范围

在奥地利社会保障法中，所谓的"强制保险关系"几乎涉及所

10　H. Koziol（见前注8）p. 10.
11　H. Koziol（见前注8）p. 10.
12　T. Tomandl（见前注1）p. 155.

有职业。只有租金收益除外。[13] 除了被保险人，其需要扶养的家庭成员也会得到该制度的保护。因此，它被称为"家庭联系型职业保障制度"。[14] 由于奉行属地原则，几乎所有的雇员（不论国籍）以及他们的家庭成员都是被保险人，这达到了总人口的99%。[15]

当下，商业保险制度并不是十分重要。在健康保险领域，存在一种所谓的"附加保险"（Zusatzversicherung），它可以使被保险人在私人诊所就诊或者在公立医院享受较高水平的服务。在奥地利14岁以上的人，大约有29%参保了附加保险。[16]

商业意外保险制度也没有发挥重要作用。它仅在职业运动、业余体育活动以及自愿社会救助服务中存在。因此，大约有30%的奥地利人受到这种保险的保护。

然而，由于当下社会保障养老金制度存在一些问题，商业养老保险日益重要起来。大约有36%的人投保。[17]

2.2 受到保护的群体

在历史上，社会保险概念仅覆盖雇员或工人。它可追溯至19世纪末期。20世纪中叶以降，通过将独立经营者[18]——比如农民、商贩以及职业选手——纳入保护的对象范围，社会保险的适用范围得到了扩张。每个群体都有专门的社会保障法及自我管理机构。原本与职业挂钩的社会保险概念近来发生了变化，而且现在专注于将"所有收益形式公平纳入"社会保险制度。今天，除不动产或动产的

---

13 H. Krejci/F. Marhold in: T. Tomandl（见前注2）sub 1.2.1.1; W. Brodil/M. Windisch-Graetz（见前注1）p. 22; R. Mosler/J. Glück, Einbeziehung aller Erwerbseinkommen in die Sozialversicherung, [1998] *Recht der Wirtschaft* (RdW), 78.
14 W. Brodil/M. Windisch-Graetz（见前注1）p. 22.
15 T. Tomandl（见前注1）p. 28.
16 *Insurance market data service*（VMDS）1998中的调研数据。
17 VMDS 1998中的调研数据。
18 T. Tomandl（见前注1）p. 17; H. Hofmeister, *Ein Jahrhundert Sozialversicherung in Österreich* (1981).

租金收入以及资本投资收益外，所有要缴纳个人所得税的收入都要建立社会保险关系。至今，只有少数几个群体尚未被纳入保护范围，比如自由艺术家。原本已计划将他们纳入，但是未能获得财政支持。总之可以说，社会保险的目标是为所有人提供一般的保险保护。但是，意外伤害保险和养老保险至今未能获得足够的资金支持。家庭主妇以及"低薪兼职人员"（*geringfügig Beschäftigte*）还无法从养老保险中获得救济金。私人生活领域的意外事故（包括家务劳动中发生的意外）通常都不是意外保险的承保事项。强制性的社会保险关系与职业挂钩的事实与没有工作就没有保险这一事实相符。未被雇佣的人只能进行所谓的"自愿投保"。[19]

2.3 对他人所致伤害的社会保障保护

无论保险事故的发生是否由第三人引起，社会保险都会给予救济金。

2.4 社会保障保护的资金来源

社会保险的各个分支都由一个"缴费系统"提供资金，该系统无意于积累积蓄，当下的收入直接用于现金支出。[20] 保险费是其收入的主要组成部分。如果是独立经营者的社会保险，被保险人需要自己缴纳保险费。若是在雇员社会保险领域，则保险费由雇主和雇员分担，只有意外保险的保费需要全部由雇主承担。由于保险费——意外保险除外——难以满足所有救济金需求，因此对于奥地利社会保险制度而言，国家财政拨款（出自一般税收）是非常重要的资金来源。[21] 例如，在1998年，国家对蓝领工人养老保险的拨款达210亿奥地利先令，而该年的全部经济资助支出为1,020亿奥地利先令。而且，在这1,020亿奥地利先令中，白领工人养老保险获得了90亿

---

19 H. Krejci/F. Marhold（见前注13）sub 1.3.
20 T. Tomandl in T. Tomandl（见前注2）sub 0.5.1.
21 T. Tomandl（见前注2）sub 0.5.2.

奥地利先令的补贴。[22] 最近，免赔额制度日益重要起来（例如不赔偿药品费用以及急诊室的使用费）。

3. 侵权法与社会保障法之间的关系

3.1 社会保障对侵权责任的取代

3.2 取代侵权法的例外情形

13　　奥地利社会保障根本没有取代侵权法。除了雇主责任领域，侵权法都可以毫无保留地适用。然而，根据《普通社会保障法》第332条的规定，如果社会保险机构有责任给予救济金，受益人对应当对保险案件负责的第三人享有的损害赔偿请求权可以通过法定让与移转给该机构（参见3.5以及3.6）。

14　　在雇主责任领域，因为存在保险安排，侵权法被部分地取代了。所谓的"雇主责任豁免"——规定于《普通社会保障法》第333条——将雇主、经理、代理人以及主管人员从劳动事故或职业病的过失责任中解放出来，当且仅当他们在主观上存在故意时才负全责。但是，受害人的损害赔偿请求权会因提前赔偿而被社会保险救济金抵销，这被规定在《普通社会保障法》第333条第2款。[23]

如果致害事故的发生与已经投保了法定责任保险的交通工具有关——主要是汽车事故，那么，根据《普通社会保障法》第333条第3款的规定，就不存在豁免权。在这种情形下，责任将由责任保

---

[22] [1999] *Soziale Sicherheit*（SoSi），Amtliche Verlautbarungen 1146 and [2000] SoSi, Amtliche Verlautbarungen 272.

[23] H. Koziol（见前注8）p. 13；H. Krejci in T. Tomandl（见前注2）sub 3.3；W. Brodil/M. Windisch-Graetz（见前注1）p. 110；K. Grillberger（见前注1）p. 73；T. Tomandl（见前注1）p. 17.

险的保险范围决定。[24] 雇主责任豁免的存在不应使法定汽车保险机构获益。雇主们享有豁免权的理由不仅在于他们支付了法定意外伤害保险的所有保费（提供资金的理由），而且在于借此可以避免劳资双方对簿公堂（和平理由）。

如果存在故意或重大过失，根据《普通社会保障法》第334条的规定，雇主及上述其他人员必须赔偿社会保险机构就存在争议的保险案件而支出的所有费用。社会保险机构的这项权利并非来源于受害人处，而是它本身固有的权利，这可由雇员的共同过失毫不重要这一事实证明。[25] 但是，如果责任人的经济状况可以证明社会保险机构放弃赔偿请求之行为具有正当性，那么社会保险机构可以全部或部分放弃赔偿请求。

吊诡的是，规定于《普通社会保障法》第334条的追索与所谓的"身体完整性之损害赔偿"（*Integritätsabgeltung*）无关。根据《普通社会保障法》第213a条的规定，如果劳动事故或者疾病导致了终生身体残疾或精神障碍，而且假如该致害事故是因重大过失地违反劳动安全相关规定而发生，那么，这种损害赔偿是对痛苦与创伤的赔偿。[26]

雇主责任豁免权意义上的"雇主"，不仅指劳动关系中雇员的对方当事人，而且可以是任何一个自然人或者法人（如果存在一个合

---

24 Oberster Gerichtshof（奥地利最高法院，OGH）[1995] *Das Recht der Arbeit*（DRdA），522 = [1996] RdW, 174; OGH *Entscheidungen des Österreichischen Obersten Gerichtshofs in Zivilsachen*（SZ）66/110; H. Krejci（见前注23）sub 3.3.2.3.2; R. Reischauer, Neuerungen im Bereich des Arbeitgeber-Haftungsprivilegs im Zusammenhang mit Kfz-Verkehr und Integritätsabgeltung（§§ 213a und 332 ff ASVG），[1992] DRdA, 31.

25 OGH *Arbeits-, sozialversicherungs-, lohnabgaben-Rechtlicher Informations-Dienst*（ARD），4608/40/94; H. Krejci（见前注23）sub 3.3.4; W. Brodil/M. Windisch-Graetz（见前注1）p. 112; K. Grillberger（见前注1）p. 75.

26 OGH [1997] DRdA, 318 以及 M. Windisch-Graetz 的评注; OGH [1996] DRdA, 324 以及 R. Mosler 的评注; J. Dörner, *Die Integritätsabgeltung nach dem ASVG*（1994）; R. Reischauer, [1992] DRdA, 31.

作协议的话），该协议可以使雇员加入到此类协议对方当事人的企业组织之中，比如说提供劳动。[27]

在社会保障法中，正如它被规定于《普通社会保障法》第35条这一立法体例所体现的那样，"雇主"的定义意义重大。对于雇佣雇员（学徒）的企业，其经营（作坊、管理、交易）是为谁的利益而为，那么这个人就是雇主。如果雇主自己没有雇佣员工，而是通过第三方进行，或者如果在劳动关系中，雇员的收益部分或全部来源于第三方，而不是直接由雇主支付时，亦然。[28]

此外，在责任承担方面，一些人会被视为雇主。例如，父母为了自己的利益经营一个非农业性的企业，他们的孩子——17岁以上——被无偿全职雇佣（《普通社会保障法》第4条第1款第3项）的情形就是这样，父母就是他们自己孩子的雇主（《普通社会保障法》第35条第1款最后一句）。任何机构的经营者都被认为是下列人员的雇主：纯粹接受训练的人（《普通社会保障法》第4条第1款第4项）、护士及助产士学校的学生（《普通社会保障法》第4条第1款第5项、仅为再培训或培训而被雇佣的人、自愿者及正在接受康复治疗的人（《普通社会保障法》第4条第1款第8项、第8条第1款第3项c分项）以及业务推广代理人（《普通社会保障法》第4条第1款第9项）。家政人员的雇主（《普通社会保障法》第4条第1款第1项）是家政人员的合同相对人（《普通社会保障法》第35条第2款第2句）。

17　　　除了上文提及的《普通社会保障法》总则部分中将自然人与机构相等同的规定，"雇员劳动事故中雇主责任的减轻"部分——参见

---

[27] OGH [1991] *Zeitschrift für Verkehrsrecht* (ZVR), no. 244; H. Krejci（见前注23） sub 3.3.2.2.1; A. Kletecka, überlassung von Arbeitskräften und Haftung, [1994] ecolex, 825.

[28] H. Krejci（见前注23）sub 1.2.2.3; ibid, *Das Sozialversicherungsverhältnis* (1997), pp. 87 et seq.

《普通社会保障法》第333条之标题——包括了仅在责任承担方面与雇主等同的特定人之规则。

通过覆盖法定或授权的企业代表人[29]以及业务管理人,[30]《普通社会保障法》第333条第4款扩大了雇主责任豁免权的范围。至于谁是雇主代表人的问题,则根据民法原则来确定。"业务管理人"指有权在损失产生的情形中发号施令,并且因此应当在与其他雇员的关系中尽到注意义务的人。[31]

《普通社会保障法》第335条第3款规定,提供职业培训的(参见《普通社会保障法》第4条第1款第4、第5及第8项)或者为再培训或职业培训等而雇佣他人的(参见《普通社会保障法》第8条第1款第3项c分项)机构之经营者,在承担责任时被视为雇主。这即意味着,制定法两次确认了此种等同,因为(如上所述)《普通社会保障法》第35条第2款第一句话已经对它作出了一般性规定。《普通社会保障法》第335条第3款规定,为小学生(参见《普通社会保障法》第8条第1款第3项h分项)、中学生及大学生(《普通社会保障法》第8条第1款第3项i分项)提供教育的机构之经营者,在责任承担方面也被视为雇主。这就使得老师成为学生相关事

29　K. Fürböck/H. Teschner, ASVG, no. 10 on § 333 明确到,在逻辑上,它应当是"雇员";亦可参见:OGHARD, 4266/17/91 = [1991] RdW, 154; OGH [1974] *Zeitschrift für Arbeitsrecht und Sozialrecht* (ZAS), 52 以及 B. Gutknecht 的评注; H. Krejci(见前注23) sub 3. 3. 2. 2. 2; H. Koziol, Probleme aus dem Grenzbereich von Schadenersatz und Sozialversicherungsrecht, [1980] DRdA, 373; R. Reischauer, [1992] DRdA, 317.

30　H. Krejci(见前注23)sub 3. 3. 2. 2. 3; E. Kunst, Die Haftung des Arbeitsaufsehers (und Unternehmers) bei Unfällen, [1967] *Die Industrie* (Ind) 2, 1; B. Gutknecht, Der Aufseher im Betrieb [1971] *Die Versicherungsrundschau* (VersRdSch), 341.

31　OGH [1987] ZVR, no. 182; M. Karollus, Gedanken zur Stellung und zur Verantwortlichkeit des Sicherheitstechnikers, [1989] ZAS, 169; W. Holzer/B. Holzer, Der praktische Fall: Eine Dienstfahrt, [1987] DRdA, 146.

12 社会保障法对侵权法的影响

务的管理者，从而他们仅在故意导致损害时才承担赔偿责任。[32] 小学生的请求权则与法定意外险有关。

18　　雇主豁免范围的进一步扩张与所谓的"与劳动事故等同视之的事故"（《普通社会保障法》第176条）有关；这种法律意见仅在判例法方面存有依据。许多著作均对此提出了批评。被等同的事故具体情况彼此迥异，毫无规律可循。[33] 在一定程度上，它们与必须投保的劳动关系相似——但另一方面，根据《普通社会保障法》第176条第3款的规定，即便不在劳动意外保险关系中的人也可以获得救济金。后一种情况尤为有趣。一个非常重要的例证就是所谓的"危险情况下的个人救助"（参见《普通社会保障法》第176条第1款第2项）。只要没有特定的法律责任履行这些义务，那么在现实或预期的生命危险中拯救某人、寻找医生、助产士或者牧师、寻找失踪人口或在事故中提供帮助等都属于意外保险的承保范围。这个方面的另一个例子是所谓的"危险情况下的机构帮助"（参见《普通社会保障法》第176条第1款第7项）：自愿的消防队、抗洪队、救护车以及雪崩警报委员会等。即便是短期商业活动——通常由某人的强制保险承保（参见《普通社会保障法》第176条第1款第6项）——也可在未缴纳任何保险费的情况下获得保险保护。

对上述裁判的批评以这样一个事实为基础，即未在任何地方

---

[32] OGH [1985] *Juristische Blätter* (JB1), 111 = [1985] ZAS, 214H. Koziol 的评注；亦可参见：J. Pichler/W. Holzer, *Handbuch des österreichischen Skirechts* (1987), p. 252; H. Waas, Die Schadenshaftung der öffentlich Bediensteten seit dem ASVG, [1987] *Der Öffentliche Dienst* 6, 18 (7, 21); 同上注，Schülerunfallversicherung-Regreßmöglichkeiten?, [1982] *Recht der Schule* (RdS), 72; W. Holzer, Die unfallversicherungs- und haftungsrechtliche Stellung von Begleitpersonen bei Schulveranstaltungen, [1989] RdW, 307; K.-C. Firlei, Probleme des Schutzbereiches der Schüler- und Studentenunfallversicherung, [1983] DRdA, 98; H. Koziol/S. Frotz, Die schadenersatzrechtlichen Folgen der Verletzung von Aufsichtspflichten durch Lehrer, [1979] RdS, 97.

[33] T. Tomandl, Der Schutzbereich der Unfallversicherung. Zur Interpretation der §§175 and 176 ASVG, [1975] ZAS, 123 (128).

"明确规定"（expressis verbis）此类案件中的雇主豁免权之范围——施泰因巴赫（Steinbach）提及过这个事实。[34] 如果可以适用通常依据奥地利宪法有助于为豁免权提供正当性基础的理由，类推的雇主责任豁免则仅对那些引起可与劳动事故同等对待的事故之人适用。未违反平等原则的相关正当性理由是资金支持。雇主们通过为意外伤害保险支付保险费"购得"了自己的豁免权。但是，在上文提及的等同视之的事故中——例如，《普通社会保障法》第176条第1款第6项（临时工），这是该领域中最为重要的情形[35]——不存在有利于被保护人的保险费。如果无人为意外保险缴纳保险费，那么责任豁免就不能被赋予任何人。[36] 至今，判例法未曾对这种观点提出过质疑。但对此仍有进一步讨论的必要，这尤其是因为，近来最高法院拒绝未经任何论证就根据《普通社会保障法》第176条第1款第2项的规定（危险情形下的个人救助）在等同视之的案件中适用雇主的责任豁免。[37]

3.3 赔偿（保护）核心要件方面的差异

无论是在社会保障法中还是社会保险法中，过错和共同过失通常都不重要。[38] 特定保险案件中的过错问题仅在追索的范围中有意义

---

[34] [1981] ZAS, 66.

[35] OGH [1980] *Evidenzblatt der Rechtsmittelentscheidungen* (EvBl), no. 24; OGH [1977] JBl, 88 = SZ48/123 = [1976] EvBl, no. 169; OGH *Sammlung arbeitsrechtlicher Entscheidungen* (Arb) 9873; OGH SZ42/39; OGH Arb 9595; OGH [1998] JBl, 790 W. Holzer 的评注.

[36] H. Koziol, *Österreichisches Haftpflichtrecht* II (2nd edn. 1984), p. 225; H. Krejci（见前注23）p. 472, sub 3.3.2.2.1; K. Grillberger, [1988] JBl, 459; W. Hozer, Dienstgeberhaftungsprivileg (§333 ASVG) und den Arbeitsunfällen gleichgestellte Unfälle (§176ASVG), [1982] JBl, 348.

[37] OGH [1996] EvBl, no. 39 = [1996] DRdA, 311 W. M. Grömmer/B. A. Oberhofer 的评注.

[38] H. Krejci/H. Schmitz, Der Verschuldensbegriff in der sozialen Sicherheit, in: *Österr. Landesberichte zum VII. Internationalen Kongreß für das Recht der Arbeit und der Sozialen Sicherheit* (1970), p. 46.

(参见3.5)。受害人的共同过失通常不会阻止保险案件的发生。根据《普通社会保障法》第175条第6款的规定,在意外保险中,不法行为不会排除保险案件的存在。[39] 然而,在社会保险法中,根据《普通社会保障法》第88条第1款的规定,当保险案件的发生可归因于故意的自我伤害行为或者当处一年以上监禁的故意行为时,受害人就丧失了获得现金救济金的权利。然而,《普通社会保障法》第88条第2款规定,即便是贫困且毫无过错的家庭成员,也只能有限地保有获得财产性救济金的权利。在健康保险领域,根据《普通社会保障法》第142条的规定,如果疾病的发生是由于过错地参与了打架行为或者是醉酒或吸毒的后果,那么就不能获得疾病救济金。根据《普通社会保障法》第142条第2款的规定,此类案件中,贫穷且无过错之家庭成员所享有的权利仍是受到限制的。[40]

在社会保险中,因果关系也没有发挥重要作用。通常情况下都是适用"最终"原则。救济金的给予由需求决定,保险案件的发生原因在所不问。但是,法定意外保险领域中的情况不同。获得救济金的一个前提是保险案件必须与意外保险的"风险范围"存在某种关联,而"风险范围"的确定又需借助"必要条件理论"。[41] 被保护的行为是保险案件的"必要条件"(conditio sine qua non)并不足够。它是一个必要的,但非充分的条件。当且仅当致害事故的因果关系链上的必要条件处在法定意外保险的"风险范围"内时,保险人才有义务支付救济金。按其正统含义,这个理论不是因果关系理论,

---

39　T. Tomandl(见前注1)p. 112.
40　W. Schrammel in T. Tomandl(见前注2)sub 2. 1. 5. 2; T. Tomandl(见前注1)p. 154.
41　OGH [1997] DRdA, 374 R. Müller 的评注; T. Tomandl(见前注20)sub 2. 3. 2. 4. 1. 4;同上(见前注1)p. 112; W. Brodil/M. Windisch-Graetz(见前注1)p. 95; K. Grillberger(见前注1)p. 62; E. Kramer, Das Kausalitätsproblem im Schweizer Unfallversicherungsrecht, in: *Festschrift H. Floretta* (1983), p. 686; H. Barta, *Kausalität im Sozialrecht*, 1. Teilband (1983); R. Müller, Judikaturtendenzen im Unfallversicherungsrecht, [1989] ZAS, 145.

但是，它旨在界定意外保险承保范围之边界。假如承认存在这样一个条件，那么根据意外保险"全赔或不赔"（everything or nothing）原则，即使超出了意外保险"风险范围"的条件促成了保险事故的发生，保险人亦有责任全额赔偿。

必要条件理论的主要情形有两种：一种是存在前置条件的案件；[42] 另一种是被保险人实施的极端自我危险案件。由于该被保险人的行为不被认为是损害发生的必要条件，因此它们可能会被排除出保险的承保范围。[43]

在社会保险领域，明确区分财产性损害和非财产性损失是相当重要的，因为除了上文提及的"身体完整性之损害赔偿"，所有救济金都可被归类为财产性损害之赔偿金。但是，将每一种保险救济金与侵权法中某种身体损害的赔偿金一一对应并不容易，而这对于探求所谓的"法定让与"（legal cession）的边界而言又是必要的。它引导我们思考所谓的"一致性"问题（参见 3.5）。

3.4 通常给予的赔偿数额

以社会保险制度为基础的现金救济金，通常取决于收入的数量，这也是它们仅大致包括工资或生活费损失的原因所在。评估的最大基数、丧失保险期或者等待期都可能导致社会救济金少于依照侵权法有权获得的赔偿数额。在以实物方式支付救济金的情况下（如健康保险中的治疗或者住院护理），还有望获得大范围保险。至于对痛苦与创伤的赔偿，通常不会覆盖所有损失，因为"身体完整性之损害赔偿"的标准非常严格。

除了雇主的责任豁免（参见 3.1 及 3.2），此类"保护子项"

---

[42] OGH [1990] *Entscheidungen des Österreichischen Obersten Gerichtshofs in Sozialrechtssachen-Neue Folge*（SSV-NF），193；OGH [1989] SSV-NF，95；OGH [1995] SSV-NF，17.

[43] *Oberlandesgericht*（高级地区法院，OLG）Wien，*Entscheidungen des Oberlandesgerichtes Wien im Leistungsstreitverfahren zweiter Instanz der Sozialversicherung*（SSV），25/70；OLG Wien SSV，26/84；OLG Wien SSV，26/37；OLG Wien SSV，16/7.

（subcoverage）并不重要，因为如果存在此类保护子项，《普通社会保障法》第332条中的法定让与（参见3.5及3.6）就无法覆盖损害赔偿请求，因此需要受害人自己承担。

在雇主的责任豁免中，如果不能被一致的社会救济金覆盖，那么就不能请求对死亡或身体伤害的赔偿——该法定情形已久为诟病，其原因主要在于丧失了对痛苦与创伤的赔偿请求权。[44]

3.5 追偿权

3.6 受害人、侵权行为人的家庭成员或者同事促成损害时的追偿诉讼

除了雇主的责任豁免，社会保障机构能否对不法行为者进行追偿取决于《普通社会保障法》第332条规定的"法定让与"，它是其他社会保障形式参照的对象（参见《独立经营者社会保障法》第190条、《农民社会保障法》第178条、《公务员社会保障法》第125条、《公证员社会保障法》第64a条、《联邦护理费法》第16条以及《军人资助法》第94条）。法定让与将受害人对不法行为者的损害赔偿请求权在社会保险机构支付的救济金范围内移转给了该机构。[45] 如果社会保障法没有明确规定法定让与，那么将类推适用既有规则。[46]

---

[44] H. Koziol（见前注36）p. 221；同上注，[1980] DRdA, 372；H. Krejci（见前注23）sub 3. 3. 3；V. Steininger, Schadenersatz bei Arbeitsunfällen, in: *Gedenkschrift F. Gschnitzer* (1969), p. 399 (410).

[45] H. Krejci（见前注23）sub 3. 2.

[46] OGH [2000] ZVR, no. 71.

只有那些与社会救济金具有一致性的赔偿请求权才能被让与。社会救济金必须在事实、时间以及人物方面均相一致。[47] 如果社会救济金与损害赔偿请求权目的相同，即都意在获得赔偿，那么它们就是一致的。当且仅当损害赔偿请求权针对的损害同时也为社会救济金覆盖时，法定让与才能适用。当请求权被让与给社会保险机构时，受害人就丧失了自己提起赔偿诉讼的权利；在社会保障保险的所有分支中，即使是必然申请救济金的养老保险中，让与的时间也是致害事故发生之时。[48] 被保险人的任何处分行为（例如，放弃将来的索赔）都是"无效的"，因为对于可被移转的损害赔偿请求权而言，它们构成了法定让与的欺诈行为。[49]

作为法定受让人，社会保障机构要受到一些限制；但同时，它又享有若干特权。

在向同事及家庭成员追索的情形中，存在着一些限制。

所谓排除对同事追索，意指根据《普通社会保障法》第332条第5款的规定，不能对在同一企业中工作的、具有轻过失的同事追偿，除非保险案件是由存在强制责任保险契约关系的交通工具引起的。[50] 与受害人同在同一组织内的所有人都被视为他的同事。并不要求他们受雇于同一雇主。如果遭受伤害的同事是被授权的代理人或者业务主管（参见3.1及3.2），那么必须适用雇主的责任豁免规

---

47 OGH［1990］ZVR, no. 132; OGH［1989］JB1, 654; OGH［1988］ZVR, no. 156; OGH［1987］ZVR, no. 45; OGH［1981］ZVR, no. 189; OLG Linz［1999］ZVR, no. 88; H. Krejci（见前注23）sub 3.2.3.3.3; 同上注, Kongruenzlehre und Quotenvorrecht nach § 332 ASVG und 1542 RVO,［1974］ZAS, 5.
48 OGH［1998］EvB, no. 111; OGH［1993］EvB, no. 68; OGH［1990］ZVR, no. 50.
49 OGHARD, 4741/5/96; H. Krejci（见前注23）sub 3.2.5.1.2.
50 OGH［1977］ZAS, 21; H. Koziol（见前注36）p. 232; 同上注,［1974］DRdA, 374; H. Krejci（见前注23）sub 3.2.2.6; H. Barta/B. Eccher, Einige Fragen der Arbeitskollegenhaftung,［1977］ZAS, 8; K. Grillberger, Die Haftung bei Arbeitsunfällen unter Arbeitskollegen,［1974］DRdA, 256.

定。此外，根据《普通社会保障法》第332条第6款的规定，如果是同学导致了损害，则必须适用责任排除规则。[51]

25　　制定法并没有明确排除对家庭成员的追偿。[52] 排除对家庭成员的追偿来源于商业保险法中基本保险概念的法定情形。在保险概念之下，一边给予家庭之类的经济共同体以社会救济金，而另一边又基于损害赔偿请求权的让与向他们追偿，这两个行为是相互龃龉的。

所谓的"限额特权"（privilege of quota）以及"最高额特权"（privilege of maximum amount）被认为是追偿特权。[53] 但是不存在"执行特权"。[54]

26　　限额特权适用于因被保险人具有共同过失而无权请求全部损害赔偿之时。在这种情况下，社会保险机构将主要追索侵权法覆盖的被扣减后的金额。受害人仅能得到其余部分。但是，不会影响对被保险人的痛苦与创伤进行赔偿。当且仅当保险救济金与损害赔偿请求权一致时才能适用限额特权。不一致的救济金不能适用限额特权，因此，受害人仍保有自己的损害赔偿请求权。

27　　如果责任受到了严格责任中极为普遍的最高额的限制，而且该最高额不足以弥补损害，那么就适用最高额特权。在那种情况下，社会保险机构依然享有上文阐述的限额特权。

51　H. Krejci（见前注23）sub 3.2.2.7.

52　OGH［1973］ZVR, 71；OGH［1971］ZVR, no. 144；OGH［1971］ZVR, no. 86；H. Krejci（见前注23）sub 3.2.2.5；R. Reischauer, Familienhaftungsprivileg im Sozialversicherungs- und Sozialrecht/Regreß auf den Haftpflichtversicherer,［1998］DRdA, 1.

53　OGH［1991］ZVR, no. 52；OGH［1989］ZVR, no. 90；OGH［1986］EvBl, no. 18；OGH［1955］EvBl, no. 276；H. Koziol（见前注8）p. 430；H. Krejci（见前注23）sub 3.2.4.3 and 3.2.4.4；同上注，［1974］ZAS, 5；W. Seib, Das Quotenvorrecht der Sozialversicherungsträger（1969）.

54　OGH［1978］ZVR, no. 245；OGH［1977］ZAS, 20W. Selb 的评注；H. Krejci（见前注23）sub 3.2.4.5；W. Selb, Quotenvorrecht und Vollstreckungsvorrecht in der Haftpflicht,［1987］ZAS, 145；F. Bydlinski,［1966］JBl, 425.

制定法均未明确规定这两种特权。商业保险法实际上赋予被保险人一种特别的限额特权（参见《保险合同法》第67条）。有论者主张，与商业保险不同，社会救济金的资金不仅来源于保险费，而且来源于重大的财政补贴，他们希望以此说明保险机构限额特权的正当性。但这无法令人信服。[55]

至于雇主的特权，只有当享有特权之人在主观上具有故意或者重大过失时，保险机构才能依照《普通社会保障法》第334条的规定要求他们赔偿救济金。这是保险机构自己的、而非继受他人的请求权，因此，可能存在的受害人共同过失并不重要。《普通社会保障法》第213a条规定的"身体完整性之损害赔偿"不在追偿的范围之内。

在"继续支付工资或薪水"的情形中，存在特殊的追偿诉讼。[56]如果雇员被第三人伤害，而且雇主必须继续支付雇员因病离岗期间的工资，那么就存在雇主能否以及在何种范围内可以向"应当负责的"第三人请求赔偿自己已付工资的问题。

所谓的"病假工资损失"（*Lohnfortzahlungsschaden*）的法律结构，关系到社会保障与侵权法之间的关系，这是因为，在2000年12月31日之前，围绕以社会保障法要件为基础的继续付款问题，对有利于蓝领工人的继续支付进行规范的《继续支付法》（EFZG）提供了一种解决方案。雇主有义务在法定范围内继续向雇员支付工资，但在2000年12月31日之前他可以向健康保险机构追索；追索的金额取决于企业的规模，但是至少不会少于已继续支付的工资之70%（参见《继续支付法》第8条）。《继续支付法》第10条规定，当蓝领工人有权向第三人主张工资收入损失赔偿时，他的这种权利被让

55　W. Selb（见前注52）p. 22.
56　W. Holzer, Der Lohnfortzahlungsschaden, [2000] *Arbeits- und Sozialrechtskartei*（AsoK），63.

与给了社会保险机构。这种追索制度在2001年1月失效了（参见《继续支付法》第19a条）。根据新法，关于病假工资损失，蓝领工人将与白领工人的待遇相同。[57]

31　　对于白领工人，最高法院一改长期以来所坚持的态度，承认雇主有权主张与继续支付有关的赔偿。《薪金雇员法》（AngG）并没有赋予雇主向社会保险机构追索他已经继续支付的款项之权利。不存在规定白领工人的雇主有权向在工作中负有预防义务的第三人请求赔偿的法定让与的条文。最高法院认为，继续支付规则并非旨在减免不法行为者的责任，而是为了避免雇员陷于社会困苦之中。因此，不法行为者的赔偿义务不能仅仅因为继续支付而被免除。

如果没有规定法定让与，那么就存在一个法律漏洞，这个漏洞可以通过《奥地利普通民法典》第1358条以及《保险合同法》第67条中规定的类推得到填补。[58] 此外，最高法院还明确，无论继续支付的义务是由制定法规定还是由合同约定，在结果上都没有差异。[59]

32　　此前的判例法不承认雇主享有直接请求权，认为雇主不能主张"自不法行为者处获得纯粹间接损失之赔偿"。根据最高法院之前的观点，该损失之所以是"间接"损失，是因为它不能被所谓的"规则保护目的"覆盖。例如，在一个判决中，最高法院解释说，不能为了使雇主免于支付受伤雇员离岗期间的工资而说被告不谨慎驾驶摩托车的行为是非法的。[60]

57　Art. 2 no. 4 *Arbeitsrechtsänderungsgesetz*（劳动法修正案，ARÄG）2000 BGBI 2000/44 of 7. 7. 2000.
58　OGH［1994］ZVR, no. 88 =［1994］EvBl, no. 135 =［1994］RdW, 243 = ARD, 4562/25/94 =［1994］JBl, 684 =［1995］DRdA, 6 Ch. Klein 的评注 =［1994］ecolex, 560 M. Mohr 的评注 =［1994］Ind, 3（1）.
59　OGH［1998］ZVR, no. 95 = ARD, 4951/29/98.
60　OGH［1956］JBl, 124.

评注以及公开发表的著作从未支持过这个判决。[61] 他们认为,与继续支付工资有关的损失是第三人损害获得赔偿的"典型情形"。当"风险承担规则"将风险由被保护的人移转至第三人时,只有受具体规则保护且直接受损的人才有权请求损害赔偿的原则就变得疑问重重了。[62]

虽然考茨欧[63]试图将权利留给受害人[根据"代理利益"(commodum by proxy)原则,受害人必须将该权利让与给雇主],但是,泽尔布(Selb)[64]、施泰宁格(Steininger)[65]以及舒马赫尔(Schuhmacher)[66]都倾向于赋予雇主直接请求权。为了与《继续支付法》保持"法律体系的一致性",第二种方案更受欢迎;主要在"追偿的限制"方面,法定让与规则的类推适用,尤其是《继续支付法》第10条的类推适用,被认为可以避免不公平的区别对待。[67]

如果根据《薪金雇员法》第8条的规定,必须支付工资的白领

---

61 V. Steininger, Schadenersatz bei Lohnfortzahlung, [1959] JBl, 469; E. Kramer, Schadenersatz bei Lohnfortzahlung, [1970] ZAS, 203; H. Krejci, Haftpflicht und Regreßprobleme des neuen Entgeltfortzahlungsrechts, [1974] VersRdSch, 192; W. Wilburg, Zur Lehre von der Vorteilsausgleichung, [1932] *Jherings-Jahrbücher für Dogmatik des bürgerlichen Rechts* (Jher JB). 51; W. Schuhmacher, Schadenenatz und soziale Sicherheit, [1976] *Österreichische Juristenzeitung* (ÖJZ), 477; W. Selb, Individualschaden und soziale Sicherung im Bereiche des ABGB und DBGB, [1964] *Zeitschrift für Rechtsvergleichung* (ZfRV), 195 (205); Ch, Huber, Der Schadenersatzanspruch eines geschäftsführenden Gesellschafters, [1987] JBl, 613 (625); J. Dörner/W. Holzer, Ein Betriebsschitag, [1990] DRdA, 380; M. Mohr, Entgeltfortzahlung und Drittschadensliquidation, [1993] ecolex, 398; W. Holzer/J. Pichler (见前注32) p. 274; H. Koziol (见前注 8 [1st edn. 1973, p. 231]) p. 447; R. Reischauer in: P. Rummel (ed), Kommentar zum Allgemeinen bürgerlichen Gesetzbuch Ⅱ (2nd edn. 1992) §1295 no. 29; 此外, H. Gamerith §1358 no. 1 a lit. d.
62 H. Koziol (见前注8 [1st edn. 1973. p. 220]) p. 434.
63 H. Koziol (见前注8 [1st edn. 1973. p. 231]) p. 447.
64 [1964] ZfRV, 203.
65 [1959] JBl, 476.
66 [1976] ÖJZ, 485.
67 W. Holzer/J. Pichler (见前注32) p. 274; J. Dörner/W. Holzer, [1990] DRdA, 380; M. Mohr, [1993] ecolex, 399.

工人因病离岗是由有责任的第三人侵害他的身体所致，那么雇主有权类推适用《奥地利普通民法典》第 1358 条以及《保险合同法》第 67 条，向第三人主张因继续支付病假工资而产生的损失。其数额通常包括工资总额。就应当被扣除的个人所得税以及雇员需要缴纳的社会保险费而言，收入损失也被移转给了雇主。从形式上来看，这不适用于雇主缴纳的社会保险费，[68] 然而，雇主缴纳的保险费无疑构成一种对已完成工作的补偿，并且因此也必然构成了收益中的一部分。[69]

如上所述，在 2000 年 12 月 31 日之前，《继续支付法》第 10 条适用于蓝领工人，但雇主可以——即便是依照旧法也可以——向不法行为者主张自己继续支付的工资与社会保险机构偿付的款项之间的差额。[70] 现在，此种法律情形适用于所有继续支付薪酬及工资的请求。

35　　如果应当为继续支付损失负责的第三人是同事，而且该损失满足劳动事故（或疾病）的要件，我们就必须确定不法行为者是否是法定或授权代理人或者企业的管理人员。如果答案是肯定的，而且致害行为并非故意或者通过具有强制责任保险的交通工具实施的话（《普通社会保障法》第 333 条第 3 款），不法行为者可以根据《普通社会保障法》第 333 条的规定，享有雇主的责任豁免权（参见 3.1 及 3.2）。在那种情况下，受害人就不能向不法行为者主张赔偿，因此他的请求权也不能被移转给雇主。[71]

36　　如果实施不法行为的同事不是管理层人员，那么根据民法一般

68　H. Krejci, Schadenersatz wegen Verdienstentganges trotz Entgeltfortzahlung des Arbeitgebers, [1995] VersRdSch, 3 (16).
69　OGH [1996] JB1, 583; OGH [1998] ZVR, no. 140.
70　OGH [1998] ZVR, no. 140 = ARD, 4914/19/98.
71　M. Pircher, Entgeltfortzahlungsfälle: Schadenersatzanspruch des AG gegen den eigenenschädigenden AN, [1997] ZAS, 65; 同上注, EinVerkehrsunfall. Schädigung von Arbeitskollegen, [1998] DRdA, 448 (450); W. Holzer [2000] AsoK, 69.

原则，他应当对该行为负责。然而，根据《继续支付法》，该致害行为使得社会保险机构有义务返还雇主分担的份额；《继续支付法》第10条第3款遵循了《普通社会保障法》第332条第5款的推理模式，如果同事仅仅具有轻过失，社会保障机构就不能向该同事追偿，但有强制责任保险的案件除外。而如果同事存在重大过失，他将承担全部责任。即使追索制度本身已经丧失了拘束力，但《继续支付法》第10条的要求仍然是有效的。相较于《普通社会保障法》第332条第5款，《继续支付法》第10条稍微更加有利，因为当同事不是故意实施侵权行为时，它允许社会保障机构全部或者部分放弃受害人对同事的赔偿请求权。《继续支付法》第10条尚未被废止这一事实仅仅意味着，在与实施不法行为的同事有关的法律中蕴涵的精神仍被提倡。

显然，若想在《继续支付法》第10条的范围之外，尤其是在白领工人受伤的案件中，平等对待实施不法行为的同事，就只能以《继续支付法》第10条的类推适用为依据。[72] 就雇主根据《薪金雇员法》第8条的规定而必须承担的继续支付风险而言，他实际是承担了社会保险机构在2000年12月31日之前肩负的职能；[73] 这样一种法律观念已经被欧洲法院在另外一个案件中证实了。[74] 至于继续支付损失的追索，在《继续支付法》的框架内，雇主向具有过失的雇员被保险人的同事进行追索时所受到的限制，必须同样适用于社会保险机构。

3.7 社会保障机构与社会（商业）保险人之间的协议

在奥地利，社会保险机构与商业保险人之间的分配协议并不是

---

72 M. Mohr, [1993] ecolex, 399; W. Holzer/J. Pichler（见前注32）p. 274; J. Dörner/W. Holzer, [1990] DRdA, 380; W. Holzer, [2000] AsoK, 69.

73 M. Pircher, [1997] ZAS, 67.

74 EuGH [1992] *Betriebsberater* (BB), 1721-Paletta I; W. Schuhmacher（[1976] ÖJZ. 487）仍反对这种等同。

特别重要。只有加入保险业协会的商业保险人与社会保险机构总联盟代表的奥地利健康保险机构在 1986 年 1 月 1 日签订的一个协议。这个协议的主要部分是其第 1 条。该条规定（除了其他事项）："如果在使用机动车的过程中发生了损害，而且健康保险机构有义务支付救济金，那么健康保险机构就可以直接索赔，或者通过自然人或法人索赔，该自然人或法人的法律责任是由商业保险机构承保的；在这种情况下，如果被保险人负有责任，那么商业保险人将放弃调查。无论真正的或者法律的事实如何，商业保险人都将依照相关规则向健康保险机构偿付 65% 的救济金。"

协议第 3 条规定了最高额限制，因此，较大的事故并不能被该协议覆盖。

协议第 9 条规定，第三人不能基于该协议请求赔偿。对于第三人，侵权法仍可无限制地适用。[75] 到目前为止，这个协议对分配没有产生更多的影响。协议仅适用于法定健康保险机构，而没有涉及社会保障其他分支的机构（如养老保险及劳动事故保险机构），这一事实也表明，相关人士并不认为这个协议十分重要。

3.8 侵权法与社会保障法相互影响的其他问题

3.9 社会保障法与侵权法的相互影响

自始，在雇主责任豁免的范围内，除非雇主故意实施了侵权行为（参见 3.1 以及 3.2），否则痛苦与创伤损害赔偿请求权之缺失都会被认为是个大问题。即使在严重违反以保护他人为目的的相关法律时，依照责任豁免规定，受害人也不能针对痛苦与创伤提出损害赔偿请求。[76] 遗憾的是，围绕法律政策进行的讨论不是要将该权利从

---

[75] 关于分配协议的问题 W. Holzer/W. Posch/B. Schilcher, Was kommt nach dem Sozialschaden. Überlegungen zu den dogmatischen und rechtspolitischen Tendenzen in der hochgerichtlichen Rechtsprechung zum Schadenersatz, [1978] DRdA, 210 et seq.

[76] H. Koziol（见前注 36）p. 221；同上注 [1980] DRdA, 372；H. Krejci（见前注 23）sub 3.3.3；V. Steininger（见前注 44）p. 410.

豁免权中排除出去，而是要根据《普通社会保障法》第213a条在法定意外保险中引入一种新的救济金，即所谓的"身体完整性之损害赔偿"。这种救济金的前提条件是如此苛刻，以至于它根本无法成为当下缺少的痛苦与创伤损害赔偿请求权的替代品。[77]

此前围绕社会保险机构的"限额特权"展开的激烈讨论已经有所减弱（参见3.5及3.6）。[78] 人们似乎已经接受了这种特权的存在。

尽管在法定意外保险中引入了"身体完整性之损害赔偿"，而且它无疑是民法中的痛苦与创伤赔偿的替代形式而且根源于侵权法，但是，社会保障与侵权法之间并没有产生相互影响。

3.10 侵权损害赔偿及社会保障保护的经济规模相关数据；追索诉讼范围方面的数据

对于侵权损害赔偿以及社会保障保护的经济规模问题，只能通过提供大概的数据进行回答，而该数据是以1996年的奥地利商业机动车保险人商业报告为基础的。在1996年，社会保险机构通过追索诉讼从第三者责任保险支出的保险金中获得了28.6%。其余71.4%没有一致的社会救济金。在这71.4%中，针对痛苦与创伤的赔偿占据了主要部分，累计达到48.4%。收入损失、治疗费用以及其他人身损失占据了23%。[79]

---

[77] T. Tomandl（见前注20）sub 2. 3. 3. 2. 3. 4. E；J. Dörner（见前注26）p. 158；R. Reischauer, [1992] DRdA, 327；E. Karner, *Der Ersatz ideeller Schäden bei Körperverletzung* (1999)；此外参见议会委员会第1142号报告 *der Beilagen zu den stenographischen Protokollen des Nationalrates* (BlgNR) 17. *Gesetzgebungsperiode* (GP).

[78] H. Krejci（见前注23）sub 3. 2. 4. 3；W. Selb（见前注52；W. Bauerreiß, Das Quotenvorrecht bei Regreßansprüchen der Sozialversicherungsträger. Eine soziale Härte und ihre Überwindung, [1963] VersRdSch, 225；E. Kunst/H. Espig, I st das Quotenvorrecht der Sozialversicherer im Rückgriffverfahren gem § 332 ASVG ein Privileg?, [1979] ZAS, 7.

[79] 奥地利保险公司协会（the Association of Austrian Insurance Companies）2000年3月15日声明。

3.11 交易成本相关数据

43 在侵权法与社会保障法的交易成本之间进行比较有些困难。鉴于损害赔偿请求的主要部分最终会由商业责任保险人支付，索赔的费用几乎与社会保险机构支付社会救济金时花费的费用无异。在此背景下，就存在一个有利于社会保险法的理由，即如果可以针对损害赔偿提出异议，那么在法庭上，损害赔偿请求就有待证实，其中的费用风险很高。而在社会保险法中，受益人无需承担如此高的"成本风险"。社会保险根据《普通社会保障法》第359条第1款的规定适用行政程序，[80] 并且，根据《劳动及社会保障法院法》第77条的规定，适用劳动及社会保障法院中的程序。[81]

3.12 改革思考

44 当下，围绕与"医生责任"有关的侵权法的修改展开了一些讨论。在多个政府声明中都提及的"不论过错都赔偿患者损失"原则的指导下，学者们讨论了医生责任豁免的法律模式，该模式与雇主的责任豁免权类似。[82] 根据这一模式，由医生缴纳保险费的公共保险将取代损害赔偿。在北欧诸国模式的启发下产生的这一模式，也提出了与商业保险优先适用相类似的建议。[83] 毫无疑问，所有上述建议都受到了强烈的批评。[84] 尤其是其中的下列观点缺乏事实依据，即患者基于医疗事故后果提起的损害赔偿请求会因为"证明过错的证据"不充分而无法获得支持。在法院的一些判例中，对患者极为有利的

---

[80] P. Oberndorfer in: T. Tomandl（见前注2），sub 6. 2. 1. 4.
[81] H. W. Fasching/T. Klicka in T. Tomandl（见前注2）sub 6. 4. 2. 1. 9.
[82] 例如参见 H. Barta, *Medizinhaftung* (1995), p. 111（no. 27）.
[83] 例如参见 J. Pichler, Privatwirtschaftlich organisierte und privatrechtlich strukturierte Patientenversicherungssysteme, [1997] VersRdSch, 6 et seq.
[84] 例如参见 H. Koziol（见前注8）p. 14; E. Bernat, Das Rechtdes Patientens chadens in der Reformdiskussion: ein Schritt vorwärts, zwei Schritte zurück?, [1997] VersRdsSch, 24 et seq.; W. Kossak, Arzthaftung zwischen Politik und Rechtsprechung, [1999] *Österreichische Richterzeitung*（RZ）, 258.

举证责任分配方式已经得到了确认。[85] 过错的证明不再是无法跨越的障碍——主要与其他责任诉讼相比。但是，患者的任何保险都不能放弃对责任原因以及复杂的"因果关系要件"的证明，因为不顾不法行为而向经过治疗但未完全康复的人提供救济金的制度无疑具有乌托邦色彩，而且也缺乏公正的理由。在法庭上，无论有无过错均需负责这一事实，并不能为患者提供任何实质性的好处。立法者没有采纳此种方案，而是通过由医院的患者提供的资金设立了一个基金，以此补偿出现经济困难的案件。

二、案例

1. 共同工作场所

a) 及 b)：A 可向 B 请求痛苦与创伤之赔偿。根据《普通社会保障法》第 322 条的规定，在社会保险机构支付的具有一致性的救济金的范围内，A 的医疗请求权被让与给了该机构。在此范围内，A 丧失了对 B 的请求权。（法律指定的）社会保险机构有权对 B 提起追索诉讼。当 A 与 B 不是同一企业的职工时，也即他们不在统一管理下一起工作时，根据《奥地利普通民法典》第 1315 条的规定，当且仅当存在替代责任的前提时，雇主 Y 才应当对 B 的责任负责。在这种情况下，依照《雇主责任法》（参见第 2 条至第 4 条）中规定的司法减免规则，B 可能会被免除责任。

c)：如果 A 和 B 为同一雇主雇佣——他们在同一企业的统一管理下工作即为已足，不需要雇主完全相同[86]，上述结论将会有所改

---

[85] 关于医疗事故，参见：OGH *Sammlung von Entscheidungen in Krankenanstaltenfragen* (KRSlg), 712 以及其他；关于与风险有关的信息之错误或遗漏，参见：OGH [1994] JBl, 336 以及其他。

[86] OGH [1997] ZAS, 21.

变，因为根据《普通社会保障法》第332条第5款的规定，如果B仅具有轻过失，那么社会保险机构就不能向B追偿。如果B是企业的管理层人员，那么根据《普通社会保障法》第333条第4款的规定，他甚至无需对受害人遭受的痛苦进行赔偿，除非他故意实施了侵害行为。无论如何，根据《普通社会保障法》第333条第1款规定的雇主豁免权，雇主Y无需承担责任。

2. 骑车人案

47　　C必须继续支付这三周的工资。在这种情况下，通过类推适用《奥地利普通民法典》第1358条以及《保险合同法》第67条，C可以基于法定让与获得A对B的损害赔偿请求权；因此，他可以向B*主张所有持续支付之费用。[87]

3. 粗心大意的雇主

48　　A不能向B请求损害赔偿，因为根据《普通社会保障法》第333条的规定，雇主享有责任豁免权。A可以获得在劳动事故情形下提供给受害人的所有社会救济金。如果B具有重大过失，社会保险机构可以根据《普通社会保障法》第334条的规定，请求B赔偿自己付出的救济金。

4. 具有共同过失的雇员

49　　A可以自社会保险机构获得发生劳动事故时提供的所有救济金。救济金的数额不会因为他自己具有共同过失而被扣减。如果B不是《普通社会保障法》第333条第4款中的管理人员，A就对B享有损害赔偿请求权。根据《奥地利普通民法典》第1304条的规定，这项请求权会根据A的过失程度相应减弱。在社会保险机构必须支付的

---

* 原文中为C，但是根据上文，此处应当为B。——译者注

87　OGH［1994］ZVR, no. 88 =［1994］EvBl, no. 135 =［1994］RdW, 243 = ARD, 4562/25/94 =［1994］JBl, 684 =［1995］DrdA, 44 Ch. Klein 的评注 =［1994］ecolex, 560 M. Mohr 的评注 =［1994］Ind（3），1.

具有一致性的救济金的范围内，损害赔偿请求权被让与给了社会保险机构。除非 B 仅具有轻过失，否则社会保险机构可以根据《普通社会保障法》第 332 条第 5 款的规定向 B 追偿。由于损害赔偿请求权经过法定让与被移转至社会保险机构，因此，受害人 A 的任何过失都可能缩减该项请求权的范围。如果损失不是由同事，而是由第三人 C 造成的，那么根据《普通社会保障法》第 332 条第 5 款的规定，就不存在排除追索的情形。即使 C 仅具有轻过失，社会保险机构也可以向他追偿。在这种情况下，A 的任何过失也都会缩减经由法定让与移转至社会保险机构的损害赔偿请求权的范围。A 对 B 或 C 的损害赔偿请求权的剩余部分并没有被法定让与，但也会根据 A 的共同过失程度相应缩减，而且，相对于社会保障机构根据限额特权以及通过法定让与受让的请求权部分，该剩余部分具有从属性，但是对痛苦与创伤的赔偿除外。

比利时报告：社会保障法对侵权法的影响

赫尔曼·库西 迪米特里·卓夏武特

一、问题

1. 一般性问题

1.1 "社会保障法"及"社会保障制度（机构）"的定义

要对这个问题进行回答，首先需要对比利时社会保障制度的不同部分作一概述。[1] 社会保障制度提供的保护不限于为避免包括疾病在内的人身伤害之不利后果而提供的保护，而是要比后者宽泛得多。我们将阐述社会保障制度中的哪些部门实际上对那些损害——第三人责任成立的所有必要条件都得到了满足时，依据侵权法也可获得赔偿的损害——进行赔偿。为了确定社会保障保护的范围，我们将简要讨论享有赔偿请求权的主体的类型、不同部门给予的救济金以及为了有权获得赔偿而需要满足的主要条件。我们也将简要描述社会保障制度中的管理机构。文章最后将简要介绍所谓的社会救济制度（social assistance framework）提供的救济金。鉴于该救济制度保护

---

[1] 本报告仅在理解社会保障法与侵权法之间的相互影响之必要范围内描述了比利时的社会保障制度。因此，本报告仅提供被简化了的比利时社会保障法之情形（例如，本报告不会详细描述适用于海军和矿工的特殊制度，也不会讨论被纳入考量的适用于各个方面的具体条件）。

了那些无法为社会保障网覆盖之人,它已然构成了现行社会保障制度的补充制度。[2]

比利时社会保障制度

在所谓的"俾斯麦"社会保障模式的影响下,比利时社会保障法规定获得救济金的权利主要取决于职业状况。事实上,社会保障制度包括三个独立的、适用于不同职业群体的计划,一个是针对雇员的;第二个是针对独立经营者的;第三个是针对公务员的。除非存在相反的特别说明,本报告将针对雇员的社会保障计划作为论述的起点。在适当的时候,本报告也会对其他职业类型的计划之间存在的差异作简要说明。

提供救济金的雇员社会保障计划通常可以分为五个部门:[3] 第一个部门处理所谓的职业风险(risque professionnel)(劳动事故以及职业病);第二个部门处理公共健康保险(医疗及伤残救助金);第三个部门负责家庭救济金的支付;第四个部门处理失业救济金;而最后一个部门处理津贴(养老金、退休金以及抚恤金)。独立经营者之社会保障计划既不包括职业风险部分,也不提供失业救济金。公务员的社会保障计划中包含的内容与雇员社会保障计划中的内容相似。

工人赔偿大约起源于19世纪末20世纪初,当时是作为一种严格责任形式出现的。然而,随着时间推移,工人赔偿移转到了社会保障法领域中。有关劳动事故的首部立法[4]采用了雇主严格责任。雇主和雇员的过错都变得毫不重要。赔偿额被定在工资水平的50%。自

---

[2] 对于比利时社会保障制度的简要概括,参见:Belgian Federal Ministry of Social Affairs, *Everything you have always wanted to know about social security* (2001),可访问:http://www.socialsecurity.fgov.be/brochure-index.htm. 对于详尽的概述,请参见:J. Put, *Praktijkboek Sociale Zekerheid* (2001)。

[3] 据说,与工人的年假有关的规章有时构成了社会保障制度的组成部分,因为它受与工人社会保障有关的1969年6月27日法律的规范。然而,该规章属于劳动法领域。

[4] 1903年12月24日法律。

1878年以降，受害人有权在刑事法庭中对被告人附带提起一项民事诉讼。这促使雇主接受了这种以职业风险为基础的法规。具有革命意义的新法规也试图确保社会和平并且减轻雇员受害者的举证责任。在1930年左右，损害赔偿金的最高限额被提高到工资水平的66%（而且，对于那些需要依靠第三人的帮助才能生活的受害人，这个比例达到了80%）。工人赔偿在1971年被彻底改变了。[5] 那年引入了一个可以使赔偿总额达到劳动收入的100%（对于那些终身需要帮助之人，这个数字达到了150%）的制度。然而，该制度以无法获得工资收入为基础。而且那年开始实施一种强制保险制度。立法者从未明确将劳动事故法规纳入社会保障制度中：这个部分的资金来源不受普通社会保障法律规范，商业保险人在这个领域仍然发挥着重要的作用。[6] 工人赔偿救济金被认为需要依靠社会保障，但又由商业保险提供资金。

不赔偿人身伤害的社会保障领域

家庭救济金、失业救济金以及（老年人及被扶养人）津贴三个社会保障领域不赔偿人身伤害的后果。失业救济金对某人不能利用自己的（剩余）劳动能力进行工作给予赔偿。它们与侵权法下对丧失劳动能力的损害赔偿目标定位不同。只有那些仍然具有劳动能力的人（残疾人）才能获得失业救济金。那些非自愿失业并且其劳动能力（根据健康保险中的标准）下降超过2/3的人，不能请求失业救济金（因为他们被视为完全丧失劳动能力之人）。其他非自愿失业的人有权请求失业救济金，并且可以将这些救济金与侵权法下对丧失劳动能力的赔偿进行累加。比利时最高法院（*Cour de Cassation*）已经明确指出，这两种赔偿的基础不同。[7]

5　1971年4月10日劳动事故法。
6　参见下文边码15。
7　*Cour de Cassation*, 28 April 1992, [1991–92] *Arresten van het Hof van Cassatie* (Arr. Cass.), 816.

至于抚恤金，人们同样认为，它们不影响侵权人必须支付的损害赔偿金的计算，这即意味着，不能扣减抚恤金的数额。在此方面，比利时最高法院明确指出，在计算侵权法下赋予的损害赔偿金时，绝不能将被杀害雇员之遗孀获得的抚恤金考虑在内。[8] 最高法院认为——丈夫的死亡不过是引起遗孀抚恤金请求权的近因——该请求权另有一个不同的法律基础，并且独立于遗孀实际上遭受的损失。的确，遗孀的抚恤金请求权源于受害人与其雇主签订的协议以及《雇员津贴法》，而且抚恤金的目的有别于侵权诉讼中的损害赔偿金的目的。

赔偿人身伤害的社会保障领域

职业风险领域（劳动事故以及职业病）与卫生保健领域（医疗及残疾救济金）中的社会保障救济金，也赔偿那些被侵权损害赔偿请求权覆盖的损害。

关于劳动事故，[9] 只有特定类型的损害发生时，救济金才是被允许的（例如，精神损害以及受害人财产损害均不能获得赔偿）。在劳动事故中遭受身体伤害的受害人，有权就他的医疗费用获得赔偿，此外，也可以获得因无法工作（伤残）而导致的收入损失的补贴。在受害人死亡的情形下，受害人的亲属有权获得丧葬费补贴、用于支付爱人的交通费的补贴以及劳动事故立法中列举的诸类亲属的年金。用于弥补因丧失劳动能力或者死亡而发生的收入损失的赔偿金，在计算时均以受害人的"基本工资"的百分比形式出现（例如，受害人在事故发生时的上一年度的正常工资），尽管在数额上会受到最小值和最大值指标的限制。

故意引起劳动事故的雇员无权请求救济金。然而，受害人实施

8　*Cour de Cassation*, 4 November 1968, [1969] Arr. Cass., 250.

9　任何发生在雇员劳动合同有效期间内或者由于他的劳动合同的履行而发生在他身上，并且导致了伤害的事故都被认定为劳动事故。上下班路上发生的事故也被认定为劳动事故。

了故意行为尚不足以导致拒绝赔偿的后果。还要求受害人的故意行为以引起一起事故为目的（无论受害人是否意图导致劳动事故后果的发生）。故意自残或者自杀通常就是这样。至少在受害人的自杀是由自己自由意志支配时如此。[10]

关于职业病，[11] 其救济金在很大程度上与受害人在劳动事故中能够获得的救济金相似。

在公务员社会保障计划中，职业风险相关领域中适用的法规仅与雇员社会保障计划中的法规稍有不同。两个领域提供的保护也是相似的。

独立经营者的社会保障计划不包括为避免劳动事故以及职业病之不利后果部分。为了控制这些风险，独立经营者不得不依靠（较少的）健康保险救济金（医疗费用以及伤残救济金）或购买补充性的商业健康保险。

在与健康保险有关的领域中，应当区分两个子领域中采取的措施，即与医疗护理有关的子领域以及与为弥补丧失劳动能力（伤残）而导致的收入损失的疾病救济金有关的子领域。后者预防那些没有被前一部分——赔偿职业风险之不利后果的部分——覆盖的疾病或事故（例如，在私人生活领域中发生的事故）。

在医疗护理方面，雇员的社会保障计划与公务员的社会保障计划相似。失业人员和领取津贴的人所获得的保护是相同的。此外，与这一子领域中的"贝弗里奇导向的"哲学理念相一致，其保护范围被扩大至接受高等教育的学生、残疾人以及普通居民（后者是个兜底类型，包括尚无权获得医疗费用赔偿的国家自然人登记簿中记载的所有人）。

---

[10] 参见：J. Put（见前注2）p. 293.
[11] 如果公认的职业病列表中的某种疾病发生在一名雇员身上，那么他仅需要证明自己是在一个与引起此种疾病的有害物质有接触的领域中工作即可；如果某疾病未被列入，那么受害者需要证明他的职业是他罹患疾病的决定性直接原因。

相同的规则也适用于独立经营者,尽管为避免他们遭受医疗费用损失而进行的保护限于存在严重健康风险(大风险)之时。上述被直接赋权的人可以提起补偿请求,依靠这些人生活的亲属亦可(配偶、情侣、同居者、子女以及孙子女等,如果他们的收入没有超过特定的额度并且是被直接授权的人的家庭成员的话),这些家庭成员也可以提出赔偿请求。因此,几乎所有人都有权获得医疗护理。

仅当有权提出赔偿请求的人加入了一个健康保险基金,支付了必要的保险费,并且自他加入该基金已达六个月以上时,他才能够请求支付救济金。在实践中,随时间推移,这六个月等待期的重要性已经被严重削弱了。事实上,仅在少数案件中,6个月的等待期才是必须适用的。在受害人具有共同过失的情况下,其赔偿请求权不会因此而被削弱。在1987年之前,在存在重大过失的案件中,都会拒绝给付赔偿金。

所谓的"名录"(*nomenclatura*)决定着可以获得赔偿的医疗护理服务(医治费、药费、住院费等等)。尽管清单在范围上极为广泛,但并非所有的医疗费用均可获得赔偿。通常情况下,医疗费是在病人必须自己支付的门槛数额以上的范围内获得补偿的(除非病人因为他每年在医疗护理上花费的费用已经超过了特定的限额而享受社会豁免,并因此不再需要支付门槛数额以下的费用)。最近,门槛数额的使用已然成为政治论战的主题。例如,政府近期采取的措施就是试图通过提高因使用与普通药物疗效相当的特殊药物而必须支付的门槛数额来促进普通药物的使用。

公共健康保险的第二个子领域为人们提供保护以避免因患病而丧失劳动能力(伤残)引起的收入损失。这些救济金也被称为疾病救济金。与医疗护理相关法规不同,雇员、独立经营者以及公务员的社会保障计划之间存在一些差异。在雇员社会保障计划中,必须满足三个方面的要求才有权获得伤残救济金。(1)首先,工人必须处于完全停止工作状况的初期。(2)其次,这种停止必须是由伤害或者功能紊乱的发生或加重导致的。如果某人的劳动能力在他进入劳动市场之前就已经受到了影响，那么只考虑伤残的加重程度。(3) 第三，剩余的劳动能力不可以超过原始状态的 1/3，换句话说，伤残程度应当至少达到 66%。如果所有这些条件都得到了满足，雇员就可以获得相当于他的损失收入的特定比例的救济金，其具体水平则根据受害人是否单身、是否与他人共同生活以及是否有义务抚养或扶养亲属决定。最高限额会被纳入考量。通常情况下，只有当等待期届满之后，才会发放救济金。如果伤残的期间持续 1 年以上，将会适用不同的比例，而且，除了最高额还将考虑一个最低额。一旦伤残期满一年，受害人的情况会被称为"病残"。在此之前，他的情况都被称为"初级伤残"期。

然而，关于较短的伤残期间，上述机制就不再重要了。在更短的期限内，劳动法提供了一种所谓的保证工资（guaranteed wage）。继续支付的工资也有一定的时间限制。具体情形会随着工作性质的不同而相应变化。比利时劳动法对严格意义上的雇员（例如那些从事脑力劳动的人；les commis）和工人（例如主要从事体力劳动的人；les ouvriers）进行了概括区分（summa divisio）。[12] 前一种类型（中的大部分人）有权请求继续支付一个月的工资。而第二种类型的人仅能获得无法工作后第一周的全额工资。此后，继续支付的工资将会在 23 天之内逐渐减少至零。

独立经营者的社会保障计划与雇员的社会保障计划相似。但是，存在一个为期 3 个月的等待期。在这个等待期内，不会提供救济金。一旦病残期间开始，受害人必须能够满足更为严格的条件，才能具备获得伤残救济金的资格。此外，补贴的金额是通过一种不同的方式计算的，而且低于给予雇员的补贴水平。

对公务员（此处指由政府雇佣或者依法任命的所有人）提供的

---

[12] 当下正在讨论这种分类。将来有可能会取消这种分类。

保护取决于他们受雇的性质。对于那些签订有雇佣合同的人，存在一种伤残救济金制度——该制度与雇员社会保障计划中的制度相似。依法任命的公务员无法从社会保障制度中获得伤残救济金，然而，他们可以享受与所谓的"保证工资"相似的救济金。每12个月，公务员都有权在特定的天数内全薪休病假。尚未利用的天数会与既有的天数进行累加。

社会保障制度的组织结构

引人注目的是，国家发挥着相当有限的作用。当然，国家负责在必要时进行监管（例如，它密切监控着社会保障系统的支出），但是，社会保障制度的经营管理以及日常运作都几乎完全被委托给一个复杂的、由独立的公共机构或商业组织构成的网状系统。这种多样性是比利时社会保障历史发展的结果，俾斯麦思想在比利时社会保障的发展过程中发挥着突出的作用，尤其是在它的组织结构方面。

在雇员社会保障计划中，管理工作主要被委托给了独立的、由雇主及雇员共同经营的公共机构。收取保费的"国家社会保障局"（National Office for Social Security）发挥着核心作用。此外，每一个社会保障领域都有不同的协作机构，这些机构负责发放救济金并计算它们的实际水平。在此方面，"职业病基金"（Fund for Occupational Diseases）以及"全国疾病及伤残保险协会"（National Institute for Sickness and Invalidity Insurance）发挥着重要的作用。[13]

关于救济金的实际支付，由商业组织合作进行（例如，在健康保险领域，这项工作由多个商业互助社团负责，而且这些社团结成了全国性的联盟）。

然而，在与劳动事故相关的子领域中，商业组织的作用并不限于救

---

[13] 在不对伴随着人身伤害或者死亡而产生的损害进行赔偿的领域中，"国家家庭救济金局"（家庭救济金）、"国家劳动局"（失业救济金）、"国家养老金局"（养老金）发挥着核心作用。

济金的实际支付，还包括管理任务的执行。在该子领域中，互助保险协会以及商业保险公司负责主要的管理活动，而公共性质的"劳动事故基金"（Fund for Industrial Accidents）发挥着十分有限的作用。[14]

在独立经营者的社会保障计划中，"全国独立经营者社会保险协会"（National Institute for the Social Insurance of Self-Employed Persons）发挥着核心作用。对于当地或省政府雇佣的公务员，"全国地方及省政府社会保障局"（National Social Security Office for the Local and Provincial Administrations）发挥着核心作用。而其他公务员由雇佣他们的政府当局负责。

将管理职责直接委托给政府机构或部门的情形十分罕见。这些机构负责向公务员支付津贴，并向残疾人发放救济金。

社会救济制度对人身伤害的赔偿

11　　除了现行社会保障制度，也应提及的是社会救济制度，该制度是在所谓的"贝弗里奇模式"的影响下形成的。它发挥着补充作用，并且旨在为那些处于社会保障制度保护范围之外的人提供一张安全网。

社会救济制度为老年人提供保障性收入、为家庭提供保障性家庭救济金、为残疾人提供救济金并提供最低生活费（subsistence minimum）——即所谓的"生活工资"（life wage）——以及社会救助。残疾人救济金、生活工资以及社会救助覆盖了那些也能够在侵权法下获得赔偿的损失。生活工资（最低生活费）真正构成了比利时提供的社会保障安全网的后续部分。只有那些的确缺乏足够生活费的人以及那些无法请求（至少在最低的水平上）其他社会救济金的人才能获得生活工资。这即意味着，在判断某人是否有资格获得生活工资时，所有可能的收入（例如助学金）都需要被纳入考量。社会救济旨在保证每个人都能够有尊严地活着。救济包括医疗的以及预

14　参见下文边码15。

防性的救济，而且在性质上可以是物质的、社会关系的、医疗的、社会医学的以及心理上的（例如，发放食品、发放代金券以缴纳供暖费或咨询费以及协助确保人们享有他们依照比利时法或外国法有权获得的所有救济金）。

社会救济公共中心（Centres Public d'Aide Sociale，CPAS）负责为贫困人群发放最低生活费并提供社会救济。

本报告将不再详细讨论社会救济与侵权法之间相互影响的具体情形。

1.2 侵权法与社会保障法之间的分界线

侵权法及社会保障法均对人身伤害结果进行赔偿。两种制度之间的主要区别在于，为具有获赔资格而需满足的条件不同。

利用侵权法仅需受限于与法律行为能力以及请求的可采性有关的要求，然而，只有那些真正有资格获得赔偿的人才能获得社会保障救济金（也即那些属于被授权的群体中的人以及满足其他赔偿要求的人）。

一旦可以适用两种制度，侵权法要求能够成功完成相当困难的、经典的三个要件的证明工作，即"过错、因果关系及损害"，而获得社会保障救济金的权利仅取决于是否存在人身伤害及其结果。在社会保障制度中，过错及因果关系等概念的重要性要小得多，甚至可以说它们几乎毫不重要。而且，在社会保障制度中，受害人的共同过失仅在达到故意的情形下才有意义；而且，即便存在故意，受害人之共同过失也是被限制适用的。社会保障制度不要求确定侵权行为人或者严格责任人或代理责任人是谁。

尽管两种制度都赔偿人身伤害之结果，然而，赔偿背后所依据的原理并不相同。社会保障制度仅对明确列举的损害类型进行赔偿，而比利时侵权法赔偿所有类型的损害（至少当受害人证明这些损害具有人身性而且是确定的，并且该损害是侵害正当权益之结果时如此)。例如，社会保障制度不赔偿非财产性损失。此外，社会保障制度给予的补贴通常被限定在一定额度之内，而侵权法以对具体发生的所有损失进行全部赔偿为原则［又被称为恢复原状原则（restitutioin integrum）］。

1.3　侵权法与社会保障法之功能差异

在人身伤害领域，侵权法和社会保障法均以赔偿受害人为目的。但是，侵权法同时也被认为是为了实现从事前的威慑作用到事后对受害者的赔偿的各种其他功能。在过去的几十年间，侵权法的赔偿功能已经变得更加重要了。

比利时对受害者人身伤害赔偿的关注与日俱增，一个例证即是，为了赔偿交通事故中易受损害的受害者，比利时引入了一种特殊机制。[15] 学者们激烈地争论着这个于1995年引入的机制的性质。该机制的多个方面都体现了社会保障赔偿的典型特征（例如，无需确定侵权人的过错行为；因果关系的要求远没有侵权法通常适用的必要条件要求严格——该机制仅要求使用了机动车，而且受害人的共同过失仅起到十分有限的作用——限于自杀或者试图自杀的情形。因此，该机制经常被称为"自动"赔偿机制。然而，它的其他重要特征与侵权法制度极为相似。该机制不对赔偿进行限制，并且因此它

15　由1994年3月30日法律引入（该法于1995年1月1日生效），并且由1995年4月13日法律（该法于1995年1月1日生效）以及2001年1月19日法律（该法于2001年3月3日生效）修订的1989年11月21日《强制汽车责任保险法》第29-1条。除了汽车驾驶人，交通事故的任何一名受害者（汽车乘客、骑车人或者行人）以及受害者的被扶养人（ayants droit），都可以援引该制度以获得人身伤害或者死亡之赔偿。几乎不考虑受害者的共同过失。赔偿金应当由事故中涉及的（法国法中的牵涉概念）每辆车的责任保险人支付。对于这种法规而言，立法者放弃了经典且相当严格的因果关系要求——对于损害的发生，一系列事实构成了必要条件——是独特的。在法国的《巴丹泰法》（Loi Badinter）颁布之后，一辆车被"牵涉"进一起事故中这一事实——不论如何被卷入或者在任何程度上被卷入，例如，即使一辆遵守一切规章停车的车辆也可能被卷入一场事故中）——就足以让人提起一项诉讼。无需证明被牵涉车辆的驾驶人具有过错。这被称为"自动赔偿"。

以人身伤害之全部赔偿为原则。鉴于赔偿金最终必然由事故中牵涉的机动车的责任保险人支付，该机制应当可以作为一种保险形式。它的引入具有一个明确的目标，即将社会健康保险从保护交通事故受害人而耗费的那部分成本中解放出来，而且，根据侵权法的规定，这些交通事故中的司机没有责任，因此，责任保险人也不会介入其中并赔偿受害人所遭受的损失。

2. 人身伤害之社会保障保护

2.1 保护的范围

比利时社会保障制度主要受到了俾斯麦模式的影响。因此，该制度中的主要部分是在具体部门的基础上（疾病、衰老、失业、职业风险等等）组织的。受到保护之人的数量以及保护的程度会因领域不同而有所不同。

每一位雇员都会受到保护，以免他们遭受劳动事故及职业病的不利后果。这是强制性的。雇主有义务为每一位雇员购买劳动事故强制保险。即使雇主没有履行这一义务，劳动事故基金也将对劳动事故中的受害人进行赔偿。关于职业病，职业病基金将会对所有罹患此类疾病的雇员进行赔偿。公务员也会受到保护，以防遭遇职业风险。但社会保障制度未为独立经营者提供保护，以免他们遭遇劳动事故或者罹患职业病。独立经营者不得不购买商业保险，或者不得不依靠健康保险领域的救济金。

如上所示，[16] 几乎所有人都有权获得用于赔偿医疗相关费用的社会保障救济金。

至于对因疾病而无法工作进行赔偿的疾病救济金，并不存在如此宽泛的保护。获得此类伤残救济金的权利取决于特定条件的满足，而且这些条件会随着职业类型的不同而相应变化。[17]

16　参见上文边码8。

17　参见上文边码9。

社会救济计划关注实际需求，与职业状况无关。这一补充性质的制度对所有有这些需求的人开放。

在比利时劳动事故领域，商业保险发挥着重要的作用

15　　由于保护雇员免受劳动事故影响的社会保障保护以一项商业保险计划为基础，所以，商业保险在社会保障的框架内发挥着重要的作用。雇主有义务为他的雇员投保，以免后者遭受劳动事故的不利影响。他可以在办理商业保险和参加互助保险基金两种方式之间进行选择。

2001年8月10日法律为外国保险人打开了比利时的劳动事故保险市场。[18] 在欧洲法院（European Court of Justice）判决比利时[19]没有履行第三非寿险指令要求的义务之后，该法成了绕不开的法律。[20/21] 在此之前，比利时的法律的确禁止外国保险人进入劳动事故强制保险市场。比利时的法律对所有在比利时经营劳动事故强制保险的保险人都有与金融控制有关的要求，尽管根据第三非寿险指令，此类条款属于劳动事故保险人所属国特有的义务。[22] 作为被告，比利时抗辩道，第三非寿险指令仅适用于任意的、补充性的劳动事故保险，而并不适用于劳动事故强制保险，因为后者是社会保障法定制度中组成部分，而社会保障法定制度又被明确排除出了第三非寿险指令的适用范围。然而，欧洲法院释明，如果自担风险的商业保险人在社会保障制度的框架内进行经营——这恰是比利时的普遍现象——

18　为适应直接保险而非人寿险方面的欧盟指令而对劳动事故保险进行调整《2001年8月10日法律》，[2001] *Belgisch Staatsblad*（B. S.）9月7日，30270，由《2001年10月10日皇家法令》补充。

19　ECJ, 18 May 2000, case no. C–206/98.

20　旨在协调与直接保险而非人寿险相关的法律、法规以及管理规定的1992年6月18日欧洲经济共同体理事会1992年第49号指令（Council Directive 92/49/EEC），以及欧洲经济共同体1973年第239号修订指令与1988年357号指令（第三非寿险指令）。

21　参见：J.-M. Binon/B. Dubuisson, Les implications de l'arrê de la Cour de justice des Communautés européennes du 18 mai 2000 sur l'assurance contre les accidents de travail, [2001] *Revue Générale des Assurances et de Responsabilités*（R. G. A. R.），no. 13350.

22　欧洲经济共同体理事会1992年第49号指令第55条。

第三非寿险指令就可以适用。因此，2001年8月10日法律根据欧盟的观点对比利时的立法进行了调整，并且开放了比利时劳动事故保险市场。此外，该法重新调整了监督劳动事故保险领域的监管机关的权力。如今，劳动事故基金不再对劳动事故保险人进行谨慎的控制了。这项权力被移转给了保险管理局（Office de Contrôle des Assurances）（它负责监督比利时劳动事故保险人所属国的控制）。劳动事故保险基金的权力被限缩至对第三非寿险指令第55条允许的特殊非金钱供给中的科技或者医学的控制。比利时的立法者感到，他们应当要求外国保险人在比利时设立一个分支机构或者派驻代表人。此外，外国保险人还必须在劳动保险基金首次提出要求时就提供银行担保。

2.2 受到保护的群体

如上所述，[23] 比利时社会保障制度主要是受到了俾斯麦模式的影响。因此，总体上，社会保障保护取决于职业状况，并且随后者变化而变化。正如已经提及的那样，比利时社会保障制度又可以分为三个子制度：一个是针对雇员的；一个是针对公务员的；最后一个是针对独立经营者的。在社会保障制度的大多数领域中，上述每一类人都要适用不同的机制。

然而，在医疗护理领域，则是"贝弗里奇模式"占据着主导地位。因而就产生了几乎所有人都可以请求相关救济金的状况。同样，以需求而非职业为基础的推理模式在社会救济领域中也有体现。

2.3 他人所致损害之社会保障保护

确定究竟是哪些因素导致了事故或者疾病的发生通常不是获得社会保障救济金的前提（除非在衡量该事故或疾病是否是劳动或者职业事故或疾病时）。同理，第三人介入这一事实通常不会影响获得

---

[23] 参见问题1.6和2.1的答案。

救济金的权利。

2.4 社会保障保护之资金来源

雇员社会保障制度有四个资金来源。(1) 该制度主要由以雇员工资为基础的保险费提供资金。在这些保险费中，一部分以雇主支付保险费的形式收取（保险费以向雇员支付的总工资为基础）；[24] 另一部分则以雇员缴纳保险费的形式收取（总工资的组成部分）。[25] 自1995年以来，上述两部分保险费被界定为工资的总体比例。但是此前，上述保险费是与社会保障制度不同部分相连的各个比例总和之结果。这种简化构成了所采纳的综合性金融管理制度的一部分。这种管理制度旨在实现资金流动过程中的更好管理以及更高的透明度。此外，社会保障制度还由下列方式提供资金：(2) 来源于税收的国家补贴；(3) 特别收入；(4) 替代性的资金供给方法。特别收入的例证有：来源于制药企业年度营业额的保险费；对医疗产品进行征税；附加商业医院保险的保险费；以及来源于机动车强制保险的保险费。替代性的资金供给方法的一个适例存在于部分间接税收的转移过程之中。[26]

劳动事故保险领域地位特殊，因为它几乎不由上述来源提供资金。针对劳动事故的社会保障保护以商业机制为基础。每一位雇主都必须为他的雇员办理商业保险（或者参加一个互助保险基金）。保险费依照市场条件确定。

3. 侵权法与社会保障法之间的关系

在实践中，遭受人身伤害的受害者将会主要诉诸于社会保障制

---

[24] 在2000年第4季度为24.87%；参见：*Everything you always wanted to know about social security*（见前注2）p. 11.

[25] 在2000年第4季度为13.07%；参见：*Everything you always wanted to know about social security*（见前注2）p. 11.

[26] 例如，在2000年，在全部增值税（VAT）收益中，大约有21%被移转给了社会保障（也即37亿多欧元）。

度，而不去考虑是否能够认定第三人应当负责的问题。由于比利时损害赔偿法不允许同一损害重复获赔，因此，提供了一线保护的社会保险人将会进行追索。因此，社会保障法与侵权法之间的相互影响主要集中在由负责支付社会保障救济金的机构提起的追索诉讼的层面上。规范追索的规则完全不同于职业风险以及卫生保健领域中的规则。[27]

3.1 社会保障对侵权责任的取代

职业风险领域中的相互影响

因职业风险而产生的人身伤害通常将由社会保障资源排他地进行赔偿，也即通过这种方式阻止受害人依据侵权法获得任何赔偿。

工人赔偿优先于侵权法

在私人企业雇员之赔偿计划中，劳动事故的受害人不能针对那部分有资格获得工人赔偿的损害提起侵权诉讼以获得赔偿。[28] 如果存在通过劳动事故保险计划获得赔偿的可能性，那么受害人就不能在该计划和侵权法之间进行选择。[29] 工人赔偿优先于侵权法适用。侵权法仅在没有受到工人赔偿制度保护的那部分损害中发挥着补充性的功能。因此，依据侵权法的损害赔偿请求仅能在下列情形中提出：(1) 为了获得那些根本没有受到工人赔偿制度规范的损害赔偿金时（例如，非财产性损失）；(2) 为了获得在侵权法下比在社会保障法下获得更多赔偿金的那部分损害赔偿时（例如，考虑到在劳动事故

---

[27] 近期有关社会保障法和侵权法之间相互影响的内容丰富的概述，请参见：D. Simoens, *Beginselen van Belgisch Privaatrecht*: *Buitencontractuele aansprakelijkheid-Schade en schadeloosstelling* (1999), pp. 329 – 411.

[28] 立法者在1971年4月10日法案第46条中用相反的语词构建了这一原则，其第2条规定："[……] 例如当现行法已对该人身损害赔偿进行了规范时，普通法上与人身损害赔偿无关的救济方式可以与现行法规定的赔偿共同发挥作用。"

[29] 仅从受害者角度才存在工人赔偿法优先于侵权法的现象。侵权人既可以是受害人额外请求的对象，也可以是劳动事故保险人提起的追索诉讼的对象（前注21），因此，侵权人仍需为他引起的全部损害负责。

机制中计算赔偿额时要顾及各种限制）。为了确定可以依照侵权法进行请求的多余数额，必须首先在各自特殊规则的基础上分析两种制度下支付的赔偿金。然后，必须再将分析的结果分别与各类损害进行比较。

在1978年《劳动事故法》（1971）修正案之前，受害人可以在工人赔偿和侵权法诉讼之间进行选择。绝大多数法律学说都认为，1978年《劳动事故法》修正案废止了受害人的选择权。

雇主及同事的民事豁免

22　　此外，除了少数例外情形，[30] 雇员（以及《劳动事故法》立法目的范围内的其他有权获得救济金的人，比如，受害人的配偶或者子女）不能向他的雇主或同事索赔。[31] 其雇主及同事实际上被赋予了所谓的"民事豁免权"。[32] 这种豁免权外延广泛：不仅免受劳动事故保险人提起的追索诉讼，而且免受就不能依照社会保障计划获得赔偿的特定类型的损害或者特定部分的损害提出的索赔。这种豁免不仅保护雇主及同事免于遭受基于一般过错责任法提出的索赔，而且免于遭受以严格责任制度为基础提出的索赔。

当一位雇主将自己的雇员出借给另一位雇主时，就发生了奇怪的情况。如果借用雇员的雇主（B）不能被视为出借雇员的雇主（A）的受托人，并且B不向雇员支付工资（不支付工资将自动终止劳动合同），A的劳动事故保险人——因借用雇员的雇主的一名雇员造成了损害而需要向受害雇员进行赔偿的人——依然可以依照

---

[30] 参见下文边码30。
[31] 《劳动事故法》没有使用"同事"的概念，而是提到"雇主的代理人或雇员"（le mandataire ou le préposé de l'employeur）。因此，"同事"应当被广义解释，即包括那些虽然没有签订雇佣合同但是在雇主以及有权代表雇主或以雇主名义作为的人的实际指导或控制下工作的人。
[32] 《劳动事故法》没有清晰地阐述这一原则，而是仅实际列举了仍可提起侵权诉讼的例外情形。

侵权法向 B 或者他的雇员提起追索诉讼。[33] B 及其雇员不能从与"被借"雇员有关的民事豁免中获益,即使后者确实是在 B 的指挥及控制下进行工作。[34] 但是,如果"被借"雇员引起了一起事故并且导致了 B 的一名雇员受伤,他将被视为受害人的同事,因此,"被借"雇员将被授予民事豁免权以免他的受害人依照侵权法向他提出损害赔偿请求,因而被出借的雇员无疑处在一个享有特权的位置上。[35]

---

[33] 至少在后者没有自《雇佣合同法》第 18 条规定的民事豁免权中获益的情况下。之前提及的劳动法条款赋予了雇员另一种民事豁免权,他们仅需对重大过失及故意或者他们普遍实施而非偶然实施的过错行为负责。

1973 年 7 月 3 日法案第 18 条规定:当工人对雇主或合同履行过程中的第三人造成损害时,工人仅需对其故意或重大过失负责。

如果该工人是在履行日常工作中的主要职责,而非偶然地参与其中,那么他需要对轻过失负责。

即使法律强制缔结的集体劳动合同有效,也无法免除上述第一款、第二款规定的责任,这仅仅适用于雇主责任方面。

在与保护工人报酬有关的 1965 年 4 月 12 日法案第 23 条规定的条件下,如果根据现行规定且在事后得到雇主、工人协商同意或由法官确认了赔偿及利息损失,那么雇主就不得将该赔偿和损失转嫁到工资上去。

[34] 例如参见:*Cour de Cassation*, 29 April 1988, [1987-88] Arr. Cass., 1029(判决摘要):"如果一名雇主根据劳动协议将其雇员交由另一雇主,而且没有劳动协议约束后者,那么即使前一雇主是自愿提供了雇员,后者也并非 1971 年 4 月 10 日《劳动事故法》第 46 条第 1 款所指的雇主。"

[35] 例如参见:*Cour de Cassation*, 1980 年 1 月 17 日, [1980] *Bulletin des Assurances*(Bull. Ass.), 367(判决摘要):"如果与雇主建立了劳动关系的劳动者被迫或自愿听从另一主体的指令或接受其监督,且未违反雇员与第一个雇主的劳动协议,那么该雇员可以临时成为后一主体的雇员。在受托人控制的雇员或者服务合同中的工作者造成事故时,受害人、雇主或法定保险人都不得对上述受托的雇员或对其雇主提起诉讼。"

劳动事故——独立经营者及公务员

23　　独立经营者的社会保障计划不保护他们免受劳动事故伤害。而公务员的社会保障制度在很大程度上与上述雇员社会保障制度相似。[36] 在这个制度中，存在一种与对雇主及同事有利的民事豁免相当的规则。但是，在上文提及的劳动事故法优先于侵权法适用方面仍存在差异。公务员的确仍有权在社会保障救济金（在必要时，根据侵权法提出的损害赔偿请求对此作以补充）和依据侵权法提出的赔偿所有损害的请求之间进行选择。

---

[36]　与公营企业内劳动事故有关的 1967 年 1 月 3 日法案第 14 条规定：
　　第 1 款　除本法赋予的权利外，受害人或其利益相关人还可根据民事责任相关规定对下列对象提起诉讼：
　　（1）故意导致工伤事故或职业疾病的职工成员；
　　（2）第 1 条中所指的法人团体或机构，如果工伤事故或职业疾病已对受害人的财产造成伤害；
　　（3）第 1 条中所指的法人团体或机构及其职工成员以外的、对事故负有责任的人；
　　（4）第 1 条中所指的法人团体或机构，如果事故发生在上班途中，而且受害人是该机构的员工或此组织的其他员工。
　　第 2 款　除上述第 1 款的规定之外，第 1 条所指的人员和机构有义务支付本法令规定的赔偿金及年金。但是，因本法而产生的赔偿与普通法的赔偿不做累加。
　　第 3 款　本法令的实施允许上述所指的法人团体或机构代位清偿，涉及受害人及其利益相关人根据第 1 款通过各种法律依据、各项诉讼、各种理由向工伤事故或职业疾病的责任人主张得到的年金，该代位清偿以本法令规定的年金与赔偿金数额以及年金所对应的本金数额为上限。
　　此外，上述法人团体或机构在向受害人支付了后者根据第 1 款通过各种法律依据、各项诉讼、各种理由向工伤事故或职业疾病的责任人主张得到的酬金时，享有代位求偿权，此代位求偿以在受害人暂时丧失劳动力期间所支付的酬金总额为上限。
　　涉及第 1 款（5）、（6）、（7）项所指的职工成员的赔偿责任时，共同体或共同体委员会可以补助金条约规定的金额或受害人暂时丧失劳动能力期间所收到的工资为限进行代位求偿。

职业病

适用于职业病的法规几乎与适用于劳动事故的法规完全相同。[37]

通过类推适用劳动事故相关法规,对职业病引发后果的赔偿仅被规定于雇员及公务员的社会保障计划中。

在卫生保健领域中的相互影响

与职业风险领域相比,卫生保健领域通过一种全新的方式处理侵权法与社会法之间的相互影响。原则上,卫生保健领域相关机构给予的赔偿并没有胜过其他形式的赔偿。卫生保健领域仅赔偿那些未能依照侵权法或者比利时或其他国家的任何其他法律有效获赔的

---

[37] 例如,《职业病法》(适用于雇员的)第51条规定:

第1款 除本法赋予的权利之外,受害人或其利益相关人有权对以下对象追究民事责任:

(1) 企业主,如果企业主故意引起了职业疾病。任何雇主,如果在根据第68条有权监督本法执行情况的人员向他书面指出,他违反了工作场所安全与卫生的相关法律与规章,使其员工处于职业疾病的危险当中的情况下,继续使员工处于职业疾病的危险之中,他就会被认定是故意引起了职业疾病;

(2) 对职业疾病负有责任的企业主、企业工人或职员之外的其他人员;

(3) 故意制造职业疾病的企业工人或职员。

第2款 在职业疾病基金支付的赔偿中,将会扣除受害人因人身伤害而得到的赔偿和利息金额。

赔偿和利息不可与本法规定的赔偿叠加。

第3款 在第1款(1)、(2)、(3)项所指的人员负有全部责任时,如果发生无支付能力的情况,职业疾病基金仍然承担支付法定赔偿金的责任,上述人员不支付普通法所规定的对物质财产损坏所应支付的赔偿。

第4款 在第1款(1)、(2)、(3)项所指的人员负有部分责任时,职业疾病基金在以下情况下承担支付责任:

(1) 支付不属于上述人员责任部分的法定赔偿金;

(2) 在上述人员无支付能力的情况下,支付超出法定赔偿金的部分。

第5款 职业疾病基金代替职业疾病责任人对受害人或其利益相关人进行赔偿,以基金已支付的款额和基金所应支付的津贴所对应的本金为上限。

本金数额根据现行的工伤赔偿标准来确定。

损失。[38]/[39]此外，没有人会因为卫生保健领域赔偿了损失而被赋予民事豁免权。

先期赔偿

然而，一些规定缓和了上述原则。这些原则的存在并非意味着，如果存在依据另一种机制获得赔偿的可能性，受害人就不能向公共健康保险提出赔偿请求。只要损害尚未通过其他方式获得有效的赔偿，受害人就有权提出所谓的"先期赔偿"（anticipatory compensation）。此外，由公共健康保险支付的先期赔偿款的水平由该领域中的原则决定，而并非取决于在其他基础上可以获得的有效赔偿的范围。一旦被给付，先行赔偿金就不再具有临时性了，而必须被认为可由受害人永久保有。

只有当受害人履行了通知义务时，即向公共健康保险通知自己

---

[38] 与医疗及赔偿金强制保险有关的1994年7月14日法案第136条第2款规定：在疾病、损伤、功能失调或死亡所引发的损失已经通过其他比利时现行法律、外国的法律或普通法得到补偿的情况下，不执行本法规定的赔偿。

但是，如果根据本法或普通法所应得到的赔偿金额低于保险金额，受益人有权向保险公司索要差额部分。

在实施本条款时，另一法律所规定的津贴数额为总津贴数额减去此数额上应承担的社会保险费之后的金额。

在损害通过另一项比利时法律、外国法律或普通法得到赔偿之前，津贴将在由国王规定的条件下支付。

保险机构有权代替受益人，以法律规定的津贴为上限，承担按照某项比利时法律、外国法律或普通法规定应支付的，用于部分或全部补偿第1款中所指的损害的赔偿责任。

在未经保险机构同意的情况下，补偿金的支付者和受益人之间的协议不可对抗保险机构。

赔偿款的支付者应将其补偿受益人的意图告知保险机构，并向后者提供一份协议或司法决定书的复印件。保险公司可被认为是赔偿款的支付者。

如果赔偿款的支付者未能根据上款规定通知保险机构，在发生重复赔付的情况下，将不能就支付给受益人的款项对抗保险机构，受益人有权保留所有收到的款项。

在发生了与保险公司监管有关的1975年7月9日法律第50条规定的情况时，保险机构可以根据该法第49条就已支付的赔偿金额向保障共同基金提出偿付要求。

[39] 商业健康保险基础上支付的赔偿金可以与公共健康保险基础上支付的赔偿金累积。

案件中的特定情形，公共健康保险人才能支付赔偿金（在实践中，并不总是考虑这个规则）。[40] 公共健康保险人对应当负责的侵权人提起追索诉讼的权利，在内容上与先期赔偿一致。[41]

卫生保健领域支付的赔偿金与侵权法下的损害赔偿金累计之禁止

同一损失绝不能重复获赔：只有在卫生保健领域针对特定类型的损失提供的赔偿金比其他制度提供的多时，由卫生保健领域支付的赔偿金才能与以其他制度为基础的赔偿合并计算。

为了确定不同形式的赔偿可否累加，需要分别比较损害的每一个组成部分。此外，我们必须首先确定社会健康保险给付的救济金范围。如果我们要处理的是一个医疗保健领域中允许的而且能够清楚界定的赔偿（例如，医治费用、住院费、药费），在界定社会保障赔偿的客体时就不会出现许多问题。然而，对于为了赔偿由疾病导致的无法工作而给予的伤残救济金（疾病救济金），可能会发生非常复杂的情况。关于这种赔偿，诸如与赔偿有关的期间、赔偿金精确针对的损失部分以及损害发生的原因等因素，在决定受害人的哪部分损害可以由社会保障救济金补偿时十分重要。

一旦社会保障赔偿的范围变得清晰，就可以将它和侵权法中的损害赔偿金进行比较。在公众健康保险的框架中，伤残救济金被称为唯一一个为弥补受害人劳动能力降低而非实际收入损失的补偿金。[42] 但是，侵权法中伤残赔偿金赔偿的不只是劳动能力的降低（例如，收入损失以及为获得相同的结果而需额外付出的努力）。因此，侵权法中的伤残程度不能与公共健康保险中的伤残程度相比，除非侵权法损害赔偿金中的相应部分又再次根据公共健康保险的原则进

40　与《与医疗及赔偿金强制保险有关的 1994 年 7 月 14 日协调法案》的实施有关的《1996 年 7 月 3 日皇家法令》第 295 条。

41　参见下文边码 37。

42　*Cour de Cassation*, 21 November 1994, [1994] Arr. Cass., 996.

行了计算。只有当伤残程度达到了66%及以上时，由公共健康保险支付伤残救济金才具有正当性。[43] 因此，社会健康保险给付的伤残救济金可以与侵权法下相似的赔偿金进行累加，该赔偿金最多与34%的伤残有关（根据公共健康保险的原则重新进行计算）。然而，当且仅当法律明确规定了侵权法赔偿与受害人的另一部分伤残有关时，才能进行此种累计。例如侵权法下与20%伤残（重新计算的）有关的赔偿金，如果它不能被视为与受害人的另一部分伤残有关，并因而成为由公共健康保险补偿的75%伤残中的一部分，那么它就不能与公共健康保险对这75%伤残的补偿累加。

卫生保健领域——独立经营者

28　　卫生保健领域提供给独立经营者的赔偿基本与提供给雇员的赔偿一并受相同原则的支配：不存在民事豁免，而且社会保障计划提供所谓的先期赔偿。但是，关于侵权损害赔偿金与伤残救济金的累计，与适用于雇员的法规相比，适用于独立经营者的法规要简单得多，但也严厉得多。该计划简单地推断，社会健康保险给予的赔偿弥补了可以得到或者可同时得到侵权法赔偿的损害（因此，社会保障被认为是多余的，因为同一损害不能重复获赔）。无论如何，已经由公共健康保险支付的伤残救济金，都将会被受害人因侵权责任而获得的伤残赔偿金削减。赔偿金覆盖的期间、损害的确切部分或损害发生的原因，都不影响这一规则的适用。例如，对一名30岁的独立经营者给付的伤残救济金，将会被他在童年时期依照侵权法获得的伤残赔偿金抵销。

3.2　取代侵权法之例外情形

雇员劳动事故保障计划中民事豁免之限制

29　　尽管这个问题本身存在一定的模糊性，但法学理论以及判例法[44]

43　参见上文边码9。
44　例如参见：*Cour de Cassation*, 2 November 1994, [1994] Arr. Cass. II, 909.

均将豁免理解为避免遭受劳动事故损害赔偿请求的主要保护手段。因此，直至近期，豁免规则都不支持那些被认为根本无权依照《劳动事故法》请求赔偿的人提出损害赔偿请求。根据普遍盛行的原理，劳动事故受害人的未婚伴侣（根据《劳动事故法》，她/他没有资格获得赔偿），不能依据侵权法向雇主提出损害赔偿请求，因为后者具有民事豁免权。然而最近，在2001年4月的一个判决中，仲裁法庭（the court d'Arbitrage，事实上是比利时宪法法院，尽管它仍未被授予所有宪法法院的权力特征）指出，上诉人仅依豁免权对有权获得劳动事故法上赔偿的人提起上诉，借此，仲裁法庭缩小了民事豁免权的范围。[45] 基于这种不同于一般侵权法的特殊制度所具有的正当性，即它建立在维护社会和平的理念之上，仲裁法庭并未因此类民事豁免权的存在而左右为难。

民事豁免之例外情形

如上所述，受害人的雇主或者同事不能援引民事豁免特权的例外情形十分少见。[46]

45　*Cour d'Arbitrage*, 18 April 2001, no. 52/2001.
46　1971年4月10日《劳动事故法》第46条第1款规定：除本法赋予的权利之外，根据民事责任法则，受害人或其利益相关人有权对下列对象提起诉讼：
　　（1）故意引发工伤事故或故意引发导致工伤事故之事故的雇主；
　　（2）雇主，如果工伤事故致使员工遭受财产损失；
　　（3）故意引发工伤事故的雇主代理人或其职员；
　　（4）对事故负有责任的除雇主、其代理人或职员之外的其他人员；
　　（5）雇主、其代理人或职员，如果事故发生于上班途中；
　　（6）雇主、其代理人或职员，如果工伤事故是一起交通事故。交通事故是指所有发生在公共道路上、涉及一辆或多辆机动或非机动交通工具的事故；
　　（7）在执法人员已经书面指出员工面临的工作危险之后，依然无视工作安全与卫生相关法律及规章的要求，继续使员工处于工伤事故风险之中的雇主。
　　限令整改通知书已经指出违反工作安全与卫生的具体情况，由此产生的工伤事故风险，具体应实施的防范措施，以及措施实施的时限，如雇主仍不遵守，受害人或其利益相关人有权在工伤事故发生时提起诉讼。
　　如果雇主能证明事故因受害员工未遵守雇主书面告知的安全规范而引发，同时雇主已为员工提供了必要的安全措施，受害人及其利益相关人无权对雇主提起诉讼。

尽管《劳动事故法》列举了即便雇主或者同事享有民事豁免权但仍可向他们提出侵权损害赔偿请求的七种情形，但是可以将这些例外归为五大类。首先，如果雇主或同事故意导致了事故的发生，受害人仍可向他们请求损害赔偿；第二，如果受害人的物受到损害，他也可以请求损害赔偿；第三，受害人在上班以及回家途中发生事故的，他也有权提出损害赔偿请求；第四，在交通事故中也可以提出损害赔偿请求，即使这些交通事故发生在工作过程中。[47]

第五种例外情形由最新的《劳动事故法》1999 年修正案提出，该修正案于 2000 年 1 月生效。如果雇主已经受到了被特别任命的公务人员的警告，但他仍严重违反了安全卫生法律规定的话，他就不能援引民事豁免。但是，立法者也为雇主提供了一种可以重获民事豁免的可能性，即如果雇主可以证明事故的发生也在于受害人（雇员）没有遵守相关法规，无论受害人（雇员）是否受到了书面警告，或者有无必要的安全设施供他使用，雇主均可重获民事豁免权。

3.3 赔偿/保护核心要素方面的差异

过错

与侵权法不同，在社会保障法中，过错概念并未发挥重要的作用。依照社会法获得赔偿并不取决于过错。在社会法中，只有一些最严重的过错形式才起到一定的作用。[48] 例如，故意可以剥夺具有共同过失的受害人请求劳动事故赔偿金的权利。而且，即使以严格方式解释该规则，即要求受害人确实要追求事故发生之结果，过错在健康保险领域也根本没有发挥任何作用。

---

47 第 4 种例外情形是仲裁法庭（*Cour d'Arbitrage*）在 1997 年的一个裁决（1997 年 1 月 16 日，第 1/97 号）之结果，在这个裁决中，法庭认为，区别对待上下班途中的事故受害者（没有民事豁免权）和在雇主的职权下发生事故之受害者（存在民事豁免权），违反了平等与无歧视的宪法原则。立法者通过 1998 年《劳动事故法》修正案吸收仲裁法庭的这个裁决（接着就是 1999 年的调整）。

48 参见上文边码 7 与 8。

因果关系

根据比利时侵权法,因果关系是责任成立的必要因素。受害人需要证明有一系列事实是其损害发生的必要条件,比如,如果没有侵权人的过错行为,损害将不会发生(在同等程度上发生)。

在社会保障法中,因果关系并未具有同等的重要性。在大多数情况下,社会保障救济金的给付并不取决于满足特定因果关系要求(例如,无论什么情况引起了医治的需要,社会保障机构都会给予赔偿医疗费用的救济金)。但是,有权获得劳动事故及职业病救济金的条件中仍要求有一定的因果关系要素。

仅当劳动事故是在受害人劳动协议的有效期间内发生时,它才能获得补偿。由于受害人可以援引特定的法律推定,因果关系的举证责任并不十分严苛。如果受害者既能证明发生了损害,又能证明发生了一起突发事件,那么就可以推定发生了一起"事故"。如果事故发生于受害人雇佣合同的有效期内,那么就推定它发生于劳动合同的执行过程中。

关于职业病,当受害人受到了公认的职业病清单中列举的一种职业病侵袭时,他只需要证明自己在接触那些引起此种疾病的有害物质的行业内工作即可。如果疾病不在清单当中,受害人的举证就变得相当困难,因为他将不得不证明疾病和职业之间存在一种直接的而且是决定性的关系。然而,最高法院已经证实,该要求并不意味着职业必须是疾病产生的唯一或者主要的原因——这也与其坚持的"原因等价"原则相符。[49]

财产性及非财产性损失

尽管比利时法没有细分损失的法定类型,但对于不同类型的损失,侵权法和社会保障法都使用了类似的区分或分类。然而,尽管

---

49 *Cour de Cassation*, 2 February 1998.

侵权法旨在赔偿所有损失，社会保障法却仅为特别规定的损失类型提供有限的赔偿（例如，社会保障法不赔偿非财产性损失）。

共同过失

34 　　共同过失在社会保障制度中的重要性要比它在侵权法中的重要性低得多。[50]

　　然而应当提及的是，《劳动事故法》1999年修正案禁止雇主在受到公务人员警告要遵守相关安全卫生法规而他没有遵守时援引民事豁免特权。但如果雇主能够证明受害人（雇员）已经收到书面警告，并且也有必要的安全设施供受害人（雇员）使用，而后者仍违反了相关安全卫生法规并促成了事故，那么雇主就可以重新获得他的特权。[51]

3.4　通常给予的赔偿金额

35 　　在获得赔偿的损害类型方面以及侵权法和社会保障法给予的赔偿金额方面存在一些差异。侵权制度旨在赔偿受害者具体遭受的所有损害（恢复原状）。而社会保障制度仅赔偿特别规定的损害类型。此外，社会保障赔偿通常都被限制在一定范围之内。

　　因此，社会保障制度给予的赔偿金在金额上根本无法与依照侵权法获得的损害赔偿金相比。[52]

3.5　追索权

职业风险领域中的追索诉讼

36 　　劳动事故保险人可以根据侵权法进行追索。他们提起的追索诉讼不能以民法典确立的一般原则为依据，而必须以《劳动事故法》第47条规定的特别规范为依据。在《民法典》中，代位性的追索诉讼需要以这一事实为基础，即某人替他人偿还了债务。然而，劳动

50　参见上文边码31。
51　参见上文边码30。
52　参见上文边码21（总而言之）、27及28。

事故保险人并非自愿地替侵权行为人偿还债务。他们之所以偿还是因为根据《劳动事故法》，他们有义务进行支付。因此，这被称为"准代位"（quasi-subrogation）。

对享有民事豁免权的人进行追偿显然是不可能的。而且很明显，追索诉讼还要被限制在已经实际支付的赔偿金额的范围内。如果这个赔偿金额超过了侵权行为人应当支付的损害赔偿金的数额，追索诉讼将会被限制在侵权损害赔偿金的范围内。[53] 如果是对仅应对部分损害负责的一方进行追偿，那么该诉讼应当被限定在部分有责方应当支付的最高额的范围之内（而不是与侵权人应当承担的责任比例相对应的保险金额之内）。然而，如果数个第三人被判决承担连带责任，他们有义务填补保险人支付的全部保险金，至少当保险金没有超过侵权损害赔偿诉讼中必须支付的损害赔偿金的数额时如此。

就支付给公务员的赔偿金，也可以提起追索诉讼。[54]

劳动事故基金有权就自己因职业病而支付的赔偿金提起追索诉讼。[55]

公共健康保险

当公共健康保险实际支付的赔偿金没有超过侵权人应当赔偿的损害赔偿金时，公共健康保险对侵权人提出的追索诉讼，在数额上被限定在前者已经实际支付的赔偿金的范围内。如果损害是发生在一个因和侵权人之间存在特定关系而有权请求医疗赔偿的受害者身

---

[53] 1971年4月10日《劳动事故法》第47条：保险公司和工伤事故基金有权对工伤事故责任人提起诉讼。

该诉讼以第46条第2款第1行规定的代付款额、与之相关的本金额以及第51-1、51-2、51-4条规定的金额和本金为上限。

以上机构提起民事诉讼的方式与受害人及其利益相关人提起的方式相同，并在受害人或其利益相关人根据第46条第2款第1行的规定不能得到赔偿时，代替受害人或其利益相关人通过普通法主张并行使权利。

[54] 参见上文脚注36：与公营企业中的劳动事故有关的1967年7月3日法案第14条第3款。

[55] 参见上文脚注37：《职业病法》（适用于雇员的）第51条第5款。

上的话，公共健康保险仍然可以对侵权人提起追索诉讼。[56] 事实上，公共健康保险提起的追索诉讼具有"准代位"性质，因为公共健康保险并不是在履行侵权人的债务，而是在履行他自己的、补偿受害人的法定义务。追索诉讼并非基于《民法典》的规定，而是有其特别的法律基础（1994 年 7 月 14 日法案第 136 条第 2 款）。

保证工资款项

38　　雇主可以请求每一位有责任的第三人赔偿继续支付的工资款。《雇佣合同法》明确赋予了这种权利。[57] 该法规定了不受追索诉讼限制的请求权。雇主的请求也的确包括了无法工作的雇员获得的以工资为基础的社会保险费。由于适用了这一规则，即便是从继续支付的工资中获益的雇员之配偶，也将被视为第三人。受害人的同事亦是如此。但是，他们通常会受到《雇佣合同法》第 18 条规定的民事豁免权的保护。

3.6　受害人、侵权人的家庭成员或者同事促成损害时的追索

39　　追索诉讼总是被限制在侵权人依据侵权法应当赔偿的数额之内。根据侵权法，如果受害人过失地导致了损害的发生，那么侵权人应当支付的损害赔偿金就会变少。

　　侵权人的家庭成员促成了损害并不影响侵权人应当承担责任。根据规范此类案件的一般原则，社会保障机构可以在要求侵权人赔偿和要求他的家庭成员（事实上，他不过是另外一个侵权人）赔偿之间进行选择，除非侵权人的家庭成员享有民事豁免权（但是，这并不取决于家庭成员这种身份）。由于侵权人将会被判决承担连带责任，因此，社会保障机构可以请求他们中的任何一个人赔偿所有损害。此后，他们彼此必须再根据各自过错大小来分担损害赔偿金。

56　参见：*Cour de Cassation*, 20 April 1993 及 8 April 1994。
57　第 52 条第 4 款、第 54 条第 4 款以及 1978 年 7 月 3 日《雇佣合同法》第 75 条。

如果雇员导致同事发生劳动事故，那么，他们可以受益于民事豁免制度。在任何其他情形下（民事豁免原则之例外[58]以及因患病无法工作而获得医疗及伤残救济金情形），都可以针对这些雇员提起追索诉讼。

3.7 社会保障机构与社会（商业）保险人之间的协议

尽管商业保险人已在各个保险分支中（尤其在机动车责任保险领域中）达成了大量的"协定"，但他们从未与诸如社会健康保险的社会保障机构签订过协议。

然而，仍需提及的是劳动事故保险人和第三者责任保险人之间签订的第 480 号协议。正是由于这个协议，劳动事故保险人针对责任保险人提出的追索诉讼都要以一个确定的数额为基础。另外值得注意的是，为了使简化追索程序具有价值，许多保险人的经营都兼涉两个领域。

3.9 社会保障法与侵权法的相互影响

社会保障救济金与交通事故弱势受害者的特殊赔偿机制之间的相互影响

必须提及的是 1989 年 11 月 21 日《机动车强制责任保险法》，其第 29-1 条规定了社会保障与所谓的"交通事故弱势受害者"（事实上指机动车驾驶人以外的所有交通事故受害者）"自动赔偿"规则之间的相互影响。[59]

尽管特殊赔偿机制下支付的损害赔偿金与侵权法下支付的损害赔偿金类似，但不能根据《劳动事故法》第 46 条去理解这些损害赔偿金与劳动事故机制下给付的赔偿金之间的相互影响。其原因在于，人们仍未普遍接受交通事故弱势受害人特殊赔偿机制是侵权法的组成部分这种观点。因此，立法者以具有补充性的《劳动事故法》第

---

58 参见上文边码 30。
59 参见上文边码 15。

48-1条以及48-2条中的条款来增补该法第46条中的机制。[60] 这些条文建立了一种相似的机制，该机制确立了工人赔偿法以及劳动事故保险人提起的追索诉讼优先的原则。没有必要讨论民事豁免相关问题，因为它绝不适用于交通事故。

在公务员社会保障计划中也增加了相似的规定。与公务员可在社会保障救济金与侵权法的赔偿之间进行自由选择不同，以特殊赔偿机制为基础的赔偿中不存在此类自由选择权。社会保障计划优先适用。[61]

---

60 第6-1节——作为与工伤事故中的机动车辆强制责任险有关的1989年11月21日法令第29-1条规定的赔偿款内容之补充，1971年4月10日法令规定：

  第48-1条：

  第1款 在不影响1989年11月21日发布的关于机动车辆强制责任险的法律第29-1条的实施之前提下，保险公司负有在第41、42条规定的期限内支付本法规定的赔偿款的义务。

  第2款 根据上述1989年11月21日法律第29-1条而支付的补偿款不能用来赔偿本法规定的人身损伤，但可与本法所规定的赔偿款累加。

  第48-2条：保险公司和工伤事故基金可以向承保机动车车主、驾驶员或使用者责任险的保险公司追偿或根据与保险公司监管有关的1975年7月9日法律第80条向共同保障基金追偿，追偿款金额以根据第48-1条第1款的规定已支付的垫付款及其本金，以及第51-1、51-2和59-4条规定的款项和金额为上限。

  以上机构以与受害人及其利益相关人同样的方式提起民事诉讼，并在受害人或其利益相关人不能根据第48-1条第1款的规定得到赔偿时，代替受害人或其利益相关人依照与机动车强制责任险有关的1989年11月21日法律第29-1条主张并行使权利。

61 与公营企业中的劳动事故有关的1967年7月3日法律第14-1条规定：

  第1款 在不影响与机动车强制责任险有关的1989年11月21日法律第29-1条的实施的前提下，第1条所指的法人企业或机构，以及第1-1条所指的雇主对本法规定的赔偿金和年金有支付义务。

  第2款 上述1989年11月21日法律第29-1条规定的补偿金不能被视为本法规定的对人身伤害的赔偿，可与本法规定的赔偿金累加。

  第3款 第1条所指的法人单位或机构，第1-1条所指的雇主可以向承保机动车车主、驾驶员或使用者责任险的保险公司，或根据与保险公司监管有关的1975年7月9日法律第80条的规定向共同保障基金行使追偿权利，追偿以根据第1款已垫付款及相关资金为上限。

  上述机构提起民事诉讼的方式与受害人及其利益相关人提起民事诉讼的方式相同，并在受害人或其利益相关人不能得到第1款规定的赔偿时，代替受害人或其利益相关人依照1989年11月21日法律第29-1条的规定主张并行使权利。

3.12 改革思考

与某些社会保障领域私法化的可能性及其好处有关的讨论或辩论正如火如荼，比利时也受到了影响。在多数情况下，辩论并不是围绕一种制度完全取代另一种制度展开的，毋宁是探索一些社会保险与商业保险的契合之道。在养老金领域尤为如此。虽然在传统上，养老金由社会保障制度负责（通过一个慷慨的养老金计划，该计划受到俾斯麦思想的影响，并以再分配为基础）。然而当下，人口的增长迫使政府开始正视该制度会在 2020 年崩溃的可能性，并且探索其他解决之道。一种解决方法就是鼓励由商业保险人（"集体人寿保险"）以及养老基金（企业养老基金及行业基金）提供的"补充性养老金"。另一个解决方法是建立一个所谓的"白银基金"。该基金由政府投资以衍生出必要的资金，这些资金足以在困难发生时支撑再分配制度。

关于侵权法与社会保障法之间的相互影响，唯一的矛盾产生于引入赔偿交通事故弱势受害人特殊机制之时。如上所述，[62] 在引入该机制时有一个明确的目标，即将社会保险人从必须为交通事故受害人提供保险保护而支出的那部分费用中解放出来，在这些交通事故中，根据一般的侵权法规则，司机无需负责，因此也没有责任保险人为受害人遭受的损失给付保险金。据说，通过引入这种特殊赔偿机制，社会健康保险人节省了 37,500,000 欧元。

二、案例

1. 共同工作场所

a）对于应由劳动事故保险人赔偿的损害，雇员决不能提起侵权

---

[62] 参见上文边码 13。

诉讼。A 的医疗费用将由他的劳动事故保险人赔偿。然而，劳动事故机制并不赔偿非财产性损失。因此，A 可以就自己的痛苦与创伤向 B 的雇主 Y 索赔。

由于雇主 Y 对 B 的行为承担替代责任，[63] A 将可以直接对雇主 Y 而非 B 索赔。事实上，雇员会受到一个劳动法条款的保护，该条规定，当且仅当雇员在工作过程中存在重大过失或者故意，或者当他们经常而非偶然性地具有过失时，雇员才需要对自己的行为负责（也即劳动法规定的雇员享有的另一种民事豁免权）。[64]

A 的劳动事故保险人可以向 B 的雇主追偿。Y 不能援引民事豁免权以对抗 A（因此也不能对抗向他追偿的劳动事故保险人），因为只有受害人自己的雇主及同事能够援引这种防御手段。即使雇主 Y 自雇员 A 的雇主 X 处借用了 A，Y 也不能援引民事豁免权。[65] 追索诉讼会被限制在劳动事故保险人已经实际支付的金额范围内，或者当这一金额超过了侵权人 Y 依照侵权法应当承担的金额时，它将被限定在后者的范围内。

b) 如果 B 在行为时具有重大过失或者故意，那么 A 可以直接向 B 索赔。事实上，在这种情况下，B 就不再受《雇佣合同法》第 18 条的保护了。至于向 B 的雇主 Y 索赔，上述限制同样有效。当然，如果同一损害不会得到重复赔偿的话，A 可以同时向 B 和 Y 请求赔偿。

由 A 的劳动事故保险人提起的追索诉讼遵循相同的原则。

c) 如果 A 和 B 由同一雇主雇佣，A 将不得不满足于劳动事故机制基础上支付的赔偿金。他既不能请求赔偿未达劳动事故机制下的赔偿要求的损害，也不能请求任何多余的部分。同事 B 以及他们共

63　《民法典》第 1384 条第 5 句。
64　1978 年 7 月 3 日《雇佣合同法》第 18 条，参见上文脚注 33。
65　参见上文边码 22。

同的雇主都可以援引《劳动事故法》第 46 条的民事豁免权。在由劳动事故保险人提出的追索诉讼中同样可以援引这种权利。

然而，如果 A 是被故意伤害的话，B 就不能再诉诸于他的民事豁免权了。对于通常都会被赔偿的物的损害亦为如此。[66]

2. 骑车人案件

雇员 A 有权要求雇主 C 向他继续支付工资。无论 A 与骑车人 B 的碰撞是否会被认定为劳动事故，A 都可以主张继续支付工资。但继续支付存在时间限制。具体条件会随雇员工作的性质不同而有差异。比利时劳动法仍然大体区分了严格意义上的雇员（例如，那些主要从事脑力劳动的人）和工人（例如，那些主要从事体力劳动的人）。[67] 前者（中的大部分人）有权要求继续支付一个月的工资。而后者仅能在无法工作的第一周获得全额的工资支付，此后，继续支付的工资将会在 23 天内逐渐减少到零。

如果继续支付的工资与 A 平日获得的全额工资不一致，则 A 可以就其余部分向 B 提起诉讼。

雇主可以向任何应当负责的第三人请求赔偿继续支付工资的损失。《雇佣合同法》明确赋予了他这项权利，该法规定了追索诉讼限额之外的索赔。事实上，雇主的请求也包括了无法工作的雇员所得工资应当缴纳的社会保险费。由于适用了这一规则，即使是获得工资的雇员之配偶也将会被视为第三人。对于受害人的同事亦是如此，然而，他们通常会受到《雇佣合同法》第 18 条规定的民事豁免权的保护。

3. 疏忽大意的雇主

如果雇主 B 引起了一起劳动事故并伤害了雇员 A，受害人将不得不满足于劳动事故保险人支付的（有限的）赔偿金。如果发生一

66　（关于雇主及同事民事豁免权的例外情形）参见上文边码 30。
67　现在学者们正在讨论这种区分。很有可能将来会取消这种区分（或者至少两个类型之间的分界线会在一定程度上消解）。

起劳动事故，雇员不能要求雇主赔偿，雇主也不能要求雇员赔偿。这种民事豁免也可以被援引以对抗劳动事故保险人提起的追索诉讼。在一些例外情形中（例如，发生交通事故的情况下），如果损害是由他人故意导致，或者发生于尽管雇主受到了特别任命的公务员的警告但他仍然严重违反安全卫生法规的情形下时，就不能援引民事豁免权。[68]

4. 具有共同过失的雇员

A 的共同过失通常不会影响他从劳动事故保险人处获得的赔偿金。关于劳动事故，当且仅当具有故意时，才会考虑共同过失。在这一点上，故意的概念会被严格解释。仅有受害人实施了故意行为这一个事实还不够，还要求该故意行为的目的在于引起一起事故（无论受害人是否追求事故结果的发生）。对此，我想到的是故意自残或者自杀的情形（至少在受害人自杀时其行为仍受自己自由意志支配时如此）。[69]

A 不能向同事 B 提起侵权损害赔偿之诉。由于 B 实施的是过失而非故意的行为，因此他享有民事豁免权。因此，劳动事故保险人也不能向同事 B 索赔。

---

68 参见上文边码 30。
69 参见 J. Put（见前注 2）p. 293.

英格兰与威尔士报告：
社会保障法对侵权法的影响

理查德·刘易斯

一、问题

1. 一般性问题

1.1 "社会保障法"及"社会保障制度（机构）"的定义

为了实现本次调查的目的，问卷中的定义都是可被认同的。英国社会保障法被理解为那些规范国家向其国民给付现金救济金的法律或法规。因此，国家控制是英国社会保障法的一个核心特征。当特定的事故或者疾病发生时，国家提供专门的救济金。特别是对于那些在劳动过程中受到伤害的人，存在一种专门的赔偿计划。

然而，国家的救济金远不止于预防人身伤害，而且会在诸如失业、退休或者有急迫的资金需求时提供帮助。因此，它为社会中最脆弱的人们做好了准备，无论他们落此境地的原因是意外事故还是疾病。在这种意义上，英国社会保障的含义要比问卷中提出的含义宽泛得多。

1.2 侵权法与社会保障法之间的分界线

3   在侵权法与社会保障法之间存在一条明显的分界线。[1] 侵权损害赔偿金要通过到法院提起民事诉讼的方式获得,尽管在其中98%的案件中,诉讼请求都会在审判之前和解。[2] 侵权诉讼要依靠申请人证明另一个人或者组织应当对他遭受的损害负责,而通常情况下需要证明被告具有过错。这也就意味着,在所有事故受害人中,只有少数人能够获得侵权损害赔偿金。[3] 侵权诉讼的程序既缓慢又耗费极高。而且在很大程度上,规则是由法官依照普通法逐案确定的。受害人可以要求被告赔偿由后者导致的所有财产性及非财产性的损失。认定损失的标准是主观的,而且任何收入损失都会获得全额赔偿。实践中,99%的请求都与机动车事故或者劳动事故有关。在这两个领域中,必须购买侵权责任保险,因此,该制度在很大程度上是由商业保险公司提供并进行赔付的。[4]

4   相反,申请社会保障要向国家行政机关提出。所有案件都必须

---

[1] 全面的描述请参见: A. Ogus/ E. Barendt/N. Wikeley, *The Law Of Social Security* (4th edn. 1995); W. V. H. Rogers, *Winfield and Jolowicz On Tort* (15th edn. 1998); M. Jones, *Textbook on Tort* (6th edn. 1998) or B. S. Markesinis/S. Deakin, *Tort Iaw* (4th edn. 1999).

[2] Report Of The Royal Commission On Civil Liability And Compensation For Personal Injury (Pearson Commission), Command Paper (Cmnd) 7054 (1978), vol. 2 table 12. 相似地, P. Pleasence, *Personal Injury Litigation In Practice* (1998), p. 12 揭示,在研究的762个案件中,只有5例走到了审判程序,即使在涉及给付大量损害赔偿金的案件中——在1987年和1988年,保险人恢复了15万英镑,甚至更多——只有10%的付款是法庭命令的结果。参见 P. Cornes, *Coping With Catastrophic Injury* (1993), p. 20.

[3] Pearson Commission (见前注2) 第一卷表5反映出,在所有事故受害者中,只有6.5%的人是通过侵权法制度获得赔偿的:这些人包括1/4道路事故受害者、1/10在劳动中受伤的人以及1/67在其他情形中受伤的人。然而,如果只考虑严重伤害的话,侵权法就会变得更加重要。在一起导致6个月或更久无法工作的事故中,大约有1/3的请求权人获得了侵权损害赔偿金。但是,这些人只是因各种原因遭受严重伤残的人中的一部分,因为伤残之人比事故受害者多了9倍。

[4] 据 Pearson Commission (见前注2) 第一卷第509段估算,保险人处理88%的侵权请求而且支付了全部赔偿金中的94%。其他案件或者涉及政府机关,或者涉及作为自我保险人的大型组织,真正由个人侵权人支付的损害赔偿金是极为罕见的。

经过判决，不存在庭外和解的情况。获得社会保障的权利不取决于能否证明伤害是他人过错的结果。规则主要来源于制定法而非普通法。社会保障根本不允许对痛苦与创伤进行赔偿。而且对任何主观经济损失都不予考虑。相反，获得社会保障赔偿的权利以客观标准为基础，而且被给予的金额与收入之间几乎没有任何关系。国家负责为这些款项提供资金并且进行管理；商业保险不会参与其中。

1.3 侵权法与社会保障法之功能差异

尽管在致力于使受害人在尽可能的范围内恢复到事故发生前的状态这一点上有所不同，但侵权法和社会保障法都以赔偿在事故或疾病中受到伤害的人为目标。对侵权法中矫正正义而非分配正义的强调是近年来英美国家著作中的特点之一。

尽管绝大多数评论者都认为赔偿是侵权法的主要目的所在，然而据说它的功能已经远远超出了赔偿，还可能包括下列内容：

• 威慑潜在的不法行为者，并且减少社会中的危险行为以及进而避免事故的发生：有大量文献论述了侵权法直接影响或者间接地通过价格机制影响个人行为的经济效果。然而，保险的存在以及刑法的实施排除或者削弱了侵权法的许多威慑力。

• 赔偿受害人：有人建议说，在受害人看到不法行为人因为具有过错而受到惩罚时，他会感觉更好，即使由于保险的存在，不法行为人不必为他的错误支付赔偿金时亦然。然而，受害人的这种公开辩护在实践中几乎无法实现，因为绝大多数的诉讼都在庭外和解了，而且被告很少被曝光并受到指责。

• 为围绕具有普遍公共重要性的事物展开辩论提供一个公开的平台：侵权法制度为这些辩论能够吸引公众注意提供了充分的理由，否则可能无法达到吸引眼球的效果。通过这种方式，侵权法制度据说已经具有了"行政监察专员"（ombudsman）般的功能。同样，这种功能也受到许多限制，尤其是提起诉讼相关费用的威慑效果。

2. 人身伤害之社会保障保护

2.1 保护的范围

7 在人身伤害或者疾病方面，所有英国公民都会或多或少地受到国家保护。可以获得的许多救济金都与申请人在受伤之前是否处于劳动关系中并且（或者）他现在有没有丧失工作能力有直接的关系。对于损害发生时尚未就业或者有望就业的人而言，供给会相对较少。其中的一个原因就是，获得救济金的权利取决于雇员在工作过程中缴纳了国家保险费（参见边码17）。

8 商业保险在何种范围内提供帮助？多种第一方保险都与事故受害人有关。[5] 在发生了收益损失、残疾或者死亡的情形下，这些保险可以提供持续的救济金以及（或者）一次付清所有款项。这些不同种类的保单承保的范围有所差异：

• 引起损失的事件是受到限制的，因此，只有意外发生的损害才能获得保险保护。或者，它可能极为广泛以至包括生理或者心理疾病的发作，在长期健康保单中就是如此。如果发生了死亡，可以依据一份人寿保单提出赔偿请求。

• 承保的损害性质也各不相同。在广义上，损害赔偿可以被限定为以下三种类型中的一种或者多种：1) 当且仅当收入中断时，才应当支付金钱。确切的条件以及应当支付的金额将取决于特定保单中的条款。例如，依照抵押补偿保单（mortgage indemnity policy）中的约定可因收入中断而获得的金额，可能被限定在抵押担保的责任范围之内。根据一份长期健康保单，受益人有义务证明他不再能从事他的正规职业了。2) 正如商业医疗保单中的情况那样，赔偿金也弥补保单持有人因损害而花费的费用。3) 损害赔偿也可能基于残疾而非该损害直接导致的经济损失，因此，无论是产生了费用还是收

---

[5] D. Harris et al, *Compensation And Support For Illness And Injury*（1984），chap. 8.

入损失，受害人都有权进行请求。能力的持续丧失就已足够，一个适例即为：如果保单持有人遭受了身体结构上的伤害，比如失去了一条腿，根据一个机动车综合保单，他只能获得相对较少的赔偿金。

人寿保险。在所有与人身损害赔偿请求有关的第一方保险中，人寿保险是至今最为普遍的保险，大约有2/3的家庭都购买了此类保险。[6] 显然，它仅与相对较少的、导致死亡的事故中的侵权损害赔偿金有关。可能有一个以上的保单可以适用，因为在同一生命上存在重复保险是非常普遍的现象。发生这种情况的原因部分在于购买人寿保险不仅是为了减少死亡发生时的经济损失，而且也是一种储蓄及投资方式。有人认为，这一点将人寿保险与本文讨论的其他第一方保险区别开来，而且使在计算损害赔偿金时不考虑人寿保单的收益更加具有说服力。

意外及残疾保险。尽管这两类保险相对少见，但它们的数量正在逐渐增加，尤其是自上世纪80年代以来。在1996至1997年间，大约有7%的家庭购买了人身意外伤害保单。[7]

长期健康保险。这种保单几乎覆盖了10%的劳动人口：大约有130万人购买了个人保单，而且几乎同等数量的人又是集体计划的成员。通常，其受益人是雇员、男性并且是高收入者。[8]

商业医疗保险。尽管这种保险的数量在近年来有所下降，但它在上世纪80年代还是发展得极为迅速的。在1990至1997年间，购买这种保险的人数稍有下降——从660万降到了610万人。[9] 大概有

6　Association of British Insurers, *Insurance: Facts Figures And Trends* (1998), table 3.2.
7　同上注, table 3.3。
8　M. Howard/P. Thompson, *There May Be Trouble Ahead* (1995), p.17. 近年来，永久健康保险的保险费陡然上升，而保单的销量下降了。P. Fenn, Sickness And Disability Insurance In Public And Private Sectors, in Association of British Insurers, *Risk And Welfare* (1995).
9　Association of British Insurers, *Insurance Statistics Yearbook* 1985–1997, table 71.

9%的家庭花钱购买了商业医疗保险，尽管一半以上购买者的保险费都是由他们的雇主代付的。[10] 根据年龄、区域以及所属社会经济群体的不同，商业医疗保险的保护范围也有显著的差异：1/3 的中年职业人士购买了该保险，而仅有 1/5 的体力劳动者购买；在伦敦，有 20% 的人受到此类保险的保护，而在英格兰北部，仅有 4% 的人如此。[11]

2.2 侵权损害赔偿金的受领人同时获得保险赔付的范围

13　　尽管有一些实证证据能够证明第一方保险与侵权损害赔偿金之间的重叠范围，但许多数据要么不完整要么已经过时。但是，他们依然可以说明，在英国，对于事故受害人，保险的重要性相对有限。这与美国形成了鲜明的对比。据说在美国，对于交通事故受害人，在他们所有的赔偿金中，有 2/3 来源于以保险为主的资源而非侵权人。[12]

14　　人身意外保险。在 1994 年，法律委员会发现，在获得侵权损害赔偿金的那些人中，只有 1/10 的人说他们也从人身意外保险中获得了一部分钱（尽管这不包括医疗或人寿保险赔付）。[13] 在这些人中，大约有一半的人获得的是一次性清偿，而另一半人获得的是分期付款，平均一星期 20 至 60 英镑。[14]

15　　商业医疗保险。法律委员会报道称，曾有相当于因受伤而接受

10　Office For National Statistics, *Living In Britain: Results From the 1995 General Household Survey*, p. 122, and the Association of British Insurers（见前注6）table 3.2 and p. 28.

11　Laing/Buisson, *Private Medical Insurance: Market Update* (1994), p. 16.

12　J. O'Connell, *The Injury Industry* (1971), chap. 4 p. 29. 有关北美数据的更多详情请参见：R. Lewis, *Deducting Benefits From Damages For Personal Injury* (1999), para 6.08.

13　Law Commission Report No. 225, *Personal Injury Compensation: How Much Is Enough?*, para 9.1. 该调查有关 654 个获得损害赔偿金的人。哈里斯等人（Harris et al.）同样发现，1975 年在事故中受伤的受害者中，大约有 11% 的人称除了医疗保险他们还拥有其他保险，参见：D. Harris et al.（见前注5）table 8.1 and p. 225. 但是，只有 5% 的人真正获得保险赔付。皮尔森委员会（The Pearson Commission）再次发现，只有 7% 的受害者获得了保险赔付（见前注2，vol.1 para 154）。《民事审判评论》（The Civil Justice Review）指出，每年大概有 25 万受害者从保险程序中获益，参见：*Report Of The Review Body On Civil Justice* (1988, cm 394), para 391.

14　更多详情请再次参见：R. Lewis（见前注13）para 6.09.

私人医疗服务的事故受害人的人数的 4 倍的人反对自商业事故保险单中获得保险金：在损害赔偿金的获得者中，有 43% 的人说他们已经私下接受了治疗。然而，获得的医疗护理必然是十分有限的，因为个人费用普遍较低。尽管在受伤较为严重的人中有 7% 的人获得了超过 5000 英镑的赔付，但大多数赔付都少于 500 英镑。由于存在保险赔付，因此在评估私下就医的实际规模时就存在一些困难。[15] 但是，至少可以说，与二十年前相比，今天的医疗保险是一个重要得多的因素，据报道当时仅有 1/40 的事故受害人购买了商业保险。

人寿保险。尽管在非致命的事故中，只有 10% 的损害赔偿金获得者也获得了保险赔付，但法律委员会发现，如果导致了死亡，这个数字将会上升到 67%。此外，他们获得的赔付金额要高得多。[16] 因此，就导致死亡的更加严重的伤害而言，更有可能发生的是，除了损害赔偿金的所有请求，受害人还将获得一些保险赔付，因而这笔钱将比非致命情况下的钱可观得多。获得保险金的规模及可能性将被扶养人置于比受害人本身更为有利的地位。

2.4　社会保障保护的资金来源

社会保障保护全部由国家提供资金。这些钱不仅通过税收方式筹集，而且通过要求个人缴纳国民保险费获得。这种保险因素即意味着，只有当个人已缴纳了足额的国民保险费时，他才能获得一些救济金。然而，这种保险关系已经逐渐被削弱了，以至于在今天，国民保险赔付并不存在一个单独的、与财政部中的国家财政提供资金的赔付相对

---

[15] 在被调查的人中，大概有一半人都不是自己为治疗付费，这表明他们的医疗费或者直接由第一方保险，或者直接由被告负责。然而，在那些为他们的治疗付费的人中，大部分人声称是用自己的资金付费，而不是用从其所获清偿或任何医疗保单中预留的钱付费。

[16] 在那些获得保险金的人中，有 44% 的人称获得的是人寿保险的保险金，有 5% 是私人养老金收益，而 30% 获得了定期人寿保险保护。只有 2% 的人说他们受益于一种综合性的汽车保险。几乎所有的保单都是一次性付清总额，只有 4% 的保单提供定期付款。

应的会计制度。国家直接为所有社会保障救济金提供资金。

3. 侵权法与社会保障法之间的关系

3.1/2 社会保障法对侵权责任的取代

18　　并没有正式的法律规则仅仅因为请求人有权获得社会保障救济金就阻止他提起侵权诉讼。但是，请求人接受社会保障救济金会影响侵权损害赔偿请求权的价值。接受社会保障救济金的行为通过减少请求权的价值并继而减弱提起侵权诉讼的动力间接地产生影响。

3.3 赔偿/保护的核心要素方面的差异

19　　二者在这个方面存在显著的差异。主要区别如下：

20　　过错。当且仅当可以归责于另一个自然人或者组织时，侵权法制度才会对受害人进行赔偿。尽管在一些领域中存在着严格责任（作为一种正式的法律规则或者一种实践），但通常情况下，归责的基础在于被告具有过错。责任的过错基础也体现在这一规则中：如果请求人自己具有过错，那么将会扣减他能获得的赔偿金。

21　　相反，就社会保障法中诸多不同种类的救济金而言，并不要求申请人证明他的损害是由另一个人的过错导致。概括言之，救济金请求权乃基于申请人的需要，与归责于另一个人无关。通常情况下，申请人的救济金也不会因为他自己促成了导致他需要救济金的情形而减少。

22　　原因。侵权责任也要求证明被告的过错是损害发生的原因。在实践中，这即意味着，侵权法制度过度地关注由意外事故造成的损害。由生理或者心理疾病引起的损害很少受到关注，尽管当下这个领域的重要性正在逐渐提高。

23　　相反，社会保障制度欣然对生理及心理疾病进行赔偿。与在意外事故中受伤的人相比，因疾病影响而伤残的人数是前者的十倍之多。而且，在意外事故中受伤的人里，只有很少一部分人可以成功提起侵权诉讼。因此，对于因各种原因伤残的人，社会保障制度就更加重要了。尽管其救济金的水平有时取决于疾病的类型，但是社会保障制度通常都会更加关注伤残的程度而非它的原因。

财产性赔偿。被侵权法再三强调的目的是使请求人恢复到事故发生之前的状态。这即意味着，对于自己遭受的任何经济损失，受害人都有权请求全额赔偿。其中包括所有的收入损失，以及含护理费在内的任何费用。即使存在一种内容广泛的国民健康服务，受害人依然可以获得对私人医疗费用的赔偿。

相反，在社会保障救济金的款项中，几乎没有与收入有关的成分。尽管有时可以在有限的范围内获得护理费，但福利制度更多地是直接提供护理而非给予购买护理的金钱。

非财产性赔偿。侵权法制度的一个特征是它不仅赔偿痛苦与创伤，而且赔偿生活乐趣之丧失。伤害对请求人是否产生了直接的经济影响在结果上并没有差异。这种赔偿在侵权法制度赋予的损害赔偿金中占据了2/3的比重。[17] 相反，社会保障几乎不认可非财产性损失。一个例外是因劳动事故伤害而给予的伤残救济金。此类救济金是根据伤残程度进行支付的，并不考虑申请人是否丧失了收入，或者他是否支出了费用，更甚至于他是否需要这笔钱。

3.4 通常给予的赔偿额

正如上文强调过的那样，侵权法旨在使请求人尽可能地恢复到事故发生之前的状态。而社会保障制度志不在此。简言之，侵权法的独特之处在于：

- 赔偿所有收入损失；
- 满足所有个人护理之费用；
- 赔偿痛苦、创伤以及非财产性损失；并且

---

17 Pearson commission （见前注2） vol. 2 table 107. 然而，表108揭示出，诉讼标的越大，赔偿非财产性损失的比例就越低。在1973年超过25,000英镑的诉讼中，赔偿非财产性损失的比例跌至48%。

- 通常以一次性支付而非分期付款的方式进行赔偿。

3.5 追索权

28　　直至 1989 年立法确立了一个救济金追偿计划，国家才开始享有追索权。[18] 该计划设立了赔偿金追索局，将它作为一个新的社会保障机构。该局可以追回国家向事故受害人支付的、截止至他们的损害赔偿诉讼和解之日的救济金。只有当侵权责任已被证实而且损害赔偿金也已被支付时才会发生此类追偿。实践中，社会保障机构很少需要提起一项独立的追索诉讼以收回已支付的救济金。这是因为，在即将支付人身伤害损害赔偿金的各种情形下，赔偿者（通常是保险人）首先都有义务调查由于事故、伤害或者疾病的发生而已经支付给申请人的救济金数额。此后，在支付损害赔偿金时，赔偿者有义务向赔偿金追索局偿还所有救济金。（这种偿还已经变成了处理所有成功的侵权诉讼时涉及的行政程序的组成部分了。）现在，保险人皆已认为这一过程已经成为惯例。因此，仅在极为个别的情况下，社会保障机构才需要真正动用自己的权力对赔偿者单独提起追索诉讼。当且仅当赔偿者没有遵守追索程序时才需要提起一项单独的诉讼。

29　　救济金追偿的期间。如果救济金被给付的原因在于意外事故或者疾病，而且制定法明确规定它们可以被追偿时，赔偿人必须向国家偿还所有救济金。在发生意外事故的情况下，这些明文规定的可以追偿救济金的期间始于事故发生后的第二日。如在罹患疾病的情况下，该期间始于首次请求支付疾病救济金之日。追偿的期限止于下列两个时间中较早的那个：（1）追偿期间开始后经过 5 年的，或者（2）最后一笔赔偿金被支付完毕之日。

30　　在实践中，这即意味着，在大多数情况下，追偿期间在案件和解之日终止，因为大多数诉讼请求都会在 5 年内完结（参见边码

18　根据 1989 年《社会保障法》。8 年后，该法进行了重大修订。现行法是 1997 年《社会保障（救济金追索）法》。

43)。国家不能追偿那些可能在和解协议或者法院指令生效之后的将来支付给申请人的救济金。对于赔偿者向国家偿还救济金的责任，这是一个重要的限制，而且这种设计在某种程度上是为了避免臆断申请人未来享有的、申请届时必需的救济金的权利。对将来的救济金进行估算可能导致不公平的结果。然而，这种限制也意味着，在一些情况下，连续多年获得救济金的事故受害人从重复性的源头获得了赔偿。

减少请求人的损害赔偿金以将已经支付的救济金纳入考量。尽管赔偿人有义务全额偿还受害人获得的救济金，但是在多数情况下，由于赔偿人可以将救济金与受害人应当获得的部分损害赔偿金抵销，因此就减少了偿还救济金而耗费的成本，所需支付的损害赔偿金的数额因此也减少了。因此在理论上，请求人的所得不能超过他的损失，由被告全额偿还，而且公共财政无需再承担为受他人不法行为伤害的人提供经济帮助的成本。因此，这个计划十分具有吸引力，因为它看上去不仅可以避免使被告从中获益，而且可以避免超额赔偿意外事故的受害人，至少在他的损害赔偿诉讼和解以前的期间内如此。 31

赔偿人减少损害赔偿金的可能性给请求人施加了很大的压力，以至于他们都会尽可能快地和解自己的案件。请求人的动因是"今日和解，明日获得救济金；明日和解，就会失去救济金"。在一些情形下，时间因素也被当做讨价还价的筹码使用，以便说服赔偿人接受已经提出的条件。因此，社会保障制度不仅影响了侵权诉讼的价值，而且影响了它的处理方式及其和解速度。 32

尽管赔偿人可以抵销救济金，但他必须向国家偿还他有责任承担的那部分损害赔偿金，他被限制在自己可以减少的、必须向请求人支付的损害赔偿金的范围内： 33

- 仅当存在一种对应类型的损害，而且该损害已经获得了侵权法赔偿时，赔偿人才能从损害赔偿金中扣除救济金。这个对等原则意味着，例如，只能对应专门为弥补收入损失而支付的损害赔偿金来扣减被列为针对收入损失支付的社会保障救济金，而不能对应为弥补医疗费用而支付的损害赔偿金来扣减。

- 针对非财产性损失（包括痛苦、创伤以及愉悦感的丧失）的损害赔偿金是"受到保护的"，从而根本无法从它们中扣除救济金。据说，这一规定的正当性在于，针对痛苦与创伤的损害赔偿金不会与救济金重叠，因为国家不会为任何形式的非财产性损失买单。因此就不可能做"同类"扣减。

- 对将来损失给付的损害赔偿金也不受救济金扣减或者追偿的约束。这是因为，申请人在最后赔偿日之后获得的救济金不能被追偿，同时，此前可被追偿的救济金也仅能因与过去损失有关的损害赔偿金中相对应的部分而被扣减。

34　　这些对赔偿人减少向请求人支付损害赔偿金的能力进行的限制，不会影响它向国家偿还所有已经支付的相关救济金的责任。即使偿还金额与损害赔偿账单不能抵销，赔偿人也必须全部偿还。已经给付的各类损害赔偿金不影响国家追偿被列举的所有救济金的权利（由国家追偿的救济金的实际金额会在边码46讨论）。

35　　国民保健服务治疗费的追偿。近来，救济金追偿计划已经被扩展到了追偿由国民健康服务提供的医院治疗费用的程度。[19] 尽管现在这种追偿被限制在涉及交通事故受害人的治疗案件中，但可以预见的是，它最终将会被扩展至所有赔偿人支付损害赔偿金的案件中。这个计划依附在救济金追偿计划上，而且要求在向请求人支付损害赔偿金的同时偿还费用。通过在住院天数的基础上确定一个固定费

19　根据1999年《道路交通（国民健康服务局主管）法》。参见：R. Lewis, Recovery Of NHS Accident Costs: Tort As A Vehicle For Raising Public Funds, [1999] *Modern Law Review*, 903.

用来计算费用款项，该款最高可达 10,000 英镑。这个新计划在赔偿金追偿蛋糕上增加了坚实的一层。国民保健服务费用的追偿预计每年会增加 12,300,000 至 16,500,000 英镑，这笔钱必然会叠加于现在正被追偿的 200,000,000 英镑的社会保障救济金之上。

3.6 受害人、侵权人的家庭成员或者同事促成损害时的追偿诉讼

这些因素不会对上文边码 28 至 35 讨论的救济金追索计划产生影响。赔偿者（无论是同事还是亲属）都必须向国家偿还后者因侵权行为向申请人支付的全部救济金。当然，在实践中，几乎毫无例外的是，在向请求权人支付损害赔偿金的场合下，实际偿还救济金的是雇主的保险公司或者亲属的道路交通保险人。

3.7 社会保障机构与社会或商业保险人之间的协议

在其他国家，附属性救济金的提供者被赋予了广泛的代位权，以便从侵权人处收回自己向申请人支付的救济金。然而，他们主要通过一揽子追偿协议行使这些权利，在这些协议中，责任保险人事先同意在特定附属救济金提供者提供的、一定金额以下赔偿一部分的索赔请求。这就避免了单独起诉，并且使代位权在管理上具有可操作性而且在经济上可以被接受。[20] 法律委员会认识到，在英国，一揽子协议的缔结将会是复杂且成本高昂的，而且会导致作为一方的个人雇主、第一方保险人以及养老金基金，与作为另一方的责任保险人之间存在大量的协议。[21]

在英国，有关社会保障救济金，不存在一揽子追索协议，其原因在于上文描述的综合性救济金追索计划。在该制度实施之前，社会保障机构无权追索已经支付了的救济金，因此也不存在追索协议。

---

[20] 参见：W. Pfenningstorf/D. Gifford, *A Comparative Study of Liability Law and Compensation in Ten Countries and the USA* (1991), p. 134.

[21] 参见：法律委员会第 262 号报告：*Damages for Personal Injury: Collateral Benefits* (1999), para 12.16.

然而，围绕他们之间损害赔偿金的分配问题，商业保险人之间还是存在少数几个协议的，尽管它们既未涉及已付救济金的追偿，也与任何社会保障方面的因素不相关。[22]

3.8 侵权法与社会保障法相互影响产生的其他问题

39　　追索救济金之管理成本的担忧。为了管理救济金追索计划，必须设立一个庞大的行政机构。在该机构设立之前，曾有人担心追索会妨碍诉讼程序、导致和解迟延并抬高侵权法制度的成本。但后来证实，这些担忧是没有事实根据的。尤其是，就赔偿金追索局本身而言，虽然它雇佣了 400 多名员工，但它的运转成本不超过它追回的救济金的3%。[23] 与此相对，有必要指出的是，存在其他甚至成本更低的从保险人处获得金钱的方法——比如说，提高保险费的税率——但是，这些方法都没有与侵权法制度下每个保险人的确切责任相连。但是，这继而引发了另一个重要的批评，该批评如下：

40　　声名狼藉的过错制度壕沟。新的救济金追索制度不同于对受害人承担的社会责任之概念，也不是要将声名狼藉的侵权责任制度牢固地树立为提高政府收入的一种手段。这一赔偿原则重申了侵权责任的重点在于对个人进行护理帮助并且可以惩罚不法行为者——无论识别他们或者使他们实际履行有多么困难。无论在实践中过错原则看起来有多么昂贵、不合理或者甚至极为不公正，每一英镑的成本都会被计算并且被放置在"适当的"位置上。必须进行赔偿的是保险人——或者毋宁说是他们的保单持有人以及间接地整个社会。尽管作为结果的"暗中收税"是一种增加财政收入的便利的政治手段，但是，适用于救济金的赔偿原则以及健康成本牢固地确立了侵

---

[22]　R. Lewis, Insurers' Agreements not to Enforce Strict Legal Rights: Bargaining with Government and in the Shadow of the Law, [1985] *Modern Law Review*, 275.

[23]　在 1997-98 年度，它耗费 420 万英镑（相当于总额的 2.4%），收回了 17,100 万英镑。

权法制度作为一种增加政府收入手段的地位。构建侵权法制度的基本原则（过错原则）具有的浪费及不公正特征使它在更为狭隘的主题以及当下的政治权术中迷失了方向。

3.9 社会保障法与侵权法的相互影响

（1）很明显，社会保障越能满足事故受害人紧迫的经济需求，他们就越不会提起侵权诉讼。起诉的经济动因被削弱了。（2）但另一方面，救济金的获得能够使申请人比他无法获得救济金时更强地为自己的赔偿案件做斗争（参见边码43）。（3）在损害赔偿金中扣除可被追偿的救济金，给当事人施加了压力——尤其是请求权人——以至于他们都会尽快和解诉讼（参见边码32）。

41

体现侵权法赔偿相对于社会保障保护的经济规模的数据；与追索诉讼范围相关的数据

尽管在福利性公共支出中只有很小的一部分被支付给了事故受害者，[24] 但这个数额远远超过了侵权法制度支付的全部损害赔偿金的数额。侵权法非常像社会保障制度的初级合伙人。就自己受到的伤害，接受社会保障给付的事故受害者的人数是请求侵权损害赔偿金的人数的7倍，而且他们获得的救济金总额是判决赔偿的损害赔偿金总额的2倍。[25] 如果在评估时不仅考虑事故受害人，而且考虑比事故受害人多十倍的主要因生理或心理疾病伤残的群体的话，侵权法甚至会变得更加不重要。由于各种原因，这个群体比事故受害人更难提起侵权诉讼，[26] 而

42

---

[24] 皮尔森委员会粗略地统计出，只有6%的公共福利支出是直接针对事故受害者的。这大致代表了全部公共支出的2%（福利供给大约为总额的1/3）。该统计考虑了现金救济金、管理社会保障制度的成本，并且加上了住院及药物服务的费用。参见：Pearson Commission（见前注2）vol. 1 para 87.

[25] Pearson Commission（见前注2）vol. 1 table 4 表明，在1997年，大约215,000个获得者总共获得了2亿英镑的赔偿金，而社会保障制度向50万人支付了大约4亿2千万英镑。截至1988年，尽管更多的人获得了侵权救济金，但这些方案的相对重要性仍基本相同。参见：the *Report Of The Review Body On Civil Justice*（见前注13）para 391.

[26] J. Stapleton, *Disease And The Compensation Debate* (1986).

且在对他们的赔偿中，普通法上的损害赔偿金发挥的作用更为有限。

43　　制度之间的重叠。上述数据不能被理解为是在暗示侵权法制度与社会保障制度之间互相排斥。事实上，它们之间的联系十分紧密。在损害赔偿诉讼中胜诉的人，更有望比更为典型的、无法依据侵权法索赔的事故受害人获得范围更广的福利救济金。在法律委员会的一项调查中，在获得 20,000 英镑或者更多的损害赔偿金的人中，有九成人平均可以获得 3 种不同的社会保障救济金。[27] 福利国家的存在为受害者提供了基本生活保障，这些保障是他们在经历漫长的普通法损害赔偿诉讼程序时所需要的。[28] 如果事故受害人不能从救济金制度中获得这种急需的资助，普通法损害赔偿诉讼（具有迟缓性、昂贵性以及复杂性）将无法幸存至 20 世纪。正因如此，侵权法制度可被视为是寄生于福利国家之上的制度。

44　　近来，两种制度之间重叠的范围变得更加明显了。建立于 1989 年的赔偿金追索局，其目的在于使社会保障机构能够追偿在事故受害人的损害赔偿诉讼和解之日前国家已向他们支付的大部分救济金。

---

[27] Law Commission Report No. 225 （见前注 13） table 901.

[28] 社会保障部（the Department of Social Security）报告称，在 1990 年至 1994 年，赔偿救济金的侵权案件的平均处理期限是 2.3 年，尽管 28% 的案件的赔偿期限为 3 至 5 年，参见：the DSS *Memorandum of Evidence to the Social Security Select Committee* (1995), HC 196 appendix B. 相似地，P. Pleasence 发现，进入诉讼程序的侵权法法律援助案件的平均处理期限是 2.4 年（见前注 2）p. 65 fig 4.2. 该研究指出，医疗及职业病案件持续的时间要比道路事故、旅行及占有人责任案件长得多。D. Harris et al.（见前注 5）第 105 页中调查的 159 个案件从事故发生到解决的平均时间是 19 个月。皮尔森委员会也发现，80% 的诉讼是在受伤后的 2 年里处理的，参见：Pearson Commission （见前注 2）vol. 2 table 17. 相反，法律委员会通过对 92 个案件的调查发现，平均处理时间达 5 年多，参见：Law Commission Report No. 225 （见前注 13） table 1121. 此外，另一项研究发现，在被研究的 323 个人身伤害案件中，自第一个指令发出开始，平均处理期限为 54 个月；而在 206 个医疗过失案件中为 61 个月，参见：Lord Chancellor's Department, *Access To Justice: Final Report* (1996), annex 3. 至少可以确定的是，伤害越严重，处理时间就越久。在一项对在 1987 年和 1988 年获得的赔偿金为 15 万英镑或更多的 153 件案件进行的研究中，处理的平均时间为 5 年零 4 个月，P. Cornes（见前注 2）p. 18.

起初，人们认为它每年可以追回 5,500 万英镑。截止至 1994－1995 年度，它每年追回 11,000 万英镑，并且截止至 1998－1999 年度，这个数字已经增加到了 20,100 万英镑。截至那时，它一共追回了 92,500 万英镑。因此，救济金与损害赔偿金之间的重叠已经被证实是非常显著的。

然而，也不应过分强调重叠的重要性。整体上看，涉及的储蓄并不是特别多。由于 1989 年的变化，有人预测雇主责任险的成本将上升 5%，而机动车保险的成本将上升 0.5%。[29] 机动车保险的数据反映了这样一种情况，即在很大程度上，保险金的支付是针对不涉及责任的机动车损害，而不是针对侵权行为所致的人身伤害的。当然，仅因受害人遭受了机动车损害是不会赋予救济金的。此外需要指出的是，绝大多数侵权损害赔偿诉讼都是为了相对较小的金额（平均仅约 2,500 英镑），[30] 而且此外，在其余较少部分的案件中，没有人申请救济金。在被发放的与救济金追索计划有关的凭证中，有 70% 都没有向国家偿还救济金。[31]

3.10 国家追偿的救济金数量及其种类[32]

1993－1994：8,190 万英镑

---

[29] 参见：Touche Ross, *Recovery of Benefit in Tort Damages Awards* (1988), appendix 3.
[30] 这是在 1996/1997 完结的 81000 个法律援助案件的调查中获得的平均数据：P. Pleasence（见前注 2）p. 40 fig 3.17. 相似地，引起法律委员会注意的是，在 1993 年 3 月，工会委员会指出，在 1991 年的 15 万个由工会支持的案件中，获得的平均金额低于 2000 英镑。同样参见 D. R. Harris et al.（见前注 5）第 87 页中的各年数据。
[31] 1998 年截止到 9 月份处理的 309,711 个案件中，只有 20% 追回了救济金，平均金额在 3000 英镑左右。
[32] 在 1997 年之前，如果一起案件是基于 1990 年之前发生的伤害提起的，就根本不会有赔偿。这即意味着，在被研究的头几年中收回的救济金是十分有限的，因为在事故发生之日与赔偿金支付之日之间存有迟延。一些案件的处理时间长达多年。随时光流逝，越来越多早年发生的案件被归入计划之中，导致其数据整体上反映了追索的救济金额的增长。因此，在 1991/1992 年度，只追回了 2,500 万英镑，但在 1998/1999 年度，数额增加到了 20,100 万英镑。

1994 – 1995：11,010 万英镑

1995 – 1996：13,510 万英镑

1996 – 1997：14,550 万英镑

1997 – 1998：17,090 万英镑

1998 – 1999：20,150 万英镑

截止至 1999 年 4 月，该计划自 1990 年首次实施以来追回的全部金额为 92,500 万英镑。被追回的救济金主要如下：

- 在被追回的救济金中，大约有一半与因短期或长期无法工作而支付的款项有关。
- 14% 与劳动伤害计划下支付的款项有关。
- 14% 与向那些受到严重伤残的人支付的护理及交通费用款项有关。
- 16% 与收入资助的支出有关，这种资助是为所有有需之人提供的、基本的经济状况调查"安全网"。

3.11　交易成本

47　　有人曾估计，侵权法制度的实施成本是支付给请求权人的侵权损害赔偿金价值的 85%。[33] 也即，每当请求权人获得一英镑，另一英镑中的大部分就会被作为成本消耗掉。相反，向受害者提供社会保障款项的成本所对应的数字仅为 11%。

3.12　改革思考

48　　应该不会发生大的立法改革，此类立法改革会彻底改变侵权法和社会保障法之间的关系。侵权法已经被许多人批评为一种缓慢的、昂贵的并且是浪费的制度，它仅赔偿了少数事故受害人。即便存在这些批评，也有人反对如下建议：向更多人提供救济金的福利制度

33　Pearson Commission（见前注 2）vol. 1 para 256. The Lord Chancellor's Civil Justice Review（Cm 394, 1986）估计，侵权法制度的成本占到了人身伤害案件中支付的全部赔偿金的 50% – 70%。

应当削弱或者取代侵权法的地位。反对意见的依据在于，作出这些改变的成本过高并且增加了公共支出。此外，也有人反对削弱侵权法理应具有的威慑作用，并且有人主张，政治上并不欢迎废除侵权责任，因为此举提供了"一些预防措施，以免产生一个完全依赖于国家的制度"。[34]

二、案例

1. 共同工作场所

a) A 可以根据侵权法向 B 本人索赔，并且可以向 B 的雇主 Y 索赔。雇主为他们的雇员在受雇期间实施的侵权行为承担替代责任。在实践中，B 必须投保以避免此类责任，并且将由 B 的保险人进行赔偿。 49

除非能够证实 A 的雇主以某种方式具有过错，否则 A 不能向他自己的雇主提出侵权损害赔偿请求。A 不能依据侵权法起诉，但他可以通过与他雇主私下协商并达成协议以请求雇佣救济金。对于少数工人而言，尽管这些雇佣救济金不包括对痛苦与创伤的赔偿，但它们可以包括对个人医疗及伤残保护的赔偿。 50

A 不能依据侵权法起诉或者向他的雇主索赔，但他可以从国民健康服务中获得免费的医治，然而，他不能单独就他遭受的痛苦与创伤向国家请求赔偿金。 51

b) 结果是相同的，但当 A 因一个暴力犯罪行为而受到伤害，他可以根据刑事伤害赔偿计划索赔时除外。在这个计划中，存在一条减少赔偿以便将申请人也可能获得的社会保障救济金或者侵权损害 52

---

[34] *Pearson Commission*（见前注 2）vol. 1 para 1716.

赔偿金考虑进去的规定。[35]

53　　c) 不存在差异，B 的雇主依然需要承担责任。申请人也被同一雇主雇佣这一事实无关紧要。在十九世纪曾存在一项规则，即如果申请人与具有过错的同事的雇主相同，他可以向其共同雇主提起侵权诉讼。但该规则渐渐被放弃适用并最终于 1948 年被废止了。

2. 骑车人案

54　　A 不能向他的雇主提出侵权损害赔偿请求。任何继续从他的雇主处获得工资的权利都要取决于经他协商并作为他的雇佣合同组成部分的条款。一些工作可能对数月离岗提供保护，并且可以赔偿不提供保护时丧失的全部收入。其他工作将仅仅通过允许在短期内即可收回的一部分收入来提供有限的偿付。在实践中，最慷慨的保护更常见于中产阶级的一部分工作条款及条件中。而给予工人阶级或者从事体力劳作之人的资助较少。

55　　如果全职雇员的收入因受伤或者更普遍发生的罹患疾病而在短期内中断，几乎他们中的九成人会通过某种职业风险赔偿计划获得赔偿。[36] 但是，这个数据可能会具有误导性。[37] 该计划的保护具有偏向性，它将独立经营者以及兼职人员排除在外。更可能的受益者是获得较高报酬的人，尤其是那些大企业中的白领工作者。而最难受益的或者仅在短期内获益的人，是那些被小型企业雇佣的低收入体

---

[35] 根据 1995 年《刑事伤害赔偿法》。参见：D. Miers, *State Compensation For Criminal Injuries* (1997)。

[36] DHSS, *Inquiry Into Statutory Sick Pay* (1985) 中的一项估算。DHSS 提出的数据是 80%，参见其 *Report On A Survey Of Occupational Sick Pay Schemes* (1977)。相反，D. 哈里斯等人发现，在 1976 年，只有 56% 的雇员报告说他们在离岗期间获得了此类款项，参见 D. Harris et al. (见前注 5) p. 213。皮尔森委员会通过咨询 DHSS 表示，在离岗 6 个月之后，只有 10% 的工人仍有权利获得赔偿，参见：The Pearson Commission (见前注 2) para 139。

[37] R. Lewis, The Privatisation Of Sickness Benefit, [1982] *Industrial Law Journal*, 245 (249)。

力工人。如果雇主实施一项职业风险赔偿计划，大约有高达 10% 的工人将不具备从该计划获得款项的资格。这是因为，他们可能尚未工作足够长的时间或者他们可能已经用尽了自己的权利。

此类计划的成员能够获得多少钱呢？尽管一次调研曾报道，在那些获得病假工资的人中，有 3/4 以上的人都能获得全额工资以补偿他们一段时间的离岗。但法律委员会发现，在那些又回到事故发生前的工作中的人中，只有 1/3 的人说自己在离岗期间获得了全额工资支付，并且有 1/4 的人根本没有获得任何工资。[38]   56

A 可以就其余部分起诉 B。B 仍需对使 A 恢复至事故发生前的状态负全部责任。   57

C 既不能向骑车人又不能向骑车人的雇主提起追索诉讼。但是，这并不意味 C 要自己赔钱。侵权法规则通过以下方式实施：   58

- 如果雇主 C 实际上继续支付了请求权人 A 的收入，那么请求权人 A 不能就收入损失向 B 提出侵权损害赔偿请求。[39] 在这种情况下，雇主独自承担工资损失。

- 但是，雇主有可能在雇佣合同中明确，在离岗期间将继续支付工资，但是如果这种离岗是由另一个人的侵权行为导致，并且那个人有责任支付损害赔偿金时，雇员必须向雇主返还已经获得的工资。[40] 如果存在这样一条，即使雇员的雇主继续支付了这些工资，雇员也可以向侵权行为者主张他的全部工资。这是因为，他继而有义务向他的雇主偿还这些钱。在这种情况下，总体的结果就是，工资

---

[38] Law Commission Report No. 225（见前注 13）para 7.3. 对于那些没有重返事故发生前的工作中的人而言，情况更加糟糕：一半的人无法获得病假工资。根据 M. Howard/P. Thompson（见前注 8）p.9，在离岗 6 个月之后，只有 12% 的雇员获得了他们全部的基本工资。

[39] *Turner v Minisrry of Defence*（1969）Sol J 585，详细讨论见 R. Lewis（见前注 12）para 8.19 et seq.

[40] *Browning v War Office*［1963］1 Queen's Bench（QB）750.

损失全部由骑车人赔偿。

3. 粗心大意的雇主

59　　是的，假如可以确定雇主的责任，如雇主存在过错时那样，雇员就可以从他自己的雇主处获得侵权损害赔偿金。即使社会保障制度对那些在劳动过程中被事故或者疾病伤害的人做了专门的规定，也可以提起侵权诉讼。对于因劳动伤害而残疾的人，存在一种国家津贴，而且无论受到的伤害是否是过错行为的结果，他们都会获得这种津贴支付。

60　　在也应当支付侵权损害赔偿金的情况下，雇员因事故的发生而获得的所有社会保障将由国家对侵权行为人进行追偿。已经创建了一套行政制度，该制度要求支付损害赔偿金的人调查哪些社会保障款项因事故的发生已被支付了（参见边码28）。在每种情况下，他们都必须向国家机关返还所有相关救济金。事实上，通过这一行政制度，国家无需向雇主提起独立的追索诉讼即可追回它的救济金。

4. 具有共同过失的雇员

61　　a）A的共同过失将会产生的影响是，按照他对相关损害的责任范围相应减少侵权损害赔偿金的数额。[41] A对他的损害应当负多少责任以及他作为引起最终结果的原因的重要性如何都将会被调查。共同过失的抗辩仅是一个不完全抗辩，无法单独阻止A获得部分损害赔偿金。然而，存在可以实现这种效果的其他抗辩理由或论据。例如，请求人是自己导致了全部损害，或者请求人在自由意志的支配

---

[41] 很难分析抗辩在实践中对整个制度的影响，因为在最终的处理中，当事人无需就有过失是否是一个影响因素以及它在何种范围内充当影响因素取得一致意见。一个研究发现，只有1/3的案件确认了责任，但在其他1/3案件中有争议，而且难以确定它在最后1/3案件中的影响；参见：P. Pleasence（见前注2）p. 52. 在 D. 哈里斯等人研究的1/4案件中，有过失会被认为是减少损害赔偿金的原因，参见：D. Harris et al.（见前注5）p. 91. 法律委员会在其第225号报告（见上注13）的表407中指出，至少有12%的损害赔偿金接受者认为抗辩在减少他们所获款项上是重要的。

下自甘冒险。

相反，申请人的过错并非社会保障制度拒绝给付救济金的直接理由。诸如针对疾病、误工或者出勤需求的款项的支付，通常不考虑导致申请发生的原因为何。从而，过错无关紧要。因此，如前所述，在国家劳动伤害计划中救济金的支付建立在无过错的基础上，而且没有因申请人的共同过失而明确地部分或者全部拒绝给付。但是，即便没有特殊的抗辩理由，就这种救济金而言，在极端的情况下，申请人自己的过错也可能导致拒绝给予的结果。这是因为，申请人的过错可能因为实施由雇主完全授权的行为而产生。他促成了损害这一事实可能会将他排除在"雇佣过程"之外，其后果是原本可在劳动计划下获得的特殊救济金会遭到拒绝。

62

b）不。侵权人必须向国家偿还的金额不会受到申请人促成了自己的损害这一事实的影响。尽管侵权损害赔偿金被扣减了，但必须偿还的救济金数额不会相应减少。这看起来十分严苛。然而对此的解释是，立法者担心，一旦救济金按照共同过失的比重相应被扣减，就会使操纵诉讼变得更加容易：仅仅为了减少追偿救济金的范围，原告与被告可能会通过协商人为地抬高共同过失的程度。第二个原因在于，要求各个案件中的当事人协商决定共同过失的精确程度，不论形式为何，都会阻碍案件快速而有效地达成庭外和解。

63

因此，我们的结论便是，即使赔偿的款项因原告的过错而被扣减，可被追索的全部救济金依然可向赔偿者追偿。此外，赔偿人可以基于这种向国家偿还的责任，减少向请求权人支付的经济性损失的赔偿金。因此，原告的损害赔偿金将不会仅因共同过失而被扣减，但仍会因为考虑了他已经获得的救济金而被扣减。

64

法国报告：社会保障法对侵权法的影响

苏珊·卡瓦尔

一、问题

1. 一般性问题

1.1 "社会保障法"及"社会保障制度（机构）"的定义

法国的"社会保障"（Sécurité sociale）概念在外延上要比问题中提及的概念宽泛得多。它当然与那些为保护人民免受疾病或者身体伤残后果影响而设计的制度有关，但是，它也包括那些旨在保护人们免受其他"社会风险"（例如衰老、失业）或者某些特殊负担（例如家庭或住房负担）影响的制度。但是，鉴于本项目的目的在于研究侵权法与社会保障法之间的关系，仅关注可能影响侵权法实施的社会保障法分支似乎是理所当然的。

1.2 侵权法与社会保障法之间的分界线

在理论上，二者之间的分界线十分清晰。社会保障法是一系列决定社会欲仅基于受害人的损失而给予后者的救济金的范围及数量的规则，然而，侵权法是界定在哪些条件下可以将赔偿受害人损失的负担置于引起损失的人身上的一系列规则。但在实践中，区别并非如此明显。首先，作为赔偿来源的社会和个人不法行为者之间的区别在几十年前是具有重要意义的，但现在已被证明是相当理论性的。第一，大部分侵权人都购买了保险；因此，今天的侵权法被最准确地定义为决定赔偿受害人的成本被移转给一个被保险人团体的条件的制度。尽管购买了保单的人与为社会保障制度提供资金的人并不完全相同，但侵权损害赔偿金已通常由保险人而非不法行为人自己支付这一事实，显然具有使两种制度之间的区别变得模糊的趋势。第二，尽管仅以受害人有损失为依据就给予他社会救济金这一事实（这与侵权损害赔偿金不同，当且仅当损失是侵权行为的结果时，才会判决给受害人侵权损害赔偿金）看起来像是社会保障制度的一个显著特征，但它并未为两种制度提供一种绝对的区分标准。例如，在法国，说社会保障法从不关心受害者遭受损失的原因是不正确的。例如，因交通事故而遭受医疗费用损失的受害人，不能和劳动事故的受害人一样获得相同的社会救济金：前者比后者获得的救济金少。[1]

1.3 侵权法与社会保障法之功能差异

在人身伤害领域，鉴于侵权法和社会保障法均旨在弥补人身伤害之结果，因此，两种制度在功能上并不存在明显的差异。然而，在它们发挥这种功能的方式上仍存在重要的区别。尽管侵权法受到雄心勃勃的"恢复原状"原则的主导，该原则引导法院赔偿受害人的各类损失，但社会保障救济金的给予仅针对有限范围的损失，主要是医疗费用以及暂时的收入损失。另一种区别存在于这一事实，即除了赔偿功能，侵权法还旨在起到威慑作用。这种作用不再是针对通常都投了保险的侵权行为人了，而是受害人。为了减少损害赔偿金的数额，受害人的共同过失也被纳入了考量。除非在极为例外的情形下，否则社会保障制度不关心受害人在损害发生中所起的作用。[2]

---

[1] 此处我所说的仅是社会救济金的金额。就全部赔偿金而言，汽车事故受害者通常可以比受伤工人获得的多。
[2] 最重要的例证可以在工人赔偿制度中发现（参见下文问题3.3中的答案）。

2. 人身伤害之社会保障保护

2.1/2 保护的范围；受到保护的群体

4   法国社会保障制度十分复杂，它最初是为了保护需要依靠国家帮助的工人[3]以及他们的家人而设计的（因此，它是作为劳动法的一个分支出现的），但是，它逐渐变成了一种更具综合性的制度，覆盖了全国人口中的大部分。该制度并非由相同性质的事物构成。它由不同计划共同构成：所谓的"普通计划"（*le régime général*）、"特殊计划"（*les régimes spéciaux*，该计划适用于特定类型的雇员，例如SNCF——国家铁路公司——系统中的雇员）、农业计划（*le régime agricole*，包括非独立以及独立工人）以及覆盖农业领域之外的进行独立经营的工人（例如商人及工匠）的"自治"计划（*les regimes autonomes*）。普通计划覆盖所有不属于其他计划的非独立工人。在过去的五十年里，各类非工人逐渐被包括了进来（低收入者、停止工作的人甚至犯人也在1994年被包括了进来）。在1999年7月，[4] 这一进程以"全民健康计划"（*la couverture maladie universelle*）的设立而告终，借此计划，所有不属于其他计划的人都有权加入到普通计划中。对这种权利的唯一限制是加入者属于法国法定居民，而且对于低收入者而言，进入该制度中是免费的。[5] 今天，所有合法生活在法国的人都享受一些社会保护以免受到人身伤害以及疾病后果的影响。

5   至于商业保险，它的确发挥着重要的作用，这可以由社会保障救济金没有全面覆盖医疗费用这一事实进行解释。在当下施行的大部分制度中，一部分医疗费需由患者承担。这一部分被称为共付费

---

[3] 那些根据雇佣合同工作的人。

[4] 1999年7月27日法律，与全民健康保险（à la *Couverture Maladie Universelle*）（CMU）有关。

[5] 涉及到15万人，他们此前被所有既有制度所排除。

用（let icket modérateur），它是为了防止滥用费用而设计的。补充性制度为部分或者全部这种"费用"提供了补充性的款项，而且它们也对其他费用进行赔偿（例如，被某些医生收取的额外费用）。

2.3 他人所致伤害之社会保障保护

向侵权行为受害者给付的社会保障救济金与向其他受害者或者病人给付的救济金完全相同。损失由不法行为者引起这一事实产生的唯一区别在于：它使社会保障制度可以从不法行为者或者他的保险人那收回自己的钱。

2.4 社会保障保护的资金来源

由于每一种计划都有自己的资金来源，而且各个来源又相应由不用种类的保险费构成，因此，社会保障制度是十分复杂的。然而，这些制度具有一个共同的特征。它们主要由以收入为基础而缴纳的保险费提供资金，仅在很小的范围内由税收提供。例如，最重要的（普通）计划，其80%以上的资金是由收入基础上的保险费提供的，而税收大约占据了总额的5%。

3. 侵权法与社会保障法之间的关系

3.1 社会保障对侵权法的取代

一般而言，社会保障法并未取代侵权法。其主要原因在于，社会救济金是十分有限的，它不像侵权损害赔偿金那样基本上赔偿受害人的所有损失。因此，侵权行为的受害人有权就未被社会救济金覆盖的损失起诉侵权人，要求后者支付那一部分的损害赔偿金。此外，无论社会救济金何时被给付给侵权行为的受害人，支付了救济金的社会保障机构均可向不法行为人追偿自己已支付的金额。

这一规则存在一个重要的例外。这个例外与劳动事故有关。劳动事故已于1946年被移除出侵权法领域而融入了社会保障制度中。作为一般规则，受伤的工人无权依照侵权法向他的雇主或者同事索赔，即使侵权责任的一般条件都已经得到了满足。[6] 他仅有权获得专门的救济金，这种救济金通常都比侵权损害赔偿金少，但却比普通社会保障制度下给付的社会救济金多。其中的原因可在劳动事故的历史中发现。在 1898 年，劳动事故受一种特殊机制的规范，这种机制是雇主利益与雇员利益的一种妥协。根据 1898 年的制定法，雇主承担严格责任，但是首先，他们的责任是有限的（受伤的工人仅有权获得特殊的款项，通常是伤残补贴）。第二，受害者不能依照侵权法的一般规则起诉雇主。在 1946 年，这种制度转变为一种社会保障制度，根据后者，救济金不是由雇主（或者他们的保险人）支付，而是由公共机构支付。但是，原始制度的其他方面得到了保留。尤其是工人没能重新获得他们的诉权。

3.2 取代侵权法之例外

10 　唯一一个与此相关的制度是工人赔偿制度。根据这种特殊计划，受伤工人有权在个别情形下提起诉讼。首先，当受害人的雇主或者同事具有故意，[7] 或者雇主或对受害人的工作有监督权的人具有不可宽恕的过错（*faute inexcusable*）时，情况即为如此。在这两种情形下，受伤的工人都可以起诉具有故意或者不可宽恕的过错[8]之人，从而获得损害赔偿金以弥补他没有被社会救济金覆盖的那部分损失。这些例外最初是为了发挥威慑的功能。有人认为，侵权诉讼的威胁可以阻止雇主犯此类严重的过错。今天，由于法律允许雇主为自己投保以预防他们犯下不可宽恕的过错时的结果，这种威慑作用已经十分虚幻了。[9]

11 　当受害者是在雇主或者另一雇员引起的交通事故中受伤时，他

---

[6] 《社会保障法典》（*Code de la sécurité sociale*，CSS）第 L. 451 - 1 条。
[7] 《社会保障法典》第 L. 452 - 5 条。
[8] 最高法院近来（2002 年 2 月 28 日第 835 号判决）扩大了"不可宽恕的过错"概念。它现在还包括雇主过失地忽视了保护职员免受职业病侵害之情形。
[9] 根据一般保险规则，不可能有保险保护故意过错的结果。

也可以依照侵权法起诉。不久前刚提出的这种解决方案[10]，其正当性在于立法者渴望确保所有交通事故受害人能从《巴丹泰法》（loi Badinter）的一般条款中获益。结果与上述内容相同：受害者可以根据工人赔偿计划获得救济金，并且以《巴丹泰法》为基础获得额外的损害赔偿金。

当事故是由第三方——例如，既非受害人的雇主又非另一雇员的人——引起时，尽管它是在工作过程中发生的，侵权法也可介入。在这种情况下，受害人有权获得工人赔偿计划提供的特殊社会救济金，并且他可以起诉第三人获得额外的损害赔偿金。

最后，最高法院（Cour de cassation）[11] 也赋予受伤工人的亲属在无权就受害人的事故获得社会救济金的范围内依照侵权法提起诉讼的权利。例如，由于遗孀有权获得补贴，她不能依照侵权法起诉雇主。但是，对于自己无法获得救济金的残疾工人的妻子，她有权就她的非财产性损失起诉以获得损害赔偿金。她的诉讼请求直接针对不法行为人提出，后者可能是一个第三人、一名同事或者雇主。

3.3 赔偿/保护的核心要素方面的差异

此处有必要区分普通社会保障制度与特殊劳动事故赔偿计划。根据普通制度，无论损失的性质如何（疾病或事故），也无论损失发生的原因何在（自然事件、侵权行为或者非侵权行为），救济金都会被给予。共同过失不产生任何影响。因此，当某人试图自杀后在医院接受治疗时，他的大部分医疗费都将由社会保障支付，这和那些交通事故受害人或者犯罪行为的受害人完全一样。因此，在这个制度与侵权法制度之间就存在一个显著的差异，在后者中，赔偿牢牢地以事故发生的原因为条件。关于非财产性损失，不会有救济金给付。财产性损失也仅是部分地获得赔偿；大多数医疗费都获得了补

10　1993 年 1 月 27 日法律。

11　*Assemblée plénière*, 2 February 1990, arrêt Carlat. JCP 1990 II 21558, note Saint-Jours.

偿，但是收入损失（尤其是长期或永久性的损失）仅能得到非常有限的弥补。

15　　至于劳动事故救济金，情况有些不同。这些救济金与一种特殊的损失类型有关（这些损失与工作具有一定的关联）。因此，在这个领域中，因果关系的概念发挥着重要的作用，而且从这一角度，这一制度与侵权法制度有些相似。然而，两种制度之间仍存在一些重要的区别。在侵权法中，因果关系在正常情况下必须由受害者证明，但是，在工人赔偿计划中，因果关系是被推定的。侵权法中普遍承认共同过失，但是，在劳动事故领域，只有受害人具有故意或者不可宽恕的过错时，共同过失才会被纳入考量以控制或减少救济金的数额。

3.4　通常给予的赔偿金额

16　　在侵权法中盛行的规则是，必须充分地赔偿受害人的损失。社会保障法中并不存在这样的原则。社会救济金是为了赔偿特定类型的费用（主要是医疗费用），并为受害者提供非常有限的保护以避免他遭受某些风险的侵害，比如因伤残而导致的收入损失。受伤的工人享受更好的保护，比如，他们有权获得残疾补贴，这种补贴要比基本的、普通的伤残补贴高。但是，他们的救济金仍无法与侵权损害赔偿金相比，而且他们无法就自己的非财产性损失获得补偿。

　　至于本问题的第二部分，请参见上文问题 3.1 部分。

3.5　追索权

17　　答案是肯定的。社会保障机构对不法行为者享有法定的请求权。根据法律（1985 年 5 月 7 日法律第 30 条），它们代位行使受害人对不法行为者的权利。这种请求权仅受一个条件的限制，即救济金必须由于被告引起的事故而已经被给付了。因此，在社会保障向受害者支付退休金的情况下，当且仅当事故的发生是提前退休的原因时，这种请求才能成功，而且追偿金额不能超出产生的额外费用。该请求权不限于审判日之前已经支付的款项：假如未来需要支付的款项是确定的，那么它们也可以被追偿（例如，将给付的津贴）。最后，即使受害人选择不向法院起诉不法行为者，他也可以提出请求。代位诉讼被称为巧妙的手段（un adroit proper），也即，一种不取决于受害人自己权利的行使的诉讼请求。

依照工人赔偿计划，不能向雇主（或者同事）追索社会保障机构支付的救济金。这可以由这一事实来提供正当性，即该计划的资金部分来源于雇主本身。然而，例外情形不适用该规则。最重要的一种情况就是当事故由雇主或者同事故意引起时，如果这种过错一经证实，社会保障机构就可以向不法行为者追偿它已经支付给受害人的所有款项。

也可能有人会提及，当工人因第三人的行为受伤时（在事故仍被认为是一起劳动事故的情况下），社会保障机构可以向第三人追偿已经支付的救济金。

3.6 受害人、侵权行为人的家庭成员或者同事促成损害时的追索诉讼

受害人：[12] 根据侵权法一般规则，如果能够证实受害人是通过自己的过错促成了损害时，受害人就不能获得全部赔偿。在这种情况下，责任将由受害人自己和被告共同承担。但是，这一规则仅对社会保障机构的权利产生了有限的影响，社会保障机构仍有权追回他们支付的所有款项。例如，让我们以受害人应当对自己的损失负责的情形为例，他的损失按如下方式计算：医疗费 8,000 欧元、收入损失 6,000 欧元、痛苦与创伤（pretium doloris）2,000 欧元。被告必须支付总金额的 50%（8,000 欧元）。因痛苦与创伤而支付的金额（1,000 欧元）被认为是"属人的"而且不能被转化为受害者以外的

12　我认为这个假设与非劳动事故有关。至于共同过失在劳动事故领域中的地位，参见上文边码 15。

人的救济金。但是，其余的金额（7,000 欧元）性质不同：它将被用于满足社会保障申请。因此，受害者就自己的收入损失不能获得任何赔偿。

21　　　受害人的家庭成员[13]（说明：问卷涉及的是侵权人的家庭成员，但我认为在这种情况下不存在疑问。相反，重要的问题产生于受害人的家庭成员促成了损害的时候。因此，我将为这种假设提供一些论据）：当受害人的家庭成员促成了他的损失时，社会保障机构的请求权可能会危及受害人的权利。例如，当受害人的妻子引发了事故，对她提出赔偿请求很可能会减少夫妻的共同财产，因此减少了受害人因事故发生而真正获得的款项。由此问题即是：当第三人是受害人的配偶或者子女时，是否应当禁止社会保障机构的请求权。在 1983 年以前，最高法院的不同法庭对这个问题的回答各不相同：社会法庭（*Chambre sociale*）判决，不能对配偶提起诉讼；第二民事法庭（*Première chambre civil*）则允许提起诉讼；而在这两种极端态度中间，第一民事法庭仅当诉讼请求是针对配偶的保险人而不是直接针对配偶本人时，才允许提起此类诉讼请求。在 1983 年，有人在议会（*Assemblée plénière*）上提出了这个问题，议会基本上确认了第一民事法庭的折中方案。[14] 现在，可对该问题做如下回答：第一，如果有责任的配偶本身有权因事故的发生获得社会保障救济金（通常，当事故是致命的并且一些救济金被授予给遗孀时如此），绝对不能向配偶提出请求。这也是法律规定［《社会保障法典》（*code de la sécurité sociale*）第 L.397 条］的结果。该条规定，社会保障机构的请求权只能针对"第三人"行使。由于有权因发生事故而获得社会救济金的人不是"第三人"，此时，追索请求权为法律所禁止，而且

13　同上注 12。

14　*Cour de cassation*, *assemblée plénière*, 1983 年 6 月 3 日，三个案件，JCP 1983 Ⅱ 20121, note Y. Chartier.

也不能对保险人提出。第二，也不能对应当负责的配偶提出追索请求，即使他或她对于第 L. 397 条中的配偶而言是第三人，这是因为这将直接或间接地影响受害人的权利。第三，如果应当负责的配偶有保险保护，那么社会保障机构可以向其保险人追索，因为这样一个诉讼无论如何都不会影响受害人的处境。

同事：如果事故由一名同事引起，那么该事故很可能是劳动事故，并且适用规范此类事故的专门规则。根据这些规则，受害人公司的所有成员均可免受侵权诉讼的影响，无论该诉讼由受害人自己还是由社会保障机构提出。[15] 因此在原则上，不会针对同事提出损失分担请求。但是，在两种情况下不能使用这种豁免权。上文已经提到过第一种情况（参见上文边码 10 所描述的受害人可以根据侵权法起诉不法行为者的情形）：当同事故意引起事故的发生，或者当同事被授予监督受害人工作的权力并且因为不可宽恕的过错导致了事故的发生时。第二种是当事故属于交通事故的情形。在这种情况下，一项专门的法律规定（《社会保障法典》第 L. 451 – 1 – 1 条）允许针对受害人的雇主或者同事提起侵权诉讼，因此也使社会保障机构可以代位请求。

3.7 社会保障机构与社会或商业保险人之间的协议

在交通事故领域，正在实施这样一个协议。该协议被称为《贝热拉协议》（*le protocole Bergeras*），是在 1983 年签订的。[16] 它由政府发起，并且是为了提高保险人向社会保障机构支付的款项以及减少法院的诉讼量而设计的。根据它的条款，被保险人的责任以及受害人的损失数量通过参照特定的、比侵权法规则简单的规则确定（例如，受害人有权请求的损害赔偿金数额通过参照内部费率进行计

---

15 《社会保障法典》第 L. 451 – 1 条。
16 有关该协议（Protocol）的历史以及内容之描述，参见 the review "Droit social", n° spécial, april 1984.

算)。它还规定，保险人的赔付款必须在社会保障机构提出请求之后的两个月内支付。

24 在它的实施方面（交通事故，包括那些由自行车引起的事故），该协议无疑使追索诉讼变得毫无用处。

25 它对侵权法并未产生影响。共同利益原则依然可以适用，并且，如果受害人在法院起诉了不法行为者，必须依照一般的侵权法规则去鉴别他的权利。然而，在这种情况下，由于存在这样一个事实，即尽管已经从保险人处追回了救济金的社会保障机构对法院负有告知义务，但它经常"忘记"告诉法院它已经向受害人支付了（并打算在未来支付）多少钱，所以就产生了一个问题。如果发生了这种情况，法院仍然必须计算这些救济金的数量，以便它们与侵权损害赔偿金抵销。[17]

26 但是，必须注意这一事实，即在实践中，该协议的确对受害人的权利产生了影响。无论受害人何时与保险人和解，情况都是如此（由于《巴丹泰法》苛责保险人承担向受害人提供和解的义务，因此在交通事故案件中，和解极为普遍）：在这种情况下，保险人的要约通常是参照协议中的费率进行计算的，[18] 该要约比审判中的平均数额低。尽管受害人可以拒绝这个要约，但经验表明，保险人的要约通常都会被接受。

3.8 侵权法与社会保障法相互影响产生的其他问题

27 在代位诉讼领域，产生了许多技术性问题。除了问题5至问题7中已经讨论过的那些问题，还应当提及其他问题。例如，一些长期

---

[17] A. P. 31 October 1991.
[18] 为了计算受害者根据侵权法规则有权获得的损害赔偿金额，这些费率表获得一致认可。在向社会保障机构清偿之前，保险人有必要计算此金额，因为社会保障机构的请求有时会高于保险人对受害者负有的赔偿义务。例如，当受害者具有共同过失时就是这样。如果社会保障的请求涉及高于受害者有权获得损害赔偿金的数额时，该请求就只能在保险人必须向受害者支付的金额范围内获得满足。

社会保障款项很可能在将来发生变化，它使法庭（或者和解情况下的保险人）难以决定应该抵销多少损害赔偿金。

在更为一般的层面上，这两种赔偿制度的并存导致了一个重要的困难，该困难产生于这一事实，即二者之间的关系会随着案件的不同而相应变化。尽管侵权法通常可与社会保障法并存，为受害者提供补充性付款，但是，在劳动事故领域，侵权法几乎被束之高阁，社会保障款项是受害人有权获得的唯一赔偿。我已经在边码9中解释过，向劳动事故受害人支付的社会保障款项远比授予其他受害者的救济金可观（例如，它们通常包括伤残津贴，这在这一领域外属于例外情形）——但是，它们仍不及侵权损害赔偿金充分。尤其是劳动事故计划不提供任何与非财产性损失有关的款项。一个世纪之前，这种差异还未遭受批评，因为它可由这一事实平衡，即特殊的款项被自动付给受害人，他们无需为一般侵权法规则困扰（证明过错等）。但如今，情况已经完全不同了。侵权责任已经十分容易证明，而且在某些领域中，例如道路交通事故领域，受害人获得赔偿的权利几乎与他在劳动事故领域中的权利一样有力。此外，在侵权法领域，受害者权利的现代概念使所有受害者都得到了平等的对待，尤其是无论受害者的社会地位以及经济状况如何，为弥补非财产性损失而给付给他们的损害赔偿金都是一样的。从这个角度，劳动事故计划现在看起来已经过时并且具有歧视性：由于救济金的设计主要是为了弥补受害人的劳动能力损失，它们以受害人的工资为计算基础，因此，它们会因工人不同而差异较大。这也可以解释为什么当下的制度会遭到一些作者的严厉批评，这些作者一致极力主张它的现代化。

28

3.9 社会保障法与侵权法的相互影响

我可以想起的唯一影响是我刚刚在边码28中提过的那个。事实上，现在侵权法的恢复原状原则被认为是比在劳动事故赔偿计划下

29

支付的款项金额方面盛行的规则更受欢迎。将来，这可以为劳动事故制度的重大修订提供正当理由。

3.10 侵权法赔偿与社会保障保护经济规模方面的数据；有关追索诉讼范围的数据

30　　我尚无法获得此类数据。

3.11 交易成本相关数据

31　　无法获得近期的数据，但是可以确定的是，社会保障制度下的成本要比侵权法制度下的成本低。

3.12 改革思考

32　　目前还没有。

二、案例

1. 共同工作场所

33　　a）很明显，这个事故是一起劳动事故，因此，它被包括在劳动事故赔偿计划的实施领域内。受害者（A）有权获得各种社会救济金（主要是医疗费用、治疗期间的收入以及可能有的伤残津贴或补贴）。这些救济金由社会保障机构直接给付。由于事故是由第三人引起的（由于 B 不是 A 的同事，所以情况的确如此），A 有权依照侵权法起诉 B，要求后者赔偿未得到社会保障救济金赔偿的那部分损失（主要是他的非财产性损失）。至于社会保障机构，它就自己已经支付的救济金代位行使受害人对不法行为者的权利。

34　　b）是的。由于 B 是第三人，他的过错程度如何并无区别。甚至 B 或者他的雇主 Y 要承担无过错责任（例如，根据《民法典》第 1384 条第 1 款的规定）。

35　　c）是的。如果 B 是 A 的同事，B 将受到《社会保障法典》第 L.451-1 条的保护，该条规定，受害人的雇主和同事均可免于一切侵权诉讼，但他们中有人故意实施了不法行为或者具有不可宽恕的过错时除外。这即意味着，在第一个假设（B 具有轻过失）中，A 不能就非财产性损失向 B 提起主张损害赔偿金的诉讼，社会保障机构也不能针对 B 提起代位诉讼。在第二个假设（故意或者重大过失，假如这可以与不可宽恕的过错概念等同）中，将可能存在侵权诉讼以及代位诉讼。

2. 骑车人案

如果 A 是在工作过程中受伤的，解决办法就和案例 1 中的办法相同。所以我推测，他在工作时间之外的时间受的伤，例如在周末。在这种情况下，他的工资将并非总由他的雇主支付。在实践中，社会保障机构将支付受害人的工资，当且仅当雇主有这样做的特殊义务时（例如，由于集体协议），他才需继续支付工资。

社会保障机构针对暂时的收入损失支付的款项是不完全的（通常是工资的一半），而且它们仅从离岗的第四天起算。雇主支付的款项取决于集体协议的内容。

如果 B 应当对 A 负责，A 可以依据侵权法就未被社会保障救济金或者雇主的付款覆盖的损失提起诉讼请求损害赔偿金。

如果 C 有责任支付 A 的工资，他可以代位行使 A 的权利，可就损害赔偿金起诉 B（1985 年 5 月 7 日法律第 29 条第 4 款）。对于社会保障机构，结果亦为如此（1985 年 5 月 7 日法律第 29 条第 1 款）。

3. 粗心大意的雇主

即使侵权责任的条件均已满足而且 A 有权获得的救济金比侵权损害赔偿金少，A 也仅有权获得社会保障救济金，而不能对他的雇主提起侵权诉讼。B 也受到保护以免社会保障机构提起任何追索诉讼。如果 B 故意或者因不可宽恕的过错引起了事故，那么处理措施将会完全不同。在这种情况下，A 可以起诉 B 要求后者赔偿任何没有被社会保障救济金覆盖的损失（例如，非财产性损失），而且社会保障机构可以向 B 请求自己已经向 A 支付的金额。

4. 具有共同过失的雇员

41　　如果这起事故属于劳动事故（*accident du travail*），那么将会依据劳动事故补偿计划中的特别规则对它进行处理。根据这些规则，A 的过失将会被忽略不计（但如果 A 的过失极为严重的除外；故意——例如自杀——或者不可宽恕的过错）。

42　　然而，在其他情况下，例如，在一起道路交通事故中，受害人因自己的过错促成了自身损害的发生这一事实将会是一个非常重要的因素，该因素很可能减少他的损害赔偿金。正如边码 20 中阐述的那样，社会保障机构的请求权不会受到下列事实的影响：受害人的共同过失削弱了他的损害赔偿金请求权。当医疗费达到 100,000 欧元而且责任应当由受害人和侵权人共同承担时，社会保障机构有权追偿全部金额，即使不法行为者仅应负责一半的金额。这即意味着，社会保障机构将会基于其他类型的损害获得赔偿（尽管不是所有类型）。例证请参见边码 20 中的内容。

德国报告：社会保障法对侵权法的影响

约尔格·费德克　乌尔里希·马格努斯

一、问题

1. 一般性问题

1.1 "社会保障法"及"社会保障制度（机构）"的定义

问卷给出的"社会保障法"以及"社会保障制度（机构）"的定义大体可与德国的强制社会保障概念相对应［所谓的"*Sozialversicherung*"，《社会保障法典》第 1 编第 4 条第 1 款（*art. I § 4 I Sozialgesetzbuch I-Social Security Code Part I = SGB* Ⅰ）］。社会保障被定义为一种（多数具有强制性的）由国家在公法基础上组织的，在个人维持生活能力受损时，如死亡或者失业时，向广大劳动者提供经济帮助而设计的自治保险。[1] 这个复杂的法律及机构体系主要包括：

（1）国民健康保险［所谓的"法定健康保险"（*Gesetzliche Kran-*

---

[1] G. Wannagat, *Lehrbuch des Sozialversicherungsrechtrs* Ⅰ (1965), P. 25："国家按照自我管理原则组织并构建的公法上的保障，尤其是在劳动能力遭受损害或死亡，以及失业情形下以强制为后盾的对大多数劳动者的保障。"

kenversicherung，GKV]²

（2）工人意外保险［所谓的"法定意外保险"（*Gesetzliche Unfallversicherung*，GUV）]³

（3）国民养老金保险计划［所谓的"法定养老金保险"（*Gesetzliche Rentenversicherung*，GRV)]，⁴ 以及

（4）为患病以及存在精神或身体障碍的人需要的长期特殊照顾设计的保险，例如，护理以及做饭、购物等家务劳动［所谓的"社会护理保险"（*Soziale Pflegeversicherung*)]。⁵

这四个制度与一系列专门的健康保险以及养老金计划，例如，针对农民（*Alterssicherung der Landwirte*)、⁶ 艺术家、作家、记者（*Künstlersozialversicherung*）⁷ 以及采矿行业中雇佣的工人（*Knappschaftsversicherung*）⁸ 的保险及计划是德国社会保障制度的主要支柱

---

2 《社会保障法典》第1编第4条第2款；《社会保障法典》第5编第1条及以下条款；R. Waltermann, *Sozialrecht*（2000），pp. 3, 63 et seq.；B. Schulin/G. Igl, *Sozialrecht*（6th edn. 1999），pp. 66 et seq.；E. Eichenhofer, *Sozialrecht*（1995），pp. 179 et seq.；H. Bley/R. Kreikebohm, *Sozialrecht*（7th edn. 1993），nos. 479 et seq.

3 《社会保障法典》第1编第4条第2款，《社会保障法典》第7编第1及以下条款；R. Waltermann（见前注2）pp. 3, 108 et seq.；B. Schulin/G. Igl（见前注2）pp. 207 et seq.；E. Eichenhofer（见前注2）pp. 200 et seq.；H. Bley/R. Kreikebohm（见前注2）nos. 549 et seq.

4 《社会保障法典》第1编第4条第2款，《社会保障法典》第6编第1及以下条款；R. Waltermann（见前注2）pp. 3, 139 et seq.；B. Schulin/G. Igl（见前注2）pp. 271 et seq.；E. Eichenhofer（见前注2）pp. 160 et seq.；H. Bley/R. Kreikebohm（见前注2）nos. 495 et seq.

5 《社会保障法典》第1编第4条第2款，《社会保障法典》第11编第1及以下条款/《护理保险法》（*Pflege-Versicherungsgesetz*, Pflege VG），［1994］*Bundes-gesetzblatt*（BGBl.）I 1014；R. Waltermann（见前注2）pp. 3, 96 et seq.；B. Schulin/G. Igl（见前注2）pp. 170 et seq.；E. Eichenhofer（见前注2）p. 193.

6 参见《农民养老金法》（*Gesetz über die Alterssicherung der Landwirte*, ALG），［1994］BGBl. I 1890/1891.

7 B. Schulin/G. Igl（见前注2）p. 90；H. Bley/R. Kreikebohm（见前注2）no. 313.

8 E. Eichenhofer（见前注2）pp. 13, 161；H. Bley/R. Kreikebohm（见前注2）nos. 289, 298.

[所谓的"严格意义上的社会保障的四大支柱"(*vier Säulen der Sozialversicherung im eigentlichen Sinn*)]。[9] 一个相互关联的制度是劳动福利制度[所谓的"教育及促进就业"(Bildungs- und Arbeitsförderung)],该制度负责——特别关注——失业救济金和就业再培训。[10] 有时,它被称为社会保障的"第五大支柱"。[11]

规范这个法律领域的大部分规则存在于《社会保障法典》、[12]《帝国社会保障法》(在过去的几年中,该法的主要部分已经被废止,并被《社会保障法典》取代了)、[13]《外国人养老金法》(一部规范难民或被迫迁徙之人的养老金的法律)、[14]《农民养老金法》、《农民健康保险法》(*Gesetz über die Krankenversicherung der Landwirte*)(一部规范农民养老金的法律)、[15]《残疾人社会保障法》(*Gesetz über die Sozialversicherung Behinderter*)(一部规范存在生理及或心理障碍之人的社会保险的法律)[16] 以及《艺术家社会福利法案》(*Künstlersozialversicherungsgesetz*)(一部规范艺术家、作家以及记者的社会保障保险的法律)中。[17]

---

9 R. Waltermann (见前注 2) p. 48.
10 《社会保障法典》第 1 编第 3 条及第 19 条,《社会保障法典》第 3 编第 1 及以下条款; R. Waltermann (见前注 2) pp. 163 et seq.; B. Schulin/G. Igl (见前注 2) pp. 356 – 357; E. Eichenhofer (见前注 2) pp. 228 – 229.
11 R. Waltermann (见前注 2) p. 49.
12 《社会保障法典》第 1 编:社会法一般规定 = *Allgemeiner Teil*;《社会保障法典》第 3 编:劳动福利之促进 = *Arbeitsförderung*;《社会保障法典》第 4 编:关于社会保障的一般规定 = *Gemeinsame Vorschriften für die Sozialversicherung*;《社会保障法典》第 5 编:健康保险 = *Gesetzliche Krankenversicherung*;《社会保障法典》第 6 编:养老金 = *Gesetzliche Rentenversicherung*;《社会保障法典》第 7 编:意外保险 = *Gesetzliche Unfallversicherung*;《社会保障法典》第 10 编:程序法 = *Verwaltungsverfahren*;《社会保障法典》第 11 编:特别护理 = *Soziale Pflegeversicherung*.
13 Reichsversicherungsordnung (RVO), [1911] *Reichsgesetzblatt* (RGBl.) I 509.
14 [1960] BGBl. I 93; H. Bley/R. Kreikebohm (见前注 2) no. 300.
15 KVLG, [1989] BGBl. I 2477.
16 [1975] BGBl. I 1061; H. Bley/R. Kreikebohm (见前注 2) no. 306.
17 KSVG, [1981] BGBl. I 705.

3　　《社会保障法典》第 1 编第 4 条第 2 款对德国的社会保障救济金进行了简单概括。[18] 社会保险的不同领域在常见疾病、[19] 劳动事故（所谓的"*Arbeitsunfälle*"）及职业病（所谓的"*Berufskrankheiten*"）、职业伤残［所谓的"残疾"（*Berufsunfähigkeit*)］、[20] 怀孕以及哺乳期［所谓的"孕产"（*Mutterschaft*)］、[21] 患病及存在生理或心理障碍的人需要的长期照顾［所谓的"需要照顾"（*Pflegebedürftigkeit* 情形)］[22] 以及死亡[23]的情形下提供帮助。养老金则由法定养老保险制度负责。[24]

4　　如上所述，社会保障被定义为"由国家在公法基础上组织的自我管理型保险"制度。[25] 对此，需要做进一步的解释。从公共的（国家的）义务或者责任的意义上讲，社会保险机构是自治型的（*selbstverwaltet*）——例如，卫生保健、失业或职业伤残情形下的补贴、对老年人的照料——（部分或者全部地）被委托给了公法基础上设立的自治法人［所谓的"公法管辖的法人"（*juristische Personen des öffentlichen Rechts*)］。[26] 考虑到这些机构基本上均以自己的经济资

18　《社会保障法典》第 1 编第 4 条第 2 款规定：
　　有社会保障者，在法定的医疗保险，护理保险，意外保险，及包含农民养老保险的退休保险范围内享有下列权利：
　　1.（要求提供）为了保护、维持、改善或恢复健康及工作能力所必需的措施；
　　2. 在疾病、怀孕及哺乳期、劳动能力减弱或年迈情形享受社会保险。
　　被保险人的亲属也享有社会保险权利。
19　《社会保障法典》第 1 编第 21 条第 1 款第 2 项及第 23 条第 1 款第 1 项 a 分项。
20　《社会保障法典》第 1 编第 22 条第 1 款第 2、3 项以及第 23 条第 1 款第 1 项 c 分项。
21　《社会保障法典》第 1 编第 21 条第 1 款第 3 项。
22　《社会保障法典》第 1 编第 21a 条。
23　《社会保障法典》第 1 编第 21 条第 1 款第 5 项、第 22 条第 1 款第 4 项以及第 23 条第 1 款第 1 项 c 分项。
24　《社会保障法典》第 1 编第 23 条；R. Waltermann（见前注 2）p. 48.
25　参见上文边码 1。
26　《社会保障法典》第 4 编第 29 条第 1 款规定："社会保险的承担者（保险人）是有权利能力的公法社团。"

源独立地就自己的责任发挥着功能这一事实,[27] 他们并非（狭义上的）公共行政机关的组成部分。[28] 它们是国家行政机关的间接组成部分〔所谓的"间接的国家行政管理机构"（mittelbare Staatsverwaltung）〕,[29] 这是因为，它们：

- 是在制定法基础上构造的（社会保障机构的设立、[30] 他们内部管理结构及功能、[31] 所适用的会计规则以及他们资金的管理[32]及国家监管[33]都由《社会保障法典》第四编规定）；
- 主要发挥着本应由国家（公共福利）承担的功能；
- 受一些国家监管措施的约束（所谓的"国家监管"，Staatsaufsicht）。[34]

社会保障机构的内部结构以会员制为特征。[35] 涉及的所有主体（被保险人自己以及承担部分经济负担的雇主）都享有与会员类似的权利,[36] 尤其是提名候选人[37]以及选举有关社会保障机构的代表人〔所谓的"社会保障选举"（Sozialversicherungswahlen）〕的权利。[38]

1.2 侵权法与社会保障法之间的分界线

在处理人身伤害的案件时，德国社会保障法和德国侵权法在很大程度上重叠了。两种制度之间唯一模糊的分界线与非财产性损失

---

[27] 《社会保障法典》第 4 编第 29 条第 3 款规定："社会保险的承担人以自己的责任在本法及其他相关法律规定的范围内完成其任务，并自负其责。"
[28] H. Bley/R. Kreikebohm（见前注 2）p. 151.
[29] R. Waltermann（见前注 2）pp. 53 et seq.
[30] 参见《社会保障法典》第 4 编第 29 及以下条款。
[31] 参见《社会保障法典》第 4 编第 43 及以下条款。
[32] 参见《社会保障法典》第 4 编第 67 及以下条款。
[33] 参见《社会保障法典》第 4 编第 87 及以下条款。
[34] 参见：B VerfGE 39, 302（313）；76，256（308）.
[35] R. Waltermann（见前注 2）p. 53.
[36] 《社会保障法典》第 4 编第 29 条第 2 款规定："以第 44 条没有相反规定为限，由被保险人和雇主进行自我管理。"
[37] 《社会保障法典》第 4 编第 48 条；H. Bley/R. Kreikebohm（见前注 2）p. 150.
[38] 参见《社会保障法典》第 4 编第 45 及以下条款。

的赔偿有关。对痛苦与创伤进行赔偿只能以侵权法为依据。[39]

1.3. 侵权法与社会保障法的功能差异

6　　在功能上，侵权法与社会保障法之间存在显著的区别。侵权法的主要功能在于（1）提供赔偿［所谓的"补偿功能"（*Ausgleichsfunktion*）］；（2）为受害人遭受的、由侵权人导致的损害提供救济手段［所谓的"救济功能"（*Genugtuungsfunktion*）］;[40]（3）威慑潜在的侵权人避免他们将来造成损害［所谓的"预防功能"（*Präventionsfunktion*）］。[41] 社会法的范围是提供基本的个人保障［所谓的"社会保障"（*soziale Sicherheit*）][42]——取决于需求——以公法为基础。[43] 因此，社会保障紧紧地由团结和社会平等及公平理念［所谓的"社会正义"（*sozialeGerechtigkeit*[44]）］引导着。社会保障的特点由《社会保障法典》第 1 编第 1 条第 1 款详细规定，据此，《社会保障法典》应当：

- 确保人有尊严地生活；
- 为人格的自由发展创造平等的条件（尤其是为年轻人）；
- 保护并促进家庭生活；
- 允许每个人通过自由选择的活动维持生活；

39　BGHZ 12, 278 (281); H. Kötz, *Deliktsrecht* (8th edn. 1998), no. 587; J. Hager in: *J. von Staudingers Kommentar zum Bürgerlichen Gesetzbuch mit Einführungsgesetz und Nebengesetzen. Zweites Buch. Recht der Schuldverhältnisse.* §§823 – 825 (13th edn. 1999) [StaudingerHager], Vorbem zu §§823 ff no. 8.

40　Staudinger-Hager（见前注 39）Vorbem zu §§823 ff no. 9.

41　Staudinger-Hager（见前注 39）Vorbem zu §§823 ff no. 10.

42　参见《社会保障法典》第 1 编第 1 条第 1 款。

43　H. Bley/R. Kreikebohm（见前注 2）p. 93: "……受领给付者……应当是公法上的被保险人……"; H. Kötz（见前注 39）no 511: "社会保险之保障"。

44　参见《社会保障法典》第 1 编第 1 条第 1 款。

- 避免或赔偿特定的生活负担。[45]

这些目的都是通过使社会保障具有强制性实现的，这既确保了个人保障又在大体上为制度功能提供了必要的经济资源。[46] 它们的宪法基础在于社会国家原则［所谓的"福利国家原则"（*Sozialstaatsprinzip*[47]——指导《德国基本法》解释的基本概念之一[48]）］、保护婚姻、家庭、母亲及非婚生子女[49]的基本权利以及人格尊严［所谓的"人的尊严"（*Menschenwürde*）］的基本权利。[50] 在国民健康保险领域中，可以轻易地发现这种模式的效果。国民健康保险与商业健康保险的重要区别在于（1）在成为国民健康保险成员之前产生的健康风险不会损害获得社会保障救济金的权利，[51] 以及（2）个人社会保障保险费的计算方式（个人收入的同等比例[52]——无论是否结婚或者是否有子女[53]，并且导致同等数额的救济金）。[54]

还需要提及另外一点。社会保障制度以及各类商业保险的发展，已经导致这样一种情形，即受害人较少依赖侵权法获得因人身伤害而发生的财产性损失之赔偿。因此，仅在与追索［所谓的"追索权"

---

[45] 《社会保障法典》第1编第1条第1款规定："（1）社会保障法的制定旨在实现社会公正和社会保险，并建立包涵社会和教育扶助的社会给付。它应当服务于
"保障人格尊严，
"为人格，尤其是青年人的人格自由发展创造平等条件，
"保护和支持家庭，
"使通过自由选择职业维持生活成为可能，并
"通过协助自救的方式消除或减轻特别的生活负担。"
[46] R. Waltermann（见前注2）p. 48.
[47] 1949年《德国基本法》（*Grundgesetz*, GG）第20条第1款、第28条第1款。
[48] R. Waltermann（见前注2）p. 51；H. Bley/R. Kreikebohm（见前注2）nos. 39 et seq.
[49] 1949年《德国基本法》第6条；H. Bley/R. Kreikebohm（见前注2）nos. 36 et seq.
[50] 1949年《德国基本法》第1条第1款。
[51] R. Waltermann（见前注2）p. 51.
[52] 参见《社会保障法典》第5编第226及以下条款。
[53] 没有收入以及孩子的夫妇基本上都被包括在保险中，参见《社会保障法典》第5编第10条。
[54] R. Waltermann（见前注2）pp. 51 et seq.

(*Rückgriffsansprüche*)］有关的问题上，侵权法才通常是重要的。[55] 虽然保险提供了一种临时资金——所谓的"过渡资金"（*Zwischenfinanzierung*），在本质上，这种资金对于受害者是十分重要的，因为旨在以侵权法为根据进行赔偿的法律诉讼中含有不确定因素，而且它往往旷日持久且费用高昂[56]——但是，随着侵权人与受害者之间的直接赔偿诉讼变得不再频繁，[57] 侵权法已经开始作为追偿法［所谓的"追索的法律"（*Recht der Regressvoraussetzungen*）][58] 在发挥功能了。侵权法的一个重要功能——保障受害人因人身伤害而产生的经济需求——已经被转移给了社会保障法（无论受害人是否以侵权法为基础提出请求，社会保障法都起着这种作用），[59] 尽管在社会保障救济金被限定在受害人最基本的需求［所谓的"基本需求"（*Grundversorgung*）]时，或者当社会保障法拒绝全部赔偿时（例如，对非财产性损失），侵权法仍具有重要的意义。[60]

2. 人身伤害之社会保障保护

2.1 保护的范围

国民健康保险的不同机构［大约有770个健康保险机构，所谓的一般保险（*Allgemeine Krankenkassen*）、国家医疗保险（*Landkran-*

---

[55] H. Bley/R. Kreikebohm（见前注2）pp. 93-94；Staudinger-Hager（见前注39）Vorbem zu § 823 ff no. 8；H. -J. Mertens in: *Münchner Kommentar zum Bürgerlichen Gesetzbuch*, Band 2, *Schuldrecht-Besonderer Teil*, 2. *Halbband*, § § 652-853（2nd edn. 1986）［MünchKommMertens, Vor § § 823-853 nos. 13 et seq.

[56] M. Fuchs, *Deliktrecht*（2nd edn. 1997），p. 246.

[57] M. Fuchs（见前注56）p. 246.

[58] H. -L. Weyers, *Unfallschäden*（1971）p. 401；H. Kötz（见前注39）nos. 211, 511.

[59] 数据表明，在保险公司因交通事故中发生了人身伤害而支付的赔偿金中，有大于50%的部分通过社会保障法上的追索途径被支付给了社会保险机构。参见 H. Kötz（见前注39）no. 512.

[60] 在直接支付给受害者的赔偿金中，只有24%与医疗费、收入损失及生活费损失有关。68%与痛苦与创伤［所谓的"精神损害赔偿"（*Schmerzensgeld*）]以及无法由社会保障法给付的损害赔偿金有关。参见 H. Kötz（见前注39）nos. 511 et seq.

kenkassen)、企业健康保险（*Betriebskrankenkassen*）、行业医疗保险（*Innungskrankenkassen*）以及工人与雇员保险基金（*Ersatzkassen für Arbeiter und Angestellte*）〕、诸如联邦矿工保险局（*Bundesknappschaft*）（它负责煤炭行业雇佣工人的健康保险以及养老金）[61] 等专门的法定机构以及其他形式的国家健康保险（尤其是针对依靠公共救济的人的国家健康保险，所谓的"贫困人员"，*Sozialhilfeempfänger*）保护着德国90%的人。其中有60.8%的人是国民健康保险的成员，27.7%的人是投保了国民健康保险的人的家庭成员，并且有2.4%的人投保于其他国家健康保险机构。商业医疗保险公司（所谓的 *privateKrankenkassen*），保护着大约9%的德国人。相对较少的人（105,000）没有加入任何形式的健康保险。[62]

工人意外保险制度保护着大约5,500万雇员以及大约1,700万男女学童、学生以及幼儿园或托儿所的儿童。[63] 公务员在特别立法的基础上享受着类似的保护。这种保险也承保收入损失。商业保险公司为40%的德国劳动人口提供着附加保护。商业的、所谓的"假期意外保险"（*Freizeitunfallversicherungen*）提供着预防非劳动事故的保护。[64]

国民养老金保险计划的不同机构〔18个针对工人和职业手工业者（*Handwerker*）的所谓的国家保险机构（*Landesversicherungsanstalten*）以及针对其他雇员的雇员联邦保险制度（*Bundesversicherungsanstalt für Angestellte*）〕保护着大约4,300万人。公务员在特别立法的基础上享受着类似的保护。

61　*Gesetz zur Errichtung der Bundesknappschaft*（BKnEG），［1969］BGB1. I 974；《社会保障法典》第4编第29条、《社会保障法典》第5编第4条以及《社会保障法典》第6编第136条
62　*Statistisches Jahrbuch für die Bundesrepublik Deutschland*（1997），p. 64.
63　*Statistisches Jahrbuch*（见前注62）p. 467.
64　H. Kötz（见前注39）no. 222.

2.2 受保护的群体

在下列意义上德国社会保障保险制度是强制性的［所谓的"强制保险"（*Zwangsversicherung*[65]）］，即当特定的条件得到了满足（例如，低收入与有限工作时间、[66] 个体经营或者公务员身份结合时），可以选择（有时是必须的）商业保险的替代形式。[67] 受强制社会保障保险［所谓的"强制保险"（*Versicherungspflicht*）］保护的群体由法律规定。成为强制保险对象的最重要标准是非独立的雇佣关系，这种雇佣以在一定程度上融入雇主企业的组织层面并在他的指挥下工作［所谓的"雇佣"（*Beschäftigungsverhältnis*）］为特征。[68] 大部分工人及雇员、工商业学徒以及在特殊残疾人组织工作的具有心理及（或）生理障碍的人必然是社会保障制度的成员。其他由各种既有社会保障形式保护的群体有农民、独立工作的记者及艺术家、失业者、领取养老金的人、学生、依靠公共福利生活的人以及一系列被明确列举的专业人士。[69] 由于诸如独立经营或者高收入等原因而确实有能力购买特定类型的商业保险的人，也可加入到社会保障保险制度中

65　R. Waltermann（见前注 2）p. 48.
66　《社会保障法典》第 4 编第 8 条第 1 款中所谓的"小额薪酬"（geringfügiges Beschäftigungsverhältnis）。
67　参见《社会保障法典》第 4 编第 6 条及以下条款（国民健康保险）；《社会保障法典》第 6 编第 22 及以下条款：特殊护理 = Soziale Pflegeversicherung；《社会保障法典》第 6 编第 5、6 条（国民养老金保险计划）；《社会保障法典》第 7 编第 4、5 条（工人意外保险）；《社会保障法典》第 3 编第 27、28 条：劳动福利促进 = Arbeitsförderung。
68　R. Waltermann（见前注 2）p. 54.《社会保障法典》第 4 编第 7 条第 1 款规定："职业是指非独立的劳动，尤其是在劳动关系中。构成职业的依据是根据指示者的指示以及劳动组织的分工进行工作。"
69　参见《社会保障法典》第 5 编第 5 条（国民健康保险）；《社会保障法典》第 11 编第 20、21 条：特殊护理 = Soziale Pflegeversicherung；《社会保障法典》第 6 编第 1 及以下条款；《社会保障法典》第 7 编第 2、3 条（工人意外保险）；《社会保障法典》第 3 编第 24 及以下条款：劳动福利之促进 = Arbeitsförderung。

[所谓的"自愿保险"(freiwillige Versicherung)]。[70] 对于在过去的几十年间已经几乎向所有人开放的国民养老金保险计划而言,尤为如此。[71]

不同考量导致强制社会保障保险与自愿社会保障或商业保险之间存在这种相当复杂的区别。

(1) 低收入者(《社会保障法典》第4编第8条第1款)。对于国民健康保险、[72] 社会护理保险(Soziale Pflegeversicherung)[73] 以及国民养老金保险计划[74]而言,大部分总收入较低(通常每月不超过315欧元[75])以及总工作时间有限(每周不超过15个小时[76]或者每年不超过50个工作日[77])的雇员被免除投保强制性社会保障保险,因为立法者已经假定这些人的基本生活以及社会保障通过别的方式得到了保护(例如,由于与全职工作的伴侣结婚)。[78] 在实践中,这种观念已经诱使雇主通过分解全职工作而大幅增加低收入兼职岗位的数量,从而节省社会保障保险费。因此导致了大量人没有有效的社会保障,立法者通过引入一种(极具争议的)强制性保险费来应对这种新情况,这种强制性保险费是由雇主为他们的低收入兼职人员的

---

[70] 参见《社会保障法典》第5编第9条(国民健康保险);《社会保障法典》第6编第4条、第7条第1款及第2款(国民养老金保险计划);《社会保障法典》第7编第6条(工人意外保险)。
[71] 参见《社会保障法典》第6编第4条、第7条第1款及第2款; R. Waltermann(见前注2)p. 48.
[72] 《社会保障法典》第5编第7条。
[73] 《社会保障法典》第11编第20条第1款第1项、《社会保障法典》第5编第7条。
[74] 《社会保障法典》第6编第5条第2款第1项。
[75] 《社会保障法典》第4编第8条第1款第1项。
[76] 《社会保障法典》第4编第8条第1款第1项。
[77] 《社会保障法典》第4编第8条第1款第2项。
[78] R. Waltermann(见前注2)p. 60.

国民健康保险[79]和国民养老金保险计划[80]缴纳的。这种保险费代替了对低收入兼职人员工资征收的总收入所得税，这种税在1999年之前是大多数雇员必须缴纳的［所谓的"工资总额所得税"（pauschale Lohnsteuer）］。[81]

（2）高收入雇员。在德国西部月收入高于3,187欧元的雇员，以及在德国东部月收入高于2,700欧元的雇员（参考年份：1999），无需受强制性社会保障的拘束。但是，他们有义务证明自己已经获得了足够的保险保护（通过社会保障机构或者商业保险公司）。

（3）独立经营者。在历史上，独立经营者被认为是有钱人并且能够在患病及年老时照顾自己。作为一种强制性社会保险，社会保障被创设用来照顾那些仅能依靠他们自己个人劳动能力的那部分人［所谓的"工人"（Arbeitskraft）］。[82]

（4）制定法列举的某些专业人士。制定法特别列举的某些专业人士并非社会保障制度的必然成员，例如，公务员、法官、士兵以及类似的联邦、州或市的雇员、牧师以及私立学校聘请的教师。由于这些人可以自国家规定的特别社会保障制度［所谓的"津贴服务"（Beihilfeleistungen）］中获益，因此他们不适用强制性的社会保障保险。[83]

（5）其他人。所有社会保障制度都已陆续扩张至更为广泛的人群中。工人意外保险亦是如此，如工人意外保险现在包括庭审中的证人、[84] 紧急情况（例如交通事故）下施救的人、[85] 在保健系统或者

79　低薪兼职工人的总收入中的10%；参见《社会保障法典》第5编第249b条。
80　低薪兼职工人的总收入中的12%；参见《社会保障法典》第6编172条第3款第1句。
81　参见《所得税法》（Einkonmensteuergesetz, EStG）第40a条第2款。
82　R. Waltermann（见前注2）pp. 47 et seq.
83　《社会保障法典》第5编第6条第1款。
84　参见《社会保障法典》第7编第2条第1款第11项分项b。
85　参见《社会保障法典》第7编第2条第1款第12、13项。

其他公共或商业福利系统［所谓的"福利事业"（*Wohlfahrtspflege*）］[86]中工作的人、为德国对外援助［所谓的"发展援助"（*Entwicklungshilfe*）][87]工作的人、入学儿童[88]以及学生[89]。尽管这些扩张最初无疑是由公共利益以及社会考量引发的，但它们似乎没有遵循一个条理清晰的立法思想，而且社会保障制度承担着原本由特定群体（例如雇员，他们为工人意外保险提供资金）承担更加合适的费用，使用了一般的预算资金这一点，受到了学界的批评。[90]

2.3 他人所致损害的社会保障保护

社会保障制度在财产性损失方面获得了重要地位。在大多数情况下，社会保险机构和商业保险公司一起应对因他们成员的人身受损而支出的费用（例如，医疗救护的费用、收入损失或者生活费）并通过法定让与追回损害赔偿金——只要它们可以与侵权行为请求权相对应（对于国民健康保险、工人意外保险以及国民养老金保险计划，参见《社会保障法典》第10编第116条第1款第1句；[91] 对于商业保险公司参见《保险合同法》（*Versicherungsvertragsgesetz*）第67条第1款[92]；对于公务员受伤时的情况，参见《联邦公务员法》（*Bundesbeamtengesetz*）第87a条[93]与《公务员框架法》（*Beamtenrechtsrahmengesetz*）第52条[94]）。对于通过社会保障获得的保护，是否是第三人导致了损害无关紧要。因此，侵权法通常与受害者并不具有直接的利害关系，而且它仅在社会保险机构、保险公司或者国

---

[86] 参见《社会保障法典》第7编第2条第1款第9项。
[87] 参见《社会保障法典》第7编第2条第3款第2项。
[88] 参见《社会保障法典》第7编第2条第1款第8项分项a及b。
[89] 参见《社会保障法典》第7编第2条第1款第8项分项c。
[90] H. Kötz（见前注39）no. 616；R. Waltermann（见前注2）p. 74。
[91] H. Bley/R. Kreikebohm（见前注2）no. 238。
[92] 《保险合同法》（VVG）。
[93] 《联邦公务员法》（BBG）。
[94] 《公共服务普通法》（General Act governing the Public Service）（BRRG）。

家对侵权人进行追索时才具有重要性。[95] 然而，指出社会保障并不总能提供完全保护这一点是重要的；在许多情形下，社会保障保护限于受害人的基本需求（所谓的"*Grundsicherung*"）。受害人可以直接向侵权人或者第三方保险请求侵权法基础上赋予的超过限额的损害赔偿金——尤其是对痛苦与创伤的赔偿。[96]

2.4 社会保障保护的资金来源

12 《社会保障法典》第4编第20条第1款一般性地规定，社会保障保护将由雇员、雇主以及第三人缴纳的保险费、国家补贴以及其他来源提供资金。[97] 每个部分都存在规范每位贡献者的份额［所谓的"缴纳保险费义务"（*Beitragstragung*）］的特殊规则。[98] 德国社会保障保护的大部分制度都同样由雇主缴纳的保险费提供资金，[99] 雇主会自动将雇员的保险费从他们的月工资中扣除。在健康保险、[100] 护理保险[101]以及（大部分情况下的）国民养老保险计划中的确如此。[102] 据此，个人的保险费按照被保险人总收入的一定比例进行计算［所谓的"缴费率"（*Beitragssatz*）］。[103] 社会护理保险的缴费率（1.7%）和国民养老金保险计划的缴费率（在1999年为19.5%）在整个德国

---

[95] Staudinger-Hager（见前注39）Vorbem zu §§823 ff. no.8；J. Esser/H.-J. Weyers, *Schuldrecht Besonderer Teil*（7th edn. 1991），§534a；M. Fuchs（见前注56）pp. 245 - 246；H. Kötz（见前注39）nos. 211, 507, 511；H. Kötz, *Sozialer Wandel im Unfallrecht* (1976), pp. 34 - 35.

[96] H. Kötz（见前注39）no. 511.

[97] 《社会保障法典》第4编第20条第1款规定："根据各个保险种类之特别规范的限度，社会保险以及劳动资助的资金通过被保险人、雇主和第三人缴纳的份额、国家补贴及其他款项获得"。

[98] R. Waltermann（见前注2）p. 61.

[99] H. Bley/R. Kreikebohm（见前注2）nos. 440 et seq.

[100] 参见《社会保障法典》第5编第249条第1款。

[101] 参见《社会保障法典》第11编第58条第1款。

[102] 参见《社会保障法典》第6编第168条第1款第1项；H. Kötz（见前注39）no. 224.

[103] R. Waltermann（见前注2）p. 62.

都是一致的，[104] 但是，健康保险机构可以单独决定这个比例，尽管它们要在制定法的限制条件内决定[105]（平均值约为 13.6%[106]）。因此，个人收入构成了社会保障保险费的计算基础，尽管要在《社会保障法典》第 6 编中所谓的"收入门槛"（*Beitragsbemessungsgrenze*）（它每年都会根据平均收入水平的增长而被重新确定[107]）以及《社会保障法典》第 5 章中的"年收入限制"（*Jahresarbeitsentgeltgrenze*）的限度内进行计算。[108] 超出的收入不会被纳入考量范围。[109]

专门的社会保障制度会遵循它们自己的规则。50% 以上的矿工保险（*Knappschaftsversicherung*）由采矿业提供资金，其余的部分则由雇员提供。艺术家的社会保障保险（*Künstlersozialversicherung*）由被保险的艺术家、作家以及记者提供资金，此外，也通过向利用他们的服务的企业，例如出版社以及音乐会的主办方，征收特殊税款来获得资金 [所谓的"艺术家的社会保障费"（*Künstlersozialabgabe*[110]）]。强制性工人意外保险仅由雇主提供资金;[111] 个人保险费基本上通过考虑在特定企业中事故发生的可能性 [被归类为所谓的"危险等级"（*Gefahrenklassen*）] 以及涉案的被保险雇员的总收入来计算。[112] 国家也会对国民养老金保险计划、艺术家社会保障保险以及矿工保险进行补贴。

为自己利益加入国民健康保险的成员 [所谓的"自愿投保"

---

104 参见《社会保障法典》第 11 编第 55 条第 1 款（社会护理）和《1999 年缴费率法》第 1 条（*Beitragssatzgesetz* 1999）（= art. 5 *Gesetz zu Korrekturen in der Sozialversicherung und zur Sicherung der Arbeitnehmerrechte vom* 19. 12. 1998，[1998] BGB1. I 3843）.
105 参见《社会保障法典》第 4 编第 21 条、《社会保障法典》第 5 编 220 及以下条款。
106 R. Waltermann（见前注 2）p. 245.
107 参见《社会保障法典》第 6 编第 159 条。
108 参见《社会保障法典》第 5 编第 6 条第 1 款。
109 H. Bley/R. Kreikebohm（见前注 2）no. 445.
110 参见 § §23 et seq. KSVG；B. Schulin/G. Igl（见前注 2）p. 126.
111 参见《社会保障法典》第 7 编 150 条第 1 款。
112 《社会保障法典》第 7 编第 153 条第 1 款。

(*freiwillig Versicherte*)][113] 以及一部分被特别列举的群体（例如学生）必须自己向国民健康保险缴纳全部的保险费。[114] 仅因高收入而可以自由选择加入国民健康保险的人，有权向他们的雇主请求他们全部保险费的50%。[115]

低收入兼职雇员的国民健康保险保险费由他们的雇主支付。[116]

3. 侵权法与社会保障法之间的关系

3.1 社会保障对侵权责任的取代

总的来说，社会保障法与侵权法代表了两套不相关的规则，它们独立发挥着作用。[117] 然而，也存在社会保障法完全取代侵权责任的一些情形：

- 由共同生活的家庭成员实施的侵权行为。如果与被保险的受害者在一起生活的一名家庭成员［所谓的"家庭共同体"（*häusliche Gemeinschaft*）］实施了侵权行为，而且社会保障机构或者商业保险公司对因诸如医疗救治等引起的费用负责时，除非侵权人是故意引起损害，否则不能向侵权人（家庭成员）追偿（《保险合同法》第67条第2款、[118]《社会保障法典》第10编第116条第6款第1句[119]）。在本质上，社会保障法排斥侵权责任；受害者仍对他的家属享有一个有效的损害赔偿请求权，但是，该项请求权被社会保障救济

---

[113] 参见上文边码10。
[114] 参见《社会保障法典》第5编第250条；H. Bley/R. Kreikebohm（见前注2）no. 455.
[115] 参见《社会保障法典》第5编第257条第1款第1句。
[116] 参见《社会保障法典》第5编第249条第2款、第249b条以及上文边码10（1）。
[117] M. Fuchs（见前注56）p. 247.
[118] 《保险合同法》第67条第2款规定："如果被保险人的损害赔偿请求权是针对与他共同生活的家庭成员的，那么该请求权不得移转；但如果该成员故意造成损害，被保险人的损害赔偿请求权仍可移转。"
[119] 《社会保障法典》第10编第116条第6款第1句规定："在家庭成员，即损害结果发生当时与被侵害人或他的亲属共同生活于家庭共同体中的成员，非故意地造成损害时，第1款规定的（债权）移转被排除了。"

金［所谓的"受益补偿"（*Vorteilsausgleichung*）］削弱了。[120] 这种特权的目的在于隔离被保险人，免得使他们因自己与家庭成员之间的密切关系而不得不承担经济负担（他们通常分享共同收入），[121] 并且避免产生家庭矛盾。[122] 为了排除操纵的可能性，在商业保险领域中，当家庭纽带以及共同的家庭是在致害行为发生之后通过结婚缔结时，这种特权就存在一种例外。[123] 这个例外并不适用于社会保障保险领域（《社会保障法典》第10编第116条第6款第2句）。[124] 一起居住但又未遵循夫妻关系的传统观念生活的夫妻［所谓的"未婚夫妇"（*nichteheliche Lebensgemeinschaften*）］没有被这些规则赋予特权。[125]

● 劳动事故。《社会保障法典》第7编第2条规定了针对劳动事故的保险。同事（所谓的"*Arbeitskollegen*"）以及在工作中受伤的人［与在与工作无关的场合中发生的伤害相对应，所谓的"参与一般交往"（*Teilnahme am allgemeinen Verkehr*）］的雇主，被《社会保障法典》第7编第104条及105条赋予了特权，除非伤害是由故意

---

[120] M. Schloën in: W. Wussow, *Unfallhaftpflichtrecht* (14th edn. 1996), no. 2382.

[121] A. Fleischmann, Das Familienprivileg im Privat-und Sozialversicherungsrecht, ［2000］ *Zeitschrift für Schadensrecht* (ZfS), 140/141; M. Schloën（见前注120）no. 2381.

[122] 对于《保险合同法》第67条第2款，参见：BGHZ 41, 79 (83)：此项规范旨在为了维护家庭和平利益，避免因为针对家庭成员的损害承担责任而产生争议。同时，它还意在防止通过追偿被保险人自身也负担责任。这项规范的出发点在于下列观念：在家庭共同体中共同生活的家庭成员通常构成某种经济共同体，追偿权的行使会导致被保险人一只手的所得，又必须通过另一只手交出。对于《社会保障法典》第10编第116条第6款，参见：A. Fleischmann,［2000］ZfS, 140 – 141.

[123] BGH［1971］*Versicherungsrecht* (VersR), 901.

[124] 《社会保障法典》第10编第116条第6款第2句规定："如果受害人与加害人或亲属在损害结果发生后缔结婚姻关系并生活于家庭共同体中，则受害人不得主张第一款规定的损害赔偿请求权。"

[125] BGH［1980］VersR, 256; BGH［1988］*Neue Juristische Wochenschrift* (NJW), 1091; H. Bley/R. Kreikebohm（见前注2）no. 249; M. Schloën（见前注120）no. 2383.

或者重大过失行为引起的。[126]《社会保障法典》第 7 编第 106 条第 3 款将这些特权扩张至在同一工厂或者同一地点［所谓的"同一工作场所"(gemeinsame Betriebsstätte)］一起工作的同事以及不同公司的雇主。[127]

不法行为的一般性规则（《德国民法典》第 823 条、第 831 条）依然具有可适用性，但是在这些规范基础上提起的诉讼不会胜诉，因为《社会保障法典》第 7 编第 104 条及以下条款一并阻止了社会保障机构（法定让与）以及受害人（对痛苦与创伤——《德国民法典》第 847 条[128]——以及没有被社会保险覆盖的费用[129]）向同事及雇主提出侵权损害赔偿请求［所谓的"责任免除"(Haftungsfreistellung)］。[130] 的确，产生了损害赔偿请求权这一事实，[131] 在涉及其他不具有《社会保障法典》第 7 编中的特权的侵权人［所谓的"第二侵权人"(Zweitschädiger)］的情形下是重要的。针对这些侵权人（与享有特权的侵权人一起共同或分别承担责任的人）[132] 的请求权被限制在他们的责任份额内（《德国民法典》第 426 条）。[133]

雇主的特权可由这一事实提供正当性，即他们独自为强制意外

---

[126] 《社会保障法典》第 7 编第 110、111 条；E. Eichenhofer（见前注 2）p. 212；H. Bley/R. Kreikebohm（见前注 2）nos. 897，904.

[127] B. Risthaus, Die Haftungsprivilegierung betriebsfremder Unternehmer gem. § 106 Abs. 33. Fall SGB VII, 2000 VersR, 1203 et seq.；R. Waltermann（见前注 2）p. 137.

[128] BVerfG ［1973］ NJW, 502；H. Bley/R. Kreikebohm（见前注 2）no. 897；R. Waltermann（见前注 2）p. 133.

[129] E. Eichenhofer（见前注 2）p. 211.

[130] 《帝国保险条例》(RVO) 第 636 及 637 条以及它们的继受者《社会保障法典》第 7 编第 104、105 条被称为"权利阻止的抗辩"；E. Eichenhofer（见前注 2）pp. 210 et seq.；R. Waltermann（见前注 2）p. 132.

[131] 一些学者认为不能对被法律赋予了特权的人提出侵权索赔请求；参见：M. Schloen（见前注 120）no. 2380.

[132] 《德国民法典》第 840 条第 1 款及第 421 条及以下条款。

[133] BGHZ 51, 37；54, 177；54, 256；58, 355；61, 51；M. Fuchs（见前注 56）p. 249；H. Bley/R. Kreikebohm（见前注 2）no. 244.

保险提供了资金［所谓的"提供资金理由"（*Finanzierungsargument*）］。[134] 第二个论据可在这一事实中发现，即由于这种专门保险提供的保护，受伤雇员无需起诉他们的雇主，这可以预防劳动氛围因法律程序而被恶化［所谓的"和平理由"（*Friedensargument*）］。[135] 最后，社会保险机构被认为是永远具有清偿能力的"债务人"［所谓的"流动性理由"（*Liquiditätsargument*）］。[136] 同事的特权因无需担心工作氛围的要求而具有正当性。这也与法院的判决一致，在这些判决中，当第三人在他们的工作过程中因雇员的过失而受到伤害时（雇员的不法行为被认为是企业商业风险中的一部分[137]），法院赋予了雇员一项针对其雇主的赔偿请求权［所谓的"雇员的豁免申请"（*Freistellungsanspruch des Arbeitnehmers*[138]）］。[139] 最后，一个企业的员工被认为是一个团队，该团队共同面临着产生于劳动过程的危险［所谓的"功能与风险社会"（*Funktions- und Gefahrengemeinschaft*）］。[140]

- 工商业学徒、国家指定考试或测试的应试者、幼儿园儿童、中小学男女生、大学生、需要特殊护理的人、需要特殊护理的人的主治医师。由《社会保障法典》第7编第104条和第105条明确规定的特权，被类推适用于许多特别列举的群体，其中，工商业学徒、国家指定考试的应试者、幼儿园儿童或者中小学生及大学生是最重要的组成部分。[141]

---

134 BGHZ 19, 114 (121); 24, 247 (250); R. Waltermann（见前注2）pp. 62, 132.
135 E. Eichenhofer（见前注2）p. 210; R. Waltermann（见前注2）p. 132.
136 BVerfG 34, 118 (130, 132, 136); BGHZ 63, 313 (315); 79, 216 (220); H. Bley/R. Kreikebohm（见前注2）no. 893; R. Waltermann（见前注2）p. 133.
137 P. Hanau/K. Adomeit, *Arbeitsrecht* (12th edn.), p. 188.
138 BAG Großer Senat [1993] NJW 1732 et seq.; BGH [1994] NJW, 856 et seq.
139 R. Waltermann（见前注2）p. 135.
140 H. Bley/R. Kreikebohm（见前注2）no. 898.
141 参见《社会保障法典》第7编第106条; R. Waltermann（见前注2）p. 138.

3.2 取代侵权法的例外情形

14 在边码13处提及的情形下,如果被社会保障法赋予特权的人在行为时具有重大过失或者故意,社会保障机构仍可提出与侵权法基础上的请求权有关的追索诉讼。这可由预防之考量证明其正当性。[142]

3.3 赔偿/保护核心要素方面的差异

15 社会保障救济金的支付取决于为缓解特定个人需求而需要社会赔偿的处境,例如,人身伤害情形下的医疗救治费用[所谓的"社会法补偿要件"(*sozialrechtlicher Ausgleichstatbestand*)]。[143] 这些要求由制定法规定。侵权法与社会保障法的这些补偿要件(*Ausgleichstatbestände*)之间的主要区别存在于此点,即后者主要关注需要某种救济的情形、足以应对这些情形的必要资金以及为了获得社会保障救济金而必须满足的个人需求程度。[144] 尽管从个人赔偿需求必然由一系列事件导致这层意义上讲,通常都会包括因果关系要素,但是,结果(例如,人身伤害、常见疾病或者职业伤残)和一种以某种形式的实际需求为特征的处境,[145] 是大多数补偿要件的主要特征。因此,因果关系(所谓的"*Verursachung*")在德国社会保障法中不太重要。[146] 在《社会保障法典》第5编第27及以下条文中的常见疾病[所谓的"疾病"(*Krankheiten*)]情形下尤为如此:国民健康保险基础上的救济金的给予不考虑它们的原因。[147] 即使是包括更强因果关系要素的赔偿事实,例如,在劳动事故保险[所谓的"包含责任法要素之补偿要件"(*Ausgleichstatbestände mit haftungsrechtlichem Einschlag*)]领域中,也与侵权法不同,因为它们既不需要过错,也不

---

142 参见下文边码22。
143 H. Bley/R. Kreikebohm(见前注2)nos. 85 et seq., 472 et seq.
144 H. Bley/R. Kreikebohm(见前注2)no. 90.
145 所谓的"需求情形"(Bedarfssituation)。
146 B. Schulin/G. Igl(见前注2)pp. 233 et seq.
147 BSGE 13, 240(242); H. Bley/R. Kreikebohm(见前注2)no. 483.

需要任何形式的不法行为。[148] 过错与共同过失（所谓的 "*Mitverschulden*"，参见《德国民法典》第 254 条第 1 款）不会影响社会保障请求权，除非有证据证明存在故意（国民健康保险：《社会保障法典》第 5 编第 52 条；国民养老金保险计划：《社会保障法典》第 6 编第 103 条及以下条款；工人意外保险：《社会保障法典》第 7 编第 101 条）。[149] 在发生人身伤害的情形下，如果社会保障机构在支付医疗费用之后向侵权人进行追索，情况也是如此。只要它的成员的损害可归因于共同过失，社会保险人（*Sozialversicherungsträger*）就必须承担这些费用。[150] 然而，这些一般原则存在一些例外情况：

（1）自身利益［所谓的 "自己的经济活动"（*eigenwirtschaftliche Tätigkeiten*）］和自我导致的危险［所谓的 "自制危险"（*selbstgeschaffene Gefahren*）］。关于工人的强制意外保险，如果受害人因为在工作时间追求与工作内容无关的利益而受到伤害，法官会拒绝给予他社会保障救济金。只要事故符合纯粹的劳动事故要求，即使工人具有重大过失，也不影响他们对工人意外保险的请求权；[151] 但是，如果能够证明事故仅在（或者至少主要在）追求自身利益时发生——例如，工作时间结束后私自使用机器，或者在去购买香烟的路上[152]，则不存在这些保险保护。[153] 但是讨论到囊括了劳动职责和个人利益的 "混合型" 事故时［所谓的 "混合活动"（*gemischte Tätigkeiten*，例如，在工作时间内，一名工人为了缩短自己通过雇主厂房的路程而

148　H. Bley/R. Kreikebohm（见前注 2）no. 89.
149　B. Schulin/G. Igl（见前注 2）pp. 233 et seq.；H. Bley/R. Kreikebohm（见前注 2）no. 95.
150　H. Bley/R. Kreikebohm（见前注 2）no. 257.
151　BSGE 64, 159 (161).
152　H. Bley/R. Kreikebohm（见前注 2）no. 554.
153　BSG in: *Sozialrecht, Entscheidungssammlung* (SozR) no. 53 zu § 542 RVOa. F.（潜入因挖掘而形成的湖中的危险且过失的行为，所谓的 "采石场湖"）；BSGE 64, 159（在一辆运行中的卡车上晒太阳）。

坐了传送带[154])],这种区分就是有疑问的。联邦社会法院(Bundessozialgericht, BSG)通过关注因果关系要素而非共同过失来裁决此类案件,在社会保障法基础上的赔偿中占据主导地位的"全部或没有"原则排斥了共同过失。因此,如果危险处境主要因追求一己私利而发生,那么救济金就会被(完全)排除。[155] 尽管必须指出,联邦社会法院已经对个人利益的程度设置了较高的标准,但这种处理方法仍遭到了学者的批判。[156] 类似的考量也适用于在工作时间滥用酒精的案件。[157]

(2)工人意外保险中的因果关系。如上所述,由于具有较强的因果关系要素,一些赔偿事实在结构上与侵权法具有相似之处。就强制意外保险而言尤为如此,在这类保险中,以某种需求为特征的处境[所谓的"需求情况"(Bedarfssituation),例如,人身伤害或者死亡],必须是工人意外保险承保的活动(所谓的"保险活动",versicherte Tätigkeit,例如,职业活动——包括上下班路途[158]——或者《社会保障法典》第7编第2条列举的其他活动)导致的伤害(劳动事故或者疾病)之结果。[159] 据此,工人意外保险承保的活动与事故之间的因果关系通常被称为"责任成立因果关系"(haftungsbegründende Kausalität),该词源于民法。[160] 鉴于大部分社会保障救济金的给予都是基于社会考量而不考虑它们的原因,工人意

---

154 参见 LSG Bad. -Württ. in: [1967] *Sammlung von Entscheidungen aus dem Sozialrecht* (Breith.),661.
155 H. Bley/R. Kreikebohm(见前注2)no. 555.
156 B. Schulin/G. Igl(见前注2)p. 235.
157 B. Schulin/G. Igl(见前注2)pp. 235 et seq.
158 参见《社会保障法典》第7编第8条第2款。在上下班路上发生的事故被称为"道路事故"(Wegeunfälle)。
159 B. Schulin/G. Igl(见前注2)pp. 225 et seq.;H. Bley/R. Kreikebohm(见前注2)no. 549.
160 BSGE 61, 127(128);H. Bley/R. Kreikebohm(见前注2)no. 562.

外保险基础上的救济金因此也仅旨在赔偿制定法明确规定的伤害。[161] 这种因果结构限制了有权以工人意外保险为基础请求赔偿的人数。从必需的外部伤害［所谓的"外源性损害"（exogene Schädigung）］引发赔偿这层意义上讲，这种因果结构也表明了工人意外保险和侵权法在结构上的相似性。[162] 然而，必须提及的是，导致一起事故的活动与工人意外保险承保的活动之间必要的内部关联［所谓的"被保险人行为与引起事故的行为之间的内在关联"[163]（innerer Zusammenhang zwischen versicherter Tätigkeit und unfallbringendem Verhalten）］，会受到社会考量以及由工作环境引起的特殊处境评估的影响［所谓的"显著原因的社会法理论"（sozialrechtliche Theorie der wesentlichen Ursache）］。[164] 可能与适用侵权法的客观标准［所谓的"适当性标准"（Adäquanzprüfung）］而产生的结果不同。[165]

对痛苦与创伤的赔偿仅能以侵权法为基础进行给付。[166]

3.4　通常给予的赔偿额

在侵权法和社会保障法通常给予的赔偿额之间，存在诸多差异。此外，在国民健康保险和工人意外保险之间也存有区别，二者代表着不同的赔偿制度（参见《社会保障法典》第5编第11条第4款[167]以及《社会保障法典》第5编第49条第1款第3a项[168]）。

总体而言，侵权法提供的赔偿额通常要比社会保障法提供的高。

161　H. Bley/R. Kreikebohm（见前注2）no. 89.
162　H. Bley/R. Kreikebohm（见前注2）no. 551.
163　B. Schulin/G. Igl（见前注2）p. 231.
164　R. Waltermann（见前注2）pp. 122–123; B. Schulin/G. Igl（见前注2）pp. 227–228.
165　B. Schulin/G. Igl（见前注2）p. 232.
166　E. Eichenhofer（见前注2）p. 211; H. Kötz（见前注39）no. 587.
167　《社会保障法典》第5编第11条第4款规定："法定意外保险范围内的劳动事故或者职业病，不享有（根据法定医疗保险产生的）给付请求权。"
168　《社会保障法典》第5编第49条第1款第3a项规定："在被保险人可以获得的伤害补助金的限度内，不成立医疗费请求权。"

这是因为社会保障法给予的保护受到各种限制、额度以及被保险人强制额外付款［所谓的"共同支付"（*Zuzahlungen*）］的约束，但是，《德国民法典》第 249 条第 1 款——侵权法赔偿的法律基础[169]——要求恢复至假如侵权人没有实施侵权行为时的情形（一般通过金钱给付）。[170] 这包括医疗费用、[171] 使受害者的生活更加安稳所需要的特别支出（例如，特殊的床、[172] 为残疾人购买的汽车、[173] 为有助于受害人的恢复而必需的亲属探望、[174] 矫正设备或者特殊的饮食[175]）、弥补痛苦与创伤［所谓的"精神赔偿"（*Schmerzensgeld*）][176] 和收入损失[177]的损害赔偿金以及养老金。[178] 原则上，这允许全部赔偿［所谓的"全部赔偿原则"（*Grundsatz der Totalreparation*）]。[179] 但是，特别是国民健康保险，它以节约原则（所谓的"经济原则"，*Wirtschaftlichkeitsgebot*，参见《社会保障法典》第 5 编第 12 条[180]）为特征，该原则将患病情况下的救济金限制在必要的措施中。其他限制产生于这一事实：国民健康保险基础上的救济金仅在偏离了"正常的"身体或者心理状态［所谓的"不正常的精神或身体状况"（*regelwid-*

---

[169] H. Heinrichs in：O. Palandt, *Bürgerliches Gesetzbuch*（59th edn. 2000）[Palandt-Heinrichs]，Vorbem v § 249 no. 2.

[170] 《德国民法典》第 249 条规定："负有损害赔偿义务的人，应当使受害人恢复到损害发生之前的状态。因伤害人身或者损害物而应赔偿损害时，债权人可以请求以金钱赔偿代替恢复原状。"

[171] H. Kötz（见前注 39）no. 514.

[172] 例如参见 BGH［1996］NJW, 2425（2427）.

[173] J. Esser/H. -J. Weyers（见前注 95）§ 61 II 3a.

[174] BGH［1985］NJW, 2757；BGH［1990］NJW, 1037；BGH［1991］NJW, 2340.

[175] H. Kötz（见前注 39）no. 517.

[176] 参见《德国民法典》第 847 条。

[177] 参见《德国民法典》第 842 条。

[178] 参见《德国民法典》第 843 条。

[179] H. Kötz（见前注 39）no. 514；Palandt-Heinrichs（见前注 169）Vorbem v § 249 no. 6.

[180] 《社会保障法典》第 5 编第 12 条第 1 款规定："给付必须充分、合乎目的并且符合经济性，不得超出必要的限度。超出必要限度或不经济的给付，被保险人不得主张，给付人不得为给付，医疗保险机构不得批准。"

riger Körper- oder Geisteszustand）］时给予，这种偏离必须导致身体（通常的、平均的）功能发生了显著的损害[181]——需要医治［所谓的"需要治疗行为"（Behandlungsbedürftigkeit）］——而且/或者导致了职业伤残。[182] 与侵权法优先关注特定受害人在致害事件发生之前实际健康状况之主观观念相比，这些原则隐含着一个更为一般的"幸福"或"健康"标准。据此，社会法的许多救济金仅给付固定的金额［所谓的"固定金额"（Festbeträge）］，尽管在特定案件中，医疗费要比这个金额高。[183] 社会保障法的一些限制是：

（1）医疗、器械及康复。就专业知识本身而言（综合医生、外科医生或者牙医实施的治疗），医疗基本上不受限制，但一些牙医的治疗需要被保险人额外付款。[184] 在国民健康保险领域，为治疗疾病而需要的药物、医疗器材（如绷带）、专门的非医护人员实施的其他治疗（例如医疗体操或者按摩）以及为弥补终身残疾而需要的矫正器材（例如轮椅或假肢），会受到各种限制（例如，限额以及被保险人的强制额外付款，在特定的案件中甚至立法明确列举的药物也被排除了）。[185] 如果住院的话，18 岁以上的病人必须每天支付 9 欧元，而且一年最多不能超过 14 天。[186] 在工人意外保险领域中，只在药物、绷带以及矫正器材上设定有一些限额；对于劳动事故的受害人，他们无需被迫为任何种类或者被排除的药物额外付款。[187]

---

[181] R. Waltermann（见前注 2）第 81 页评论道："仅在个体正常的身体或精神功能出现障碍时，才存在不正常的身体或精神状态。"

[182] R. Waltermann（见前注 2）p. 82.

[183] 《社会保障法典》第 5 编第 12 条第 2 款规定："若一项给付被确定为固定金额，医疗保险机构支付该固定金额即完成其给付义务"。

[184] 例如参见《社会保障法典》第 5 编第 29 条第 2 款（如果患者是 18 岁以上的人，20% 的款项是为牙科手术支付的，所谓的"正畸治疗"）。

[185] 参见《社会保障法典》第 5 编第 30－36 条；更多详情参见：B. Schulin/G. Igl（见前注 2）pp. 134 et seq.

[186] 参见《社会保障法典》第 5 编第 39 条第 4 款。

[187] B. Schuliil G. Igl（见前注 2）p. 260.

(2) 疾病津贴以及伤害的金钱赔偿。只要其成员因常见疾病无法工作，国民健康保险就为他们提供一种疾病津贴［所谓的"病假工资"（*Krankengeld*）］，以便他们住院或者参加全日康复计划。[188] 工人意外保险也给付一种类似的救济金（所谓的"工伤津贴"，*Verletztengeld*）。[189] 这两种款项取代了无法进行工作的雇员的工资。雇主必须在六周内支付全额工资（劳动事故的情况下）或者80%工资（所有其他情形下）［所谓的"病假中继续支付的工资"（*Entgeltfortzahlung im Krankheitsfall*）］，[190] 继而，国民健康保险和工人意外保险介入其中。但是，这些社会保障救济金是有限的，是正常工资的70%（疾病津贴）或80%（伤害赔偿）［所谓的一般补贴（*Regelentgeld*）］。在劳动事故情形下比例较高，其正当性在于工人意外保险具有（类似于侵权法的）赔偿功能。[191]

(3) 社会保险养老金。养老金由工人意外保险在其成员因劳动事故而终生无法工作（即使是部分地，也要至少在20%）的情况下支付。[192] 事故受害人无法维持生活的程度是以一种抽象的方式决定的，不是考虑他或她在事故发生前实际具有的劳动能力，而是关注他或她在劳动市场任何领域中所剩余的谋生能力。受害人在受伤时

---

[188] 参见《社会保障法典》第5编第44、46条。

[189] 参见《社会保障法典》第7编第45及以下条款。

[190] 参见《继续支付工资法》（*Entgeltfortzahlungsgesetz*，EFZG）第3、4条，［1994］BGBl. I 1065 et seq.；［1996］BGBl. I 1477；B. Schulin/G. Igl（见前注2）p.157.《继续支付工资法》第3条第1款第1句规定："雇员因疾病丧失劳动能力而无法完成工作，若他对此无过失，那么他并不丧失请求支付六周工资的权利。"《继续支付工资法》第4条第1款规定："在第3条第1款规定的期间内须继续支付的工资数额为该雇员通常劳动时间下可得工资数额之百分之八十。如果雇员在从事帝国保险条例第539条第1款第1项或第11项规定的受保险保护的工作中遭遇劳动事故或罹患帝国保险条例第三编所谓的职业病，那么须继续支付的工资数额不适用第一款的规定，以该雇员通常劳动时间可得的工资数额为准；本款仅适用于发生了劳动事故的劳动关系。"

[191] B. schulin/G. Igl（见前注2）p.261："（雇员在）事故保险中（享有）优越地位的原因在于……事故保险的任务，它同时具有损害赔偿法的功能。"

[192] 参见《社会保障法典》第7编第56条第1款。

的实际工作中的残疾程度（Erwerbsunfähigkeit）对于工人意外保险基础上的养老金是无关紧要的。事故发生时受害者的实际工资亦为如此。[193] 法院和社会保障机关提出的标准比例［所谓的"谋生能力的减值程度"（Erfahrungswerte zum Grad der Minderung der Erwerbsfähigkeit）］构成了决定是否丧失谋生能力的基础，[194] 尽管某一案件中的具体条件继续发挥着作用（尽管是次要的作用）（《社会保障法典》第7编第56条第2款第3句）。[195] 为了确定养老金的确切水平，无法谋生的程度会与受害者在事故发生前的全部年收入的2/3相乘。[196] 但最小值和最大值均由制定法确定。[197]

在工人意外保险领域中，是不会给付养老金的。如果终生无法工作的状态不是由劳动事故所致，疾病津贴——被限制为：因同一疾病，3年内不超过78周——是国民健康保险给予的唯一一种救济金。在这种情况下，受害人只有申请国民养老金保险计划给予的伤害救济金［所谓的"因残疾而支付的养老金"（Rente wegen Berufsunfähigkeit）;[198] "残废退休金"（Rente wegen Erwerbsunfähigkeit）;[199] 以及一种专门的"矿工养老金"（Rente für Bergleute[200]）］。[201] 但是，以国民养老金保险计划为基础的养老金需要满足特定的享有资格的期间［所谓

193　B. Schulin/G. Igl（见前注2）p. 263.
194　例如，失去一个大拇指为20%；失去一只手的主要部分为60%；失去双手为100%。参见 H. Kater/K. Leube, Gesetzliche Unfallversicherung SGB Ⅶ（1997），Anhang zu §56 SGB Ⅶ.
195　《社会保障法典》第7编第56条第2款第3句规定："在衡量谋生能力之减损时须考量被保险人遭遇的以下困难，导致保险的事由使被保险人不再或仅在较小的范围内可以适用其特定职业技能或经验，除非上述困难可被合理期待地以其他可使用的能力被消除。"
196　参见《社会保障法典》第7编第81-93条、《社会保障法典》第4编第14、15条。
197　参见《社会保障法典》第7编第85条、《社会保障法典》第4编第18条第1款。
198　参见《社会保障法典》第6编第43条。
199　参见《社会保障法典》第6编第44条。
200　参见《社会保障法典》第6编第45条。
201　在2001年对这个养老金制度进行了修订，参见：R. Waltermann（见前注2）p. 157.

的"等待期间"(*Wartezeiten*)],而且在计算时需要考虑该人成为国民养老金保险计划会员的总时间。[202] 如果不能给予伤残养老金,社会救济(所谓的"*Sozialhilfe*")就会介入其中。[203] 与依靠国民养老金保险计划养老金的人相比,劳动事故的受害人会因为在计算工人意外保险养老金时使用的是抽象方法而受到特殊照顾。其正当性理由在于:工人意外保险基础上的救济金也弥补痛苦与创伤,而且也有必要在劳动市场不景气时对劳动事故的受害者加以保护。[204]

19 以侵权法为基础给予的赔偿金和社会保障救济金在数额方面的这些区别,通常由这一事实缓和了,即总体而言,两种制度独立运转,受害人仍可就社会保障不给予的损害赔偿金求偿。[205] 正如上文指出的那样,当社会保障法规定了专门的特权而无法适用侵权法时(例如同事及雇主的特权,该特权使劳动事故的受害人只能向工人意外保险申请救济),情况并非如此。[206]

3.5 追索权

20 作为社会保障法的一般规则,《社会保障法典》第 10 编第 116 条第 1 款[207]规定,(介入保护其成员的)社会保障机构对导致损害发生之人享有追索权。[208] 在教义学上,《社会保障法典》第 10 编第 1 节

---

[202] 参见《社会保障法典》第6编第43–45条以及第64及以下条文。
[203] B. Schulin/G. Igl(见前注2)p. 158.
[204] B. Schulin/G. Igl(见前注2)p. 265.
[205] H. Kötz(见前注39)no. 511.
[206] 参见上文边码13。
[207] 《社会保障法典》第10编第116条第1款规定:"在因损害事件引发的社会保障的范围内,根据其他法律规范所产生的代替损害的赔偿(请求权)移转于保险人或社会救助机构,前提是它与损害赔偿请求权补偿损害的方式与期间一致。应从社会保障中支付的费用亦同。"
[208] H. Bley/R. Kreikebohm(见前注 2)no. 890; E. Eichenhofer in: G. Wannagat (ed.), *Kommentar zum Recht des Sozialgesetzbuchs*, SGB X Sozialgesetzbuch (1998), SGB X /3 §116 nos. 7 et seq.; R. Gelhausen in: W. Henning (ed.), *Handbuch zum Sozialrecht* (1998), SGB X-Gruppe11c-nos. 204 et seq.

第 116 条第 1 款是法定让与［所谓的"法定代位权"（gesetzlicher Forderungsübergang[209]）］的一个例证。只要社会保障机构因同一事件给予了救济金，受害人的其他（大部分是侵权法的，却必然不属于社会法的）请求权就会被移转给社会保障机构。[210] 在受害人对侵权人享有的请求权与他们对社会保障机构的请求权之间，必须存在密切联系。[211] 下列条件必须获得满足：

（1）受害者必须对侵权人享有一项请求权，而且该请求权的规范基础必须不是社会保障法中的规则［所谓的"跨领域损害赔偿"（anderweitiger Schadensersatzanspruch）］。例如，可移转的请求权有以《德国民法典》第 823 条及以下条文或者严格责任立法为基础的请求权。受害人对侵权人享有的大多数合同上的请求权都是不可移转的。[212]

（2）相关社会保障机构之所以给付救济金，必须——至少——有可能是因为：

- 同一事件（所谓的"*Identität des Leistungsanlasses*"）；[213]
- 相同的目的——所谓的"目标一致性"（*sachliche Kongruenz*），或者"相同的目的"（*Gleichheit der Zweckbestimmung*）（这包括为了恢复受害人的健康并且弥补收入损失而支付的救济金，但是，受害人就痛苦与创伤以及非人身性损害对侵权人享有的请求权与社

---

[209] H. Kötz（见前注 39）no. 604；E. Eichenhofer（见前注 208）SGB X/3 § 116 no. 13；R. Gelhausen（见前注 208）SGB X-Cruppe 11c-no. 206.

[210] M. Schloën（见前注 120）nos. 2354 et seq.；E. Eichenhofer（见前注 208）SGB X/3 § 116 no. 14 – 15；R. Gelhausen（见前注 208）SGB X-Gruppe 11c-no. 208.

[211] H. Bley/R. Kreikebohm（见前注 2）no. 238 这样说："只要社会保险或救助机构基于损害事件所应提供的社会保障与其目的及期间一致，享有社会保障的权利人基于其他法律规范而享有的损害赔偿请求权就移转于该社会保险或救助机构。"

[212] H. Bley/R. Kreikebohm（见前注 2）no. 239；E. Eichenhofer（见前注 208）SGB X/3 § 116nos. 14 – 15.

[213] H. Bley/R. Kreikebohm（见前注 2）no. 246.

会保障救济金并不相同[214]）；[215] 并且

- 在同一时间段内［所谓的"时间的一致性"（zeitliche Kongruenz）］。[216]

如果损害超出了受害人的社会保障请求权，则适用特殊的规则。如果受害人对侵权人的请求权受到了法律的限制，社会保障机构则仅能在覆盖损害的社会保障救济金的范围内进行追索［所谓的"受害人根据差额理论享有的份额特权"（Quotenvorrecht des Geschädigten nach der Differenztheorie）[217]]。[218] 如果受害人或者其健在的被扶养人有权依据《联邦社会救济法》（Bundessozialhilfegesetz）获得社会救济的话，可能就无需援引追索权了。[219] 在受害人具有共同过失的情形下（大约占据了全部案件的80%），社会保障机构的追索被限制在侵权人应当承担的份额之内［所谓的"赔偿相关理论"（Ausgleich nach der relativen Theorie[220]）]。[221]

---

214 BGH［1970］VersR, 1056; BGH［1984］VersR, 864; M. Schloën（见前注120）no. 2410; R. Gelhausen（见前注208）SGB X-Gruppe 11c-no. 214.
215 R. Waltermann（见前注2）p. 237; M. Schloën（见前注120）nos. 2423 et seq.; E. Eichenhofer（见前注208）SGB X/3 § 116nos. 22 et seq.; R. Gelhausen（见前注208）SGB X-Gruppe 11c-nos. 212–213.
216 R. Waltermann（见前注2）p. 237; H. Bley/R. Kreikebohm（见前注2）no. 247; R. Gelhausen（见前注208）SGB X-Gruppe 11c-no. 219.
217 H. Bley/R. Kreikebohm（见前注2）nos. 255, 257.
218 《社会保障法典》第10编第116条第2款规定："如果损害赔偿权的数额受到法律的限制，只要该金额对于受害人或其家属弥补损害而言并非必要，则移转于社会保险或社会救助机构。"
219 《社会保障法典》第10编第116条第3款第3句规定："如果被害人或其家属根据联邦社会救助法的规定应当被救助，请求权的移转即被排除。"
220 H. Bley/R. Kreikebohm（见前注2）nos. 254, 257; H. Kötz（见前注39）nos. 612–613; E. Eichenhofer（见前注208）SGB X/3 § 116 no. 43; R. Gelhausen（见前注208）SCB X-Gruppe 11c-no. 230.
221 《社会保障法典》第10编第116条第3款第1、2句规定："如果损害赔偿请求权因受害人的共同过失或其他须共同负责的事由而受到限制，那么第1款规定的未受限制的应被移转的赔偿请求权仅在加害人应当承担的赔偿义务所占的份额内，移转于社会保险或社会救助机构。该请求权的数额受到法律的限制时亦同。"

此外，《社会保障法典》第 10 编第 115 条赋予社会保障机构一种特殊的追索权，该追索权是针对没有在《继续支付工资法》第 3 条和第 4 条规定的时间内向其受伤雇员支付工资的雇主的。[222] 已经向受伤雇员支付了（全部或部分）工资的雇主基于法定让与对侵权人享有追索权。[223] 尽管这些费用只是一种纯粹经济损失（所谓的"*reiner Vermögensschaden*"，德国侵权法对它的界定较为严格），而且，由于只要雇主有义务根据《继续支付工资法》（*Entgeltfortzahlungsgesetz*）介入其中，雇员就不存在损失，因此受伤雇员实际上对侵权人不能享有相应的请求权（法定让与所必须的），但法院的判决仍允许他向侵权人请求这些费用。[224] 这一判决可由社会考量提供正当性。[225]

与工人意外保险机构有关的特殊规则规范着被《社会保障法典》第 7 编第 104 条及以下条款赋予了特权的侵权人（主要是雇主或同事）的案件，这些人因故意或者重大过失给工人意外保险的被保险人造成了损害。工人意外保险机构可以请求这些劳动事故引发的所有费用；但它们的追索仅受到侵权法一般规则的限制（在范围上）（《社会保障法典》第 7 编第 110 条第 1 款第 1 句）。[226] 在存在故意行为时，这当然具有正当性：由雇主共同体提供资金的工人意

---

[222] 参见 H. Bley/R. Kreikebohm（见前注 2） no. 888 以及上文边码 18。《社会保障法典》第 10 编第 115 条第 1 款规定："在雇主未满足雇员对工资的请求权时而致使保障机构提供社会保障时，在保障机构所支付的保障金额的限度内，雇员对雇主的请求权移转于保障机构。"

[223] 《继续支付工资法》第 6 条规定："如果根据法律的规定，雇工因丧失劳动能力导致丧失工资而对第三人享有损害赔偿请求权，那么在雇主根据本法继续支付工资且承担了原本应由雇工承担的向联邦劳动局缴纳的费用、雇工应承担的社会保险、护理费用及安排养老和家属照管的费用的限度内，该请求权移转于雇主。"

[224] BGHZ 7, 30; 21, 112; 42, 76; 43, 378; BGH [1989] *Juristenzeitung* (JZ), 798.

[225] H. Kötz（见前注 39）no. 510：继续支付的工资款项的"照管属性"（*Fürsorgecharakter*）。

[226] 《社会保障法典》第 7 编第 110 条第 1 款第 1 句规定："责任受到第 104 至第 107 条限制的人，若因故意或重大过失引起了保险事故，应对社会保障机构因保险事故所承担的费用负责，但限于民法上损害赔偿请求权的数额。"

外保险[227]不应当承担故意侵权行为导致的费用。[228] 预防性的考量因素也被用来为重大过失案件中的相同处理方式提供正当性；理由是这样的，如果牵涉到经济风险，享有特权的人或许更可能在行为时保持适当的注意。[229] 在这些案件中，工人意外保险机构可能会（全部或者部分地）放弃他们的请求权，尤其是考虑到侵权人的经济状况时（《社会保障法典》第 7 编第 110 条第 2 款）。[230]

23　在门诊治疗［所谓的"非固定治疗"（*nicht stationäre ärztliche Behandlung*）］的情况下，《社会保障法典》第 10 编第 116 条第 8 款通过一次性给付的方式简化了追索诉讼。超出的金额可以通过证明存在更高的费用来请求。[231]

24　在强制责任保险领域［所谓的"法定责任保险"（*gesetzliche Haftpflichtversicherung*）］，如果导致损害的人不是（强制）保险合同的直接当事人（例如，汽车驾驶人并非汽车持有人与保险人之间的保险合同的当事人），则可能产生一些特殊的追索问题。[232] 许多制定法将一些（第三）主体纳入到强制保险的保护范围中［这些人被称为"附加被保险人"（*Mitversicherte*），在这些合同基础上的保险范围被称为"额外保险"（*Fremdversicherung*）］。[233] 但是，如果被保险人违反了合同，从而他被排除出其保险人的承保范围，并将承受社会

---

[227] 参见上文边码 12。
[228] H. Kötz（见前注 39）no. 602.
[229] 劳动事故参见：BGHZ 75，328（331）；批评意见参见：H. Kötz（见前注 39）no. 602.
[230] H. Bley/R. Kreikebohm（见前注 2）nos. 904, 909.《社会保障法典》第 7 编第 110 条第 2 款规定："社会保障机构可基于公平的衡量，尤其是考虑到被害人的经济状况，全部或部分放弃损害赔偿请求权。"
[231] 《社会保障法典》第 10 编第 116 条第 8 款规定："保险或救助机构如果不能证明存在更高额的费用支出，那么在第 2、3 款规定的条件下，每次非固定治疗及医药与包扎护理的损害以第四编第 18 条所规定的月参考值的百分之五补偿。"
[232] 关于此问题，更为详细的讨论参见：M. Schloën（见前注 120）no. 2385.
[233] 例如参见：机动车保险的格式合同（*Allgemeine Bedingungen für die Kraftfahrtversicherung*，AKB）第 10 条第 2 款。

保险机构的全额追偿的话，就产生了一些问题。这如何影响即将面临由社会保险机构提起诉讼的侵权人的处境呢？在1990年以前，责任保险人都无需因保险合同承担任何责任（不仅在由附加被保险人根据额外保险[234]提起的诉讼中，而且在社会保障机构以追索为基础提起的诉讼中[235]）。因此，社会保障机构可以对附加被保险人追索所有费用，直至这种权利被联邦最高法院（BGH）的判决否定。[236] 随着1990年《保险合同法》的修订，强制责任保险现在从属于社会保障机构的追索诉讼，而且以这些人（附加被保险人）自身没有违反保险合同，而且他们对被保险人违反约定毫不知情（只要这种不知不是基于重大过失即可）为前提，它必须依据额外保险承保由附加被保险人导致的损害——即使限于最小的强制保险范围内。[237] 这相当于附加被保险人在强制责任保险控制的领域中享有一种特权。[238]

3.6 受害人、侵权人的家庭成员或者同事促成损害时的追索诉讼

在思考共同过失及故意对追索诉讼的影响时，必须区分不同的情况：

- 在存在共同过失的情况下，不可以对受害人以及和他一起生活的家庭成员进行追索。追索仅限于存在故意的情形中。[239]
- 对同事或者雇主的追索仅限于他们具有重大过失或者故意的情形下。[240]

---

234 《保险合同法》（1990年修订之前）第158i条。
235 《保险合同法》第158c条第4款。
236 BGH [1976] VersR, 870；OLG Schleswig [1978] VersR. 1011.
237 《保险合同法》（新版）第158i条。
238 M. Schloën（见前注120）no. 2388.
239 参见上文边码13与15；E. Eichenhofer（见前注208）SGB X/3 § 116 nos. 56 et seq.；R. Gelhausen（见前注208）SGB X-Gruppe 11c-nos. 237 et seq.
240 参见上文边码13、21及22。

- 在存在过失的情况下，对第三人进行追索被限制在他们造成的损害范围之内。[241]

3.7 社会保障机构与社会或商业保险人之间的协议

26 在不同的社会保险机构之间分配损失——尤其是追索权［所谓的"索赔"（*Ersatzansprüche*）[242] 或"传递索赔"（*Abwälzungsansprüche*）[243]］，是由法律规定的（《社会保障法典》第10编第102及以下条款）。[244] 与追索权有关的一般规则不会受到这些规范的影响。为侵权人服务而介入其中的商业保险人［所谓的"责任保险人"（*Haftpflichtversicherer*）］，基本上会与他们的客户一样适用相同的规则。[245]

27 《社会保障法典》第10编第116条第9款明确许可社会保障机构和商业保险人就损害赔偿金的分担订立专门的协议［所谓的"损失分担协议"（*Schadensteilungsabkommen*）］。[246] 这可从这个事实中获得正当性：大部分侵权人都投保了个人责任保险，这就引起了这一情况，即大量请求最终会在有限的社会保障机构和几个保险公司之间解决。损失分担协议简化了追索诉讼，其途径就是使商业保险人承担受害者向社会保障机构提出社会保障申请时产生的一定比例的费用（一次付清），从而就无需再调查他们最终将面临的（以追索为由的）诉讼事实或法律基础了。该比例取决于社会保障机构和商业保险人双方在法院判决的大量具有可比性的案件中就损害赔偿金分配获得的经验，而且它会随着争议的法律问题的不同而变化（例如，

---

241 参见上文边码20。
242 H. Bley/R. Kreikebohm（见前注2）nos. 227 et seq.
243 H. Bley/R. Kreikebohm（见前注2）nos. 222 et seq., 879.
244 H. Bley/R. Kreikebohm（见前注2）nos. 876 et seq., 882 et seq,；R. Waltermann（见前注2）p. 235.
245 H. Bley/R. Kreikebohm（见前注2）nos. 235, 262.
246 E. Eichenhofer（见前注208）SGB X/3 §116 no. 69. M. schloën（见前注120）no. 2505；R. Gelhausen（见前注208）SGB X-Gruppe 11c-nos. 245 – 246.《社会保障法典》第10编第116条第9款规定："允许关于损害赔偿请求权之统算的约定。"

在那些必须以一般侵权法为依据进行判决的案件中,这个比例为50%;而在必须以严格责任立法为依据进行判决的案件中,这个比例是60%)。[247] 社会保险机构有义务不直接对侵权人提起(追索)诉讼。[248] 损失分担协议的生效条件如下:(1)根据保险合同,涉案责任保险人有义务为侵权人的行为提供保险;[249] 同时(2)在致害事件与被保险风险(例如使用机动车)之间存在因果联系。[250]

尽管损失分担协议可以通过使追索诉讼不再具有必要性来提高人身伤害所致诉讼的处理效率(从而在一定程度上降低了管理及法律成本),[251] 但是由于损失分担协议移转了(私人)风险而受到了批评,即在适用侵权法规则时,损失分担协议移转了本应由特定的、互助责任保险参与其中的潜在侵权人共同体实际承担,而非由为了公共利益而实施的、作为国家管理组成部分的社会保障制度承担的风险。[252] 至于社会保障法对侵权法的影响,需要重点指出的是:损失分担协议(尽管它们在本质上属于合同,但依然为社会保障法承认,《社会保障法典》第10编第116条第9款)完全排除了侵权法的适用,由此可能导致保险人即便在其客户(侵权人)依照侵权法无需承担责任时也要承担费用。这可在保险人在其客户依照侵权法需要负全责(100%)的案件中仅需承担一定比例的损失这一事实中获得正当性。[253] 只有在极为罕见的情况下[所谓的"充满怪诞的情形"(*Groteskfälle*)],保险人才可以依据《德国民法典》第242条(诚实

---

[247] M. Schloën/H. Steinfeltz, *Regulierung von Personenschäden* (1978), p. 489.
[248] M. Schloën(见前注120)no. 2511;R. Gelhausen(见前注208)SGB X-Gruppe 11c-no. 245.
[249] M. Schloën(见前注120)no. 2514.
[250] M. Schloën(见前注120)no. 2517.
[251] BGH [1974] NJW 698;H. Kaiser, *Risikozuweisung durch Teilungsabkommen* (1981), p. 59;M. Schloën(见前注120)no. 2509.
[252] 参见上文边码4;H. Kötz(见前注39)no. 615.
[253] BGH [1964] NJW 102.

138 社会保障法对侵权法的影响

信用）拒绝付款。[254] 根据合同法规则，损失分担协议基础上的请求权会在 30 年后失效[255]（侵权法：如果受害人知晓损害的存在并可以确定侵权人时为 3 年，否则为 30 年[256]）。

3.8 侵权法与社会保障法相互影响产生的其他问题

28　　除非侵权人在行为时具有故意，否则被雇主或同事伤害的雇员就不能获得弥补痛苦与创伤的赔偿。这已经受到了学者的批判。[257]

3.9 社会保障法与侵权法的相互影响

29　　围绕这个主题，需要强调的主要观点是，在过去的几十年间，侵权法已经经历了功能的转变。正如在边码 6 中阐述的那样，社会保障的扩张已经限制了侵权法作为所谓的为受害者提供直接赔偿工具的功能，这些人可以根据社会保障计划获得相当好的照顾。因此，侵权法通常仅充当一种追索机制。据此，越来越多为潜在侵权人服务的责任保险——强制性的或者自愿性的——也加强了这种影响，尤其是当考虑了旨在在社会保障机构和商业保险公司之间分配损失之协议的使用时。[258]

3.10 侵权法赔偿与社会保障保护的经济规模相关数据；与追索诉讼的范围有关的数据

30　　在德国，很难发现可以体现侵权法赔偿以及社会保障经济规模的数据信息。对于追索诉讼的范围，情况也是如此。可以获得的最佳数据存在于交通事故导致人身损害的领域中。自汽车责任保险人（所谓的"*Kfz-Haftpflichtversicherer*"）角度观察，在 1971 年，向社会保障机构（国民健康保险、工人意外保险和国民养老金保险计划）

---

[254] M. Schloën（见前注 120）nos. 2520 et seq.

[255]《德国民法典》第 195、198 条；M. Schloën/H. Steinfeltz（见前注 247）p. 595.

[256]《德国民法典》第 852 条第 1 句。

[257] 参见：Kreßel/Wollenschläger, *Leitfaden zum Sozialversicherungsrecht*（2nd edn. 1996），no. 340.

[258] H. Kötz（见前注 95）pp. 27 et seq.

支付的追索款项已经达到了因人身伤害而支付的款项的 41.3%；其余部分被支付给了雇主（8.1%；通过追索）以及受害人自己（50.6%；以侵权法为基础）。因此，因追索而得到的款项〔所谓的"追索收益"（*Regressleistungen*）〕在这一法律领域中总计达到了 49.4%。[259] 1986 年的分布情况也是类似的。追索收益在责任保险人因交通事故导致的人身伤害而支付的所有款项中占据了 50.9%。[260] 因此，饶有趣味的是，在给付给受害人本人（或者他们健在的被扶养人）的（以侵权法为基础的）金额中，有 68% 是对痛苦与创伤的赔偿（可能仅能以侵权法为依据），[261] 这明确体现了追索诉讼在收入损失赔偿以及受害人健康恢复方面的重要性。

3.11　交易成本相关数据

当下还无法获得交易成本的相关数据。

3.12　改革思考

关于边码 6 及 29 中提及的侵权法功能的变迁，学者们已经指出，当要在（互不相识的）社会被保险人群体与（同样互不相识的）为防止特定风险而投保的群体之间分配损失时，为了在发生人身伤害后适当地平衡个人侵权人与个人受害者之间的利益而发展起来的、复杂的侵权法规则应当被其他赔偿方法取代。其理由在于，如果能够简化当下的制度（法定让与基础上的），就可以省去侵权法要求的大量高成本证明。在随后的经济分析论证中，学者们也说明了，社会保险和商业风险责任保险都使损害在大量集体投保人之间得到了分配（通过更高的社会保险费或者更高的商业保险费），最终，二者都会或多或少地增加整个家庭共同体的负担。因此，有人提出了一些旨在废除社会保障机构就社会保障救济金覆盖的人身伤

---

[259] H. Kötz（见前注 95）p. 52.
[260] H. Kötz（见前注 39）no. 512.
[261] H. Kötz（见前注 39）no. 512.

害费用向商业保险人提起的追索诉讼的建议。这就淘汰了侵权法——尽管只是在一定程度上。[262] 虽然这些理由具有一些优点——尤其是在交易成本方面，但社会保障法的近期发展表明，由于国家实施了缩减开支举措，以侵权法为基础的赔偿可能重新获得它此前具有的重要性。[263]

二、案例

1. 共同工作场所

33　　医疗。通常保护诸如 A 和 B 等雇员的工人强制意外保险（法定意外保险）将负责 A 的医疗费用。工人强制意外保险机构是 35 个行业协会 ［所谓的"商业行业协会"（*gewerbliche Berufsgenossenschaften*）］、20 个农业协会 ［所谓的"农业协会"（*landwirtschaftliche Berufsgenossenschaften*）］ 以及许多处理国家雇员意外事故的专门机构 ［所谓的"自己保险机构"（*Eigenversicherungsträger*）］ 中的一个。[264]

34　　痛苦与创伤之赔偿。工人意外保险不会对非财产性损害 ［所谓的"非金钱损失"（*Nichtvermögensschaden*）］ 进行赔偿，因此，对痛苦与创伤的赔偿只能以侵权法为基础进行。[265] 由于 A 和 B 不是同一家企业的员工 ［所谓的"与被保险人在同一机构"（*Versicherte dessel-*

262　H. Kötz（见前注 95）pp. 33 – 34；H. Kötz（见前注 39）no. 515；H. -L. Weyers（见前注 57）pp. 652 et seq. ；E. von Hippel, Reform des Regresses der Sozialversicherer?, [1972] *Zeitschrift für Rechtspolitik*（ZRP），49（50 – 51）.

263　这是许多学者无法预料的一个发展；例如参见：H. Kötz（见前注 95）p. 35，他在 1976 年写道："相反，如果涉及的是人身损害，即对自然人之身体完整性的损害，尤其在事故导致其劳动能力持久地受到减损或丧失的情形下，很长一段时间以来就呈现出这样的发展状态，对此，应当构建社会保障体系使所涉主体在特定的范围内受到全部的保护，而不考虑（侵权）责任法。"

264　H. Kötz（见前注 39）no. 590.

265　H. Kötz（见前注 39）no. 587.

ben Betriebs)〕，B 并非《社会保障法典》第 7 编第 105 条直接赋权的主体（该条排除了所有以社会保障法之外的规范为依据的请求权），但是，《社会保障法典》第 7 编第 106 条第 3 款将同事的这一特权扩展至在同一工厂、经营地点或者同一场所（gemeinsame Betriebsstätte）工作的不同公司的雇员。[266] 由于 A 和 B 在同一建筑工地工作——尽管是为不同的雇主工作，A 不能以侵权法（《德国民法典》第 823 条第 1 款以及第 847 条）为依据向 B 请求痛苦与创伤的赔偿。对 Y 请求赔偿同样如此（侵权法：《德国民法典》第 831 条、823 条第 1 款以及 847 条基础上的替代责任），Y 同样享有特权（《社会保障法典》第 7 编第 106 条第 3 款和第 104 条）。

由于《社会保障法典》第 7 编第 106 条第 3 款和第 104 条赋予 B 与 Y 以特权，他们均无需面对社会保障机构提起的侵权诉讼（《社会保障法典》第 7 编第 104 条第 1 款第 2 句和第 105 条第 1 款第 3 句）。

如果 B 在行为时具有过失，他不能享有社会保障法的特权。A 可以以侵权法（《德国民法典》第 823、847 条）为依据直接向 B 请求痛苦与创伤之赔偿（参见《社会保障法典》第 7 编第 105 条第 1 款）。弥补了医疗费用的社会保障机构可以向 B 追索（《社会保障法典》第 7 编第 110 条第 1 款）或者——考虑案件的所有情况（尤其是侵权人的经济条件）——放弃追索（《社会保障法典》第 7 编第 110 条第 2 款）。如果 B 在行为时具有重大过失，他可能不会在侵权法基础上被起诉（就其他请求权而言，B 在所有过失情形下都会被社会保障法赋予特权），但是社会保障机构可以进行追索（《社会保障法典》第 7 编第 110 条第 1 款）。与假设情形 1a 相比，与 B 的雇主有关

---

[266] 《社会保障法典》第 7 编第 106 条第 3 款规定："多个企业在对意外的帮助和民事保护方面有共同作用或多个企业的被保险人暂时在共同的工作地点从事工作，适用第 104 条与第 105 条关于参与企业互相之间赔偿义务的规定"。

的法律地位依然没有变化。只要 Y 自己不是故意或者重大过失地导致了损害，无论他的行为如何，他都可以享受社会保障法的特权。

37 在这种情况下，A 和 B 是否由同一或者不同雇主雇佣都没有差别，因为《社会保障法典》第 7 编第 106 条第 3 款将雇主（《社会保障法典》第 7 编第 104 条）和同事（《社会保障法典》第 7 编第 105 条）的特权扩展至由不同公司雇佣但在同一场所工作的雇员导致的事故中。如果在一起劳动事故中牵涉了由不同雇主雇佣的两名雇员，而且该事故并非发生在共同的工作场所（例如，由一个货运公司雇佣的职业货车司机伤害了一个建筑公司中从事修路工作的雇员），法律情形会完全不同；《社会保障法典》第 7 编第 104 条及以下条款中的特权将不能适用。

2. 骑车人案件

38 这种假设情形涉及病假工资（*Entgeltfortzahlung im Krankheitsfall*）。正如边码 18 处所指出的那样，如果 A 是因为与他的工作无关的意外事故或者疾病而无法工作时，A 可以向他的雇主 C 请求继续支付 6 周工资的 80%（《继续支付工资法》第 3 条第 1 款及第 4 条第 1 款）；在此之后，工人意外保险会介入提供同等数额的款项。

39 鉴于《继续支付工资法》因为这不是一起劳动事故而未赋予 A 自他的雇主处获得全部工资的权利，A 可以在侵权法（《德国民法典》第 823 条第 1 款和第 249 条）基础上起诉 B 主张其余的部分。

40 C 有权以《继续支付工资法》第 6 条以及判例法为基础对 B 提起一项侵权诉讼。[267]

3. 粗心大意的雇主

41 这一假设案件的解决方法取决于雇主一方的"疏忽"程度。如果具有轻过失［所谓的"简单疏忽"（*einfache Fahrlässigkeit*）］，B

---

267 参见上文边码 21。

就享有《社会保障法典》第 7 编第 104 条第 1 款第 1 句赋予的特权，该特权排除了 A 提起诉讼的权利。介入其中并承担了医疗费的社会保险机构（工人意外保险）被禁止进行追偿（《社会保障法典》第 7 编第 104 条第 1 款第 2 句）。如果 B 在行为时具有重大过失，他就不能享受特权。尽管 A 不能成功起诉他（B 并不是故意实施了行为），但 B 可能会面临社会保障机构的追索诉讼（《社会保障法典》第 7 编第 110 条第 1 款）。

4. 具有共同过失的雇员

受伤雇员具有共同过失在任何假设情形下都不会影响他对社会保障机构的请求权。由于他无法成功地依据侵权法起诉自己的同事 B 或者雇主 C——由于二人在行为时仅具有过失，他们都被社会保障法赋予了特权（《社会保障法典》第 7 编第 104 条第 1 款及第 105 条第 1 款）——A 对事故的发生应当承担部分责任此时也无关紧要了。社会保障法未赋予第三人特权。A 可以依据侵权法请求赔偿医疗费以及收入损失（只要社会保障机构没有承担这部分费用；由于法定让与制度，社会保障机构在它承担费用的范围内成为了 A 请求权的受让人）；他也可以请求赔偿自己遭受的痛苦与创伤。在决定损害赔偿金的数额时，会考虑和第三人一起引起事故发生时他需要承担的责任份额。[268]

在回答假设问题的第二部分时，有必要再次区分侵权人的轻过失和重大过失。在他具有轻过失的情况下，同事与雇主被《社会保障法典》第 7 编第 104 条及其以下条款赋予了特权，社会保障机构不能向他们追索（《社会保障法典》第 7 编第 104 条第 1 款第 2 句、第 105 条第 1 款第 3 句以及第 110 条第 1 款）；因此，A 的共同过失毫不重要，因为工人意外保险无论如何都得承担所有费用。当同事

42

43

---

[268] 《德国民法典》第 254 条。

或者雇主在行为时具有重大过失，或者当人身伤害是由未被社会保障法赋予特权的第三人引起时，追索诉讼一定会受到 A 共同过失的影响。在考虑了 A 共同过失之后所留存的 A 对在行为时具有重大过失的同事以及雇主享有的请求权的范围内，社会保障机构变成了该请求权的受让人（法定让与）。[269] 这即意味着，工人意外保险将必须在与 A 的责任份额相对应的范围内承担一定比例的费用。

---

[269] 《德国民法典》第 254 条。

希腊报告:社会保障法对侵权法的影响

康斯坦丁诺斯·克雷姆利斯
埃娃吉丽娅·斯卡拉库 佐薇·斯皮罗普洛斯

一、问题

1. 一般性问题

1.1 "社会保障法"及社会保障制度(机构)的定义

国家会提供社会保护,这种保护覆盖人身伤害结果并以不同的法律框架为基础,这些框架规范着覆盖不同社会风险的保护,如劳动事故、丧失工作能力或者疾病。国家通过大量社会保险计划为人们提供社会保护,既包括伤残保险计划(保护着终生无法工作),也包括疾病保险计划(保护着医疗以及因疾病或者生育而导致的收入损失)。加入保险计划是强制性的,而且与职业有关。

社会保险计划由具有独立人格并且以公法法人实体形式行使公共职权的机构管理。但是,一些为公共保险目的服务的机构是由私人设立或者是被立法者认为属于"私法领域"的。[1] 根据判例法,此类机构不再被认为是社会保险组织。但是,这一原则有时会被侵

---

[1] K. Kremalis, Social Insurance Law, in: K. Kerameus/P. Kozyris (eds.), *Introduction to Greek law* (1993). pp. 257 – 263.

权法修改。[2] 希腊最高行政法院（*Simboulio Epikratias S. t. E*）已经一再判决，社会保险保护只能由公法实体提供。[3]

1.2　侵权法与社会保障法之间的分界线

3　　人身伤害情形下的赔偿请求既可以依据侵权法提出，也可以依据社会保障法提出。人身伤害可以在社会保险中获得医疗保险之保护，包括疾病与伤残救济金以及终生残疾情况下的残疾养老金。但是，关于享有权利的条件以及保险的性质，侵权法和社会保险法之间存在较大的差异。社会保障法与侵权法之间大致的分界线似乎存在于请求权的基础上。根据社会保险法规，在法定社会风险实现之后，申请人就有权获得社会保险救济金，是否具备侵权法要素在所不问。然而，侵权法领域中的赔偿则取决于过错及因果关系。社会保险无论如何都不会覆盖非财产性损失。非财产性损害仅能依据侵权法请求。

4　　确切地说，二者的区别在于从社会保险制度中获得救济金和依据侵权法获得赔偿需要满足的条件不同。但是，在一些情况下，如果申请人故意导致自己丧失了工作能力，他的社会保护请求就会被拒绝，这主要涉及劳动事故情形下请求的疾病救济金。[4]

5　　根据社会保险，有权获得救济金的条件会随社会保险机构的不同而不同。例如，对于参加了最大的职工保险计划（希腊社会保险机构，IKA）的人，如果他们在适格的职工保险计划负责人知道疾病发生之日前已至少工作了 100 日以上，他们就有权获得疾病救济金（《紧急状态法》，EL，1846/1951，第 31 条第 1 段）。确切地说，疾病救济金的提供是为了预防雇员不再能够实施正常的雇佣活动（《紧

2　法律［*Nomos*（Law, L）］2084/1992，（1992 年 2084 号法案第二条在存在雇主的情况下，视社会保障机构为私法实体）。

3　案件 5024/1987。

4　F. Chatzidimitriou/G. Psilos, *Insurance Legislation*（2nd edn. 1991），p. 692.

急状态法》，1846/1951，第35条；法律1759/1988第2条第11段，第11条第2段）。原则上，无法工作必须由一名称职的医生诊断，而且每年持续的时间不超过15天。在特殊情况下，暂时无法工作的期限可以持续达到30天。为了申请伤残救济金，社会保险机构的规章规定，在向该机构适格负责人报告无法工作的情况之后，有一个至少3天的等待期。

如果发生了劳动事故，事故的原因有一定的利害关系，以便确定事故在多大程度上与工作相关。但是，这种关联经常被解释得相当模糊。人身伤害必须得与工作有关，在伤害是由工作或与工作有关的过程中发生的一起事故导致时尤为如此[5]（《紧急状态法》1846/1951，第8条4段、第34条第1段；法律551/1914，第1条）。大量判例法及文献都与劳动事故的概念有关：因高强度工作导致疲劳而产生的健康损害、[6] 午休[7]或上班途中[8]发生的事故。无论雇主是否存有过错，受伤雇员都会得到社会保险救济金。

即使事故在一定程度上与工作无关，也会给予社会保险救济金，但是需要满足最短保险期限。确切地说，如果职工保险计划的一名成员已经工作了150天或者6个月，而且他不满21岁，那么他就有权获得伤残养老金。对于大于21岁的人而言，最短保险期限会逐渐增加。如果某人已投保至少750个工作日或者2.5年，而且在劳动

---

[5] I. Koukiadis, *Labour Law*, *Individual Labour relations*（2nd edn. 1995），p. 496（希腊语）; F. Hatzidimitriou/G. Psilos, *Social Insurance Legislation*（2nd edn. 1991），pp. 707 - 708（in Greek）.

[6] 最高行政法院（*Supreme Administrative court* ［S. t. E.］）案件2236/1993，［1994］*Epitheorist Dikaiou Koinonikis Asflias*（Review of Social Security Law《社会保障法评论》，EDKA）26, 402.

[7] S. t. E. case 1264/1960, unpublished（未公开）。

[8] *Arios Pagos*（Greek Supreme Court of Civil Law，希腊最高民事法院，AP）600/1996, ［1998］EDKA 30, 103; S. t. E. case 4697/1983, 未公开; 希腊最高民事法院1635/1981［1982］*Epitheorisi Ergatikou Dikaiou*（Review of Labour Law《劳动法评论》，EED）41, 189; StE 844/1969,［1969］《劳动法评论》28, 846.

能力丧失之前的5年中投保了300个工作日或者工作1年，那么无论其年龄如何，他都有权获得伤残养老金；抑或，如果他或她加入该计划已经至少2,250天或者7.5年，那么他获得伤残养老金的权利就不存在任何限制（法律2084/1992，第25、26条）。公务员享有权利的条件是不同的（为了在其伤残与工作无关时有权获得伤残养老金，需要已至少存在5年的保险期限）。

8　　根据《紧急状态法》1846/1951第28条第5段、法律1902/1990第27条以及法律1976/1991第12条第4、5段，为了获得伤残养老金，某人必须被诊断为终生无法工作。如果某人无法获得相同岗位职工通常所获薪酬的1/5以上时，他就会被认为是严重丧失劳动能力；如果他无法获得正常工资的1/3以上时，他就是轻度丧失劳动能力；如果他无法获得正常工资的1/2以上时，他就为部分丧失劳动能力。在各种情况下，救济金的水平是不同的。

9　　尽管赋权条件区分了侵权法与社会保险法，但这两种法律制度之间经常会发生关联或者相互影响。在一些情况下，法律规定社会保险救济金代替侵权法赔偿。对于加入了普通保险计划的雇员而言，《紧急状态法》1846/1951第60条第3段规定，如果雇员有权获得相关社会保险救济金，雇主就不需承担赔偿损失的责任。

10　　工人或雇员可以就非财产性损害向雇主请求额外的赔偿（《希腊民法典》第932条）。非财产性损害未为社会保险覆盖，因此，工人或雇员还可以向雇主提出相关的请求。

1.3　侵权法与社会保障法之功能差异

11　　侵权法与社会保障法在功能上显著不同。尽管一眼望去，两个法律领域似乎都因损害的发生而提供了赔偿，但事实上，侵权法和社会保障法的目标与前提都极为不同。在救济金的计算以及资金来源途径上都存在重要的差异。

12　　二者功能不同主要是由于侵权法是依据过错原则为个人损害提

供赔偿的。与此相对，社会保险是以在特定群体的成员之间分摊风险为基础的，确切地说，社会保险是在加入同一保险计划的人之间分摊风险。因此，在社会保险中，存在着限制或者增强被提供保护的互助因素[9]。[10]

获得社会保险救济金的权利不取决于损害发生的原因这件事进一步区分了社会保险法的功能以及社会保护水平。社会保险救济金由法律直接规定，而且它们与损害的数量无关，而与其他前提有关，例如保险期限、缴费记录以及申请人的工资。个人的实际损害事实上无关紧要。社会保险的功能旨在为雇员或者工人收入的虚拟减少相对应的虚拟损害提供保险保护。法律确定了救济金计算的基数以及赔偿的数额。在大多数情况下，按申请人平均工资的一定比例计算。因此，没有理由向社会保险机构请求额外非财产性损害之赔偿。

13

另一个使侵权法的功能有别于社会保险法的因素是这一事实：作为公法实体的社会保险机构，旨在服务于普遍的公共利益。公共利益原则由判例法结合其他宪法原则［例如均衡公平（*proportionale quity*[11]）］进行特殊解释，而且经常引发对社会保护水平的限制。普遍的公共利益被视为与社会成员间的社会互助结合在一起的。在这种背景下，社会保险救济金不能以损害的成本为基础或者甚至与保险费结合进行计算。[12]

14

---

[9] 社会团结因素为这一事实提供了正当性，即被保险人向社会保险机构缴纳的保险费是不会被返还的，即使是在由于缺乏相关赋权前提而没有社会保障救济金请求权的案件中也是如此；最高行政法院701/1984，［1985］ NoB 33，177。

[10] 1999 年 2676 号法律第 64 条；1992 年 2084 号法律第 29 条。社会保障救济金的最低水平是根据 1991 年人均 GDP 计算的，增加了 50% 而且根据公务员养老金的年度增长比例进行了调整。

[11] 最高行政法院案件 1328/92，［1992］《社会保障法评论》，504；最高行政法院 2802/91，［1992］ DD，626。

[12] 最高行政法院案件 824/97，确立了强烈的贡献因素的保险费与救济金之间的互助没有宪法基础。因此立法者可自由规定救济金的计算方式。

15　　此外，社会保险经常在普遍社会利益的范围内发挥作用，旨在使收入在水平方向和在垂直方向均实现再分配。因此，社会保险救济金不是为了赔偿损害，而通常在数额上是有限的。根据侵权法的功能，为了弥补较高的收入损失，高收入者应当有权获得较高的救济金。但是，这种目标不适用于社会保险。法律通常会对社会保险救济金规定最高额限制。判例法经常引出这种结论，即假如社会保险机构不是全部由雇员的保费提供资金的话，法律规定的最高额限制，比方说对退役（离开现役）赔偿水平的最高额限制，与希腊宪法并不矛盾。[13]

16　　此外，社会保险计划的资金来源影响着社会保险的功能。由公法实体提供的社会保险救济金是以现收现付制度为基础提供资金的，这种制度使得收入在代际之间得到再分配。要求当下进行劳动的人为上代人的救济金提供资金的这种制度，由非法定的且与损害无关的参数影响着，例如死亡率、失业率以及劳动人口与领取养老金的人口之间的关系。因此，社会保护的水平并不像在侵权法的案件中那样取决于个人损害的数量，而是普遍地向从属于社会保险机构的许多人提供。

17　　社会保险救济金由作为公法实体的社会保险机构提供。保险机制的运用（假如已经支付了相关保费，运用该机制的结果就是为大量社会性意外事件提供保险保护[14]），在一定程度上被互助原则缓和了。例如，在发生劳动事故的情况下，获得救济金之权利的取得不需要存在缴费记录（《紧急状态法》1846/1951，第34条）。

---

[13] 法律2084/1992，第57条，最高行政法院案件540/1999，4219/1981，136/1989，希腊最高民事法院32/1995。而且相似的理由也已在养老金的上限中提出，参见最高行政法院302/1995。

[14] 根据雅典行政法院/初审（the Dioikitikio Protodikio Athinon, D. P. A.）在案件7002/1994中的观点，没有相关贡献不会给付社会保险救济金，该观点在一定程度上被强加更低或高的社会保护限制缓和了。

2. 人身伤害之社会保障保护

2.1 保护的范围

根据劳动与社会事务部的规定,[15] 加入某种基本社会保险计划的人的比例会随着职业类型的不同而不同。

- 商业企业中的雇员：45.27%
- 自由职业者：4.70%
- 独立经营者：19.81%
- 银行业雇员：0.67%
- 在报纸与杂志（出版社）中工作的职员：0.31%
- 公共公司中的职员：1.96%
- 农民：27.27%
- 公务员：0.01%

公务员的比例之所以很低，主要是因为公务员的社会保险是由国家提供的。对于社会健康保险，比例同样是不同的。

- 商业企业的雇员：49.23%
- 自由职业者：2.72%
- 独立经营者：11.66%
- 银行业职工：0.74%
- 在报纸及杂志（出版社）工作的员工：0.22%
- 公共公司中的员工：2.47%
- 农民：31.77%
- 公务员：1.19%

主要就劳动事故中的人身伤害保险而言，商业集体保险被认为是一种非常普遍的公司实践。在这种情况下，雇主通常会为他的员工在商业保险公司购买一种集体保险（《希腊商法典》第189至

---

15 Ministry of Labour and Social Affairs, General Secretary of Social Affairs, *Social Budget* (κοινωνικσζπροϋπολογισμόζ) (1999), p. 329.

195、221至224条)。任何健康损害、人身伤害或者甚至是死亡,都可以被保险覆盖。[16] 在部分或全部丧失劳动能力的情况下,被保险人可以获得一种特殊的、组合形式的健康救济金;或者在死亡的情况下,他可以获得资助救济金。[17]

20　　　雇主仅能在他具有经济或者道德利益时提供一种有利于第三人(他的雇员)的商业保险。[18] 如果由雇主支付的保险费和雇员将来获得救济金的权利是劳动协议中的内容的话,它们会被认为是工资的组成部分[19]。因此,如果雇员停止支付保险费并导致合同终止(因此雇员不可以再请求救济金),雇员将可以基于劳动合同向他的雇主请求赔偿。[20]

21　　　不幸的是,尚不存在可以体现商业保险市场规模的数据。

2.2 被保护的群体

22　　　一般而言,社会保护被限制在劳动人口及其家庭成员之中。在大多数情况下,如果儿童没有超过18岁或者25岁(当他们在继续求学时),他们就会得到疾病保险保护。但是,保护的程度取决于申请人参加的保险计划。遵循俾斯麦模式的希腊社会保险制度旨在保护劳动者因法定的特定社会风险的发生而遭受的收入损失。因此,该制度是根据职业的类型进行划分的(非独立或者独立型)。

23　　　失业者有权获得有限的保险保护。自希腊劳动就业组织(OAED)获得失业津贴的人有权获得疾病救济金。尽管针对失业的社会保护假设申请人具有劳动能力,但是如果无法工作的失业者无法

---

[16] 对于承保范围,参见希腊最高民事法院96/1993,[1994] *Deltio Ergatikis Nomothesias* (Review of Labour Legislation《劳动法评论》,DEN)50,5.

[17] A. Argyriadis, *Elements of lnsurance Law* (3rd edn. 1983). pp. 48,136,140. (希腊语)

[18] Ibid, p. 140; A. Argyriadis, *About the private in surance contract* (1975), p. 99 (希腊语); K. Rokas, *private Insurance Law* (1974), pp. 291-202; B. Kiantos, *Insurance Law* (1984), p. 174.

[19] 希腊最高民事法院1628/1998。

[20] *Efetio Athinon* (Athens Court of Appeal 雅典上诉法院) 4503/1996.

获得疾病救济金，他们将有权继续获得 5 天的津贴（立法旨令*2961/1954，第 24 条）。

2.3 他人所致伤害的社会保障保护

根据社会保险计划，当满足了法定的特定条件（比如最短保险期限）时，保护就会以现金或者实物救济金的形式提供（在疾病或者伤残的情况下），损害的原因为何则在所不问。

如果申请人是商业企业的雇员并且加入了职工保险计划，那么，根据法律 4476/1965 第 18 条第 1 段，如果存在一项向不法行为者请求赔偿的合法请求权，职工保险计划就可以向任何不法行为者提起追索诉讼。当损害是在患病、伤残或者死亡的情形中发生时，可以提起追偿诉讼。在后一种情况中，赔偿金中还包括了扶养被扶养人的费用。但是，追索诉讼被限制在被保险人已经自保险计划中获得的救济金的范围内，而不是与实际的财产性或者非财产性损害相对应的。

在本文中，我们不讨论实物型救济金，仅涉及现金型救济金（主要集中于职工保险计划）。当某人不能工作并离岗，而且他在生病前的 1 年内或者在此前 15 个月的头 12 个月中拥有至少 100 个工作日的缴费记录时，他或她就有权获得疾病津贴。

原则上，疾病救济金赔偿申请人所属保险阶层在上一年度最后 30 天内的评估收入的 70%。在患病后的第一个月，雇主必须通过支付额外款项补充疾病救济金，从而支付未被社会保险覆盖的其余部分的工资，以便最终雇员的工资未受损害。[21]

伤残救济金是在疾病救济金期间届满之后，而且雇员已被诊断

---

* 原文为 legislative degree，但笔者以为此处可能存在笔误，当为 legislative decree。——译者注

21 根据《希腊民法典》第 657、658 条以及 1967 年第 178 号《紧急情况法》（Anagastikos Nomos，EL）第 15 条，由同一雇主雇佣 10 天以上的雇员，他将会在第一个 3 天的等待期获得他工资中的疾病救济金，以及 15 天工资与社会保险救济金之间的差额。

为终生丧失工作能力时给付的。

29　　伤残养老金的额度与伤残程度有关。伤残程度达到 80% 及以上的人有权获得全额养老金；伤残程度在 66.6% 和 80% 之间的人有权获得全额养老金的 75%；而伤残程度在 50% 以上而未满 66.6% 的人有权获得全额养老金的 50%（该人不能获得全额养老金的 75%，除非他在过去的 2 年里至少拥有 600* 个工作日的缴费记录）。[22]

2.4　社会保障保护的资金来源

30　　社会保障计划主要由雇员和雇主缴纳的保险费提供资金。然而，在一些情况下，法律也规定了社会来源和国家资助。

31　　被保险人被要求向相应的社会保险机构缴纳费用。这些费用的法律本质已经在学者间引起了争论。认为这些费用是一种类似于税收收费的观点是以将缴费义务和（a）工资的支付[23]以及（b）获得救济金的当前预期分离的条文为依据的。[24] 然而，法律明确认定，保险费事实上构成了为将来的需要而暂时留存的部分工资。

32　　事实上，社会保险救济金的费用并非基于精确的计算。保险费和救济金之间的关系并不总是明确的；实际上，相关判例法已再三明确，在社会保险机构中，保险费和救济金可以在不同基础上进行计算。[25] 而且，社会保险经常支持一般性的社会政策诉讼，而正常情况下，这种诉讼是应当由社会救济制度负责的。尽管最近设立了一个综合性的社会救济机构，[26] 但它基本上是闲置的，这是因为，尚未颁布对相关法律条文进行详细阐释的、具有执行性的总统令。因此，

---

*　原文是 6000，但根据上下文应当为 600。——译者注

[22]　G. Amitsis, Greece, in: D. Pieters (ed.), *Social Security Law in the Fifteen Member States of the European Union* (1997), p. 161.

[23]　总统令 278/1982 第 29a 条。（原文为 Presidential degree，但笔者以为此处可能存在笔误，当为 Presidential decree。——译者注）

[24]　法律 1302/1982 第 4 条第 7 款。

[25]　最高行政法院 2263/1982。

[26]　法律 2646/1998。

社会保险机构继续提供社会救济金,而且通常是以一种提供维持最低限度的生计收入的社会保护形式进行的。

所有这些情况都使社会保险机构有必要从其他源头获得额外资金。立法者通常通过确立所谓的社会来源(koinoniki poroi),将特定人群引发的部分负担强加于整个社会。[27] 在评估一些交易中给予的货物或服务的价值时,一定比例的价值被指定付给了保险机构。尽管它们各不相同,但社会来源无非就是有利于第三人的间接税。

关于国家定期给予社会保险的资助,对于在1993年1月1日之后加入到一个公共社会保险计划中的人,法律2084/1992第22条确定了社会保险机构的三重经济来源(雇主、雇员、国家)。但是,国家的定期资助依然是有限的。如果社会保险机构服务于一般的社会政策目标,那么国家就会提供额外的资金(法律2084/1992第68条)。其评估以定期实况研究为基础。

3. 侵权法与社会保障法之间的关系

3.1 社会保障对侵权责任的取代

如果发生劳动事故或者罹患职业病,在劳动中受伤的雇员已就自己的财产性损害自他从属的社会保险机构获得赔偿的范围内,社会保障法取代了侵权责任。社会保障法对侵权法的取代是逐步完成的。

起初,在法律551/1915被圣旨24/7/20编纂为法典时,引入了一种与劳动事故有关的特殊责任。[28] 根据法律551/1915第1条和《紧急状态法》1846/1951第8条第4段及第34条第1段的规定,当发生了一起暴力的、突然的而且无法预料的事故,并且该事故对工作产生了一种具有因果关系的影响时,例如,导致工人至少连续4

---

27 希腊最高民事法院10/1994,最高行政法院287/1995。
28 A. Karakatsanis/S. Gardikas, *Individual Labour Law* (5th edn. 1995), pp. 347 – 359; Ch. Goutos/G. Levendis, *Labour Legislation* (7th edn. 1988), pp. 12 – 122.

日无法继续工作时，就发生了一起劳动事故。[29]

37　　无论雇主是否具有过错，[30] 他都必须为雇员因无法工作而产生的损害以及任何医疗及护理费用或者发生死亡时的所有丧葬费用提供保险保护（尽管是有限的）（法律551/1915第7条）。

38　　然而，如果雇员故意引起了事故的发生，雇主就无需向他做任何赔偿。如果雇员（受害人）过失地引起了事故，法院将会相应扣减他将获得的赔偿金额。[31] 但如果是雇主或为他服务的人故意引起了事故，则不允许扣减赔偿金。[32]

39　　正如我们在上文中阐述的那样，法律551/1915仅覆盖雇员的财产性损失。非财产性损害应根据侵权法求偿（《希腊民法典》第932条）。但是，如果雇员是故意引起了事故，他就不能再依据《希腊民法典》的一般侵权法规则请求任何其他赔偿金（第914条及以下条文）。[33]

40　　最终，劳动事故和职业病变成了独立的社会保障计划。[34] 根据《紧急状态法》1846/1951第28条第6段的规定，职工保险计划有义务提供其规章规定的救济金。

41　　雇主既不会因侵权法（《希腊民法典》第914条及以下条款）也不会因法律551/1915承担任何赔偿财产性损失的义务。[35] 然而，在劳动事故致人死亡的情况下，如果存在因成年但有权依据法律

---

[29] K. Kremalis, *Social Insurance Law* (1985), p. 260.
[30] 雇主责任是一种直接由法律规定的责任，而且不需要过错，A. Karakatsanis/S. Gardikas（见前注28）p. 353.
[31] 赔偿额与损害以及事故导致雇员无法工作的期限相对应。对于支付的金额，参见：A. Karakatsanis/S. Gardikas（见前注28）p. 354.
[32] *Efetio Athinon* 6064/1990 [1991] *Elliniki Dikaiosini*（《希腊司法杂志》，HellDni）32, 571.
[33] P. Filios, *Law of Obligations*, *Special Part II*. (4th edn. 1998), pp. 201–202.
[34] 上文对该计划进行了分析。
[35] 希腊最高民事法院1602/1998，[1999] DEN 55, 200；雅典上诉法院6064/1990，[1990] NoB 38, 1452.

551/1915 请求损害赔偿金等原因而未被社会保险计划覆盖的家庭成员，则雇主仍应负责。[36]

根据侵权法（《希腊民法典》第 932 条）的规定，非财产性损害也应当获得赔偿。[37] 42

此类取代的原因根植于社会保障的概念本身以及该制度在社会中发挥的作用。社会保障制度旨在弥补疾病或事故导致的基本损失，其原因如何在所不问。确保工人及其被扶养人获得最低限度的保护。 43

由于获得款项的权利绝不取决于过错的证明或者雇主义务的违反，因此这对雇员而言是极为有利的。 44

3.2 取代侵权法的例外情形

正如我们在上文阐述的那样，社会保障法在劳动事故和职业病的情形下取代了侵权法，但是它仅覆盖财产性损害，也即收入损失、医疗费用等。 45

对于非财产性损害，例如痛苦与创伤以及愉悦感的丧失，仍要适用侵权法。[38] 当雇主或者为他服务的人故意导致了事故的发生时，亦可适用侵权法。[39] 在这种情况下，受害人有权依据侵权法的规定——《希腊民法典》第 914 条及以下条款——向雇主请求赔偿。这种情况下受害人应当获得的赔偿金包括依照侵权法的赔偿与社会保障机构必须给付的救济金总额之间的差额。[40] 雇员不能在社会保障计划给予的救济金与依据侵权法可以请求的赔偿金之间进行选择。受害人仅能从雇主处获得社会保障救济金与赔偿金之间的差额。 46

如果不法行为者（侵权人）是不同的人（不是雇主），那么受 47

---

36 F. Chatzidimitriou/G. Psilos, *Insurance Legislation* (2nd edn. 1991), p. 736.
37 那即意味着已经满足了侵权法的要求。
38 A. Karakatsanis/S. Gardikas（见前注 28）p. 356；P. Filios（见前注 33）p. 201.
39 A. Karakatsanis/S. Gardikas（见前注 28）p. 356；P. Filios（见前注 33）p. 201.
40 P. Filios（见前注 33）pp. 201 – 202.

害人及其被扶养人有权依据侵权法的规定向他提起诉讼。[41] 如果社会保险计划已经给付了法定的救济金，它将可以就此金额向侵权人或者有责任支付损害赔偿金的人提起追索诉讼。[42]

3.3 赔偿或保护核心要素方面的差异

48　　身体受伤时获得社会保障救济金的权利，并不取决于过错或者雇主违反义务的证明。

49　　相反，为了向受害人提供赔偿，侵权法要求证明过错或者违反义务。

50　　根据《希腊民法典》第914条："（A）某人因过错以违法的方式侵害了另一人时，前者有责任进行赔偿。"

51　　作为一个一般规则，《希腊民法典》第914条不仅将损害赔偿责任建立在客观的不法前提上，而且建立在主观的过错（$culpa$）前提上。它确立了不法行为人的主观责任。

52　　但是，存在一些将赔偿责任强加给造成损害的人的法律规定，而不管他是否具有过错或者其他主观因素（客观或严格责任），汽车事故就是如此。[43] 根据《希腊民法典》第914条，侵权责任的两个基本要素是过错和不法行为。过错是对他人造成损害之人的态度。它既包括故意也包括过失。故意是自觉并希望追求特定不法后果的人或者意识到这一结果可能会随着他的目的实现而一并发生但仍放任它发生的人的主观状态（$dolus\ directus$）。不法行为意味着在不存在法律认可的理由时违反了法律规范（侵犯了法律权利）。[44]

53　　侵权法也要求损害和事故之间存在一种因果关系，即特定事故

41　A. Karakatsanis/S. Gardikas（见前注28）p. 359；P. Filios（见前注33）p. 202.
42　本文在边码25彻底讨论过这个问题。
43　汽车的使用人必须投保以避免其汽车引起人身伤害之责任。而且雇主必须为避免其雇员在工作过程中遭受伤害而投保。强制保险的真正作用不是要保护被保险人以避免责任损失，毋宁是确保使受害者获得足额赔偿。
44　A. Georgiadis, *Law of Obligations General Part* (1999) pp. 594–605.

应当直接导致了受害者遭受损害。[45] 因果关系的要求也存在于社会保障法中，只是适用一种更为宽松的标准——概率论。[46]

在两个制度覆盖的损害类型方面，也存在一种区别。根据侵权法，受害者会得到全部赔偿，既包括财产性损害的赔偿也包括非财产性损害的赔偿；但是，根据社会保障法，受害者有权获得特定的保险救济金，它们与实际收入损失并不完全相符。

社会保障制度不会对痛苦与创伤以及愉悦感的损失进行赔偿。受害者只有诉诸于侵权法才能恢复此类损害，但这也意味着必须满足侵权责任的要求。[47]

在适用侵权法时，共同过失的确起着重要的作用，而且它可以显著地减少受害者获得的赔偿金金额。当事故是由受害者故意引起时尤为如此，他将无权依照侵权法获得赔偿金。[48]

但是，共同过失在社会保障法中的作用比较有限。如果受害者不是故意引起了事故，那么他就可以获得全部法定救济金。

3.4 通常给予的赔偿金额

侵权法和社会保障法通常给予的赔偿金额不同。侵权法制度是唯一一个公开表明提供全部赔偿的赔偿制度。[49] 所有财产性损失（主要是医疗、护理以及住院费用）以及收入损失（过去的和未来的）都必须获得全部赔偿。在发生了死亡的情形下，家庭成员将有权获得损害赔偿金。[50] 此外，根据侵权法，如果受害人的其他损失和费用可以被证明是因伤害产生的，他也可以要求恢复这些损失。这些损

---

45 关于因果关系，存在三种类型：第一，必要条件理论；第二，充分条件理论；第三，法治的目标（*Normzwecklehre*），参见 A. Georgiadis（见前注 44）pp. 141 – 147.
46 K. Kremalis, *Social Insurance Law*（1985），pp. 259 – 263.
47 P. Filios（见前注 33）pp. 201 – 202.
48 A. Georgiadis（见前注 44）pp. 155 – 157.
49 A. Georgiadis（见前注 44）pp. 148 – 161.
50 例如，在一个父亲死亡的案件中，侵权法会赋予这个家庭请求未来收入损失的权利；参见 A. Georgiadis（见前注 44）p. 609.

失及费用包括明显的应对残疾生活的额外费用、搬入特别改造的住处的费用、特别建造的残疾人汽车的费用以及请人帮忙做家务的费用等。

59 侵权法也赔偿非财产性损害，也即愉悦感的丧失，在这种情况下，损害赔偿金的给予不仅是为了弥补损害本身，而且是为了弥补影响享受生活的能力这种客观损失。残疾或者被毁容的未婚者，可以获得一定的赔偿金以弥补婚姻期待落空之损失（《希腊民法典》第 931 条）。

60 根据侵权法，受害者或者发生死亡情形下的家庭成员也将获得为弥补他们因人身伤害而遭受的、而且将来也得承担的精神压力之赔偿金（例如，伤害及其治疗所导致的痛苦、意识到身体残疾及其后果、对未来会丧失劳动能力的恐惧或者毁容而感到难堪；参见《希腊民法典》第 932 条）。

61 社会保险计划仅提供法律规定的救济金。受害人将主张恢复一个假设的收入损失以及医疗、护理或住院费用的赔偿。在发生死亡的情形下，家庭成员将获得丧葬费用的赔偿。

62 如果受害人满足了相关条件，那么他也可以获得一种伤残养老金。[51]

3.5 追索权

63 在因雇主或者为他服务的人的过失发生了劳动事故的情形下，社会保障计划将给予受害者法定救济金，而且它不能对雇主提起追索诉讼。但是，如果雇主或者为雇主服务的人故意引起了事故，那么社会保障机构将可对雇主提起一项追索诉讼而且可以收回已经支

---

51 F. Chatzidimitriou/G. Psilos（见前注 36）pp. 692 et. seq. 上文曾彻底讨论过这种观点。

付给受害人的款项。[52]

如果不法行为者或者侵权人是第三人,那么社会保险机构可以对他提起一项追索诉讼,即使他是过失地导致了事故的发生。在社会保险机构取代了受害者而对第三人提起的诉讼中,适用的是与让与有关的条款。[53]

此外,如果应当承担赔偿责任的人是一个第三人(例如强制汽车保险情形中的商业保险公司),并且存在一个社会保险救济金请求权,社会保障机构也将对侵权人提起追索诉讼。[54]

3.6 受害人、侵权人的家庭成员或者同事促成损害时的追索诉讼

在受害人具有共同过失的情况下,如果雇主故意实施了侵害行为,付款之人或者社会保险机构将会对他提起一项追索诉讼,但是,可被追索的金额将会依照雇员的过失程度与范围相应减少。[55]

如果侵权人的一名家庭成员或者一名同事(与不法行为者一道)促成了损害,那么付款之人将根据涉案的其他人促成损害的程度及范围对他们提起追索诉讼(《希腊民法典》第 926、927 条)。[56]

3.7 社会保障机构与社会或商业保险人之间的协议

就人身伤害而言,在社会保险机构和社会或商业保险人之间不存在调整损失分配问题的协议。承保人身伤害的商业保险在损害赔

---

[52] A. Karakatsanis/S. Gardikas(见前注 28)p. 353;P. Filios(见前注 33)p. 200;希腊最高民事法院 266/1994,[1995] *Efimeris Ellinon Nomikon*(Greek Lawyers Journal 《希腊律师杂志》,EEN)32,216;希腊最高民事法院 582/1992,[1993]《希腊司法杂志》34,1483。

[53] P. Filios(见前注 33)pp. 120 – 121。

[54] 赔偿的目的(《希腊民法典》第 930 条)是要恢复损害而非盈利。因此,赔偿(私人人寿保险除外)应当只返还已被支付的金钱;参见 P. Filios(见前注 33)pp. 118 – 119。

[55] 希腊最高民事法院 1183/1998,[1999] DEN 55,417。

[56] A. Georgiadis(见前注 44)pp. 667 – 675。

偿中发挥着补充作用。

69 受害人不能两次获得损害赔偿金（从社会保险机构并且从商业保险人），并从中获利。如果社会保险机构给付了法定的救济金，那么它将会对依据和被保险人之间的保险合同约定向必须支付相同损害赔偿金的商业保险公司提起追索诉讼。

3.8 侵权法与社会保障法之间相互影响产生的其他问题

70 侵权法和社会保障法之间没有产生问题，因为他们之间不存在相互影响。根据我国法，受害人是否有资格从社会保险机构获得救济金是根据社会保障法的规则进行判断的；侵权法也同样如此。

71 我们不会根据一种制度判断损害赔偿的条件，而根据另一种制度给予损害赔偿金。

3.9 社会保障法与侵权法的相互影响

72 根据上文问题9中的答案，我们无法确定社会保障法对侵权法有任何影响，反之亦然。

3.10 侵权法赔偿与社会保障保护经济规模相关数据；追索诉讼范围方面的数据

73 没有可以体现侵权法赔偿经济规模的官方数据。根据侵权法条文，如果受害人能够证明存在财产性损害，他将可以获得全部赔偿。例如，他将可以获得自己已经支付的所有医疗、护理及住院费用、收入损失、永久性或暂时性的、部分或者全部损失的赔偿（现在的或者未来的损失，假如他可以证明，如果没有发生导致无法工作的事故，他就可以获得这些收入）。

74 就道德风险或者愉悦感丧失的恢复而言，法院判决了合理的赔偿，这种赔偿通常不会太高，而且会与损害范围以及过错程度相对应。似乎法院不太愿意对道德风险进行大量赔偿。[57]

---

[57] A. Georgiadis（见前注44）pp. 614–616.

也没有官方数据可以体现社会保障保护在人身伤害领域中的经济规模,因为不存在专门针对人身伤害和通过不同的社会保险计划获得赔偿的单独损害分支。然而,根据1999年的社会预算,[58] 社会保障机构给付的养老金费用达到了全部支出的91.73%,而健康保险救济金的费用达到了全部支出的90.36%。[59]

同样,不存在与追索诉讼范围有关的数据。然而,对于任何追索诉讼而言,都存在一种限制。

3.11 交易成本相关数据

无法获得涉及侵权法赔偿耗费的交易成本与社会保障法赔偿耗费的交易成本之比较的官方数据。但是,似乎各个制度的交易成本之间存在相当大的差异。

为了获得侵权法赔偿,受害人或者发生死亡时其家庭成员将或多或少花掉他们最终可收回金额的20%,并且至少耗费5年的时间。

依据社会保障计划,成本非常低甚至微不足道,受害人可以在合理的时间内收回它。但是,社会保障计划存在大量的操作成本。

3.12 改革思考

在我国,如前所述,尚不存在足以影响侵权法与社会保障计划关系的特别立法改革计划。

但是,在理论上,我们建议引入一种人身伤害赔偿计划,该计划可以废除受害者的侵权诉讼(例如,可能包括医疗损害)。

二、案例

1. 共同工作场所

根据社会保险计划的法律,在伤残情况下,A可以向他所属

58　Ministry of Social Affairs(见前注14)。
59　据统计,1999年的社会性保护支出占GDP的19.71%。

的保险机构请求医疗费用以及收入损失之赔偿。由于事故并非源于雇主的故意，A 不能就额外的财产性及非财产性损失向其雇主请求赔偿。但是如果 B 被证明具有过错，A 似乎就可以以侵权法为据向 B 请求额外的赔偿（《希腊民法典》第 914、931 和 932 条）。

83　　能否提起追索诉讼取决于社会机构的法规。例如，如果申请人是商业企业的雇员并且从属于职工保险计划，那么（根据法律 4476/1965 第 18 条第 1 段）职工保险计划为任何人都提供了提起追索诉讼的可能性——假如 A 对那个人有合法的赔偿请求权的话。当损害是由疾病、伤残或者死亡引起时，法律规定可以提起追索诉讼。在最后一种情形下，赔偿包括了维持被扶养人生活的费用。但是，追索诉讼被限制在 A 已经从保险机构获得的救济金的范围内，而并未与实际的财产性或非财产性损害对应。

84　　必须提及的是，作为公法实体的社会保险机构之资质，要严格地由法律或者细化相关立法条文的行政法规进行规定。因此，如果社会保险计划的规章没有规定追索诉讼，也不能依据法律的一般原则提起。

85　　可以依据侵权法收回的赔偿金额取决于过错程度以及遭受损害的范围。

86　　A 可以向他所属的保险机构请求疾病或伤残救济金，无需顾及他和 B 是由不同雇主雇佣这件事。

87　　但是，如果能够证明引起 A 损害的事故与工作有关——不论 B 在行为时是具有故意还是重大过失，为申请相关社会保险救济金，必须满足不同的条件（对申请人更为有利）。

2. 骑车人案

88　　在本案中，A 可以依据《希腊民法典》第 657、658 条的规定向他的雇主请求继续支付工资。根据《紧急状态法》178/1967 第 5 条的规定，被同一雇主雇佣 10 天以上的雇员可以在他获得任何社会保障救济金之前的头三天请求继续支付 50% 的工资。在接下来的 15 天中，他可以请求疾病救济金与他实际工资之间的差额。[60]

社会保险机构在它给付给 A 的救济金的金额内有权向 B 提起追索诉讼。C 可能会基于侵权法向 B 提起相关请求（《希腊民法典》第 914 条），请求赔偿（社会保险救济金以外的）后者有义务支付的工资金额以及因 A 不能劳动而在未来遭受的损害。

3. 粗心大意的雇主

在本案中，发生了一起劳动事故。无法工作应当持续 4 天以上。

A 将从社会保障机构获得损害赔偿，而不是从他的雇主 B 处。

因此，他将会获得为他的收入损失以及医疗、护理费用提供的救济金。

他也可以依据侵权法的规定（《希腊民法典》第 914 条）向他的雇主提起诉讼以获得弥补痛苦与创伤之赔偿，因为本案也符合侵权法的要求（不法行为、过错、损害以及因果关系）。

社会保险机构不能向雇主提起追索诉讼，因为后者在行为时仅具有过失而非故意。

4. 具有共同过失的雇员

A 的共同过失会影响他可以依据侵权法获得的赔偿金额。赔偿金会根据他的共同过失程度而被相应扣减。就社会保险救济金而言，在一般情况下，无论过错的程度如何，国家都会给予救济金。但是，如果是 A 故意导致了自己的损害，就可能会排除他的社会保险救济金申请权。但是，在实践中，这种情况是有限的。

A 的共同过失不会影响社会保险机构对侵权人提起的追索诉讼。

60　希腊最高民事法院 308/1986 DEN（42 1986）1029。

意大利报告：社会保障法对侵权法的影响

卓凡尼·科曼德   迪亚诺拉·波莱蒂

一、问题

1. 一般性问题

1.1 "社会保障法"及"社会保障制度（机构）"的定义

在意大利，"社会保障法"并不是为了赔偿身体伤害或者疾病等设计的。然而，却存在一些为保护每个公民免于遭受伤害或疾病之不利后果而设计的法规以及国家控制的机构。我们需要参照的主要是有关"民事伤残"（civil disablement）的法律（1971年3月30日法律及其后续修订）。为了向那些受到"先天或后天残疾"影响并且劳动能力被严重削弱甚至丧失的人提供定期金钱帮助，该法设立了一种社会救济制度。国民医疗计划补充了这一立法。该计划确立于法律833/1978中并不断更新，它为全体国民提供免费医疗救助、免费医疗护理以及药物救助；而且，为那些未成年人、65岁以上的人、贫困人口或者孕妇提供免费的特殊救助；[1] 此外还向不属于上述三类

---

[1] 对于怀孕保健，尤其参见2001年3月26日第151号法律第6条。该法也已规定，职业母亲及父亲在他们孩子出生后的第一年内可以（带薪）休假。

人的国民部分地返还款项。

也存在一些特殊的事故赔偿公共计划,它们是为了保护全国人口中某些享有特权的群体免于遭受身体伤害而设计的,并且在财政制度上具有特殊之处。部分此类计划将经济帮助的费用负担移转给了所有的国民(例如,由 1990 年 10 月 20 日第 302 号法律规定、1998 年 11 月 23 日第 407 号法律修订的对犯罪行为受害者的捐助)。在其他情况下,特殊类型的责任主体被认定为需要承担救助费用,例如雇主〔参见共和国总统令第 1124/1965 号 (d. P. R. no. 1124/1965),它被称为《工伤与职业病法》(*Testo unico per gli infortuni sul lavoro e le malattie professionali*)〕。

也存在一些特殊的、通常由"潜在加害人"的目标类型提供资金的国家基金。它们被称为"保障基金",并且通常被认为是社会保障的工具。当侵权法被限制适用时,"加害人"为这些基金提供资金,即使此时存在第三者责任保险。一种就是当人身伤害是由一个未投保的人或者无法确定的车辆引起,并且超过了法律 990/1969 第 19 条规定的该基金要向道路受害者提供的经济帮助金额时。另一情形就是使狩猎事故受害者获益的基金——狩猎被认为是一种危险的活动。这种基金是由 1992 年 2 月 11 日第 157 号法律第 25 条创建的。

1.2 间侵权法和社会保障法之间的分界线

在民事责任制度中,受害人必须证明他实际遭受的损害以及在有责行为和损害结果之间存在一种(智识上的以及裁判上的)因果关系。此外,受害者必须确定责任主体并且证明他具有过错。受害人可以通过证明(人身及财产)损害的客观存在及一致性而获得它们的全部赔偿。如果他促成了损害,他可以获得的损害赔偿金额将会与"过错以及导致结果发生的物的严重程度"结合并按比例扣减(《意大利民法典》第 1227 条第 1 段)。损害赔偿金会被立即支付。

仅在特殊情况下才会对精神上遭受的折磨进行赔偿——主要是损害由一个被刑法惩罚的不法行为者导致的情形（这必须由民事审判查清）。为了获得赔偿而提起诉讼成本极高，而且事故发生很久以后才进行判决。[2] 在不存在第三方责任保险时，即使受害人赢得了诉讼，她或他也会承担不法行为者破产的风险。

在社会保障法制度中，受害人必须证明他遭受了一种法律所关注的损害。赔偿是通过一种行政的——而非司法性的——程序，并且以年金的形式获得的。社会保障法对遭受的损害进行自动且固定比例的确定，不提供全部赔偿。精神折磨、物的损害以及医疗费用均无法获得赔偿。与侵权法下的赔偿相比，即使损害是因受害人的过错而产生或者他或她具有共同过失，受害人依然可以获得赔偿。此外，虽然侵权法在各个市场制度的限制下发挥着作用，但社会保障法（通过明确一项建议以便或多或少地在全体国民间分散损害的社会成本）会受到公共资源短缺的限制。[3]

在上世纪 90 年代初期，在侵权法制度和重要的特殊事故赔偿公

---

[2] 自 1991 年以来，由于"太平绅士"（*giudici di pace*）有权审理汽车事故案件（这类事故在所有司法案件中占据了很大的比例），尽管在价值上没有超过 3,000 万里拉（现在对应金额是 15,493.7 欧元），但已极大地加快了此类诉讼案件的审理。

[3] 例如，民事责任法和社会保障法之间的差异已经由下列人进行了阐述：F. D. Busnelli, Ⅱ danno alla salute tra risarcimento e indennizzo, [1999] *Rivista infortuni e malattie professionali* (RIMP), 317 et seq.; G. Ponzanelli, *La responsabilià civile* (1992), pp. 154 et seq. and 256 et seq.; A. Procida Mirabelli di Lauro, *Dalla responsabilità civile alla sicurezza sociale. A proposito dei diversi sistemi di imputazione dei danni da circolazione dei veicoli* (1992); A. Procida Mirabelli di Lauro, *La riparazione dei danni alla persona* (1993); A. Procida Mirabelli di Lauro, Danni alla persona tra responsabilità civile e sicurezza sociale, [1998] *Rivista critica del diritto privata* (RCDP), 763 et seq.; G. comandé, *Risarcimento del danno alla persona e alternative istituzionali. Studio di diritto comparato* (1999), pp. 6 et seq. and100 et seq.; G. Comandé, Diritto alla salute tra sicurezza sociale e responsabilità civile, [1996] *Danno e responsabilità* (DR), 576 et seq.; D. Poletti, *Danni alla persona negli "accidenti da lavoro e da automobile"* (1996), pp. 54 et seq.; D. Poletti, Ⅱ danno alla persona tra responsabilità civile e sicurezza sociale, [1998] *Rivista Critica di diritto privato* (RCDP), 724 at 731.

共计划之间的相互影响方面，取得了一个重要的进步。这种公共计划是对劳动伤害具有拘束力的计划（共和国总统令第 1124/1965 号）。宪法法院[4]的一系列判决已经对社会保险制度中的劳动伤害与侵权法制度中的职业病进行了对比。宪法法院的法官判决道，由于对工人的心理——生理伤害——所谓的健康或生物损伤（*danno biologico*），[5] 这种损害被认为是独立于它们对工人收益能力的影响的——缺乏足够的社会保障保护，保险制度与《意大利宪法》第 32 条的规定不符。《意大利宪法》第 32 条认为，健康是一种基本人权，同时也是一种一般利益。因此，立法者已被迫修改了共和国总统令第 1124/1965 号，并且通过一种高效、快速的自动赔偿计划仅为心理——生理损害创设了一种特殊的保障。同时，国民保险机构（一家公共保险公司）已经被剥夺了为了获得作为健康损害以及精神折磨的赔偿金被支付给工人的款项而提起追偿诉讼的权利。[6] 该计划正处于改革之中，它迫使公共制度也为健康损害等提供损害赔偿金。

通过这种方式，民事责任和社会保障规则可以共同追溯至健康

4　Constitutional Court, 15 February 1991, no. 87 ［1991］ *Responsabilità civile e previdenza* (RCP), 245 et seq., 由 E. Navarretta 评论：La riforma ideologica del danno alla salute: vecchio e nuovo nei rapporti tra responsabilità civile e assicurazione sociale; Constitutional Court, 18 July1991, no. 356 ［1991］ *Foro italiano* (FI), c. 2967 e c. 3291, 由 G. deMarzo 评论：Pregiudizio della capacità lavorativa generica: danno da lucro cessante o danno alla salute? 以及 D. Poletti, Il danno "biologico" del lavoratore tra tutela previdenziale e responsabilità civile; Constitutional Court, 27 December 1991, no. 485 ［1992］ RCR 63 et seq., 由 E. Navarretta 评论：Capacità lavorativa generica, danno alla salute e nuovi rapporti tra responsabilità civile e assicurazione sociale.

5　关于这一主题请参见：F. D. Busnelli/M. Bargagna, *La valutazione del danno alla salute* (3rd edn. 1995) 以及 F. D. Busnelli, Il danno biologico, un'esperienza italiana; un modelloper l'Europa?, in: F. D. Busnelli/M. Bargagna, *La valutazione del danno alla alute* (4th edn. 2000).

6　宪法法院已经从社会保障机构的追索诉讼中扣除了精神损害，参见：the Constitutional Court, 16 February1994, no. 37 ［1994］ *Foro italiano* (FI), 1326, 由 D. Poletti 评论：L'azione di regresso previdenziale, il danno moraie e il nuovo "diritto vivente".

损害赔偿的原则。自可被追索的损害赔偿金角度，这是迈向它们融合的根本一步。事实上，"法令"（decreto legislativo）第38/2000号第13条规定，[7] 在发生事故或者罹患职业病的情况下，社会保障机构必须首先赔偿所有被界定为已被医学——法律确认的"心理－生理伤害"的生物损伤。与侵权法一致，生物损伤包括可以获赔的主要损害类型，而且如果存在16%及以上的永久伤残，它的"收回"可以赔偿工人承受的心理——生理伤残之经济后果。

1.3 侵权法与社会保障法的功能差异

侵权法规则的目的在于为受害者的人身伤害提供全部赔偿，并威慑加害人。[8] 而通常在民事责任规则无法适用或者适用起来有困难时适用的社会保障法，主要履行着赔偿的功能，即便它通常都无法确保与损害量成比例的赔偿，并且这导致了威慑不足的现象。

2. 人身伤害之社会保障保护

2.1 保护的范围

在意大利，尚且无法获得与受社会保障保护以免遭受人身伤害结果的人口比例有关的数据。因此，不可能精确地回答由社会保障保护的人口比例与由商业保险保护的人口比例之间的关系问题。然而，可以指出的是，国民健康制度以及针对伤残的公共立法的存在限制了第一方保险的形式（亦可参见下一个问题的答案）。

2.2 受到保护的群体

在一般意义上，社会保障法保护所有受到身体伤害或者患病的受害人，只要他能证明自身健康程度被削减至2/3以下，完全并永

---

[7] 关于该法，参见：D. Poletti, *Danno biologico da infortunio sul lavoro: al via la sperimentale riforma del Testo Unico Inail*, [2000] *Danno e Responsabilità* (DR), 464 (471); D. Poletti, *Il danno da infortunio sul lavoro alla luce del d. lgs. n. 38/2000*, [2001] *Responsabilità civile e previdenza* (RCP), 276–293.

[8] 关于侵权法的功能，参见 G. Ponzanelli（见前注2）; G. Alpa, *Trattato di diritto civile. IV. La responsabilità civile* (1999), pp. 138 et seq.

远无法工作。在无法行走的情况下，伤残相关立法提供了一种所谓的"伤残津贴"（*indennità di accompagnamento*）——一笔额外的、补偿在日常活动中的他人陪护费用的金钱。当这些事件发生在一名工人身上时，一个特殊的公共机构（国家社会保障局——I. N. P. S.）会提供经济帮助。

针对事故赔偿的其他公共计划保护犯罪行为的受害者（经1998年11月23日第407号法律修订过的1990年10月20日第302号法律）和与接种有关损害、输血以及血液衍生物管理之受害者（由1997年第238号法案修订过的1992年2月25日第210号法律）。[9]

一种工人赔偿特殊制度对劳动事故以及职业病提供赔偿。

在1999年，意大利引入了由国家劳动事故保险局（I. N. A. I. L, 一个公共机构）[10] 实施的第一方保险计划，该计划以一个使大批潜在受害者受益的新制度为特征。今天，该制度不仅仅对受到劳动事故或者职业病伤害的工人提供经济帮助。之所以发生这种变化，是因为为了在伤残特别严重时对家务劳动事故的受害者也进行赔偿。[11] 此外，1999年2月23日第44号法律（与针对敲诈罪及高利贷的受害者的互助基金有关的法律）创建了一个基金，帮助遭受由勒索金钱的威胁行为导致人身伤害的人们。

在意大利，医疗责任事故的受害者不能得到社会保障制度的保护（甚至不能通过第三方责任保险的形式）。相反，交通事故的受害者能够得到强制第三方责任保险以及一种保证基金的保护（法律

9　G. Ponzanelli/A. Busato, Un nuovo intervento di sicurezza sociale: la legge n. 210 del 1992, [1992] *Corriere giuridico* (CR), 952 et seq.; G. Ponzanelli. Vaccinazioni obbligatorie: unprimo commento alla legge n. 238/1997, [1997] DR, 649 et seq.
10　参见1999年12月18日第493号法律。
11　关于规定了"保护家庭健康的规则以及避免家庭事故的强制保险机构"的法律，参见：D. Poletti, La nuova assicurazione obbligatoria per gli infortuni da lavoro domestico: considerazioni sulla legge n. 493/1999, [1999] DR, 262–267.

990/1969)。

存在这样一种社会保障制度的原因有多个,首先需要强调这一事实,即《意大利宪法》明确提及了社会保障制度。事实上,《意大利宪法》第38条区分了两种社会保障计划:社会救济和社会救助。前者针对无法工作的所有国民(第38条第一段),并被期望应对人身伤害之一般风险。而后者针对劳动风险发生时工人的特定处境(劳动伤害与疾病、伤残、衰老及失业),是为了保证满足他们生活需求所必须的经济收入。因此,在意大利,工人事故是宪法明确认可的唯一一类事故。这些安排也将"(宪法)规定的任务委托给国家创设或整合的机构及组织"。[12]

正如我们看到的,宪法本身反映了,在普遍的社会保障制度内部,存在着以需求为基础的福利模式(这种模式考虑伤害的严重性,而非它的原因)和人身伤害赔偿特殊计划的区分。作为一项被分配给意大利立法权的任务,[13] 后者的引入似乎是受到了《意大利宪法》第3条——平等保护条款——规定的一项特殊原则的引导。只有在区分那些人的处境与他人处境的合理依据的基础上,才能在特定的受害人类型中保留区别对待。区别对待的原因在于相关性以及不同类型损害的社会分散性。此外,它首先会考虑可能导致损害发生的行为的危险性。平等保护条款也发挥着核查不同事故赔偿特殊计划之间待遇平等性的工具作用,并且充当着产生于特殊规则与普通规则之间的所谓的边界问题的判定标准。

---

[12] 宪法法院的判决已经确认了宪法第38条所呈现的模式之间的差别,19 February 1995, no. 17 [1995] *Rivista infortuni e malattie professionali*(RIMP)III, 5, 这一判决已经受到了坚持社会保障单一制改革必要性所依据的原理的挑战,参见:M. Cinelli, L'adeguatezza della prestazione previdenziale tra parità e proporzionalità, [1986] FI, 1170.

[13] 这一点在支持该理论的观点中非常清晰。Constitutional Court, 4 March 1992 [1992] FII, 1348, 由 G. Ponzanelli 评论:"Pallino anonimo", ovvero attività pericolosa con responsabile ignoto e problemi di "welfare state"。

人身伤害赔偿特殊计划也要受到另一个由第 32 条规定的宪法原则的约束。在 1996 年的一个重要判决中，意大利宪法法院宣布，健康的损害可以导致下列任何一种结果：a）获得全部赔偿的权利——由《意大利民法典》第 2043 条确认，如果（至少）加害人实施了应当受到谴责的行为的话；b）获得合理赔偿的权利——根据宪法第 32 条以及第 2 条，当损害并非源于不法行为，而是源于法定义务的履行时；c）获得救济的权利——由宪法第 38 条及第 2 条规定，在其他情形下由立法者自由裁量。[14]

根据这一判决，当个人为了实现集体利益而遭受人身伤害时（例如，强制接种），国家必须对其遭受的损害进行合理赔偿。该判决也限制了宪法第 32 条和第 38 条的适用。第 32 条直接认定健康的损害是应被恢复的损失；而第 38 条的功能在于，根据可能的公共预算限制，规范立法者采纳的经济帮助措施。[15]

2.3　他人所致伤害之社会保障保护

要回答这个问题就必须考虑意大利法律体系中属于既有社会保障制度的各个事故赔偿计划。事实上，一些计划赋予了一些特权，换句话说，将获得经济帮助的要求限制到最低，这可能会导致保护不足。

例如，为帮助恐怖主义以及组织犯罪的受害者而制定的法律期望那些至少丧失 25% 工作能力的人每月有权获得 500,000 里拉（现在相当于 258.23 欧元）的终生付款。[16] 那些为家庭劳作事故引入了

14　Constitutional Court. 18 April 1996. no. 118 ［1996］DR，573，由 G. Comandé 评论：Diritto alla salute tra sicurezza e responsabilità civile. 与这一判决有关的其他考量，参见：G. Ponzanelli,"Pochi ma da sempre": la legge 210 del 1992 al primo vaglio di costituzionalità,［1996］FI I,2328.

15　F. D. Busnelli（见前注 2）。

16　关于这一主题的思考，参见 G. Comandé, Danni privati e indennizzi pubblici: la giungla degli indennizzi alle vittime della criminalità,［2000］DR, 696.

一种强制第一方保险的法律,希望获得赔偿的权利仅存在于永久丧失至少33%工作能力的情况下。

当存在一名第三人需要对受害者遭受的损害负责时,尤其是当社会机构可以通过起诉第三人追回支付的款项时,受害人有权获得公共经济帮助。

2.4 社会保障保护的经济来源

社会保障保护以及一些事故赔偿特殊计划(比如说,有关强制接种所致损害的法律,法律210/1992,或者保护恐怖主义受害者的法律),由一般税收提供资金。针对事故赔偿的特殊公共计划(工人赔偿)则由特殊的"责任"群体(比如说雇主)提供资金;其他计划由受害者提供资金(比如家庭事故,法律493/1999)。

3. 侵权法与社会保障法之间的关系

3.1 社会保障对侵权责任的取代

在意大利的法律体系之下,社会保障并非总能取代民事责任规则。社会保障机构通常保留着向应当对人身损害负责的主体追索的权利。有时,为了获得未被事故赔偿公共计划覆盖的损害(通常是精神创伤)赔偿,可能需要借助于民事责任规则。侵权责任占据主导地位的主要原因被认为是威慑具有必要性:在这种意义上,就可以解释为什么要将精神创伤赔偿排除在外(它也体现了惩罚性特征)了。[17]

3.2 取代侵权法的例外情形

当无法适用民事责任时,社会保障法会完全取代侵权法,即便这是通过一种补足的方式进行的。在下列情形下,情况基本如此:

---

[17] 关于意大利法律体系中的精神损害,参见:F. D. Busnelli, Interessi della persona e risarcimento del danno, [1996] *Rivista trimestrale di diritto e procedura civile* (RTDPC), 1 – 25; G. Comandé, Ⅱ danno non patrimoniale: dottrina e giurisprudenza a confronto, [1994] *Contratto e impresa* (CI), 870; E. Navarretta, *Diritti inviolabili e risarcimento del danno* (1996), p. 254.

（1）当偶然事件导致了人身伤害，并要适用与"民事伤残"有关的法律时；（2）当损害是由输血或者接种导致，而且医疗提供者或者它的雇员无需负责时；（3）当猎人被一发"匿名子弹"伤害时；[18]（4）行人或者汽车驾驶人被一名"肇事逃逸的司机"撞伤时。（社会保障法对侵权法）取代的假设情形也包括可以确定责任主体但是无法适用侵权法的情形。它们还包括因雇员共同过失而在劳动中（或者在她或他的家庭活动中）引发一起事故的情形。

3.3 赔偿/保护核心要素方面的差异

在第二种情况下，侵权法和社会保障法之间的差异是由加害人与受害人之间缺乏双向性关系导致的。根据这种差异，我们可以理解为获得不同的赔偿金而必须满足的条件方面的区别（参见上文第1.2节）。

过错。对于由一般责任条款（《意大利民法典》第2043条）覆盖的损害要求查明加害人应当受到谴责。一些特殊责任规则（例如《意大利民法典》第2054条，该条规范着由汽车导致伤害的赔偿），是以过错推定为基础的。此外，还存在着不要求证明过错的严格责任理论（例如《意大利民法典》第2049条）。[19] 核能工厂的管理者对核能的民事使用所导致的人身伤害承担的责任就是如此（由1975年5月10日第519号共和国总统令修订的法律1860/1992）。[20]

因果关系。侵权法要求证明在行为与事故之间存在一种事实上的因果关系，而且要求在事故与损害结果之间存在一种法律上的因

18　这是宪法法院1992年3月4日判决中的情形（见前注11）。
19　组成了意大利人身伤害损害赔偿金模式的不同计划由下列著作阐述：F. D. Busnelli, Modelli e tecniche di indennizzo del danno alla persona. L'esperienza italiana a confronto con "l'alternativa svedese"，［1986］*Jus*，220 et seq.；D. Poletti（见前注2）；G. Comandé（见前注2）。
20　关于"大规模侵权"，参见 G. Ponzanelli, Mass Tort nel diritto italiano,［1994］RCP, 173.

果关系（参见《意大利民法典》第1223条）。根据社会保障法，当损害被罗列在立法者设想的致害事故类型中时，它们就可以获得赔偿；如果疾病为制定法所列举，则无需实际证明因果关系。

15　　　财产性及非财产性损害。通常情况下，社会保障不赔偿"非财产性损失"。但是，必须牢记的是，今天，对于健康的损害——或者生物损伤——是被强制地包括在预防劳动事故及疾病的保险合同中的（参见上文1.2）。

16　　　共同过失。社会保障法通常会忽略受害者在导致致害事故发生时的共同过失。然而，在一些民事责任法领域（参见案例4的答案），法院同样降低了共同过失的重要性。

3.4　通常给予的赔偿金额

17　　　社会保障提供的保护范围要比损害赔偿金提供的小。在存在严重伤害的情况下，这种差别可能会最为明显。

在商业保险人之间存在一些协议，它们规范着损害赔偿金在商业保险人间的分配问题（如果损害可以归因于多人的话）。但是，这些协议不会影响责任规则的适用。

然而，在一些特殊事故赔偿计划中，人身伤害赔偿金的赔偿条件的确定方式如此特别，以至于很难将它们的结果与侵权法规则赋予的损害赔偿金额进行比较。例如，法律210/1992就是这样。该法参照用于确定军人退伍而应获得的养老金待遇的标准，赔偿接种或输血的受害者之损害。另一个例证是由与劳动工人享受同等经济待遇的家庭事故之受害者提供的（在第1124/1965号共和国总统令被修订之前，由第38/2000号法令引入）。

相反，可以比较侵权法规则给予的损害赔偿金和预防劳动事故的强制保险给予的赔偿金。例如，对于工人（男性并且在20岁以下）遭受的、引起6%以上伤残（获得公共经济帮助的最低要求）的"生物损伤"，每一个伤残点是826.33欧元（然而，由于在统计学上，女性的寿命较长，她们在每一个伤残点有权获得903.80欧元）。依照侵权法，伤残情况相同的受害者，大致（由于没有法定的明细表，结果不可能精确）会得到同等金额的钱。

通常情况下，由公共补贴和依照侵权法计算的损害赔偿金的数量差异引起的问题会通过允许受害者向加害人请求差额的方式解决。例如，这就是1124/1965号共和国总统令所要解决的问题，该总统令允许受伤雇员（但是仅在雇主应当承担刑事责任的情况下）请求超出社会保障通过公共年金形式给予的金额范围的金额。

由于存在保险免赔条款，对于未被特殊事故赔偿计划覆盖的损害，通常可以诉诸于侵权法赔偿。除了基本的救济金［例如，民事伤残养老金或者"陪护津贴"（*assegni di accompagnamento*）］，还可以请求损害赔偿金。

3.5 追索权

给予受害者保护的社会保障机构并非总是有权向引起损害之人追索。可以说，在这一领域，意大利法律体系看起来并不完全协调。

与接种和输血导致的损害赔偿有关的法律没有预设对国家有利的追索诉讼。然而，法律却对恐怖主义和犯罪组织的受害者提供了针对责任人的此类诉讼。第990/1969号法律（汽车导致损害的责任）就具有对管理社会保险的组织有利的追索权特征。相反，与民用核能有关的法律，既没有规定任何有利于为劳动事故提供保障的社会机构的诉讼，也没有规定针对核能事故导致的人身伤害或者物质损害的强制保险（参见第16条）。与避免家庭事故的强制保险有关的法律排除了社会保障机构提起追索诉讼的可能性。

具体至劳动事故制度，有必要澄清的是，向受害者支付赔偿金的相关社会保障机构（国家劳动事故保险局）有权向责任人追索。更为准确地说，在意大利体系下，国家劳动事故保险局可以提起特别诉讼——由第1124/1965号总统令第10条设计（"*regresso*"，追索诉讼），该诉讼既可针对雇主，也可针对制定法认为应当负责（或应当承担连带责任）的人提起。那些责任与任务的完成联系在一起或者由雇主指派的人就属于这种情况。这些人被认为是"雇主违反劳动安全保障义务的工具性机关"（当其责任已在刑事审判中被确定时）。《意大利民法典》第1916条还确立了一种普通诉讼（代位），这种诉讼有利于商业保险人，并且被扩大至劳动事故保险人起诉第三人，这些第三人是"企业之外的人……无论他们为何进入了企业范围内"。[21] 根据侵权法确定了该第三人的责任是这种诉讼的必要前提。

国家劳动事故保险局也可以向同一受伤雇员提起追索诉讼，但是仅当刑事法庭确定了事故是由他的故意行为引起时方可。

3.6 受害人、侵权人的家庭成员或者同事促成损害时的追索诉讼

社会保障机构的追索诉讼不会受到受害人共同过失的影响（详请参见第2部分案例4）。

3.7 社会保障机构与社会或商业保险人之间的协议

在意大利的法律体系中，不存在此类协议。然而，有必要说明的是，法律990/1969第28条仅赋予了一项有利于社会保障机构——国家劳动事故保险局/国家社会保障局——向责任人之保险人提起追索诉讼的权利（如果损害是由汽车导致的话）。然而，宪法法院宣布这一规定违宪，因为它没有考虑到受害人无法通过其他途径恢复他们的损害这种情况（例如，当损害比保险提供的最大保护范围还大时）。

相反，在商业保险人之间存在一些协议，它们规范着在商业保险人之间的分配损害问题（承担共同责任的情形）。但是，这些协议

---

21 关于这两种诉讼之间的区别，参见：Cassazione, Sezioni Unite, 16 April 1997, no. 3288 [1997] RCP, 353.

并未改变一般的责任规则。[22]

3.8 侵权法与社会保障法之间相互影响产生的其他问题

如上所述，意大利法律体系近期正面临着侵权法与社会保障法的融合，它们在"生物损伤"的概念中找到了共同根源。这个概念主要由侵权法详细规定。在某些方面，侵权法已经影响了社会保障机构在劳动事故发生时给付的赔偿金的新形式。的确，劳动事故是受到这一融合过程影响最大的领域。首先，劳动事故之赔偿恢复了工人的生物损伤。它是通过全额方式（尤其是在发生轻微伤残的情况下），而不是通过年金的形式支付的。它是根据"伤残点"进行计算的。这种支付制度是借鉴侵权法的。但是，针对劳动事故的社会保障制度具有这样一个特征，即伤残点的价值由法律确定，并且因此它是不可更改的。[23]

3.9 社会保障法与侵权法的相互影响

然而近期，法官及立法者已试图在民事责任领域中"导入"一些产生于社会保障领域的人身损害赔偿金计算标准。为了协调支付的赔偿额并加快进程，他们已经提出了各种法律草案。它们旨在确定严格的标准（比如赔偿限制及最高额），并取消《意大利民法典》第1226条赋予法官的在所有无法确定损害赔偿精确金额时适用的"公平估值"资格。

关于这一论题，提及与强制接种导致的损害有关的情形是十分重要的，这种情形促成了第210/1992号法律。

在该法颁布之前，米兰特别法庭（*Tribunal of Milan*）必须对一个因一名母亲接触了她刚刚接种的孩子而遭受损害（脊髓麻痹）的

22　参见：Constitutional Court no. 319/1989 ［1989］ *Nuove leggi civili commentate*（NLCC），941.

23　关于这个问题的更多思考，参见：D. Poletti, Gli infortuni sul lavoro dopo la riforma, tra regole risarcitorie e nuovi indennizzi,［2000］DR.

案件作出判决。(发布了 1989 年 2 月 23 日命令的) 特别法庭查明,不存在苛责于卫生机构的可能性,并且提出了第 51/1966 号法律(与预防小儿麻痹的强制接种有关) 违宪性审查的请求。该法庭认为该条款与宪法第 32 条冲突,因为它没有规定"发生接种事故时的赔偿以及/或者社会保障赔偿制度"。在其 1990 年 6 月 22 日的第 307 号判决中,[24] 宪法法院认为米兰特别法庭提出的违宪性请求是正当的。宪法法院认可了受伤或者被强制接种感染的人有权获得合理赔偿。在立法介入之前,特别法庭自己就在其稍后的 1990 年 12 月 20 日的判决中适用了宪法法院判决中的原则,判决原告获得大约 309,387.14 欧元的赔偿金。[25] 特别法庭明确表示,这是一种保障而非全额赔偿。对于正在审理中的案件,赔偿金大致是侵权责任规则下(应有)的全部赔偿的 66.6%。法律 210/1992 已经规定,对于受害人死亡的案件(假如在这种情况下,公共赔偿看起来显著低于损害赔偿金赔偿),赔偿额大约是 25,822.84 欧元。该金额在 1997 年被提高至 77,468.53 欧元左右。

3.10 侵权法赔偿与社会保障保护经济规模相关数据;追索诉讼范围相关数据

社会保障计划下的交易成本要比侵权法下的低得多。这是因为,依照侵权法进行的司法活动需要律师的帮助。然而,就我们掌握的情况而言,无法获得与这些成本有关的官方统计数据。

---

[24] 对这个判决的评论参见:A. Princigalli, Tutela della salute e vaccinazioni a rischio 以及 G. Ponzanelli, Lesione da vaccino antipolio: che lo Stato paghi l'indennizzo!, [1990] FI I, 2694.

[25] 关于这些案例,参见:D. Poletti, Danni alla salute da vaccino "antipolio" e diritto all'equo indennizzo, [1991] RCP, 85 – 93.

二、案例

1. 共同工作场所

首先需要明确的是,在发生劳动事故时,医疗是由社会保障制度提供的(根据第 1124/1965 号共和国总统令第 66 条;包括药物及外科手术帮助、临床确认以及餐饮供给)。对痛苦与创伤的赔偿并未被包含在社会保险人提供的救济金当中。然而,有必要将与上文提及的"生物损伤"有关的改革铭记于心。[26]

恢复医疗费用(未被包括在国家健康服务或者社会保障机构提供的免费医疗中的)的条件与弥补痛苦与创伤(尤其是精神创伤)的条件是不同的。痛苦与创伤之损害实际上仅在法律有规定时才能被恢复,而且主要集中于侵权人的行为应当受到刑法惩罚的情形下。

因此,A 可以向雇员 B 或者雇主 Y 请求他的医疗费损失。根据侵权法规则,Y 和 B 应当对此负责:根据《意大利民法典》第 2049 条的规定,企业主 Y 应当承担责任;该条确定了雇主在其雇员导致损害发生时的严格责任。如果 B 的行为构成了犯罪,或者如果已经被证实不存在犯罪行为(例如,人身伤害、事故预防措施之违反),再或者如果必须提起诉讼的话,A 可以向 B 或者雇主 Y 请求非财产性损害之赔偿。

B 在实施导致损害发生的行为时是否具有轻过失无关紧要。因而,如果 B 在行为时具有故意或者重大过失,结果仍是一致的。但是,需要注意的是,这个问题可能会影响精神创伤的索赔,例如,

---

[26] 请同时参见 F. D. Busnelli/G. Comandé, Italian Reports on Damages and Non Pecuniary Loss,载于:W. V. H. Rogers (ed), *Damages for Non-Pecuniary loss in a Comparative Perspective* (2001), pp. 135 et seq.,以及载于:U. Magnus (ed.), *Unification of Tort Law: Damages* (2001), pp. 117 et seq.

通过排除刑事责任。

29　　如果 A 和 B 是同一个企业中的雇员，A 可以请求她/他的雇主赔偿她/他的精神创伤。事实上，判例法已经根据《意大利民法典》第 2087 条确定了雇主的责任（该条要求雇主结合工作类型、经验以及技术状况，采取一切为保护其雇员身体完整性以及精神人格所必须的措施），即使致害事故是由另一名雇员引起的。事实上，当损害与一名雇员的行为有关时，企业主应当对因未采取事故预防措施而导致的损害负责。[27] 当劳动伤害与另一名雇员的非法行为有关时，判例法也认定企业主应当对未采取事故预防措施负责，认为未采取预防措施是一种犯罪行为并且应当被提起公诉。[28] 正如我们在存在犯罪的情形中看到的那样，工人也可以向他的雇主主张精神创伤之全部赔偿。该结果源自于（上述答案中阐述的）与预防劳动事故的特殊强制保险有关的判决。这些判决表明，不向精神创伤提供公共经济帮助［法定赔偿（*pretium doloris*）］。因此，它们宣布对这些损害不适用免除雇主责任的那些规则。[29]

2. 骑车人案

30　　是的，雇主 C 必须向被骑车人 B 严重伤害的其雇员 A 支付全部工资。《意大利民法典》第 2110 条规定，在事故、疾病、怀孕、产后期的情形下，如果法律没有给予任何形式的社会保障，雇主就必

---

[27] *Cassazione civile*, 6 February 1985, no. 897 ［1985］*Massimario della Giustizia civile* (MGC).

[28] Pret. Milano, 7 March 1991 ［1991］RCP, 914.

[29] 为了在存在刑事责任而无豁免的情形下仅赔偿所谓的"差额损害"，最高法院判决雇主免于承担因工人之损害而产生的民事责任，并对恢复原状进行了限制。（参见第 1124/1965 号共和国总统令第 10 条）这与宪法法院规定的原则（1991 年第 356 及第 485 号判决）以及普通法院在赋予保险人代位权的限制上的新趋势相一致，而且不考虑《意大利民法典》第 2059 条规定的精神损害，在具备相关条件时，该精神损害必须被完全恢复：*Cassazione civile*, sez. lav., 20 October 1998, no. 10405 ［1998］*Giust. civ. Mass.* (GCM), 2130.

须向他的雇员支付工资。

雇主 C 可以向骑车人 B 请求自己已经支付给雇员的工资,因为他因丧失了职业劳作而遭受了损害。在许多情况下,意大利法院都开放了这种可能性,尤其是在其 1988 年的一个判决中确认了它。[30] 此判决确认了雇主向应对雇员的事故负责之第三人求偿的权利(包括受伤雇员离岗期间支付的社会保障保险费的金额)。

3. 粗心大意的雇主

雇员可以向社会保障机构(国家劳动事故保险局)请求一部分赔偿,同时向他的雇主请求一部分赔偿。

更加准确地说,他可以向他的雇主请求"生物损伤"之赔偿,而且,如果雇主实施了一个犯罪行为,他还可以请求痛苦与创伤之赔偿(参见问题2)。雇员可以向社会保障机构(国家劳动事故保险局)请求经济损失之赔偿。

最近的一项立法(第 38/2000 号法令)已经修改了与预防劳动事故的强制保险有关的法律(1965 年 6 月 30 日第 1124 号共和国总统令),确认受伤工人可以自社会保障机构获得针对"生物损伤"以及经济损失的赔偿金。此外,他们可以向雇主请求痛苦与创伤之赔偿(如果后者应当对损害的发生承担刑事责任的话)。

社会保障机构仅可在雇主 B 实施了犯罪行为时向他追索,例如,如果雇主 B 实施了一项导致损害发生的犯罪行为。

4. 具有共同过失的雇员

意大利的判决已经在本质上削减了工人共同过失的重要性,为民事责任一般规则引入了一种例外。《意大利民法典》第 2087 条被认为是一个开放的条款。通过这种安排,既可以在未采取事故预防措施的情况下又可以在未能使这些措施被雇员有效利用的情况下归

---

30 *Cassazione*, Sezioni Unite, 12 November 1988, no. 6132 [1989] FI I, 748.

责于雇主。因此，根据最高上诉法院（Corte di Cassazione）的观点，雇主未能控制事故预防措施被雇员有效利用可以为工人共同过失的价值（针对雇主）提供正当性。雇主仅在"结合其雇员的经验水平，该雇员的行为可被认为是不正常的而且完全无法预见"的情形下才能免责。[31]

37　　因此，澄清这一点是重要的，即工人 A 的共同过失通常不会影响雇主的赔偿责任。这同样适用于为从社会保障机构获得赔偿而提起诉讼的情形，因为社会保障机构在工人单方过错导致了事故的情况下仍提供赔偿。

38　　此外，工人 A 的共同过失不会妨碍社会保障机构对雇主提起追索诉讼。事实上，在这种情况下，法官已经澄清："如果国家劳动事故保险局为了从应受谴责的雇主处获得已支付给受伤工人的款项之赔偿，而根据第 1124/1965 号共和国总统令第 11 条提起了追索诉讼，并且受害人存在共同过失的话，保险人的赔付额不会根据受害人促成损害的程度被按比例扣减，但是作为唯一的限制，法庭得根据民法典规则计算责任人应当支付的最终赔偿额。"[32]

---

[31] *cassazione civile*, sez. lav., 17 February 1998, no. 1687 ［1998］ *Rivista italiana diritto del-lavoro*（RIDL）II, 516, 由 A. Avio 评论; Pret. Milano, 30 April 1997 ［1997］ *Rivista Critica diriritto del lavoro*（RCDL）, 815.

[32] *Cassazione civile* sez. lav., 20 August 1996, no. 7669 ［1996］ *Giusticia civile Massimario*（GCM）, 1196.

荷兰报告：社会保障法对侵权法的影响

C. 埃德加·杜佩龙　威廉·H. 范博姆

概述

在对"人身伤害领域社会保障法对私法之侵权法的影响"相关问卷进行回答时，我们将会涉及与侵权法有关的荷兰社会保障制度的各个方面。在此引言中，我们将从简单介绍荷兰社会保障的主要特征开始。继而，我们希望能够厘清它更多、更复杂的特征。

自上世纪60年代开始，荷兰社会保障制度已经得到了极大的扩展。它已经从几个规模很小的疾病救济金及失业保障计划发展成为一个十分广泛且综合性高的社会保障法律制度了。随之，社会保障的费用也在多年间不断增加。现在，社会保障的费用达到了国民收入的30%左右。这可以很好地解释为何荷兰社会保障制度会频频成为政治辩论以及热门讨论的主题。自上世纪80年代，荷兰就已经开始想方设法阻止救济金数量以及支付金额的增加了。因此，有资格获得救济金的人数已经有所下降，给付救济金的条件更加严格，而且运转周期变短，救济金的水平也下降了。商业保险已经开始介入填补各种（市场）空白。但是，与其他欧洲国家相比，荷兰社会保障制度提供的保护程度依然相当高。此外，在社会保障政策及立法中，重心逐步被放在了疾病及伤残的预防以及使那些失业、患病或者残疾的人再次融入社会之上。

3　　就荷兰社会保障的法律框架而言，传统上会对雇员保险和国民（或普通）保障计划进行区分。雇员保险旨在保护雇员以免他们因下列原因遭受收入损失（1）患病或伤残［《疾病救济金法》（*Ziektewet*, Zw)，《继续支付（病假）工资法》（*Wet uitbreilding loondoorbetalingsplicht bij ziekte*, WULBZ)，《伤残保险法》（*Wet op de arbeidsongeschiktheidsverzekering*, WAO)］（2）失业［《失业保险法》（*Werkloosheidswet*, WW)］。在本报告中，我们将集中讨论由疾病或伤残引起的收入损失。请注意，在荷兰，疾病或伤残救济金也为职业风险及社会风险提供保险保护。这即意味着，无论疾病或伤残的原因为何，都会提供此类救济金。[1] 此外，此处需要指出的是，针对长期伤残的救济金［WAO, *Wet arbeidsongeschiktheidsvoorziening jonggehandicapten*（《伤残保险法（青年残疾人）》，Wajong)，*Wet arbeitsongeschiktheidsverzekerin zelf-standigen*（《残疾保险法（独立经营者）》，WAZ)］，自一个相对较低的伤残比例开始给予救济金，大约为15－25%。与大多数欧洲国家相比，并且考虑到它对"社会"及"职业"风险都承保这件事，这个比例是相当低的。

4　　国民保险为全体人口提供适当经济保护以免他们遭受各种生活风险，例如：疾病或伤残［《残疾保险法（独立经营者）》，《伤残保险法（青年残疾人）》］、失业［《国民救济法》（*Algemene Bijstandsvte*, ABW)］、养家糊口之人死亡［《幸存被扶养人普通法》（*Algemene NabestaanCenwet*, ANW)］、衰老［《养老金普通法》（*Algenrene Ouderdomswer*, AOW)］以及抚育儿童的费用［《儿童救济金普通法》（*Algemene Kitderbijslagwet*, AKW)］。此外，现在还施行着一个混合型的商业/公共健康保险计划［《疾病救济金法》（*Ziekenfond-*

---

[1] 参见下文问题1.3。

swet，ZfW)*、《特殊医疗费普通法》(Algemene wet bijzondere ziektekosten，AWBZ)、《健康保险加入法》(Wet op de toegang tot de ziektekostenverzekeringen，WTZ)]。

雇员保险与国民保险计划之间的差异可以追溯至历史上；当下，二者之间的分界线已经不如以前那样清晰了。一般而言，国民保险计划是由一般（所得）税收提供资金的，但是雇员及雇主需直接为雇员保险计划买单。然而，在资金来源方式方面，存在一些例外和混合情形。

一、问题

1. 一般性问题

1.1　"社会保障法"及"社会保障制度（机构）"的定义

一般而言，问题中给出的定义可以适用于荷兰社会保障制度。但是，在过去的十年间，在重建（例如私有化）荷兰社会保障制度方面，荷兰已经进行了各种尝试。至今，大部分社会保障计划的管理仍由国家主导着。然而，也存在一些例外情形，其中以《继续支付（病假）工资法》和荷兰医疗保险制度最为著名。

在颁布《继续支付（病假）工资法》之前，一种强制公共保险（《疾病救济金法》）向雇员提供着预防疾病或丧失工作能力的保险保护。与大多数雇员保险计划一样，《疾病救济金法》由国家控制的救济金机构（uitvoeringsinstellingen）管理着。[2] 在某种意义上，该制

---

* 根据原文作者附加的英文，此处的"Ziekenfondswet，ZfW"与上文边码3中"Ziektewet，Zw"均为"Sickness Benefits Act"。因此，在翻译时，译者亦遵循原著将二者皆翻译为《疾病救济金法》。然而，为了进行区分，在此后内容中再次出现"Ziekenfondswet，ZfW"时，译者将会标明《疾病救济金法》(ZfW)。——译者注

2　这些救济金机构［"执行机构"(uitvoeringsinstellingen)，被正式地称为"意外保险组织"]（bedrijfsverenigingen），是由国家社会保障局（Landelijk Instituut voor Sociale Verzekeringen，LISV）监管的。

度已经随着《继续支付（病假）工资法》（1996）的颁布而被"私有化"了，迫使荷兰的雇主自己为疾病救济金提供资金（并进行管理），该救济金最长可达一年之久，而且法定最低额是正常工资的70%。[3] 公务员享有类似的权利，可以向他们的"公共雇主"（国家、市政府及警察局等）请求病假工资。因此，在某种程度上，荷兰疾病救济金计划是由个人雇主自己管理并且提供资金的。

8　　　　荷兰健康保险制度是该规则的另一种例外情形。在荷兰，现阶段主要存在两种医疗保险：一个是公共的，一个是商业的。通过《疾病救济金法》（ZfW）实施的公共保险计划（主要）为一些中低收入雇员群体提供强制健康保险。[4] 没有法定义务参加这种保险的人可以自由选择订立任何私人医疗保险合同。此外，通过《特殊医疗费普通法》实施着一种针对某些"非常规健康风险"的一般强制计划。公共及商业保险人都管理着这种法定健康计划。此外，一种特殊的法定计划——《健康保险加入法》，迫使商业保险人依照与公共医疗保险计划（《疾病救济金法》，Zfw）相似的条款向某些人提供一种基本的健康保险。因此，从某个角度，荷兰公共医疗保险制度在整体上不仅由一个公共及商业保险人的混合群体管理着，而且在本质上具有公共——商业的混合性质。

1.2　侵权法与社会保障法之间的分界线

9　　　　当然，侵权法和社会保障法之间存在重要的差异。从一种"传统"观点来看，侵权法旨在纠正不法行为。相反，社会保障法的首要目的在于保护荷兰国民的经济利益，以免他们受到人身伤害、疾病或者失业影响。换句话说，社会保障法是以一个假设的赔偿需求为基础的，而侵权法是以民事赔偿责任为基础的。两种制度的共同

3　参见《民法典》（*Burgerlijk wetboek*，BW）第7编第629条。注意有一个上限：特定工资水平限制了法定疾病救济金的数额。

4　年收入达到27,000欧元的雇员由《疾病救济金法》（ZfW）承保。

点似乎在于赔偿受害人之法律效果。但是，赔偿的程度确有不同。虽然侵权责任引起全部赔偿，但大多数社会保障计划被限定为仅赔偿部分损失。[5] 虽然侵权法允许索赔所有财产性及非财产性损失，但原则上，社会保障计划仅覆盖一些财产性损失，尤其是收入损失以及——就公共健康保险而言——医疗费。

1.3 侵权法与社会保障法的功能差异

荷兰社会保障法的范围要比侵权法的范围广泛得多。例如，《继续支付（病假）工资法》和《伤残保险法》保护着雇员（部分地）以免他们因疾病或者伤害遭受收入损失。[6] 两种计划均未区分社会风险与职业风险。与欧盟一些工人赔偿计划不同，荷兰社会保障为雇员提供的保护不仅针对与雇佣关系挂钩的疾病或伤残，而且针对因任何原因引起的疾病或伤残。因此，事实上，一名因运动创伤而残疾的雇员也可受到《继续支付（病假）工资法》和《伤残保险法》保护，而且他与一名因劳动事故导致残疾的雇员受到的保护在方式上完全相同。尽管近年来荷兰社会保障的这种无歧视特征承受了越来越多的压力，但它仍未被改变。

如上所述（问题1.2），侵权法在许多方面都不同于社会保障法。从实践角度，与侵权法相比，作为赔偿来源之一的社会保障法门槛较低。与侵权法的高级时装相比，社会保障计划充当着御寒的（*prêt-aporter*）衣服。侵权法诉讼的基本要求门槛较高：不仅不法行为、过错以及因果关系构成了胜诉的主要障碍，而且在原则上，受害人还要承担举证责任。不仅如此，向法院提起侵权诉讼还可能耗费大量时间及金钱，这种诉讼很容易给受害人造成精神负担，而且

5　可能公共健康保险计划除外。
6　如上所述（问题1.1），《（病假）工资继续支付法》承保患病或残疾后第一年，而《伤残保险法》承保接下来的时间。注意《伤残保险法》中的救济金适用逐年递减规则。

即便在进展顺利的诉讼中，也完全无法确保实际赔偿。事实上，在真正实现赔偿之前，需要克服许多障碍。

12　　自受害者角度，与这些高门槛相比，大多数社会保障计划更加可取。大多数计划反应迅速而且（相对）效率较高；其实施无需律师介入；提供能够满足需求的（但几乎不可能是全部的）[7] 赔偿金；并且受害人也仅需承担较小的负担。总的来说，社会保障救济金以三个条件为基础：申请人被认为是"被保险人"；发生的疾病或伤残由特定的计划承保；而且救济金的金额是在一个固定的基础上计算的（例如，固定的金额或者实际所得工资的固定比例，在固定的期间内）。因此，诉诸于社会保障制度要比适用侵权法容易些，至少一眼望去如此。荷兰社会保障的要求要比侵权法的基本要求更容易满足，这尤其是因为人身伤害的真正原因无关紧要：荷兰雇员保险既承保职业风险又承保社会风险（参见上文），而且因此疾病或伤残的性质也无关紧要。

2. 人身伤害之社会保障保护

2.1　保护的范围

13　　正如在整体介绍中阐述的那样，在通常覆盖全部荷兰人的、所谓的国民或普通保险与旨在为荷兰劳动力（包括公务员）提供保险保护的雇员保险之间，可以勾勒出一条粗略的分界线。一般而言，国民保险由所得税提供资金，但大多数雇员保险由雇主和雇员一起提供资金。

14　　在理论上，国民保险覆盖全部人口，但是这绝不意味任何人在任何情况下都可以依据一种保险申请救济金。大多数国民保险是以被保险人的需求为基础的。例如，《幸存被扶养人普通法》是一种国民保险，它为"所有"国民提供保险保护，避免他们家中因养家糊口之人

---

[7] 参见上文问题1.2.。

死亡而难以维持生活。然而，实际可以获得《幸存被扶养人普通法》救济金的人被限定为一小部分活着的被扶养人。在一定收入标准以上的人，根本无法获得《幸存被扶养人普通法》救济金。不仅如此，救济金的数量也是十分有限的。[8] 每月获得的全部《幸存被扶养人普通法》救济金是 840 欧元（税前）。因此，荷兰绝大部分人都购买了某种商业人寿保险。[9] 对于疾病或者伤残，情况也是如此；社会保障救济金在数额上是比较有限的。因此，商业保险已经介入并填补着各种空白。据估计，荷兰的雇主和雇员每年大约会花费 40 亿欧元，或者通过商业保险形式，或者通过个人或集体基金形式，去填补这些空白。[10]

就社会保障而言，人身伤害对雇员收入的影响主要由《继续支付（病假）工资法》（参见上文，问题 1.1）、《伤残保险法》（承保长期伤残）、《残疾保险法（个体经营者）》（承保自雇者的长期伤残）、《伤残保险法（青年残疾人）》（承保青年残疾人的长期伤残）以及《幸存被扶养人普通法》（承保活着的被抚养人的生活费损失）承保。与荷兰社会保障有关的一些数据表明，在大约 1,500 万的人口中，大约有 1,000 万人是处于 15 岁和 64 岁之间的。[11] 在这 1,000 万人中，大约有 700 万人能够劳动。在 1998 年，大约 90 万人获得（全部或部分）《伤残保险法》救济金。[12] 此外，据估算，在 1998

8　就像所有国民保险救济金那样。在大多数情况下，救济金水平是与法定最低工资相联的（现在大约是税前 1,100 欧元）。参见：http：//www.minszw.nl/Documenten/Informatie/Werk/inkomen/minjeugdloon.htm.

9　注意，养老金尤其依赖于社会保障（著名的《养老金普通法》），《养老金普通法》仅提供基本养老金，其他商业养老金或者由私人自由购买或者由法律强制规定。

10　Voortgangsnota Arbeidsongeschiktheidsregelingen SZW, April 2000, §6.4. 参见：http：//www.minszw.nl/Documenten/Nieuws/notapub/WAO/adobepag2.htm.

11　此处反映的大多数数据都是从下列出处获得的：荷兰统计局（Centraal Bureau voor de Statistieken），at http：//www.cbs.nl/nl/cijfers.

12　参见：http：//www.minszw.nl/documenten/nieuws/notapub/planaankwao/bijlagel.htm（表3）。当然，《伤残保险法》救济金的额度——大约为 900,000 而且逐渐上升——之高令人不安。至今，荷兰政治家们还没有为这个复杂的问题想出确切的解决方案。

年，在被雇佣的劳动力中，大约有5%的人在休病假（这大约相当于30万人）。然而，由于《继续支付（病假）工资法》和《伤残保险法》都没有与无法工作的原因结合起来——二者都承保职业风险和社会风险——因此，假设所有这些人实际上都因人身伤害而陷入困境并不正确。有数据显示，7%左右的《伤残保险法》救济金是因人身伤害获得的；36%是因为其他生理原因导致无法工作（例如，自然原因）；而且大约34%是由于心理障碍（例如，与工作有关的压力、心力憔悴）而无法工作的。[13]

2.2 受到保护的群体

16　　正如在上文问题2.2中阐述的那样，荷兰社会保障包括许多制定法计划，它们或者保护着全体人口（国民或普通保险），或者保护着荷兰劳动者（雇员保险）。雇员的保护标准被认为是最高的。他们受到保险保护以免因疾病或伤残而遭受收入损失。在无法工作的第一年中，雇员至少可以自雇主处获得70%的正常工资[14]，而且此后，他有权以《伤残保险法》为基础获得救济金。然而，他获得的金额会逐渐减少。因此，通过个人或集体保单提供额外保护并不少见。

17　　独立经营者应当为自己提供保护，因此他们可以依据《残疾保险法（独立经营者）》获得的救济金十分有限。就幸存之被扶养人而言，《幸存被扶养人普通法》的情况相同。因此，通过个人保单提供广泛的其他保险保护已成为惯例。

18　　通常可以说，所有区别，若不能被解释为社会保障制度的全面发展的产物，就一定是调和政治偏好的产物。

2.3 他人所致伤害之社会保障保护

19　　正如在上文问题1.3中阐述的那样，关于人身伤害，荷兰社会

---

[13] 参见：http://www.minszw.nl/documenten/nieuws/notapub/planaankwao/bijlage3.htm（表2）。这些比例与已知伤残原因下的救济金数额有关。

[14] 然而，考虑了特定的最大额。

保障提供保护以避免因疾病或伤残产生医疗费用、收入损失——无论损害的原因为何。因此，他人所致伤害也同样受到保护。通常，救济金的金额既不会赔偿全部损失，也不会赔偿非财产性损失。

2.4 社会保障保护的资金来源

正如在上文问题2.1中阐述的那样，荷兰社会保障法通常被分为保护全体荷兰人的国民或普通保险与为所有荷兰劳动者（包括公务员）准备的雇员保险。笼统地说，国民保险是由一般税收收益提供资金的，而大多数雇员保险是由雇主和雇员共同提供资金的。

3. 侵权法与社会保障法之间的关系

3.1 社会保障对侵权责任的取代

在荷兰法中，社会保障法没有取代侵权法。在《1901年工伤保险法》（1901 *Ongevallenwtet*；被废止于1967年）中，存在一种特殊的、对雇主有利的法定"豁免权"。他们的雇员不再能够要求他们承担侵权责任，即便是对于1901年法没有包括的损害，亦为如此。[15] 然而，随着1901年法的废止，立法也废止了这种豁免权。目前，不存在其他形式的豁免权。

在自上世纪60年代以来的学术著作中，学者们提出了在交通事故法中废除侵权责任的许多建议。[16] 但是，在这些建议中，没有一个导致侵权法被法定废止，而且在不远的将来，它们也不会。

请注意，受害人获得的所有社会保障救济金在侵权法诉讼中都

---

15 *Hoge Raad*（荷兰最高法院，HR）8 January1960，[1960] *Nederlandse Jurisprudentie*（NJ），127 nt. LEHR（Daalder'sAannemersbedrijf/Zandbergen）；HR 20 June 1969，[1969] NJ，374 nt. GJS（Zitman/De Nieuwe Eerste Nederlandsche）；HR 19 February 1999，[1999] NJ，428nt. ARB（Lahjaji/MMB）。更多请参见：H. Vinke，*Werknemerscompensatie bij beroepsgebonden schade*（1997），pp. 1 et seq.

16 概述请参见：T. Hartlief/R. P. J. L. Tjittes，*Verzekering en aansprakelijkheid*（2nd edn. 1999），pp. 116 et seq.

会被扣除，但是受害人仍可向侵权人请求未被社会保障覆盖的损害。[17]

3.2 取代侵权法之例外情形

3.3 赔偿（保护）核心要素方面的差异

24　　除了问题1.2和1.3的答案，我们注意到，社会保障计划可为人身伤害提供充分但永远不是全部的赔偿。而另一方面，无论损害发生的真正原因何在，荷兰社会保障计划都会提供赔偿。因此，侵权法要素，如"过错"和"因果关系"，毫无作用。荷兰社会保障法主要关心的是证明伤害的存在，例如确定生理或心理痛苦的真实性。

25　　在财产性与非财产性损失方面，可以看出两个法律领域存在显著的差异。侵权法的全部赔偿范式不适用于社会保障；只有特定类型的财产性损失——尤其是：收入损失和医疗费用——才能获得赔偿。人身伤害之非财产性损失未被社会保障法认可。

26　　共同过失不会阻碍或者削减社会保障救济金。尽管一些社会保障立法都存在一个专门的、在自己故意导致损害时禁止救济金请求权的条文，但在实践中，没有人提出过这种抗辩。此外，社会保障立法不太关注损害发生的原因，因此，也未对共同过失表现出兴趣。相反，这些计划更加关注受害人的康复和回归社会，并且关注鼓励矫正以及——如果可能的话——鼓励重新建立雇佣关系。事实上，大多数社会保障计划都倾向于将不愿接受替代性工作认定为"共同过失"，这可能很容易导致救济金的惩罚性扣减。

3.4 通常给予的赔偿金额

27　　社会保障包括的金额仅旨在给予满足需求的补偿，它们几乎从未提供全部赔偿。在避免收入损失的社会保障保护中，一直都是这

---

[17] 参见 W. H. van Boom, *Verhaalsrechten van verzekeraars en risicodragers* (2000), p. 17, pp. 24-25.

种情况。例如，《继续支付（病假）工资法》提供一年的、相当于最后获得工资的 70% 的病假工资。如果在工会和雇主协会的集体协商协议中没有对剩余的 30% 达成一致，那么，每个雇员实际上就得自己承担这部分损失。在大多数情况下，一些商业保险会介入其中以填补社会保障遗留的空白。

3.5 追索权

大多数社会保障机构都有权向侵权人追索。[18] 一般而言，行使这些追索权的条件与侵权人自己提起侵权诉讼适用的条件相同。尽管这些专门的法定追索权与商业保险人的代位权在外观上稍有不同，但一般而言，它们的法律效果是一致的：如果对受害者实施了一个可诉的侵权行为，追索权即就此产生。

此处需要提及荷兰追索诉讼的一个重要特征。在 1992 年实施新的民法典时，立法机关感觉，为了受害者的利益，这部法律中采纳的严格责任应当被保留下来。因此，立法机关引入了追索权暂行规定（*Tijdelijke Regeling Verhaalsrechten*，TRV）(《荷兰民法典》第 6 编第 197 条）。该追索权暂行规定明确，不能依据严格责任提出追索请求。事实上，当一名雇员在骑车上班的路上被一块从一栋有瑕疵的建筑物上掉落的砖块砸到时，他自己可以以严格责任为依据进行索赔（《荷兰民法典》第 6 编第 174 条）。然而，如果他的受伤导致了持久无法工作，《伤残保险法》将会补偿他部分收入损失。相应地，社会保障机构国家社会保障局享有一项追索权，但是它不能以《荷兰民法典》第 6 编第 174 条为依据。国家社会保障局仅可以以侵权

---

[18] 《疾病救济金法》（Zw）第 52a 条；《荷兰民法典》第 6 编第 107a 条；《伤残保险法》第 90 条；《疾病救济金法》（ZfW）第 83b 条；《幸存被扶养人普通法》第 61 条；《残疾保险法（个体经营者）》第 69 条；《伤残保险法（青年残疾人）》第 61 条；《特殊医疗费普通法》第 65 条；《公务员事故（赔偿金追索）法》（*Verhaalswet Ongevallen Ambtenaren*，VOA）第 2 条；《残疾人重返社会法》[*Wet (re) integratie arbeidsgehandicapten*，Wet REA] 第 49 条第 1 款。

责任为基础向存在瑕疵的建筑物的所有人求偿（《荷兰民法典》第6编第162条），例如，如果所有人被证明在维修方面存有过失的话。可能会有人说，追索权暂行规定已经导致了荷兰侵权法的分裂：受害者很可能以严格责任为基础进行索赔，但是他们的（社会）保险人仅能以过失为基础追索。尽管在法学著作中，这种分裂已经受到了严厉的批评，但它似乎仍会继续存在。[19]

由于采用了追索权暂行规定，荷兰追索诉讼也体现出了另外一种特征。关于汽车所有人对骑车人或行人的责任，荷兰判例法已经变得格外独特了。尽管这种责任的法定基础是过失，但它依然发展成为了一种半严格责任。此外，在上世纪90年代早期，荷兰最高法院（*Hoge Raad*）已经通过判决骑车人和行人应当得到专门的保护以避免机动车交通的内在危险，扩张了这种责任的范围。这种特殊的法律保护包括如下内容：共同过失的抗辩不能向受伤的、13岁及以下的骑车人或行人提出。即使14岁及以上的受伤骑车人或行人的共同过失已经达到了50%以上，他们仍至少可以就他们损失的50%进行索赔。由最高法院在没有任何制定法基础的情况下发展起来的规则，旨在分别提供一个标准的100%和50%的保护水平。然而，最高法院已经在这些"新规则"上增加了限制条件，即它们仅旨在保护受害人。因此，关于追索权暂行规定，最高法院已经拒绝了保险人和社会保障机构的100%与50%救济金"规则"。[20]

3.6 当受害人、侵权人的家庭成员或者同事促成损害时的追索诉讼

根据我们的理解，这个问题提出了同时存在的原因因素。如果

---

19 参见：W. H. van Boom（见前注17）pp. 122 et seq.
20 HR 28 February 1992, [1993] NJ, 566nt. CJHB （IZA/Vrerink）; HR 2 June 1995, [1997] NJ, 700—702 nt. CJHB （Marloes de Vos, Quafa El Ayachi, Pierre Wildiers, respectively）. 现在，荷兰司法部（*Dutch Ministry of Justice*）仍在思考是否应当在汽车责任新议案中修订或者抛弃这一判例法。

受害人自己的行为或者疏忽相当于共同过失（eigen schuld），侵权法请求权将会面临这一抗辩，即受害者应当承担全部或部分损害（《荷兰民法典》第 6 编第 101 条）。同样地，这种抗辩也可以在追索诉讼中针对社会保障机构的请求提出。事实上，受害人的共同过失削弱了追索请求权。[21]

由于大多数与追索权有关的法律条文都将雇主和雇员排除出追索对象的范围，因此，同事和雇主都不会受追索请求权的影响，除非他们故意实施了侵权行为并导致了损害，或者有意识地实施了行为并存在重大过失。[22] 这种豁免权对针对同时并存的侵权人提出追索请求的影响是，如果雇主或者同事的侵害行为或者疏忽同时促成了损害，追索请求权就会被按比例扣减。这是由最高法院 1983 年的一个判决裁定的。在该案中，一名军人驾驶着一辆汽车，他的同事坐在他的旁边。由于驾车的军人和另外一名汽车司机同时存在过失，车辆发生了碰撞。在社会保障机构的追索诉讼中，这名汽车司机主张，受伤军人同时部分地导致了事故的发生。上诉法院认为，这种主张在下列意义上是正确的：司机应当对 80% 的损害负责，而驾车的军人被认定应当对 20% 损害负责。最高法院判决，由于不能对同事进行追索，只能向司机索赔 80%（的损害）。[23]

就家庭成员而言，尚不存在免于追索的法律规定。然而，在许多情况下，最高法院都判决禁止向家庭成员追索，其理由在于，允许追索事实上是允许救济金物归原主，因为家庭成员通常分享收入

---

[21] W. H. van Boom（见前注 17）pp. 36 – 37.

[22] 《伤残保险法》（Wet op de arbeidsongeschiktheidsverzekering，WAO）第 91 条第 1 款；《疾病救济金法》（Zw）第 52b 条，《疾病救济金法》（ZfW）第 83c 条第 1 款，《幸存被扶养人普通法》第 62 条第 1 款；《残疾人重返社会法》第 49 条第 3 款；比较《荷兰民法典》第 6 编第 107a 条。

[23] HR 20 May 20 1983,［1984］NJ, 649 nt. FHJM（Bedrijfsvereniging Overheidsdiensten/Brok & Van de Craaf）.

以及作为替代性收入的救济金。[24] 因此，追索权也将在一定程度上影响受害者，而且这将与社会保障的精髓（例如提供补偿）不符。

34　如果侵害人和受害人的一名家庭成员共同导致了损害，我们认为，对侵权人享有的追索请求权应当被按比例扣减。否认扣减的必要性很可能导致侵权人自己对该特定的家庭成员进行追索（例如，根据连带责任进行追索），相应地，这也与社会保障救济金的目的冲突了。

3.7　社会保障机构与社会或商业保险人之间的协议

35　在荷兰，调整协议并无悠久的传统。但是，由于在过去的几十年间，立法机关已经越来越多地引入了追索权，因此，有关快速处理追索的协议在数量上也大大增加了。这些协议由社会保障机构作为一方当事人、荷兰保险人协会（the Verbond vanVerzekeraars，代表着个人责任保险人利益）作为另一方保险人订立的。这些协议中的大部分都有待评价，而且它们似乎将会继续有效，甚至得到扩张。

36　现阶段存在两种"追索协议"：有关统一处理个别追索案件的协议，以及有关在个别追索案件中完全放弃追索的协议。弃权协议的一个例证就是《幸存被扶养人普通法》协议（1996）：社会保险银行（Sociale Verzekeringsbank，SVB）放弃了它的追索权而相应获得了

24　HR 2 February 1973，[1973] NJ，225 nt. ARB (Centrale Werkgevers Risico Bank/Millenaar)；HR 26 June 1987，[1988] NJ，53 nt. JBMV (Assurantie Maatschappij "Nieuw Rotterdam" NV/Bedrijfsvereniging voor de Textielindustrie)；HR 25 January1991，[1992] NJ，706 nt. CJHB (ABP/Elzenga)。然而，这个判例法不适用于《疾病救济金法》（ZfW）基础上的追索权。在一些极具争议性的判决中，最高法院判决道，一般情况下，荷兰公共健康保险基金（ziekenfondsen）对家庭成员进行追索是可被允许的。参见：HR 11 June 1982，[1983] NJ，583 (OWM Regionaal Ziekenfonds Rijnstreek/Zwolsche Algemeene Verzekering Maatschappij)；HR 6 May 1983，[1983] NJ，584 ntFHJM (Delta Lloyd Schadeverzekering/Ziekenfonds Rijnstreek)；HR 19 April 1985，[1985] NJ，209 nt. FHJM (Ziekenfonds Rijnstreek/Algemene Verzekering Maatschappij Atlantic)；HR 11 February 1994，[1995] NJ，494 nt. CJHB (Schadeverzekeringsmaatschappijen NOVO en UNIVÉ/Ziekenfonds Groningen)。

按年一次付清的款项，该款项应该可以充分地覆盖与侵权责任有关的《幸存被扶养人普通法》救济金的潜在金额。总额由荷兰保险人协会支付，而且由受协议约束的责任保险人提供资金。

标准化协议的一个例子是荷兰保险人协会和国家社会保障局之间的《伤残保险法》协议（1998）。在此协议中，个别追索案件的处理已经在下列意义上被标准化了：每当过错和因果关系不再是讨论的对象时，受害者获得的救济金总额的76%将由侵权人的责任保险人支付。

弃权协议使追索诉讼成为多余的东西，但是也仅在协议的效力范围内如此。没有缔结弃权协议的责任保险人仍然倾向于提起追索诉讼。标准化协议不会使追索诉讼变得多余；它们只会解决个别追索案件中的一些障碍。这些协议对侵权法尚未产生影响。

3.8　侵权法与社会保障法相互影响产生的其他问题

除了可能由追索权暂行规定引起的问题外，想不到其他问题了。对于这个主题的讨论，请参照我们在问题3.5以及第二部分（案例）补充案例5中的回答。

3.9　社会保障法与侵权法的相互影响

参见下文问题3.12。

3.10　侵权法赔偿及社会保障保护经济规模相关数据；追索权范围相关数据

至今，社会保障法的经济重要性在整体上超过了侵权法。现阶段，社会保障费用大约相当于国民收入的30%。关于人身伤害案件中的侵权诉讼数量，无法获得准确的数据，[25] 但是毋庸置疑，与社会保障相比，侵权法的经济规模十分有限。然而，由于荷兰社会保障法不考虑无法工作的原因，而且所有计划都既保护职业风险又保护社会风险；因此对二者进行比较是十分困难的。所以，即使我们将

---

[25] 参照下文3.11。

论域限制在为弥补因无法工作而产生的收入损失的社会保障计划中[例如,《伤残保险法》、《继续支付(病假)工资法》],或者限制在公共国民健康保险(《疾病救济金法》,ZfW)中,任何比较都是极具猜测性的。[26]

就追索诉讼而言,一些资料表明,在某些社会保障计划的费用中,仅有很小的一部分(最多 0.5%)能够通过追索诉讼的收益弥补。[27] 然而,尚且无法获得准确的信息。

3.11 交易成本相关数据

无法获得官方数据,尤其是由于在"交易成本"的确切内涵上无法达成一致的看法。有人认为,这些费用是诉讼程序的直接财产性损失,而其他人坚持认为,其他间接费用——如一定比例的司法成本——也应当被考虑在内。在近期由沃特英斯(*Weterings*)进行的一项研究中,[28] 涉及了一些人身伤害诉讼处理中的交易成本的部分特征。他的评估与"诉前"成本以及诉讼成本本身(咨询、法律援助、医疗专家、保险人的答复等等)有关。他的研究不包括民事诉讼成本的计算,这尤其是因为只有 1% 至 5% 的请求走到了法院审理阶段。沃特英斯的计算结果如下:在荷兰人口中(1600 万国民),每年大约有 120 万人遭受轻微或严重伤害;在这 120 万伤害案件中,大约有 12 万到 18 万的请求是向责任保险人提出的;大约有 6,000 到 18,000 个请求在还未进行诉讼程序时就被拒绝了;全部费用:1 欧元至 400 – 500 万欧元。大约有 6,000 至 27,000 个请求会在未进行诉讼时和解;这些请求的管理成本被估计在 1 欧元至 700 万欧元之间。

---

[26] 更多的数据参照上文 2.1。

[27] 参见:W. H. van Boom(见前注 17)pp. 104 – 105. 请注意,0.5% 这个数字是基于《特殊医疗费普通法》和《疾病救济金法》(ZfW)估算的,而且在考虑其他社会保障计划时有可能会有修改的必要。

[28] W. C. T. Weterings, *Vergoeding van letselschade en transactiekosten* (1999),pp. 18 et seq., p. 65.

那些持续时间较长并且经过一些协商之后未经诉讼解决的 60,000 至 90,000 个请求的成本被估计在 41 欧元至 7,700 万欧元之间。引起最多争议、专家观点以及一致性的大约 30,000 到 45,000 个请求的成本被估计在 63 欧元至 11,300 万欧元之间。此外，他还预测，在所有请求的 1% 至 5% 中，如果一个请求被拒绝，那么紧跟着就是诉讼；因此，在 95% 至 99% 的案件中，请求都在庭外和解了。呈现出来的数据表明，处理人身伤害侵权请求的总费用至少在 10,600 万欧元至 20,100 万欧元之间。这些数据是有价值的，但是它们没有提供与请求处理成本相关的信息，这种信息与给付的损害赔偿金的实际金额有关。遗憾的是，现阶段无法获得与这些金额有关的准确数据。

在交通事故责任领域可以获得更为准确的数据。[29] 据统计，在 1997 年，汽车保险人在交通事故责任案件中大概赔偿了 12 亿欧元。在这笔钱中，大约有 7 亿欧元是以人身伤害赔偿金的形式支付的（医疗、收入损失、康复、非财产性损失等）；27,000 万欧元在追索诉讼中支付；而且 40,000 万欧元在人身伤害诉讼中支付。在某些情况下，据估计，与交通事故责任的追索诉讼有关的直接交易成本在损害赔偿金总额的 15% 至 25% 之间。[30] 如果这些数据都是正确的，在追索诉讼中处理 27,000 万欧元将会额外耗费大约 4,000 万至 6,800 万的钱。沃特英斯已经算出，处理人身伤害诉讼的全部直接成本将在 25% 左右，[31] 这将意味着，分配上述 40,000 万欧元的成本大

44

---

[29] 参见：*Kamerstukken* Ⅱ 1997/98, 25 759, no.3, p.14；比较参照：A. R. Bloembergen, [1998] *Nederlands Tijdschrift voor Burgerlijk Recht* (NTBR), 170.

[30] 参见：*Kamerstukken* Ⅱ 1989/90, 21 528, no.1, p.15, *Kamerstukken* Ⅱ 1998/99, 26 238, no.3, p.6 以及 M. G. Faure, Regres in een rechtseconomisch perspectief, in: W. H. van Boom/T. Hartlief/J. Spier (eds.), *Regresrechten* (1996), pp.55 et seq. 参照：W. A. Sinnighe Damsté, *Regres bij onrechtmatige daad* (1999), p.73（描述了一个稍微高一点的比例——大约是 30%）。

[31] W. C. T. Weterings (见前注 28) p.3.

约是 10,200 万欧元。

45　　关于社会保障救济金的交易成本，尚无法获得任何数据。一些作者认为，就本质而言，社会保障计划的管理成本一定会比侵权法制度的管理成本低。[32] 这种推测似乎有些道理，但是尚无法获得权威数据的支持。

3.12　改革思考

46　　大约在过去的十年中，荷兰社会保障制度提供的保护程度被降低了。获得救济金的次数以及救济金的金额都有所下降。多位学者认为，这种下降很可能导致侵权法诉讼的增加。这是有道理的：如果依据社会保障法律获得的救济金逐渐减少、差强人意的话，受害者将会寻求替代措施，其中一个就可能是侵权法诉讼。[33] 很可能会增强诉讼意识；这是荷兰现阶段人身伤害领域的主要问题。在社会保障法提供的保护程度下降得更多时，很可能会有更多人援引侵权法。尽管一些作者已经告诫要警惕这种效果，[34] 但只有时间可以说明这些预测是否正确。

47　　的确有人提出过其他改革建议，尤其是交通事故伤害赔偿的改革。有作者认为，应当在交通事故领域中废除人身伤害责任，并且应当由一些强制（第一方）保险或者由税收提供的赔偿计划取代。[35] 这些建议均未被采纳，而且荷兰立法是否会在不远的将来废除责任法是极不确定的。

32　例如参见：T. Harlief, *Van slachtoffers en 'daders': op weg naar een afnemende reikwijdte van het aansprakelijkheidsrecht?*, in: T. Hartliefetal. (eds.), *Het betang van de dader* (1999), p. 18.

33　M. Faure/T. Hartlief, [1998] *Nederlands Juristenblad* (NJB), 1135 et seq.

34　参见：T. Hartfief, *leder draagt zijn eigen schade*, Inaugural Lecture Leiden (1997); M. Faure and T. Hartlief [1998] NJB, 1135 et seq.

35　例如参见：A. R. Bloembergen, *Handelingen NJV* 1967 – Ⅰ, p. 54; A. R. Bloembergen, [1994] NJB, 123; Sociaal-Economische Raad (Socio-Economic Council, SER) -advice, Investeren in verkeersveiligheid, Den Haag 15 October 1999, publ. no. 1999/13, pp. 18 – 19, p. 31. 比较参见：T. Hartlief/R. P. J. L. Tjittes (见前注 16) pp. 116 et seq.

二、案例

1. 共同工作场所

a）如果雇员 A 在公共健康保险计划（《疾病救济金法》，ZfW）下获得保险保护，他应当可以以此为据向他的公共健康保险人（Ziekenfonds）请求并获得医疗救治。一般而言，A 应当向他的公共健康保险人请求，而不能向 X、B 或者[*] Y 请求这些费用。《疾病救济金法》（ZfW）第 83b 条规定，公共健康保险人有权向侵权人 B 及他的雇主 Y 追偿。[36]

如果 A 不能适用《疾病救济金法》（ZfW）（例如，由于他的收入超过了《疾病救济金法》的限额），A 可能会购买一份商业保险以避免医疗费用损失。A 最有可能向他的保险人请求自己的费用，但他也可以依据侵权法向 B（《荷兰民法典》第 6 编第 162 条）、他的雇主（《荷兰民法典》第 6 编第 170 条）请求；而且雇员 A 也有可能以他的雇主没有采取充分的安全措施以确保自己的安全为由向他自己的雇主 X 请求（《荷兰民法典》第 7 编第 658 条）。然而，这要取决于案件的具体情况。

《疾病救济金法》（ZfW）不赔偿痛苦与创伤（非财产性损害）。但它也没有禁止任何此类请求。如果存在一项针对非财产性损失的有效请求，对于 A 向应当负责的 B（《荷兰民法典》第 6 编第 162 条）、B 的雇主（《荷兰民法典》第 6 编第 170 条）或者可能向 A 自己的雇主 X 请求此类损失而言，不存在任何法律障碍（参见上文）。

---

[*] 原文此处为 of，然笔者以为应当为 or。此处按照 or 进行翻译。——译者注
[36] 然而，如果 A 是他的雇主 X 调派到 Y 处，作为一名临时雇员为 Y 工作的话，这个追索诉讼就会受到限制，《疾病救济金法》（ZfW）第 83c 条第 2 款。

51 　　b）这可能导致的唯一区别就是，故意或者重大过失可以排除 B 的雇主 Y 承担替代责任。替代责任是以这一假设为基础的：过失行为的发生机率因工作类型以及雇主下达的特定日常指令而被提高了。B 的故意行为很可能与个人恩怨有关，而与在同一建筑工地工作的内在风险无关。在特殊情形下，这可以排除 Y 的责任。对于 X 的责任，B 的故意可能产生相似的效果。

52 　　c）就依据《疾病救济金法》（ZfW）第 83b 条进行的追索而言，存在一种差异。公共健康保险人不能对同事提起一项追索诉讼，除非后者在行为时具有故意或者有意识地具有重大过失。除非共同雇主自己故意实施行为，或者他有意识地具有重大过失，否则也禁止向该雇主提起追索诉讼。[37]

53 　　《疾病救济金法》（ZfW）不赔偿痛苦与创伤（非财产性损害）。但它也没有禁止任何此类请求。如果存在一项针对非财产性损失的有效请求，对于 A 向应当负责的 B（《荷兰民法典》第 6 编第 162 条）、B 的雇主（《荷兰民法典》第 6 编第 170 条亦或甚至基于第 7 编第 658 条）或者可能向 A 自己的雇主 X 请求此类损失而言，不存在任何法律障碍。B 的故意或者有意识的重大过失可能会排除共同雇主的替代责任（参见上文）。

2. 骑车人案

54 　　A 的雇主 C 被认为有义务在 A 无法工作的第一年中提供病假工资。法定最低病假工资是受伤雇员工资的 70%（《荷兰民法典》第 7 编第 629 条），但是大多数雇主已经同意支付全额工资了。如果 A 仅能向他的雇主主张 70% 工资，他就有权依据侵权法向 B 请求剩余的 30%（当然，假设侵权请求权的所有条件均已具备）。如果 A 依据

---

[37] 参见：HR 4 October 1991，[1992] NJ, 410nt. MMM（Bedrijfsvereniging Koopvaardij & Ziekenfonds voor Zeelieden / Anthony Veder Gas Carriers BV）and *Kamerstukken* Ⅱ 1998/99, 26 238, no. 11, p. 2.

侵权法进行请求的所有条件均已满足，而且 C 没有继续支付工资的法定义务，那么 C 就对 B 享有一项特殊的追索权（《荷兰民法典》第 6 编第 107a 条）。如果在这种假设情形中 A 可以提出请求，那么 C 就可以在真实的情况下进行请求。

3. 粗心大意的雇主

如果雇主应当对他的雇员负责，那么他就必须支付损害赔偿金。医疗费以及长期收入损失通常都由社会保险机构承担〔例如，以《疾病救济金法》（ZfW）和《伤残保险法》为依据〕。一般而言，这些机构无权向具有过失的、受害者的雇主进行追偿，但他们故意实施行为并导致了损害，或者具有有意识的重大过失时除外（参见上文，问题 1）。所有未被社会保障计划承保的损害，都可以向雇主主张，更为确切地说，在侵权责任的范围内可以。非财产性损失通常未被任何社会保障计划覆盖，因此可以就此向雇主索赔。社会保障机构对雇主无追索权这件事并未使后者从对其雇员的责任中解脱出来（参见上文，第一部分，问题 3.1）。

4. 具有共同过失的雇员

雇员 A 可以向社会保障机构请求全部损失，因为社会保障法也对共同过失提供保护（参见，第一部分问题 3.3）。在大部分案件中，该机构对侵权人的追索请求权都是被禁止的，因为侵权人是受害者的同事（参见上文，第一部分问题 3.6）。如果侵权人并非一名同事，而是任意一个第三人的话，追索请求权以及受伤雇员的人身伤害请求权将会依照受害者的共同过失程度按比例进行扣减。

5. 补充案例

问题：在喝了一种知名苏打汽水后，数百名消费者遭受了严重的内伤。假设所有受害者都能依据瑕疵产品相关欧盟指令（相对应的国内法）规定的严格责任向生产者索赔，那么为了这些消费者的利益而支出了费用的社会保障机构能否也进行索赔？答案：不可以，只有消费者可以援引《荷兰民法典》第6编第185条中的严格责任，该条落实了有关产品责任的欧盟指令；参见《荷兰民法典》第6编第197条（追索权暂行规定）。保险人和社会保障机构无权利用这种严格责任，他们被迫以过错原则之上的侵权法一般规定为据提出请求（尤其是《荷兰民法典》第6编第162条，该条要求能够证明过失或过错。参见上文，第一部分问题3.5）。

西班牙报告：社会保障法对侵权法的影响

马里亚·帕斯·加西亚·鲁维奥　哈维尔·莱特
弗朗西斯科·戈麦斯·阿韦列拉　孔苏埃洛·雷盖罗·费雷罗

一、问题

1. 一般性问题

1.1　"社会保障法"及"社会保障制度（机构）"之定义

该定义与西班牙国内对社会保障法以及社会保障制度（机构）的理解一致。[1] 西班牙的概念来源于《西班牙宪法》第41条，该条

---

[1] 更多有关西班牙制度的信息，参见：Olea/Plaza, *Instituciones de Seguridad Social* (2001); Gallego/Miró, Responsabilidad civil por accidente de trabajo, orden jurisdiccional competente y extensión de la responsabilidad contractual, [2000] *Temas Laborole*; Díaz, Accidentes de trabajo: cúmulo de responsabilidades y competencia jurisdiccional, [2000] Aranzadí Civil, 15–29; Múgica, Comentario a la STS de 30 de octubre de 1990, [1990] *Cuadernos Cívitas de jurisprudencia civil*, 1143–1162; Lucas, *La responsabilidad civil dele mpresario derivada de accidente de trabajo y enfermedad profesional: régimen legal, criterios jurisprudenciales* (2001); di Lauro, I danni alla persona tra resposabilità civile esicurezz sociale. A proposito del modello neozelandese, [1998] *Rasegna di diritto civile*, 599–647; Gómez, La responsabilidad en el abono de la asistencia sanitaria por los centros públicos, en casos de concurrencia con otros aseguramientos, [1998] *Poder Judicial*, 463–479; id., Comentario al artículo 83 de la Ley General de Sanidad y textos concordantes, [2000] *Actualidad Civil*, 1495–1506; Pantaleón, Comentario a la STS de 6 de mayo de 1985, [1985] *Cuadernos Cívitas de jurisprudencia civil*, 2609–2624; Navarro/Jiménez, *El recargo de prestaciones* (2000).

规定,"公权力应当维持一种对全体国民有利的公共社会保障制度,以保障救济以及足够的社会救济金,同时,如有必要,应当为失业提供专门的救济金。附加的救济与救济金应当都是免费的"。在我国,根据1994年《社会保障普通法》第38条的规定,西班牙社会保障制度提供预防人身伤害(包括疾病)之不利后果的保护,而这些伤害或疾病是因职业原因导致还是由普通(例如,与职业无关的)原因导致则在所不问。该社会保障保护包括医疗、职业康复救济金以及财产性救济金。除了劳动事故,社会保障制度还包括职业病、失业、短期无法工作、残疾、死亡、退休以及一些家庭救济金。因此,我们的论文中只有一部分(人身伤害)既涉及社会保障(主要是劳动事故以及某些疾病或人身伤害)又涉及民事责任法规。

1.2 侵权法与社会保障法之间的分界线

就人身伤害而言,在侵权法和社会保障法之间存在两条笼统的分界线。第一条是人身的。社会保障制度对西班牙人进行保护的方式并不完全相同,该制度包括两个子制度:需要付费的制度和无需付费的制度。有些人没有被需要付费的、负责给付与人身伤害有关的大部分救济金的子制度覆盖。因此,人身性分界线可以被定义为,区分被包括在需要付费的社会保障制度中的人口比例与那些没有被该领域包括的人口比例的分界线。根据1994年《社会保障普通法》第7条的规定,需要付费的社会保障制度的人身领域首先包括:所有类型的雇员(商业或公营企业的——政府或军事部门的)、独立作业的工人以及学生。对于那些不属于这些类型中任何一类的人,当他们受到人身伤害时,不能向付费型社会保障制度申请救济金。

第二条分界线是因果关系的,与人身伤害的发生原因有关。如果是职业性原因,那么雇主就需要承担责任。这种责任必须向社会保障机构投保,而且雇主必须向社会保障机构缴纳保险费。为雇员投保以预防劳动事故及职业病是雇主的义务。如果雇主履行了这种义务，那么社会保障机构将会在发生劳动事故或者职业病的情况下支付救济金。如果雇主没有履行这种义务，社会保障机构也得支付救济金，但它将可以向雇主提起追索诉讼。

无论雇主是否履行了为雇员投保以及向社会保障机构缴纳保费的义务，受害者自己均可依据《西班牙民法典》的一般原则向雇主提起侵权法诉讼。该诉讼既可在民事法庭起诉，又可在劳动法庭起诉，尽管必须强调的是，对于这个问题，我们的判例法是极为矛盾的［正如最高法院近期的一个判例所体现的那样（第一民事法庭——2000年7月2日）。在这个侵权法诉讼中，判决给雇员的赔偿金被认为是可以与社会保障机构支付的财产性救济金完全并存的，这是西班牙制度独有的一个特征。当雇主对于使雇员受伤的劳动事故或者职业病的发生具有过错时，会当然推定两种制度可以兼容。然而，最高法院的部分判决将风险理论作为雇主民事责任（合同的或非合同的）的依据——第一民事法庭——1990年10月8日、1994年3月7日以及1996年2月6日］。相反，尽管客观的雇主民事责任与社会保障制度之间具有兼容性，但最高法院的判决——第4劳动法庭——1997年9月30日的判决，并不同意这种兼容。第4劳动法庭的观点已经获得了一些作者的支持。[2] 然而，总体而言，劳动法庭更倾向于将社会保障救济金考虑在内，从而将它们从应当给予的损害赔偿金中扣除；但民事法庭通常并不这样做，在根据侵权法原则判决损害赔偿金时，它们会更加慷慨。

如果事故或疾病产生于普通的原因，则必须根据侵权法原则确定谁是应当承担责任的人。然而，雇主也必须为他的雇员投保以避免普通事故或疾病。雇主和雇员都必须就这些事故或疾病向社会保障机构缴纳保费。如果雇主履行了他的义务，在一个普通的事故或

---

[2] 例如参见：Díez-Picazo, *Dereclto de daños* (1999), pp. 179 et seq.

疾病导致了损害时，社会保障机构将支付适当的救济金（针对疾病、伤残或死亡）。如果他没有履行自己的义务，社会保障机构将不会向受害人给予救济金。受害人将有提起两种司法诉讼的可能性：1）针对他的雇主，以雇主未履行投保及缴纳社会保障保险费的义务为依据；2）对因自己的过错或者在实施法律强加给他的行为的过程中（通常，将存在向商业保险公司为这些风险投保的义务）导致了事故或疾病发生的人——如果有的话。

5　　必须强调的是，社会保障机构将不会向事故发生时尚未达到特定最低保险期限的受害人支付任何救济金。在这种情况下，受害人将仅能提出上文阐述的第二种司法诉讼。

6　　也需要重视的是，第二种司法诉讼是可以与社会保障机构给付的救济金并存的。根据 1994 年《社会保障普通法》第 127 条第 3 款的规定（关于救济金的特殊责任），即使导致这些救济金的情况引起了另一个人（甚至是雇主）的刑事或民事责任，社会保障救济金也会被给付给受害人。在这些情况下，雇员（或者他的继承人、遗产）可以根据刑法或民法向应当负责的人请求损害赔偿金。《社会保障普通法》第 127 条第 3 款接着规定，且不论这一损害赔偿金请求权，社会保障机构也有权向应当负责之人请求医疗费用。

7　　另一方面，《社会保障法》第 123 条（发生劳动事故或职业病时的额外经济性救济金）规定，"如果责任由侵权行为导致，那么本条规定的责任与任何其他类型的责任、甚至是刑事责任相互独立并兼容"。

1.3　侵权法与社会保障法的功能差异

8　　两种制度首要的功能都是赔偿受害人（补偿性赔偿金）。其次，相当多的作者认为，两种制度的另一种功能在于惩罚不法行为者，尽管社会保障制度是以一种极为保守的方式承认此种功能的：根据 1994 年《社会保障普通法》第 123 条的规定，针对由雇主的过错引起的劳动事故或疾病而给付的所有社会保障救济金将会被增加30%至50%；所增加的金额必须由雇主向受害者支付，没有保险为此提供保护。此外，在没有惩罚性赔偿金的西班牙民事责任体系中，惩罚性功能并非其基本功能。近期，一些作者也强调了西班牙法中非合同责任规则的威慑功能，[3] 尽管大部分学者在民事责任领域中反对预防的观念。[4]

受到"俾斯麦模式"影响的西班牙社会保障制度（付费型），首先具有职业性和补偿性：在某人因一起事故或者疾病（源于普通或与职业有关的原因）而遭受工作收益部分或全部减少时会给予付费型社会保障救济金的意义上，以及财产性救济金的金额是根据此前职业收入而非实际需求计算的意义上，付费型社会保障救济金是与职业生活联系在一起的。因此，付费型社会保障救济金赔偿因人身伤害而导致的职业收入的减少或者丧失。

通常，就社会保障救济金而言，赔偿金不具有预防的功能，除非是因违反了1994年《社会保障普通法》第123条规定的社会保障措施而追加的救济金。追加的救济金可以阻止雇主违反保障措施，在这种意义上，它会稍微具有预防功能。追加的救济金可能数量较大（劳动事故或疾病引起的救济金的30%–50%）。违反保障措施的雇主应当直接对此款项负责，而且不能为自己投保以避免这种责任。1994年《社会保障普通法》第123条第2款规定，任何为承保此类违法行为而订立的协议都是无效的。最高法院第4劳动法庭于2001年2月14日作出的一个判决宣告追加是一种惩罚而非补偿。因此，已经支付的金额不应被算作追加的赔偿额。

3　例如这是科德尔奇（Coderch）表达的观点。

4　例如参见：Díez-Picazo（见前注2）p. 47；Pantaleón, [2000] *Anuario de la Facultad de Derecho de la Universidad Autónoma de Madrid*, 167 (172).

2. 人身伤害之社会保障保护

2.1 保护的范围

11　　根据西班牙劳动部的官方数据，自 2001 年 6 月起，有 15,827,500 人在西班牙社会保障制度中进行登记。所有这些人都得保护，以免遭受人身伤害之不利后果。考虑到自 2001 年 3 月以来，有 32,903,000 人达到 16 岁或 16 岁以上，因此大约现有人口中的 48% 得到了保护，从而避免遭受人身伤害之不利后果。在提及付费子制度时有必要了解这些数据。[5] 此外，可能还存在虽正被雇佣但未在社会保障制度中登记的人。大部分在所谓的"黑色经济"中工作的人，也由社会保障制度提供着保护以避免因劳动事故或疾病引起人身伤害之不利后果。

2.2 受到保护的群体

12　　西班牙社会保障制度包括两个部分。其主要部分是付费型子制度，该子制度在保护领域上具有职业性。只有那些在西班牙进行专业化劳作的人（西班牙人或外国人）才能得到保护：商业企业的雇员、公共机构的雇员（国家或军队的）以及独立劳动者。此外，付费型子制度也向学生提供保护，尽管是通过一种十分有限的方式进行的。制度的另一部分是非付费型子制度：生活在西班牙的每一个西班牙人都受到这一子制度的保护。存在这种差异的原因在于这一事实：付费型子制度仅旨在保护那些已经缴纳了社会保障费的人。而非付费型子制度并非如此，它也保护尚未缴纳足额社会保障费的人，或者根本没有缴纳任何社会保障费的人。

2.3 他人所致伤害之社会保障保护

13　　西班牙社会保障制度承保任何由劳动事故或职业病引起的伤害，在事故或疾病发生时该受害者是否被登记在社会保障制度中，或者

---

[5] 关于缴费型子制度的详细情况，请参见上文边码 2 及以下内容。

事故或疾病是否由雇主或者其他任何人引起均在所不问。如果引起伤害的事故或疾病是普通的（而与职业无关的），那么付费型子制度仅保护下列受害人：1）在事故或疾病发生时被登记在社会保障制度中的人；2）当时达到了最短保险期限的人。相反，非付费型子制度保护那些被普通事故或疾病伤害的人，假如他们每年无法得到一定最低收入的话。社会保障制度的保护可以与其他——商业——保护（例如保险）并存。

2.4　社会保障保护的经济来源

付费型救济金完全由雇主、雇员、独立劳动者或者学生缴纳的社会保障费提供资金。所有其他救济金（非付费型救济金以及国民健康制度中的救济金）的资金都来源于一般税收。

3. 侵权法与社会保障法之间的关系

3.1　社会保障对侵权法的取代

在西班牙，社会保障法没有完全取代侵权法。相反，在劳动事故与职业病以及普通事故与疾病中都存在侵权责任。根据1994年《社会保障普通法》第127条第3款的规定，针对人身伤害之财产型社会保障救济金，完全可与民事或刑事责任并存（但医疗型社会保障救济金并非如此——根据同一条，已经支付了医疗救济金的社会保障机构有权向应当承担责任的人请求这些费用）。然而，在某些情况下，存在一种所谓的"特殊社会保障制度"，它与依据民事责任规则进行的赔偿不相容。这种方法的存在对因特定种类的损害（普通的或者非常严重的损害、与受害人休戚相关的损害）而陷入困境中的人有利。在这种背景下，1995年12月11日《暴力犯罪及侵犯性自由之受害者救助与救济法》以及1998年5月28日《向在公共健康服务中被人类免疫缺陷病毒（VIH）感染的人提供救助的圣旨》是很好的例证。在这些情况下，其目的并不在于赔偿发生的损害，而在于帮助因某种普通的或严重的损害以及与受害者休戚相关的损害，而陷入极端困境的所有人。[6]

3.2 取代侵权法之例外情形

16 在由劳动事故或者职业病导致的损害可以归因于雇主或者其他人之过错的情形下，仍可适用侵权法。根据最高法院的一些判决，当雇主承担无过错责任（客观责任）时，在社会保障制度之上会增加民事责任。此外，当由普通事故或疾病导致的损害可以归因于他人的过错，或者当法律强加给某人此种事故或者疾病的责任时，也可适用侵权法。在这些情况下，通常存在一种为避免由立法者列举的风险而投保的义务（例如，在运输的情形中），因此保险人将支付相应的赔偿。一般情况下，侵权法赔偿可与社会保障救济金完全兼容。

3.3 赔偿（保护）核心要素方面的差异

17 在过错方面，两个法律领域存在一种显著的差异。在侵权法领域，尽管一些判决运用了风险理论，但在衡量某人的责任时需要考虑过错。然而，在确定某社会保障机构的责任时，无需考虑过错问题。

18 在因果关系方面没有差异。在侵权法和社会保障法两个领域中，伤害的原因都是必要的（或者由职业的，或者由普通的事故或疾病引起）。但是，在一些特殊的情况下——比如当损害是由暴力犯罪或者由人类免疫缺陷病毒引起时——并不考虑引起赔偿的事实与经济性赔偿金的给付之间具有的因果关系。

19 在财产性及非财产性损害方面，存在一些差异。社会保障责任在赔偿数额上可以说是基本精确的，因为它是在数学公式的基础上，假设一些确定的因素（例如此前的薪酬、投保的年限、伤残等级等）计算的。侵权责任在可能判予的赔偿数额上并不准确，因为它在很

---

6 Pantaleón（见前注4）p. 181.

大程度上要取决于司法裁量权。原则上，法院会考虑一种综合性的赔偿，从而物质性损害和人身损害都会得到赔偿。

共同过失在两种制度中的待遇也不同。一般而言，当受害者具有过失时，不会减少对他的社会保障保护。但是，1994年《社会保障普通法》第115条规定，当劳动事故是由受伤工人的故意或重大过失引起时，它们不会得到保护。除此之外，该条还规定，社会保障制度的保护不会受到业务过失的影响，而该过失是在完成一项具有一定难度的指定任务的一般过程中发生的。雇主、同事或者第三人具有民刑事混合过错不会妨碍社会保障制度的适用，除非该过错与工作无关。相反，侵权法的保护可能会因促成损害的受害者具有过失而减少——或者甚至可能丧失。

3.4 通常给予的赔偿金额

社会保障法给予的赔偿金额由法律通过数学公式的形式确定。相反，由法院依据侵权法原则判予的赔偿金在很大程度上取决于司法自由裁量权，而且甚至会因该法庭是民事法庭还是劳动法庭而有所不同。但是，由于社会保障赔偿和侵权法赔偿可以完全兼容，这些差异并未产生显著的问题。然而，民事法庭通常判予的赔偿金额与劳动法庭判予的赔偿金额之间的差异在由劳动事故或者职业病引起的诉讼中——通常是基于侵权法提起的诉讼中——产生了一个问题。尽管最高法院在一些裁判中会偶尔提及，有资格审理这些侵权法诉讼的法庭是劳动法庭，但许多民事法庭——包括最高法院自己的一些裁判——仍在审理着这些由与职业有关的原因引起的侵权法诉讼。一般而言，诉讼当事人更喜欢向民事法庭提起诉讼，因为这些法庭判决的赔偿金额通常都比劳动法庭判决的赔偿金额高。

关于民事及劳动法庭判予的赔偿额（它可与社会保障救济金并存），存在两条主线。一些民事判决宣布，民事责任基础上的赔偿完全独立于社会保障救济金。这也可以解释为何损害赔偿金的计算没有考虑社会保障救济金（例如，最高法院第一民事法庭于 1998 年 2 月 19 日作出的判决）。然而，在其他案件中，判予的赔偿金是对社会保障救济金的补充，从而可以获得一个综合的赔偿（例如，最高法院第一民事法庭 2001 年 10 月 8 日之判决）。

3.5 追索权

23　　向受害者提供保护的社会保障机构有权就医疗费向导致损害之人追索（1994 年《社会保障普通法》第 127 条第 3 款，第 2°段）。为了追回这些损失，该机构有权依法向不法行为者索赔，受害者的行为如何在所不论。如上所述，[7] 不法行为者的侵权责任没有被社会保障法取代。

3.6 受害人、侵权人的家庭成员或同事促成损害时的追索诉讼

24　　和发生一起与劳动无关的事故一样，因自己的严重过失而受到伤害的雇员有权获得社会保障保护（1994 年《社会保障普通法》第 117 条第 1 款连同第 115 条第 4 款将它从劳动事故的概念中排除出去了）。在这种情况下，此前缴费期限的要求就消失了（相反，在普通疾病、伤残救济金等情况下，仍必须满足该要求）。社会保障制度仅会根据 1994 年《社会保障普通法》第 126 条第 3 款的规定追偿健康救济费用，但会承担所有其他费用——即使这些费用是由受害者、亲属或者同事引起的。

3.7 社会保障机构与社会或商业保险人之间的协议

25　　我们以为，由于只要满足了当下的法定条件就必须立即给予社会保障赔偿——获得侵权法赔偿的可能性在所不论，因此，西班牙不可能存在这样的协议（除非在医疗费用方面）。由于两种赔偿基本上相互独立并完全兼容，因此社会保障机构不能对商业保险人提起追索诉讼（但医疗费用除外）。

7　参见上文边码 15。

3.8 侵权法与社会保障法相互影响产生的其他问题

在西班牙，由侵权法和社会保障法相互影响产生的第一个问题就是管辖权的确定（民事还是劳动）问题，该问题可被理解为是审理由劳动事故或职业病的受害人提起的损害赔偿诉讼的资格问题。第二个问题与针对导致人身伤害的劳动事故及职业病的社会保障制度机制和客观民事责任（也就是说——不要求过错概念）之间的并存有关。尽管一些民事判决支持了肯定的答案（以 1994 年《社会保障普通法》第 123 条第 3 款及第 127 条第 3 款为依据），但大多数作者相信正确的解决之道是相反的。[8] 当雇主具有过错——而且因此可以确定他的民事责任时——必须考虑社会保障救济金，以免重复赔偿并因此产生不当得利。

3.9 社会保障法与侵权法的相互影响

大多数作者认为，与劳动事故或职业病有关的社会保障制度法规，必须将民事责任置于它的经典观念之中，也即以过错理念为基础。在此背景之下，雇主的客观民事责任将不是必需的，因为它既不普遍也不公平。客观民事责任将引入一种不平等性因素。相反，在社会保障制度中不存在这种不平等性。然而，其他作者［例如卡瓦尼利亚斯（*Cavanillas*）和卡萨多·迪亚斯（*Casado Díaz*）］认为，两种法律并存的局面应当继续，因为社会保障的目的不是承保雇主的责任，而是要确保受害者可以获得最低数额的健康救济和生活费。这些作者声称，并存并不必然导致重复赔偿（正如一些判决判予的那样）。在任何情况下，因人身伤害而消除社会保障与侵权责任之间的并立将会意味着——可能——有必要增加来源于社会保障制度的救济金。

3.10 侵权法赔偿及社会保障保护经济规模相关数据；追索权

8　Díez-Picazo（见前注 2）pp. 178 et seq.；Pantaleón（见前注 4）pp. 180 et seq.

范围相关数据

28 就我们所知，尚无法获得与此有关的数据。

3.11 交易成本相关数据

29 就我们所知，尚无法获得与此有关的数据。

3.12 改革思考

30 尽管有权威的作者或专家认为，为避免重复赔偿有必要进行改革（当风险已经由社会保障制度承保时消除客观民事责任，并且增加养老金），但至今未开展任何立法活动。

二、案例

1. 共同工作场所

31 a）A 有权自如 A 之类的雇员——包括 A——通常投保的社会保障机构获得医疗救治。该机构必须给付救济金，即使 A 目前还不是被保险人。

32 如果社会保障机构承担了费用，它可以针对 B（或者他的雇主 Y）提起追索诉讼吗？是的，社会保障机构将有权对 Y 提起追索诉讼，但（相应地）Y 也可以对 B 提起追索诉讼。

33 b）且不论 B 的行为产生的刑事责任——是的，就医疗费及追索诉讼而言，结果是一致的。

34 c）当 A 和 B 是由同一雇主雇佣时，结果并无不同。

2. 骑车人案

35 在他无法工作的期间，A 不能向他的雇主 C 请求支付工资，因为在这段时间里，雇佣合同的效力中止了。代替工资，雇员有权自中止后的第四天起申请社会保障救济金，但是只有当他在事故发生时被登记在社会保障制度中而且在事故发生前的 5 年里已投保至少 180 天时如此。中止后第 4 天至第 15 天之间的社会保障救济金由雇主支付,而自第 16 天起由社会保障机构支付。救济金的数额通常是工资的 75%。

如果只有一部分,A 可以起诉 B 要求他赔偿剩余的部分吗?是的,如果由于 B 的过错导致了事故的发生,A 可以起诉 B 要求他赔偿剩余的部分(《西班牙民法典》第 1902 条)。

如果 C 有义务向 A 支付工资,那么他可以对 B 提起追索诉讼吗?C 没有义务支付 A 的工资,但他必须支付 12 天的社会保障救济金。根据《西班牙民法典》第 1902 条,如果事故是由 B 的过错导致,C 可以起诉 B 并要求 B 赔偿自己已经支付的金额。

3. 粗心大意的雇主

是的,雇员 A 可以向 B 请求赔偿,因为 A 是因其雇主粗心大意才受伤的。B 的赔偿由侵权法而非社会保障法规范。除了这种侵权法赔偿,A 可以申请社会保障赔偿,社会保障赔偿金必须由社会保障机构支付。如果雇主 B 已经支付了雇员 A 应当支付的所有社会保障费,那么社会保障机构就不能对他提起追索诉讼。

4. 具有共同过失的雇员

只有当 A 的过失成为重大过失时而不是在其他情形下,社会保障机构对 A 的补偿才会受到影响。在计算 A 从 B 处获得的赔偿金时必须考虑 A 的共同过失,因为这种赔偿是由侵权法而非社会保障法规范的。

社会保障机构对侵权人享有的唯一一种追索权是关于医疗费的。我们认为,可以在因受害者的共同过失而扣减的侵权法赔偿的同等范围内扣减侵权人必须支付的金额。

瑞典报告：社会保障法对侵权法的影响

洛塔·文德尔

一、问题

1. 一般性问题

1.1 "社会保障法"及"社会保障制度（机构）"的定义

1　　在一定程度上，上文给出的定义似乎是以条例 1408/71 中提出的社会保障概念的理解为基础的。

2　　结合瑞典的情况，上文给出的定义总体上是可以接受的，尤其是在法规和责任主体由国家主导的特征方面（即使它们包括的救济金旨在覆盖比人身伤害更广的风险）。可能还需要澄清一些其他观点。

3　　为了实现本次研究的目的，对社会保障制度的不同组成部分进行一些划分可能是有用的，因为这些不同部分可能会通过不同方式和侵权法进行比较。此外，由于欧洲国家对"社会保障法"的理解似乎比对侵权法的理解更具多样性，因此，如果可以对这些不同理解进行系统分析，可能会具有一定优势。因此，本报告的前几页试图区分"社会保障法"的不同部分。

4　　首先，在经济型救济金和护理型救济金之间存在一条明显的分界线。在瑞典，社会保障法的传统概念仅包括经济型救济金。护理型救济金,例如医疗救治,并不被认为是社会保障制度的组成部分。社会保障制度和健康及医疗服务制度都由国家主导,却由不同的政府机构管理、不同法律规范、遵循不同的法律原则并最终通过不同的方式获得资金。

此外,所谓的非付费型救济金[社会救济(*Sozialhilfe*)、社会福利(*socialbidrag*)等],并未被包括在瑞典社会保障的传统概念中。此类救济金仅应确保居民具有基本的生活水平;因此,救济金与最低水平的生活费结合在一起[最低生活费(*Existenzminimum*)等]。

瑞典对社会保障法的理解深受学界主要探讨的三种不同模式的影响,下文仅对这三种模式进行简要介绍。[1] 瑞典学者喜欢将第三种模式描述为其他两种模式之最佳部分成功结合的瑞典模式。[2]

基本生存模式以国家管理的计划为特征,它基本覆盖了所有国民,而且与收入没有任何关系。但是,这种模式仅为所有人提供一种单一的赔偿。赔偿的水平应当足以满足蓝领群体的生活水平。白领及其他群体应当可以获得额外的商业保险。学者经常会比较这种性质的救济金和英国在二战后引入的所谓的"贝佛里奇模式"的社会保障制度。[3] 建立在19世纪80年代的德国俾斯麦模式基础之上的公司模式,以它与雇佣关系之间的关联为特征。其赔偿金与收入挂钩,而且以针对不同职业的各种计划为基础。在瑞典,公司模式的赔偿金水平与收入损失挂钩这一核心原则已被描述为"已有地位的

---

1 参见:G. Esping-Andersen, *Three Worlds of Welfare Capitalism* (1990).

2 例如参见:A. Christensen, *Normative development within the social dimension: studies on the normative patterns and their development in the legal regulation of employment, housing, family and social security from a European integration perspective* (1996), p. 1 或者 W. Korpi/J. Plame, *Socialpolitik, kris och reformer: Sverige i internationell belysning*, [1993] SOU, 16 Nya villkor för ekonomi och politik. Bilaga 2.

3 例如参见:A. Christensen(见前注1)。

保护"。[4] 据我所知，该原则在一定程度上与荷兰社会保障的特征相一致，尤其是在因伤残而付款以及被称为"风险社会"的方面。[5]

8 瑞典社会保障模式被称为普通标准保护模式或者制度化模式。据说，它将国家管理的、覆盖所有人的基本生活模式计划与公司模式中与收入挂钩的救济金结合了起来。瑞典的社会保障机构——国民保险机构（*Försäkringskassan*）——管理着与收入挂钩的救济金，并且为无收入或低收入人群提供统一费率的救济金。然而，集体协议基础上的并由不同雇佣机构管理着的救济金通常会和这些由国家规范和管理着的社会保障救济金同时存在。

9 在本报告中，我将主要在阐述由国家管理且与收入挂钩的经济型救济金相关法规时使用"社会保障法"。该领域的核心法律是《国民保险法》[*Lagen om allmanf orsakring*（1962:381）]。

1.2 侵权法与社会保障法之间的分界线

10 在侵权法与社会保障之间绝对存在一条清晰的分界线。

11 首先，赔偿的前提条件是完全不同的。获得社会保障的权利取决于年龄、居住地点、履行某些登记义务以及有关伤残程度的要求等。然而，自侵权法角度，这些行政前提毫不重要。

12 其次，导致人身伤害的事实对获得社会保障的权利没有影响或仅有很小的影响。这些事实仅在决定适用何种法规时才有意义（与疾病、伤残或劳动事故等相关的规则）。对于侵权法损害赔偿而言，获得赔偿金的权利取决于受害者能否证明另一个人应当对其伤害负责。

13 第三，在罹患疾病的情况下，受害人在开始的两周内可以自其雇主处获得最初的赔偿金。此后，她或他可以向国民保险机构申请

---

4 A. Christensen, Protection of the Established Position, [1998] *Scandinavian Studies in Law*, 42.
5 参见本书 M. Faure 和 T. Hartlief 的报告。

社会保障赔偿。两种机制都提供简便、快速的途径以保障部分收入。但侵权法赔偿是在向法院起诉后判予的，对于赔偿，这是一种相当缓慢的途径。

最后，只有侵权法赔偿非财产性损失。

1.3 侵权法与社会保障法的功能差异

传统上，侵权法的主要功能被描述为恢复原状、提供归责原则、分散损害成本并最终预防损害的发生。[6] 在过去的几年中，对侵权法进行法律及经济分析在瑞典变得更加常见了，而且从这个角度，侵权法被理解为一种实现普遍威慑作用的工具。[7]

然而，在过去的几十年里，对于理解侵权法而言意义重大的是，侵权法被认为是社会对那些遭受身体或财产损害之人提供的保护的组成部分。[8] 强调个人保障已经将侵权法和社会保障及保险之间的距离拉得更近了。其主要目的是保护那些遭受损失的人。从受害人的角度，无论是什么原因导致了伤害，都有赔偿的必要。一个重要的观点是，社会保障和集体保险比侵权法更适合赔偿人身伤害。在准备采纳当下的侵权法时，这种观点具有决定性意义。[9]

在人身伤害领域，社会保障法的功能取决于救济金的类型。

无需多言，医疗救济金旨在实现更佳的健康状况，无论是对于个人还是对于全部人口皆是如此。社会保障救济金发挥着维持受害人在受伤之前已经确立的地位的工具作用。

然而，侵权法和社会保障法在功能方面的主要区别在于，在社会保障法中，立法者的政治目标更为明显而且更加直言不讳。在瑞

6　参见 Jan Hellner, *Skadeståndsrätt* (5th edn. 2000), pp. 37–44.
7　参见 Jan Hellner, Skadeståndsrätt och rättsekonomi, [1998] *Tidskift for Retsvidenskap*, 357 et seq.
8　在此方面，对侵权法产生了重大影响的一个政府调查是：Ivar Strahl, Förberedande utredning angående lagstiftning på skadeståndsrättens område, [1950] SOU, 16.
9　参见 Proposition 1972:5 Skadeståndslag, 尤其是 1:5 章。

典，为了满足个人人身伤害赔偿以外的需求，已经开始制定社会保障法了。其核心动力就是通过在社会不同群体之间再分配并移转收益从而战胜贫困与不平等。[10] 瑞典社会保障法的一个相关的显著特征即为救济金是针对个人的。从来不会结合受害人的经济责任（例如，作为一家之主）来计算救济金。相反，每一份救济金都被认为是提供给她或他自己的。这种功能已然成为促使瑞典妇女参加工作的一个动因了。

2. 人身伤害之社会保障保护

2.1 保护的范围

2.2 受到保护的群体

根据《健康与医疗保健法》的规定，瑞典的每一位居民都有权接受公共医疗。此外，条例 1408/71（在某些情况下）依照国籍而非居住地赋予欧洲公民接受医疗的权利。未被授予这种权利的人只有第三国的国民。

对于劳动者而言，主要的社会保障由国民保险提供。在瑞典居住的任何一个 16 岁以上的人均由国民保险机构进行登记。为了获得赔偿，预计年收入必须超过基本指标量（Basic Index Amount）的 24%[11]（2001 年：8,900 克朗或 936 欧元）。一个收入超过基本指标量 7.5 倍的人（2001 年：276,700 克朗或 29,136 欧元）不能获得登记。[12] 独立经营者可以决定他们是否想登记收入。

在 2000 年，有 4,202,000 个人因其收入在上述范围内而得到了保险保护。该数字比瑞典的一半人口稍微少一点。[13] 然而，该数据并

10　W. Korpi and J. Palme,［1993］SOU, 16 Nya vilikor för ekonomi och politik. Bilaga 2, pp. 135 – 170.

11　基本指标额是一个与通常的成本指数有关的数额，而且每年由政府规定。与社会保障救济金、养老金以及税收等有关的法规通常都与该数量的一定比例或一部分有关。

12　根据 Lagen om allmän försäkring (1962：381)。

13　至于自国民保险机关（Riksförsäkringsverket）获得的数据，参见：http://www.rfv.se.

不完全切题，因为雇主在生病后的前两周支付了赔偿金。前两周过后，赔偿的责任从雇主处被移转至国民保险机构——"*Försäkringskassan*"。有幸保持健康或者仅在比两周还短的时间内生病的人可能不会被国民保险机构登记。

登记的收入是受伤或患病（由于劳动事故或任何其他事实）时赔偿金额的基础。在过去的十年间，被支付的金额在被登记收入的90%至75%之间变化。当时，赔偿的水平是80%。自第15天至第90天，雇员通常都有权根据集体协议中约定的商业保险获得额外10%的赔偿。

除了国民保险，还存在一种特殊的社会保障救济金，该救济金也在发生劳动事故之后提供与收入挂钩的救济金。[14] 就侵权法水平的赔偿而言（当它属于劳动事故时），所有劳动者都有权获得一种无过错商业集体保险。它被称为劳动者工伤保险（*trygghetsfrösäkringför arbetsmarknaden*，TFA）；在下文相关案例中，我们会更为详细地对这种保险进行介绍。这种保险也承保非财产性损失。

由于社会保障保护的水平取决于个人与劳动市场之间的关系，因此，在就业率低的时候，补贴性救济金的重要性就比较高。根据一项颇具影响力的研究，1/3瑞典人在发生人身伤害时无法获得相关社会保障。[15]

从预防人身伤害不利后果的保护角度出发，商业保险似乎主要在两种与获得相对较高收入的群体有关的情况下存在。对于那些收入超过基本指标量7.5倍的人而言，由于他们在发生人身伤害时获赔的水平比提供给其他人的80%低，因此额外的保险是颇具吸引力的。在我的印象中，这种保险经常会被附加在高收入职业的普通雇员合同中。也有可能就私人医疗进行投保（发生人身伤害的情况

14　*Lagen om arbetsskadeförsäkring*（1976：380），《工伤保险法》。

15　T. Salonen, *Margins of welfare: a study of modern functions of social assistance* (1993).

下)。但此类保险不是那么常见,但也可能会越来越具有吸引力,因为在瑞典医疗体系中,私人医疗正逐渐变得重要起来。

2.3 他人所致伤害之社会保障保护

27　由于伤害的原因对于有权在瑞典获得社会保障赔偿金而言毫不重要(或者至少较不重要),此问题没有意义。

2.4 社会保障保护的资金来源

28　医疗由所得税买单,而且由郡议会管理。病人仅需每天支付一点费用(大约100克朗或者10.05欧元)。该费用也包括康复费用等。国家也会对药物进行补贴,但是病人必须自己承担大部分药费。

29　社会保障由雇主和雇员缴纳的保险费提供资金。基本的补贴由税收收入提供资金并且由市政府管理。为了由全国人民分担成本,国家在城市之间组织了再分配。

3. 侵权法与社会保障法之间的关系

3.1 社会保障对侵权责任的取代

3.2 取代侵权法之例外情形

30　社会保障承保因疾病或事故产生的收入损失。如果申请人随后依据侵权法获得了赔偿,就会从侵权损害赔偿金中扣除社会保障支付的赔偿金。还会根据任何与劳动有关的集体保险扣减侵权法赔偿。[16] 在1996年,这种规定被修改了。从此以后,会从侵权法赔偿中扣除所有社会保障救济金以及自任何由雇主付费的商业保险中获得的赔偿。

31　一般而言,在瑞典,侵权法仅覆盖一小部分与人身伤害有关的经济损失;因此,侵权法的目的被描述为"填补国民保险的空白,在这些空白中需要保护却没有保护;赔偿高于国民保险最高限额的经济损失以及非财产性损失,因为国民保险不承保这些损

---

[16] 参见《侵权法》5:3。

失"。[17]

相应地，侵权法的主要适用领域是当受害人处于没有社会保障保护的处境中时，例如，当一名外国人在短期访问瑞典的过程中受到了伤害时。对缺乏适当社会保障保护的儿童造成损害的事故，也是侵权法主要关注的一个问题。

3.3 赔偿（保护）核心要素方面的区别

区别是相当多的。

过错——如上所述，谁应当对人身伤害负责的问题对于获得社会保障的权利而言无关紧要。这与侵权法形成了鲜明的对比。在侵权法中，必须证明过错的存在。

因果关系——侵权责任要求请求人已经证明其伤害和被告的过错之间存在一种因果关系。社会保障法通常不会关注此类问题。但一种情形例外。在1992年，与劳动伤害赔偿权有关的法规被修订了。[18] 该法不仅涉及劳动事故所致伤害的赔偿，而且涉及其他有害劳动结果导致的损害赔偿。在法律上，这被界定为"极有可能导致类似于被保险人所受伤害之事实的结果"。[19] 如果想认定一种伤害为法律意义上的损害，就必须证明伤害和该因素之间存在高度盖然性。在1992年之前，法定条件对申请人更为有利。最终，法律对国家财政产生的重大负担推动了法律的修订。但是，增加后的因果关系相关要求产生的结果遭到了强烈的批评，而且有人预测该立法会在不远的将来重新恢复它原有的标准。[20]

财产性/非财产性赔偿——社会保险完全与与工作挂钩的经济型

17　J. Hellner（见前注6）p. 377.
18　Proposition 1992/93:30 Ändring av begreppet arbetsskada, and [1992] SOU, 39 Begreppet arbetsskada.
19　参见 *Lagen om arbetsskadeförsäkring*（1976:380）.
20　例如参见：国家社会保险委员会（*Riksförsäkringsverket*）做的调查：Riksförsäkringsverket analyserar arbetsskadeförsäkringen Dnr 8667/00.

救济金有关，也即与个人工资有关。然而，在工资的范围内，主要原则是保护已经确立的地位。侵权法旨在赔偿更为广泛的需求，而且与社会保障相反，也赔偿痛苦与创伤等。

3.4 通常给予的赔偿额

37 如上所述，在现阶段，社会保障的赔偿金水平是收入损失的80%，最高可以达到基本额的7.5倍。侵权法应当使所有收入损失、与伤害有关的费用以及非财产性损失恢复原状。本文不再对这种区别进行详细阐述。

3.5 追索权

38 社会保障机构无权向导致损害之人追索任何赔偿金。社会保障机构也不能向与雇佣关系有关的商业集体保险追偿。[21]

39 试图减少交易成本是这种解决方式的动因所在。此外，如果成本被移转给了单个人，那么追索将会减低成本分散的程度。然而，在过去的十年中，也有人提出了与追索问题有关的其他观点。[22] 有人强调，侵权责任应当被认为是对引起损害之人的惩罚。相应地，有人建议应当由引起损害的人承担大部分费用。议会的调查因此也建议进行立法修订，规定可以追索。[23] 然而，这些建议尚未引起任何法律修订。

40 此外，在此背景下，可能需要提及犯罪行为受害者保护基金（*Brottsoffermyndigheten*）的活动。犯罪行为受害者保护基金是一个政府机关，它向所有被法院宣布有罪的人收取固定的小额费用。这些"费用"设立了一个基金。其金钱赔偿权从未被实施犯罪行为之人满足的犯罪行为受害者，可以向该基金申请赔偿。此种赔偿根据侵权法计算并支付。对于犯罪行为受害者保护基金的决定，不能

---

21 参见《侵权法》5:3。
22 讨论请参见：J. Hellner（见前注6）pp. 362–364.
23 例如参见：Ds 1993:39 *Nyförsäkringsavtalslag*, pp. 200 et seq.

提起上诉。

3.6 受害人、侵权人的家庭成员或者同事促成损害时的追索诉讼

这些因素不会对结果产生影响。国民保险机构可以追偿赔偿金的唯一情形是欺诈的情况。

3.7 社会保障机构和社会或商业保险人之间的协议

国家社会保障局——国民保险机构——是唯一一个社会保障机构。就此,国民保险机构和任何其他保险公司之间没有订立协议。

然而,为了在一般意义上降低人身伤害成本,尤其是在劳动生活中,相关立法已经进行了一些修订,从而有人提倡订立与劳动生活中的事故之预防以及各个案件中的康复计划有关的协议。社会保障机构通常在与其他所有相关主体——雇主组织、雇员组织、国民健康服务以及商业保险公司——共同实施的计划中居于领导地位。这些协议尚未对侵权法产生任何影响。

3.8 侵权法和社会保障法相互影响产生的其他问题

已经有人讨论过当下的制度能否满足经济效益的要求这个问题。没有推动力促进思考保险费的水平与不同风险之间的关系问题。当同一损害由不同机构根据不同法律原则及目的进行调查时,不同风险类型的交易成本可能会增加。[24]

3.9 社会保障法与侵权法的相互影响

如上所述,瑞典侵权法在相当大的程度上已经被从"社会"角度分析了。现行《侵权法》(1995)根据如下理念设计:与工作有关的社会保障和集体保险为人身伤害赔偿提供的工具比侵权法提供的要好得多。更多朝向无过失保险方向的发展(例如劳动者工伤保

---

[24] 参见:J. Hellner(见前注 6)p. 297 参考 C. MRoos, *Ersättningsrätt och ersättningssystem* (1990), pp. 73 et seq. 以及(同一作者的)*Arbetsskador och annat* (1994), pp. 35 et seq.

险、病人保险以及药物保险）也被理解为同一方向上的典型表现，即便它们在更高的程度上是基于商业保险而非法律。[25]

3.10 侵权法赔偿与社会保障保护经济规模相关数据；追索诉讼范围相关数据

46   尚且无法获得任何相关数据。围绕该领域中的实际成本，似乎很少有人进行研究。

3.11 交易成本相关数据

47   一般观点似乎认为，社会保障下的交易成本要比侵权法下的交易成本低得多。但是，请注意对问题8给出的答案中也考虑了全部的交易成本。

48   然而，与侵权法相比，对于在瑞典具有重要实践意义的各类无过失保险——如病人保险、交通保险或者劳动者工伤保险——而言，在交易成本问题的讨论中毋宁具有优势。[26]

49   但是在瑞典，还无法获得任何可以体现侵权法与社会保障法实际交易成本之比较的数据。

3.12 改革思考

50   在此领域中，不存在任何立法改革之思考。

二、案例

1. 共同工作场所

51   如上所述，当面临劳动事故时，除了普通的社会保障救济金，还存在三种不同的却可并存的赔偿方式，即：

（1）一种旨在赔偿劳动事故的特殊社会保障救济金（工伤保险，

---

[25] J. Hellner（见前注6）pp. 32 – 35.
[26] 例如参见：J. Hellner（见前注6）pp. 54 – 56，参考 C. Oldertz/E. Tidefelt, *Compensation for Personal Injury* (1988).

arbetsskadeförsäkringen）；

（2）商业集体无过失保险——劳动者工伤保险（TFA，*trygghetsförsäkring vidarbetsskada*）；

（3）对于没有保险介入的案件，就适用侵权法。

首先，A 可以自国民健康服务中获得医疗救治，而且他需自己支付 100 克朗左右的钱。在开始的 14 天中，A 可以自雇主处获得其正常工资的 80%。在第 15 天至第 90 天，A 将自国家社会保障局获得正常工资的 80%，并且根据集体劳动保险获得额外的 10%（对于收入低于基本指标额 7.5 倍的人，所有数目都具有重大意义）。最后，如果事故符合了与事故和伤害之间的关系有关的法定要求——本案就极有可能——A 将会从为赔偿劳动事故而设计的特殊社会保障救济金中获得相同的赔偿金。

其次，劳动者工伤保险介入。由于劳动者工伤保险是一种无过失保险，而且在实践中它对于所有雇主而言都是强制性的，因此，谁应当为事故负责是无关紧要的。如果 X 或者 A 的一名同事在行为时具有过失，A 可能会获得 100% 的赔偿而非 90% 的（如果 A 已经自社会保障中获得了收入损失之赔偿，将会从劳动者工伤保险支付的赔偿金中扣除该赔偿）。雇主永远都要对被他雇佣的人的行为负责。[27] 由于 A 和 B 的雇主不同，A 可能会丧失相当于其收入的 100% 的最终赔偿。从规范层面上讲，是否"轻过失"就已足够是不清楚的。在这种情况下，A 的权利将会受到劳动者工伤保险管理的专门委员会审查。相应地，也有人质疑是否劳动者工伤保险背后的意图——避免庭上调解——已被宣告失败了。[28] 如果 A 遭受了终生伤残，A 有权从劳动者工伤保险中获得年金。如果 A 无法工作的时间超过了 30 天，那么他的痛苦与创伤会得到赔偿。尽管会在更大的范

27　参见《侵权法》3:1。
28　J. Hellner（见前注 6）p. 300.

围内使用固定的数表，但其他非财产性损害是根据侵权法进行赔偿的。A 也可能就其他费用获得赔偿，例如他在医院、在交通安排、药品等上面花费的金钱。根据劳动者工伤保险的条款，A 被禁止通过侵权法途径获得额外的赔偿金。他不可以起诉在劳动者工伤保险投保的法人、雇主、雇员或者任何其他被劳动者工伤保险保护着的人。[29]

54 只有非常少的雇主没有得到劳动者工伤保险或者类似保险的保护。但是，在那些不多的情形下，例如对于在家庭或花园中提供短暂帮助的人，当然可以以传统的方式诉诸于侵权法。

2. 骑车人案

55 如上所述，在雇员 A 生病的前两周中，雇主 C 有责任向 A 支付其工资的 80%，直至最终达到基本指标额的 7.5 倍。那段时间之后，此种责任就被移转给了国民保险机构。根据集体协议，自第 15 天开始，A 也将获得额外的 10%。

56 B 应当对该伤害负责，而且 A 有权起诉骑车人 B，要求 B 赔偿自己在头 14 天丧失的 20% 工资以及在最后一周丧失的 10% 工资。雇主 C 不能向骑车人 B 追索任何赔偿金。

3. 粗心大意的雇主

57 这种情况将会以与解决案例 1 情形相似的方式处理。起初，雇主 B 有义务在两周内继续向 A 支付其工资的 80%。过了那段时间，国民保险机构会支付 80%，而且 A 有权获得额外的 10%。根据侵权法原则，额外的赔偿金将会由劳动者工伤保险支付。由于是雇主 B 导致了损害，如果其疏忽被认为是足够严重的话，劳动者工伤保险也将承担 A 在生病期间丧失的部分工资。社会保障机构不可以向雇主 B 追索任何赔偿金。

---

29 参见劳动者工伤保险条款（TFA-terms）第 35 条。

4. 具有共同过失的雇员

A 的促成行为不会影响他申请社会保障的权利。如果简单地依照侵权法评价这些事实的话，A 的过失行为可能仅在其行为导致了损害时才会被纳入考量；与人身伤害有关的共同过失仅在例外情形下才会影响审判。过失本身不足以影响赔偿金。该行为必须被认为是严重轻率、极度缺乏注意并且漠不关心的，而且必须证明它导致了巨大的风险。[30] 醉酒不被认为足以影响赔偿金。

如果 A 由劳动者工伤保险提供保险保护——可能在大多数情况下都是如此，那么 A 的共同过失就更不会影响他获得赔偿的权利（基于劳动者工伤保险的无过失保险性质）。

这些事实将不会影响与追索有关的情形。

---

[30] 参见 Proposition 1975：12 Skadestånd vid personskada, p. 133.

瑞士报告：社会保障法对侵权法的影响

亚历山德拉·鲁莫-琼戈[*]

一、问题

1. 一般性问题

1.1 "社会保障法"及"社会保障制度（机构）"之定义

根据瑞士法律思想，"社会保障法"一词包括那些由公法规范的保险关系，这些保险关系旨在保护全体国民或者其中的特殊群体以避免他们遭受社会风险的侵害。[1] 下列要素是这一术语的本质特征：

a) 所涉法条的客体是承保者所谓的"社会风险"，[2] 或者更为

---

[*] 本文系与丹尼尔·安里格-贝克瑞（Daniel Anrig-Beiczy）合作完成，丹尼尔·安里格-贝克瑞是瑞士夫里堡大学法学院的研究助理。非常感谢米里亚姆·迈勒（Miryam Meile）承担了吃力不讨好但又是必要的脚注检查工作。米里亚姆·迈勒是瑞士夫里堡大学法学院的研究助理。本文由西蒙·莱西（Simon Lacey）翻译，他此前是瑞士夫里堡大学法学院的研究助理。

[1] A. Maurer, *Bundessozialversicherungsrecht* (1993), p. 13; A. Rumo-Jungo, *Die Leistungskürzung oder-verweigerung gemäss Art. 37 - 39 UVG* (1993) p. 333; 也可参见：T. Locher, *Grundriss des Sozialversicherungsrechts* (2nd edn. 1997), no. 1et seq. to para1.

[2] 根据 U. Meyer-Blaser, Allgemeine Einführung/übersicht, in: H. Koller/G. Müller/R. Rhinow/U. Zimmerli (eds.), *Schweizerisches Bundesverwaltungsrecht, Soziale Sicheheit, Inhaltliche Koordination und Verantwortung* (1998), pp. 1 - 31, no. 13, 瑞士法中的"社会风险"一词包括导致损害且在未来发生的事故；它的发生绝不是确定的；根据经验，它不需要计算全部或部分常住人口。

确切地说这些风险的可能后果的保险关系。

b) 保险关系具有公法本质，[3] 也即：

- 社会保障关系的开始[4]与终止皆由公法规范；
- 一般而言，社会保障关系的内容由公法规范；而且
- 要根据公法或行政法的原则、根据保险关系行使权利或履行

（接上页注2）

瑞士法中所考虑的社会风险的一般介绍请参见：U. Meyer-Blaser（见前注2）no. 65. 与1952年6月28日第102号国际劳工组织条约（the International Labour Organisation Treaty，自1978年10月18日开始在瑞士生效，1978年瑞士联邦法律的官方出版物"Amtliche Sammlung des Bundesrechts"，pp. 1626 et seq.）中罗列的风险以及那些欧盟社会保障指令中列出的风险相比，瑞士法覆盖了更多的社会风险，据此，必须要说，向孕产妇女提供社会保障保护的欧盟标准是极为简陋的。

[3] 这可被视为是区分社会保障和商业保险的主要的而且是具有决定性的标准，W. Hug, Die Merkmale der Sozialversicherung nach schweizerischem Recht, in: Festschrift zum 80. Geburtstag des VerfassersI（1978），pp. 129 et seq.；A. Rumo-Jungo（见前注1）p. 327.

[4] 关于社会保障关系是如何产生的，可以区分多种可能性：1）根据法律（ex lege）（例如，瑞士联邦保险计划的法律第1条（"老年人与遗属保险"，AHV，Alters-und Hinterlassenenversicherung，瑞士联邦保险计划为老年人以及健在的被扶养人提供保险保护），下文：AHVG [1946年12月20日联邦法，SR831. 10（SR = 瑞士联邦法律汇编，Systematische Sammlung des Bundesrecht)]；规范伤残保险计划的法律第1条 ["伤残保险"（Invalidenversicherung），为预防伤残风险而提供保险保护的瑞士联邦保险计划]，下文：IVG（1959年6月19日联邦法，SR831. 20）；规范军人保险计划的法律第3条第2款 ["军人保险"（Militärversicherung），为避免在服兵役或者民防期间发生意外事故以及疾病而提供保险保护的瑞士联邦保险计划]，下文：MVG（1992年6月19日联邦法，SR833. 1）；规范意外保险计划的法律第3条第款 ["意外伤害保险"（Unfallversicherung），瑞士联邦意外保险计划]，下文：UVG（1981年3月20日联邦法，SR832. 201）；或者规范职业养老金保险的法律第10条第1款 ["职业养老金"（BeruflicheVorsorge），瑞士联邦职业养老金计划，该计划将养老金和遗孀津贴计划和伤残保障计划结合起来]，下文：BVG（1982年6月25日联邦法，SR831. 40）；2）寻求社会保障保护的人同意，例如，规范健康保险的法律第3条第1款 ["健康保险"（Krankenversicherung），提供普通医疗保险的瑞士联邦计划]，下文：KVG（1994年3月18日联邦法，SR832. 10）；以及3）官方命令，例如，《健康保险法》第6条第2款；《意外伤害保险法》第73条第2款；《职业养老金保险法》第60条第2款a项。

义务。[5]

c）通过相应废止保险费以及救济金有关规则而取消平等考量原则（Äquivalenzprinzip），[6] 其特殊效果就是设立了社会保障计划，与商业计划不同，这些计划是根据更具"社会"性的原则组织的。

d）与社会保障计划有关的争议由特别法庭管辖。

2 　　由于"国家主导"一词意味着由公法规范，因此我们可以推测，这里使用的"社会保障法"的定义也适用于瑞士法律体系。然而，由于商业保险组织也会参与各类社会保障计划的实施，因此瑞士社会保障法不能被称为是由国家主导的。我们不应忘记，在瑞士，社会保障法是由联邦法和州法共同规范的。然而，下文的论述仅关注瑞士联邦法（社会保障法）。为了促进更好地理解瑞士社会保障法，在这一点上，我想强调下列原则：

3 　　（1）对于与衰老、死亡以及伤残相关风险联系在一起的经济后果而言，尤为重要的是《瑞士联邦宪法》第111条第（1）款中所谓的"三大支柱原则"。[7] 第一个保险支柱包括老年人与遗属保险和伤残保险，[7a]它旨在适当地保护个人的生存需求。第二个支柱包括职业养老金保险，它旨在通过合理地维持某人已经习惯了的生活标准从而在进行职业活动的人退休时对他进行帮助。最后，第三个支柱旨在通过国家鼓励商业保险计划从而允许人们补充老年人与遗属保

5　无论保险机构的法律形式如何，这都会发生，此外，这不包含社会保障与商业保险之间的区分标准。毕竟存在一些"传统的"商业保险公司，这些公司有义务实施社会保障立法（例如，在意外伤害保险及健康保险计划中）。

6　例如，在那种情况下，被保险人获得的救济金可能会比他根据支付的保费在技术上理应有权获得的救济金更多或甚至更少。

7　关于这一主题，参见：T. Locher（见前注1）no. 30 to paral；H. P. Tschudi, Das Drei-Säulen-Prinzip, [1987] *Schweizerische Zeitschrift für Sozialversicherung und berufliche Vorsorge*

7a　(SZS) 31, 1et seq.

1　参见上文脚注4。

险[7a]项下提供的基本保护。

（2）根据瑞士法，"社会保障机构"一词包括那些被委托管理社会保障计划的政府机构。瑞士联邦社会保障法的典型特征是，它通常不是由一个中央国家政府机构管理的——唯一的例外是联邦军人保险局，该局负责管理瑞士军人社会保障计划（参见《军人保险法》[7a]第81条）。根据它们的法律地位，可以将瑞士社会保障制度的管理机构分为三类：

- 那些已经被从联邦政府的管理机构中移除的管理机构：瑞士意外保险局（下文：SUVA，参见《意外保险法》[7a]第61条及以下条款），以及联邦养老金基金［*Pensionskasse des Bundes*（*personals*），下文：PKB］，此外还有管理老年人与遗属保险、伤残保险以及失业养老金计划（*Arbeitslosenversicherung*，下文：ALV）的联邦政府机关以及机构。

- 州社会保障机关以及/或者机构：公共医疗保险机构、州失业办公室、州公共养老金机构以及其他处于老年人与遗属保险、伤残保险、失业养老金计划中的州政府机关以及其他在补充性救济金计划以及替代工资计划［老年人与遗属保险及伤残保险津贴（*Ergänzungsleistung zur AHV und IV*，下文：EL）以及服兵役或开展同类民防活动的收入补偿（收入替代，*Erwerbsersatzordnung*，EO）］中的州政府机关。

- 在私法基础上运转的社会保障机构或机关：提供医疗保险或者在意外事故发生时提供保险保护的商业公司、提供补充性养老金计划的商业公司（在第二大支柱或者职业养老金保险中，参见上文）、由特殊行业的成员组织的并且管理着国家老年人与遗属保险、伤残保险、收入替代或者失业养老金计划的商业赔偿基金。

[7a] 参见上文脚注4。

5　　　（3）除了它的管理机构是分散的组织，瑞士社会保障制度还具有这一特征，即以私法为依据组织的机构（取决于涉及何种社会保障计划——在这一点上，我们可以发现协会、基金会、合作社及企业等适例），也被授予了管理该制度的权利。尽管这些组织在形式上具有多样性，但我们仍然可以认为该制度是"国家主导并设计的"，即使那些根据私法原则设立的机构被授予了决定管理行为，[8] 并且自己制定具有普遍法律拘束力的条款的权力。此外，与那些依照公法组织的社会保障机构相同，这些机构也应受到适格的联邦部门的监管。[9]

1.2　侵权法与社会保障法之间的分界线

6　　　在着手回答提出的问题之前，有必要澄清侵权法以及社会保障法下的"人身伤害"概念应当具有何种含义——此处，我们仅关注非合同责任法：

7　　　根据侵权法，依据受到法律保护而遭受损害的权利类型（德语：*Rechtsgut*）对损害进行分类是一种被接受的"典型"观念。因此，损害或者属于那些因人身伤害而发生的损害、那些因财产遭受侵害而发生的损害，或者属于所谓的"其他的"或"其余的"损害。[10] 人身伤害被认为包括那些因某人的健康受损而产生的损害。相应地，人身伤害包括所有因某人的（1）人身伤害或者（2）死亡而产生的

---

[8]　职业保护计划下的有权机关除外，职业养老金保险（所谓的"Vorsorgeeinrichtung"）：BGE 115 V 224 et seq. [230]（BGE = "Entscheidungen des Schweizerischen Bundesgerichts"，指包括瑞士联邦保险特别法庭在内的瑞士联邦特别法庭发布的裁判汇编）。

[9]　关于联邦层面对老年人与遗属保险、伤残保险、意外伤害保险、保险津贴以及收入补偿计划的监管，分别参见：《老年人与遗属保险法》第72条、《伤残保险法》第64条、《意外伤害保险法》第79条、《保险津贴法》第14条第1款以及《收入补偿法》第23条。

[10]　参见：H. Rey, *Ausservertragliches Haftpflichtrecht*（2nd edn. 1998），nos 192 et seq.；K. Oftinger/E. W. Stark, *Schweizerisches Haftpflichtrecht*, *Band I*, *Allgemeiner Teil*（5th edn. 1995），no. 60 to para 2. 不言而喻，这三分法与另一对相对的损害（如直接与间接损害）之间存在重叠。

所有物质损失。[11]

a）当谈及身体伤害——被理解为一个自然人的生理或者心理完整性受到的损害——法律（《瑞士债法典》第46条第1款）区分了都包括"损害"的下列因素：

- 费用：[12] 这些包括因致损事故而发生的经济性支出，抢救及运输费、药费、假肢及其他救助的费用、接受治疗时花费的交通费、因未履行年度服兵役义务而需缴纳的税金、律师费等等。

- 由于完全或部分丧失劳动能力而产生的不利后果：[13] 这一要素包括在雇佣关系或者在其他收入来源中丧失的收入。任何减少的或者本应增加而未增加的财产性或非财产性收入都必须获得赔偿。[14] 该项极为重要，尤其是在永远丧失劳动能力的情形，也即伤残的情况下。

- 因他们的经济发展前景恶化而遭受的损失：[15] 此时，无论我们面临的是一个单独的损害因素[16]还是丧失劳动能力整体中的一部分[17]都不会产生决定性的影响。具有决定意义的是，受害人是否在劳

11　H. Rey（见前注10）no. 219.

12　R. Brehm, *Berner Kommentar*, *Kommentar zum schweizerischen Privatrecht*, *Das Obligationenrecht*, *Band IV*, 1. *Abteilung*, *Allgemeine Bestimmungen*, 3. *Tellband*, 1. *Unterteilband*, *Die Entstehung durch unerlaubte Handlungen*, *Kommentar zu Art.* 41–61 *OR*（2nd edn. 1998），nos 7 et seq. to art. 46；K. Oftinger/E. W. Stark（见前注10）nos 110 et seq. to para 6；H. Rey（见前注10）nos 229 et seq.；N. Lüchinger, *Schadenersatz im Vertragsrecht*, *Grundlagen und Einzelfragen der Schadensberechnung und Schadenersatzbemessung*（1999），pp. 388–389.

13　R. Brehm（见前注12）nos 34 et seq. to art. 46；N. Lüchinger（见前注12）p. 390；K. Oftinger/E. W. Stark（见前注10）nos 114 et seq. to para 6；H. Rey（见前注10）nos 231 et seq.；I. Schwenzer, *Schweizerisches Obligationenrecht*：*Allgemeiner Teil*（1998），nos 18，20 et seq.

14　本文也考虑了家务劳动。

15　R. Brehm（见前注12）nos 87 et seq. to art. 46.

16　N. Lüchinger（见前注12）p. 391；K. Oftinger/E. W. Stark（见前注10）no. 197 to para 6.

17　R. Brehm（见前注12）no. 87 to art. 46；H. Deschenaux/P. Tercier, *La responsabilité civile*（2nd edn. 1982），no. 15 to para 25；H. Rey（见前注10）no. 257.

动市场上的价值方面或者在其总体经济竞争力方面遭受了一些经济损失;即使当他或她的劳动能力未被削弱或未被明显削弱时,也是如此。当受害人被毁容或者被截肢,而他从事的又是极大地依赖与客户接触的职业活动时,尤为如此。本文将区分经济发展前景的恶化和非财产性经济损失,后者旨在赔偿无形的不平等以及非物质、经济之损失。[18]

b) 当碰到发生死亡的情形时,《瑞士债法典》第45条区分了下列损失:

• 费用,尤其是丧葬费:根据《瑞士债法典》第45条,在计算依照侵权责任而应当赔偿的赔偿金时,将会包括因死亡事件而支出的所有费用。[19] 该法通过举例规定了最重要的费用:丧葬费。丧葬费包括可被视为死者丧礼或火化的直接后果的所有常规费用,包括发布讣告、购买棺材的费用、火化的费用、将尸体运至火化场或者甚至运至他或她的家乡的费用、最后颂扬演讲、墓碑、哀悼服装以及最后的晚宴的费用,等等。[20] 尽管丧葬费对每个人而言都是必然要发生的,但是,根据当下流行的共识,我们可以推测,这些丧葬费用会全部获得赔偿,而不仅仅是在因提前发生而产生的损失范围内部分地获得赔偿。[21]

• 受害人死亡前的医疗费以及收入损失:根据《瑞士债法典》第45条第2款,在身体伤害并未直接导致受害人死亡的情形下,为

---

18 K. Oftinger/E. W. Stark(见前注10)no. 199 to para 6;H. Rey(见前注10)no. 263.

19 R. Brehm(见前注12)no. 24 to art. 45.

20 N. Lüchinger(见前注12)p. 393;K. Oftinger/E. W. Stark(见前注10)no. 252 to para 6;H. Rey(见前注10)nos 279 et seq.

21 H. Rey(见前注10)no. 281;I. Schwenzer(见前注13)no. 18.29;对此,不同的观点可发现于:R. Brehm(见前注12)nos 7 et seq to art. 45;倾向于反对这种观点的是:A. K. Schnyder, Kommentar zu Art. 41 – 59 OR, in: H. Honsell/N. P. Vogt/W. Wiegand (eds.), *Kommentar zum Schweizeischen Privatrecht*, *Obligationenrecht I*, *Art.* 1 – 529 *OR* (2nd edn. 1996), no. 2 to art. 45.

治疗受害者而发生的医疗费以及所有收入损失都应当获得赔偿。[22]

● 失去经济支柱（养家糊口的人）：根据《瑞士债法典》第 45 条第 3 款，因受害人的死亡而失去经济来源的人有权请求损害赔偿。这些所谓的"失去养家糊口之人的损害"（德语：*Versorgerschaden*）包括通常无法获得赔偿的反射或第三人损害，然而此时，由于属于了一种法定的例外情形，它们可以构成一项损害赔偿请求权的基础。[23]

根据（瑞士）社会保障法，在一般情况下，只有因人身伤害产生的损害才能成为赔偿的对象。在其他社会保障制度中也是如此，这种趋势只是从一种"隐蔽的"方式变得更加明显了。[24] 法律、条例以及规章规范着那些旨在提前提供赔偿的救济金，而且是——在保险法下就是如此——通过一般的方式。这些法定的社会保障救济金仅与在抽象条件下发生的损害有关，也即会作为一个总额，并通过一种典型的且标准化的形式呈现。[25] 没有任何必要更加具体地描述发生的损害。[26] 发生的真正损害仅在存在过度赔偿风险时才会引起社会保障机构的注意。只有在探寻成功的配合度时，损害的概念本身

---

[22] 这一段根本就是多余的，因为根据《瑞士债法典》第 46 条的损害赔偿诉讼会在受害人死亡时自动移转给他的继承人［《1907 年 12 月 10 日瑞士民法典》第 560 条（Zivilgesetzbuch, ZGB, SR 210)］．R. Brehm（见前注 12）no. 25 to art. 45；H. Rey（见前注 10）no. 283.

[23] N. Lüchinger（见前注 12）p. 395；K. Oftinger/E. W. Stark（见前注 10）no. 260 to para 6；H. Rey（见前注 10）nos 284 and 356. 关于"养家糊口之人"或者"养家者"（*Versorger*），参见：R. Brehm（见前注 12）nos 44 et seq. to art. 45；K. Oftinger/E. W. Stark（见前注 10）nos 264 et seq. to para 6；H. Rey（见前注 10）nos 288 et seq.

[24] 关于保险法中的"损害"一词，更多详情请参见：R. Schaer, *Grundzüge des Zusammenwirkens von Schadensausgleichsystemen*（1984），nos 412 et seq.

[25] 在这样做时，在支付的救济金和发生的损害之间只有一种间接关系，因为根据社会保障法，在计算即将由侵权人支付的救济金的数量时，因致害事件而真正发生的损害并不是唯一的或具有决定性的因素。正如 T. Locher 所赞成的那样，参见：T. Locher（见前注 1）no. 24 to para 5.

[26] 参见：R. Schaer（见前注 24）no. 109.

才具有原始的重要性。[27] 此时，损害将被理解为"在通常的法律意义上，该词指因一种法定的社会风险（受保风险）的出现而引起的个人经济资产的减少，也即通过积极损害（damnum emergens）或者丧失利益（lucrum cessans）的形式"。[28] 因此，我们可以总结出，在社会保障法下，损害是伴随着被保险的风险——也即疾病、事故、伤残及死亡——发生而发生的人身伤害产生的。

基于上文概括的考量因素，就人身伤害产生的损害而言，围绕哪些损害将被认为是相关的，而且在何种程度上它们将被认为是相关的问题，在侵权法和社会保障法之间存在一种区别。虽然侵权法认为所有损害都是相关的（综合性的损害），但社会保障法更倾向于通过法定赔偿总额、按照类型进行分类并且标准化的方式界定相关个人损害，[29] 借此，自他们的内容或者他们提供的赔偿范围角度，立法者已经接受了导致某些损害实际发生的风险只有一部分或根本不能得到保险保护。[30] 此外，在方式方法方面还可以发现另一种区别，也即，两个法律领域旨在实现赔偿损害目标而采用的方法上：侵权法旨在认定那个导致损害发生之人应当承担责任，而社会保障法旨在提供集体保护以避免经济损失风险。正是沿着这些主线，才可以

27　正如 R. Schaer 赞同的那样，参见：R. Schaer（见前注 24）no. 120.
28　正如 U. Meyer-Blaser 所认同的那样，参见：U. Meyer-Blaser（见前注 2）no. 15，footnote 42. 在一些情况下，不要求已经实际发生了损害，立法者更满足于通过假设社会风险的实现通常会导致收入减少来推定损害，使它满足条件，例如由《老年人及遗属保险法》或者《职业养老金法》规范的养老金计划，这种计划在构想时不是作为一个退休金计划的，它不要求在达到一定年龄时职业活动就真的停止。在这种背景下，我们也可以提及这一事实，即为了给予救济金，立法者认为仅仅是致害事件发生的确切危险即为已足，伤残保险计划下的康复措施（《伤残保险法》第 8 条第 1 款）或者失业救济金计划下的预防措施（《失业保险与破产赔偿法》第 59 条及以下条款）就是这样。
29　这并不是说发生的个人损害在相关的判例法中会遭遇和它在侵权法中相似的命运。参见：R. Schaer（见前注 24）nos 418 et seq.：将会在某种标准的抽象程度中发现区别。
30　参见 A. Rumo-Jungo, *Haftpficht und Sozialversicherung, Begriffe, Wertungen und Schadenausgleich* (1998), nos 161 et seq. 例如，在（社会）意外保险计划下，正是因为通过这种方式，任何职业收入损失都只能在 80% 的比例上获赔。

区分引起损害赔偿诉讼的不同基础：根据侵权法，损害赔偿责任仅会在具有责任基础时存在，例如，因过错或者制造了危险处境。根据社会保障法，损害赔偿的责任取决于被保险的风险之发生。[31] 另一个区别存在于比较过失概念所具有的重要性上，与在侵权法中适用的概念不同，该概念在社会保障法下仅发挥较小的作用。

1.3 侵权法与社会保障法的功能差异

（瑞士）非合同侵权法的功能如下：[32]

a）赔偿损害并按照法律政策的考量因素在所涉及的主体之间分配赔偿成本。然而，在人身伤害领域，侵权法损害赔偿功能的重要性已经明显下降了。与现有的第三方责任保险计划结合，侵权法通常仅能实现赔偿的目标。[33]

该概念本身具有下列组成成分：

- 附有损失。
- 在发生物质的且是非法的损害时，保护某些受到法律保护的标的物及人。
- 通过宣布哪些侵犯受到法律保护的个人权利的行为不会引起恢复损害的方式来划分法律领域。[34]

31　A. Rumo-Jungo（见前注 30）no. 603.
32　在这个方面，参见：H. Rey（见前注 10）nos 12 et seq.；A. Rumo-Jungo（见前注 30）nos 190 et seq.，下列研究极为依赖上述两人的理论结构；P. Widmer, Privatrechtliche Haftung, in: T. Geiser/P. Münch（eds.），*Schaden-Haftung-Versicherung*, *Handbücher für die Anwaltspraxis*（5th edn. 1999），pp. 7–93，nos 2.4 et seq. 此处，讨论侵权法的社会性或者社会政策也是有意义的；关于此点，参见：A. Rumo-Jungo（见前注 30）nos 235 et seq. 但是，在本报告中，作者们已经将自己限定于眼下的主要任务中了。就侵权法也具有惩罚（惩罚倾向）功能，瑞士的评论家们并未形成一致的看法，参见 H. Rey（见前注 10）no. 17.
33　A. Rumo-Jungo（见前注 30）no. 191，指出，赔偿损害之任务已经变成了集体损害赔偿制度的内容了。
34　这不是社会保障法管辖权范围内的一项任务，参见：A. Rumo-Jungo（见前注 30）no. 220.

- 维护受害者受法律保护的权利以及补偿正义，只要对损害的赔偿既旨在保证遭受损害的标的以及/或者人的继续存在，同时又必须赔偿发生的所有损害。
- 分配责任，只要侵权人被认定应当为他或她的行为负责（过错基础上的责任）。

b）在损害赔偿金需要在多方主体间再次分配时，分配损失。[35]

c）预防损害，[36] 但围绕这个功能本身以及该功能可能产生的任何预防效果的本质，法律学者之间存在一些争议。

12　（瑞士）社会保障法的目标是：[37]

a）赔偿损害，也即赔偿（被保险的）风险发生时发生的物质损失。

b）通过保险预防未来特殊风险的经济后果以避免损失。

c）分配损失。

d）预防损害。[38]

13　因此，两个法律领域的共同目标在于：[39]

a）赔偿损害，[40] 尽管在许多方面，侵权法都被迫要依赖于追索

---

[35] 根据 A. Rumo-Jungo（见前注 30）nos 209 et seq.，侵权法只能在特定情形下直接分散损害，它可以借助责任保险间接地进行。

[36] 对这个方面不同观点的介绍，参见 A. Rumo-Jungo（见前注 30）nos 194 et seq.，根据 A. Rumo-Jungo 的观点，对此问题，不可能获得一般适用的答案，因为预防作用仅是零散地发生，取决于各种因素而且原则上依赖于其他条款的相互影响（no. 208）。

[37] 对此，参见：A. Rumo-Jungo（见前注 30）nos 242 et seq. 此时，我们也可以讨论社会性及社会政策目标，A. Rumo-Jungo（见前注 30）nos 253 et seq.

[38] 尤其在与保险相关的预防措施的结合中，可以发现这个目标。与侵权法相似，就社会保障法的预防作用而言，不可能做出可普遍适用的说明，A. Rumo-Jungo（见前注 30）no. 244 更进一步参见（脚注 111 中的）H. P. Tschudi, Prävention in der Sozialversicherung, [1986] SZS 30, 113 et seq.

[39] 参见 A. Rumo-Jungo（见前注 30）nos 262 et seq.

[40] 相比于侵权法，社会保障法更能实现这个目标。对于它的作用，侵权法通常只有通过与既有责任保险计划结合才能实现这个目标。此外应当指出的是，并不是每个致害事件都代表着一个侵权责任案件的发生。

诉讼之和解并且赔偿所谓的直接损失。

b）分配损失。[41]

c）预防损害。[42]

两大法律领域的目标在下列方面彼此不同：[43]

a）提供保险保护以避免损害是社会保障法的一个典型目标，而且

b）下列这些是侵权法独有的目标：

- 将损害的分配作为一个（分配）正义问题；
- 确保对某些法律权利进行保护；
- 维护受害人为法律保护的权利以及赔偿正义；并且
- 通过分配损失移转责任。[44]

2. 人身伤害之社会保障保护

2.1 保护的范围

自从1996年7月1日《健康保险法》开始实施以来，[44a]定居在瑞士的所有人都享受强制医疗保险以预防疾病、事故以及孕产，参见《健康保险法》第1条第2款。[45] 此外，所有在瑞士合法居住并/或工作的人，以及某些在国外生活的瑞士人，都享受着保险保护以避免衰老及伤残风险，参见《老年人与遗属保险法》第1条第1款

---

[41] 由于社会保障计划分散了因被保险人的完整性损害而引起的费用，因此，与侵权法相比，只要还没有成功地对侵权人自己或者他的责任保险人追索，社会保障计划就仍是更为有利的。

[42] 除了正式通知以及在两个法律领域中加强消极后果，社会保障法还可以自行实施行政法程序。

[43] 参见 A. Rumo-Jungo（见前注30）nos 266 et seq.

[44] 延续法律、保障和平、维护法益以及实现分配正义和交换正义是赔偿责任法的特定功能。社会保障法整合了个体损害承担部分，就此点而言，社会保障法可实现上述功能（如自己过错时的保险金减少、免赔额、合乎风险的保险费），A. Rumo-Jungo（见前注30）no. 270.

[44] 参见前注4。

[44a] 在此之前，对于疾病，没有强制保险计划。参见第1条第2款b项。

以及《伤残保险法》第 1 条。但是，这一事实不应当误导某人相信所有人都享受同等的保护以避免人身伤害之结果。不仅在提供的预防个人风险的保护方面有所不同，而且在这些保护下可以获得的救济金的数量方面也存在着差异。

16　　这可能也是为什么商业保险公司和社会保障计划一道在人身伤害领域发挥着相当显著的作用的原因之一，尽管这些商业医疗保险公司主要履行着一种填补性功能。[46] 因此，疾病、[47] 事故、伤残以及死亡的风险是人身保险计划提供的保险所保护的对象。[48] 商业保险计划旨在对《健康保险法》或《意外伤害保险法》提供的强制性基本保险进行补充。这类合同的客体可以是医疗救治或者其他治疗基础上的措施，尤其是那些具有特殊性的措施，或者有确定数额的保单、伤残费用、每日津贴款项、个人病房费用等。人寿保险以相当广泛的形式存在，但是，其主要形式——例如与在死亡时支付金额的保险有关的计划与养老保险计划——经常被结合在一起。此外，人身保险计划既存在于确定数额的保险计划（例如，死亡时一次性支付的款项、伤残补助、全部工资）中，又存在于以收入为基础的保险计划（例如，医疗费、收入损失）中。

2.2　受到保护的群体

17　　在瑞士，所有常住人口都享受预防疾病、事故、伤残及死亡风险的保险保护，尽管对于所有社会保障分支下的所有群体而言这些保护并不完全相同。在受到保护的多个群体中，同一件事可能会引起不同规模的救济金。在涉及某人是受到《健康保险法》计划下预

---

[46] 这也是意外保险计划中的情况。与人身保险不同，责任及财产保险是商业保险法独占的领域。

[47] 包括本质上不属于人身伤害的孕产。

[48] 在此方面，参见：S. Weber, Privatversicherung, in: T. Geiser/P. Münch （eds.）, *Schaden-Haftung-Versicherung*, *Handbücher für die Anwaltspraxis* (5th edn. 1999) pp. 129 - 186, nos 4.47 et seq.

防事故的保险保护还是受到《意外伤害保险法》计划下预防事故的保险保护，以及该人是否也有权依据所谓的"第二大支柱"获得救济金（只要他或她得到的工资超过基本的最低工资）的方面时，尤为如此。在瑞士，为了确定谁获得避免何种风险的保险保护，有必要调查社会保障制度的哪个分支为哪类群体提供保险保护。在进行调查时，我们可以将分析限定在承保疾病、事故、伤残和死亡的以下6个社会保障分支上：老年人与遗属保险（衰老和死亡）、伤残保险（伤残）、强制职业养老保险（职业养老保险）（衰老、伤残及死亡）、医疗保险和健康保险（疾病并附带承保事故）、意外伤害保险（事故、职业病）以及最后的军人保险（事故和疾病）。

（1）养老金计划及老年人与遗属保险，或者可被称为"第一支柱"，提供着预防衰老以及死亡风险的保护。该计划几乎覆盖瑞士全部常住人口［《老年人与遗属保险法》第1条第1款（a项）］，或者从事职业活动的人［《老年人与遗属保险法》第1条第1款（b项）］以及为瑞士政府或者其他专门设立的机构在国外工作的瑞士人［《老年人与遗属保险法》第1条第1款（c项）］。因此，老年人与遗属保险可以被认为是一种具有强制性的、旨在覆盖全部人口的保险计划［ "国民保险"（*Volksversicherung*）］，它保护着雇员、独立经营者以及那些未从事职业活动的人。[49] 除了那些依照老年人与遗属保险享受强制保险的人外，一些人可以自愿选择加入该计划（《老年人与遗属保险法》第2条）。老年人与遗属保险计划下提供的救济金包括养老金和遗孀津贴。

49　关于这种普遍保护的例外情形，参见：《老年人与遗属保险法》第1条第2款。关于老年人与遗属保险计划下的被保险人范围，参见：P. -Y. Greber/J. L. Duc/ G. Scartazzini, *Commentaire des Arts Ià 16 de la loi fédérale sur l'assurance-vieillesse et survivants* (*LAVS*) (1997), pp. 17 et seq. ; H. Käser, *Unterstellung und Beitragswesen in der obligatorischen AHV* (2nd edn. 1996), pp. 5 et seq. ; T. Locher（见前注1）nos 2 et seq. to para 23.

（2）伤残保险计划（伤残保险），也是"第一支柱"的组成部分，它提供着预防伤残风险的保护。根据《伤残保险法》第1条，其被保险人的范围与得到《老年人与遗属保险法》保护之人的范围完全相同，也就是说，伤残保险也可以被认为是一种强制性的"国民保险"。只有那些在伤残发生时已经投保的人才有权根据伤残保险计划申请救济金（《伤残保险法》第6条第1款）。除了其他，伤残保险计划下提供的救济金还包括为预防伤残而采取的职业措施与医疗救治（包括与上述措施和治疗相连的生活津贴）以及伤残养老金。

（3）职业养老金保险计划，是所谓的"第二大支柱"，它提供着预防衰老、死亡以及伤残的保险保护。除少数例外情形之外，该强制性计划的效力及于所有17岁以上的、可以获得一定年度最少工资[50]的雇员[51]（《职业养老金法》第2条第1款）。[52] 因此，职业养老金保险可以被视为一种类保险（*Klassenversicherung*，也即：一种旨在保护某一类人的保险计划）。职业养老金保险计划提供的救济金包括在发生伤残、衰老或死亡情形时给付的养老金。

50　《职业养老金保险法》第7条。在写这篇文章时，该数额为24,120瑞士法郎［《职业养老金保险第二条例》第5条（*Verordnung 2 über die Berufliche Vorsorge*），1998年11月11日实施的版本——SR 831.441.1］要求最低工资的原因可见于围绕该计划预设的宪法性目标的讨论中，也即维持被保险人通常的生活水平，这个生活水平是宪法起草者认为通过确保净收入的60%或薪水净额的70%就可以达到的。老年人及遗属保险/伤残保险计划保护最低工资要求之下的任何请求。

51　"雇员"一词不仅包括《瑞士债法典》第319条意义上的雇员，而且包括实施《老年人及遗属保险法》意义的职业活动以及不是从事独立经营的人。这个词还包括，比如说家庭主妇，这些人为其丈夫的公司或者企业从事《瑞士民法典》第165条意义上的工作，而且获得相应报酬（BGE 115 Ib 44 consideration 4d）。独立经营者可以得到普遍的保护，或者根据瑞士联邦议会在独立经营者职业联盟的要求下制定的相应法律，获得针对职业养老金保险计划中特别风险的保护。（《职业养老金保险法》第3条）。最后，他们可以自愿参加职业养老金保险计划（《职业养老金保险法》第4条）。

52　关于衰老的风险，这些雇员只能在24岁之后得到保护。根据《职业养老金保险法》第2条第1bis款，获得失业养老金计划下的失业救济金的人受到强制性的保护，他们的年龄、衰老风险以及伤残情况皆在所不问。

（4）社会医疗保险计划（健康保险），当发生疾病时以及——对于那些未被《意外伤害保险法》覆盖的人而言——在发生事故时，提供着强制性的医疗护理，但是它不包括收入损失之赔偿金（《健康保险法》第3条第1款）。[53] 除此之外，健康保险计划在很小的范围内承保着与孕产社会风险有关的费用。[54] 每一个定居于瑞士的人都可以受到该计划的保护。在一些情况下，只有在瑞士暂住或者工作这一事实并不足以使某人获得该计划的保护（《健康保险法》第3条第3款a项）。

（5）社会意外保险计划（意外伤害保险），为那些在瑞士工作的雇员提供着预防意外事故（与工作有关或无关）以及与工作有关的疾病的强制保险保护（《意外伤害保险法》第1条第1款）。[55] 然而，每周为一名雇主工作少于8个小时的雇员（《意外伤害保险条例》第13条第1款第1项），只能就与工作有关的事故获得保险保护，其中包括在上下班路上发生的事故。在瑞士定居的独立经营者也可以选择加入意外伤害保险计划（《意外伤害保险法》第4条第1

---

[53] 加入失业救济金计划不是强制性的，而是自愿的。任何有永久居留权以及从事职业活动的人都有权加入该计划（《健康保险法》第67条第1款）。

[54] 根据《健康保险法》第29条，强制医疗保险计划假设，在患病时获得的正常救济金费用之外，还存在医生或助产士指定的特殊孕产救济金费用（例如，怀孕以及产后的检查；在家、医院或者医疗中心生产；在生产和必要的哺乳咨询时自医生或助产士处获得的帮助）。所有收入损失都只能自愿在各种健康保险计划的基础上获得保险保护。根据《健康保险法》第74条第2款，会发放16周的孕产救济金，其中，必须至少有8周是在生产之后的时间段内。

[55] 在意外保险计划下，失业者也可获得预防与工作无关的事故的保险保护［《失业保险与破产赔偿法》（AVIG，Arbeitslosenversicherungs- und Insolvenzenschädigungsgesetz，规范失业救济金计划及破产偿还计划的1982年6月25日联邦法，SR837.0）第22a条第4款以及1996年1月24日条例，该条例与失业者的意外保险计划有关，SR837.171］。

款）。因此，意外伤害保险可被认为是雇员的"类保险"。[56] 当发生了与事故有关的人身伤害或者死亡以及与工作有关的疾病或死亡时，意外保险计划会提供医疗护理、生活津贴以及养老金（包括遗孀的养老金）。

（6）军人保险计划保护着那些正在被迫或自愿服兵役或者从事民间防卫服务，再或者正实施着可被列为同等活动的人（《军人保险法》第1条）。这些人是否是雇员、个体经营者或者未从事职业活动的人都不重要。在发生与服兵役有关的人身伤害或者死亡时，该保险计划会提供医疗救治、生活津贴及养老金（包括遗孀的养老金）。

18　　总之，我们可以肯定的是，全部常住人口基本上都享受着预防人身伤害的保险保护，但是，在承保的风险方面，这些保险的范围在不同群体之间各不相同。不同的承保范围背后的原因可以在联邦社会保障法制度的发展历史中探寻。[57] 另一方面，社会保障制度在立法上并非一蹴而就，但是，一个社会保障分支总是会在普遍的保险需求之背景下出现。例如，这可以解释军人保险以及雇员意外保险计划的早期确立及全面发展，并且可以解释对劳动者的保险保护进行限制的趋势。[58]

2.3　他人所致伤害之社会保障保护

19　　在致害事故不是由受害者，而是由另一人引起的情况下，只要

---

[56] 被认为属于这个概念外延中的人是为了维持生计、教育或培训之目的而在雇主的指挥下进行工作（具有一定的从属性），并且无需承担雇主的任何商业风险的人。因此，对该概念的理解比《瑞士债法典》第319条更为广泛，而且与《老年人及遗属保险法》意义上的被雇佣者概念一致［《意外伤害保险条例》第1条（Verordnung über die Unfallversicherung, UVV，规范意外保险计划的1982年12月20日联邦条例，SR832. 202)]。

[57] 关于瑞士联邦社会保障法的体系之历史发展，例如参见：Meyer-Btaser（见前注2）nos 6 et seq.

[58] 对劳动人口这种保护的局限性被这样一个事实加强了，即它是在被保护的个人基础上组织的，例如，只有对从事职业活动的个人进行保险保护，而且不会延伸至他的家庭成员。

被保险的风险变为现实,社会保障就会承保受害人遭受的经济性不利后果。无论谁应当对发生的损害负责,社会保障法都会提供救济金。然而,在确定某既定损害案件是否在社会保障法之外适用侵权法时,归责问题具有根本的重要性。因第三人原因而遭受损害的一方可以被称为是将从这一事实中"获益"的人,即对于他的损害,将会根据两个不同的法律领域进行赔偿。[59]

2.4 社会保障保护的资金来源

在法律规定的范围内承保着疾病、事故、伤残以及死亡风险的6个社会保障分支,拥有极为广泛的资金来源。[60] 可以分为四类不同的制度:

(1)在根本上,养老金计划(老年人与遗属保险)以及伤残养老金计划(伤残保险)是根据相同的规则获得资金的。[61] 他们主要是由保险费提供资金,也即被保险人收入的一部分(不包括受最高额限制的保险费)以及——当这个人是雇员时——相应由其雇主缴纳的金额。公共财政,也即联邦及州政府,也会通过补贴的形式作出自己的贡献。[62] 另一个收入来源是由在共同基金投资上支出的利息提供(《老年人与遗属保险法》第107条)以及因成功地对第三人提起追索诉讼而产生的收益提供的。

(2)两种"类保险"(如上所述),职业保险计划(职业养老金保险)和意外保险计划(意外伤害保险),从二者都是依赖特定的收入比例而无法获得国家补贴这层意义上来讲,二者是通过相似的途

---

[59] 而另一个人只能获得社会保险保护。关于理应对不同受害者适用不同待遇,参见:A. Rumo-Jungo(见前注30)nos 272 et seq.
[60] 关于社会保障制度的资金来源,参见:T. Locher(见前注1)nos 21 et seq. to para l.
[61] 《老年人及遗属保险法》第102条及以下条款,《伤残保险法》第77及以下条款。
[62] 按照百分比,对伤残保险计划的补贴要比那些付给老年人及遗属保险计划的补贴高得多。而且,在过去的几年间,前者的补贴超过了支出的所有补贴的一半。参见:Soziale Sicherheit(CHSS),[1999] *Zeitschrift des Bundesamtes für Sozialversicherung*,336.

径获得资金的。就其资金来源而言,职业养老金保险主要是依赖被保险人以及他们的雇主缴纳的保险费,同时也依赖投资的利息收益。[63] 关于其保险费,意外伤害保险根据它们是旨在承保劳动事故及职业病,还是同时旨在承保劳动时间之外的事故进行了区分:第一类由雇主的保险费承保,第二类则由雇员的保险费承保(《意外伤害保险法》第91条第1款及第2款)。

(3)社会医疗保险计划(健康保险)的收益主要由被保险人支付的保险费、由病人承担的法定治疗费(其中适用最小额和最大额)、对第三人提起追索诉讼产生的收益以及最终投资的利息收益组成。联邦和州政府都会向该保险计划提供资金,只要减少低收入被保险人的保险费有利于社会平衡即可。

(4)联邦政府负责军人保险计划——军人保险——的所有费用(《军人保险法》第82条)。

3. 侵权法与社会保障法之间的关系

3.1 社会保障对侵权法的取代

21　　在瑞士,尽管从侵权法角度看,社会保障法试图承保的风险也是相关的,但不能说社会保障法已经取代了侵权法。两个损害赔偿法律领域并存,并各自发挥着自己的功能,然而,这并不是说它们彼此独立地实施着。在救济金领域中尤其可以发现这种关系。根据瑞士法律思想,这些救济金必须是被协调的对象。因此,在社会保障法下产生的救济金,其支付至少在一定程度上取代了由负有责任之人依据侵权法而应支付的赔偿金。然而,这并不是说,负有责任之人最终无需依照侵权法支付应当支付的全部损害赔偿金。[64] 可在社

63　参见《职业养老金保险法》第65及以下条款。职业养老金保险计划下具有不利年龄结构的收款代理人,从后备资金中获得资金注入(《职业养老金保险法》第56条及第58条)。

64　根据侵权法产生的所有责任都被相关社会保障法取代这一事实,是两个法律领域产生的救济金的合作方式的结果,对此,在下文问题5和6部分将会进行更为详细地介绍。

会意外保险计划的条文中发现"排除"侵权责任意义上的取代（在上述问题的意义范围内），因为《意外伤害保险法》将雇主或者被保险人亲属的责任限定在了重大过失以及故意的情形下（《意外伤害保险法》第44条）。[65]

3.2 取代侵权法之例外情形

如上所述，社会保障法并没有在根本上取代侵权法。因此，也没有必要详细阐述任何例外情形。

3.3 赔偿（保护）核心要素方面的差异

可以得出侵权法和社会保障法在个别法律概念以及构成要件方面存在的差异，也即下列各点：

在规范侵权法和社会保障法的法律条文中都没有发现精确界定的"过错"概念。根据（瑞士）联邦判例法，如果某人疏于适用一个和普通人在相同处境中或在相同的情形下被期望达到的勤勉标准相同的标准的话，他或她就会被认为在行为时具有过错。[66] 关于是否会依据侵权法及社会保障法的对应条款判断同一行为或者过错程度，学者之间存在不同的观点：一方面，有人强调这一事实，即如同它存在于侵权法下一般，过错理念已经影响了社会保障法。但另一方面，又有人觉得，尤其是瑞士联邦保险特别法庭［以下：EVG = *Eidgenössisches Versicherungsgericht*，坐落于卢塞恩（*Lucerne*）］认为，社会保障法下的过错条件没有必要与其他法律领域中的过错条件一致。[67] 虽然在"过错"一词的使用上的确存在重要的区别，但我们

65　A. Rumo-Jungo（见前注30）no. 87.

66　当不要求一定程度的过错时，这种选词方法更受欢迎；参见 BGE 117 II 549 consideration 4（合理的推车司机）；BGE 117 II 567consideration 2a（一般代理人）；BGE 116 Ia 169–170 consideration 2c（关于瑞士法下一般的过错定义）。

67　BGE 118 V 308–309 consideration 3b 没有指出区分过错的标准在何处；A. Rumo-Jungo（见前注30）no. 637，关于其他不同观点以及关于这个论题的判例法，亦可参见：A. Rumo-Jungo（见前注1）pp. 74–75.

可以确定的是，过错概念在社会保障法下会被更为谨慎地对待。[68]

25　　因果关系的概念，也即原因与结果之间的关联，在侵权法和社会保障法下发挥着不同的作用。在侵权法下，一方当事人在行为时具有过失或者导致了一种危险处境（该处境继而引起了损害），[69] 或者该方当事人应当对引起损害发生的物体[70]或人负责时，[71] 他被要求支付损害赔偿金，这些条件具有根本意义。但在社会保障法之损害赔偿制度下，因果关系仅在所谓的因果保险计划中发挥着作用。[72] 两种法律都区别原因和结果之间的自然关系和充分关系。借此，两个法律领域一致地界定了这些概念。[73] 然而，就原因和结果之间关系的充分性而言，[74] 尤其是在涉及事故后心理创伤的情况下，与瑞士联邦保险特别法庭有关的判例法的确与瑞士联邦特别法庭的判

68　对此，参见：A. Bühler, Bemerkungen zur Kürzungspraxis des Eidgenössischen Versicherungsgerichtes wegen grober Fahrlässigkeit bei Verkehrsunfällen, [1985] SZS 29, 169 – 193, 181 et seq., 存在大量具有重大过失的交通事故例证。

69　例如，《瑞士债法典》第 41 条，依据《瑞士债法典》第 54 条的公平责任以及绝对责任。

70　例如，《瑞士债法典》第 56 及 58 条，绝对责任情形。

71　例如，《瑞士民法典》第 333 条，《瑞士债法典》第 55 条。

72　这就是说，根据意外保险以及军人保险计划，而不是所谓的不要因保险计划，例如伤残及医疗保险计划。

73　当因果关系中的一个构成要素不能再被分配，而且如果不具备该因果关系所呈现的方式与时间，那么最终结果将不会出现时，这种因果关系会被认为是"必要"的（conditio sine qua non）。关于这一点，更多请参见：T. Locher（见前注 1）nos 3 – 4. to para 49；H. Rey（见前注 10）nos 518 et seq.；A. Rumo-Jungo（见前注 30）nos 742 et seq.；M. Schmid, Natürliche und adäquate Kausalität im Haftpflicht- und Sozialversicherungsrecht, in: A. Koller (ed.), Haftpficht- und Versicherungstagung 1997, Tagungsbeiträge, St. Gall 1997, pp. 183 – 208（187 – 188）。当一个因果关系的固有要素通常可被认为是易于引起最终结果，而且结果本身似乎通常都会受到上述要素的影响时，该因果关系会被认为是充分的；参见 BGE 118 V 290 consideration lc（进一步参考相关判例法）。关于社会保障法，亦可参见 BGE 112 II 442 consideration 1d；关于侵权法，参见：H. Rey（见前注 10）no. 525，进一步参考许多其他作者的著作。

74　在此方面，参见：A. Rumo-Jungo（见前注 30）nos 752 et seq.；M. Schmid（见前注 73）pp. 186 et seq.

例法不同。[75]

关于可被赔偿的损害类型，侵权法和社会保障法也存在着一些差异。尽管侵权法赔偿所有类型的损害，例如：物的损害与人身损害、财产性与非财产性损害，但社会保障法的主要目的仅在于减少人身伤害的经济性不利后果。虽然财产性损害[76]在侵权法和社会保障法下均可获得赔偿，但这些赔偿在可以获得的救济金种类以及数量方面也都的确存有区别。侵权法为财产性损害提供全部赔偿。然而，社会保障法仅在可被认为是被保险风险之结果的范围内为财产性损失提供赔偿，而且该赔偿也仅在法定限额内进行。例如，如果一名未从事职业活动的人因伤残丧失了劳动能力，那么该人将只能每月获得1,005瑞士法郎至2,010瑞士法郎的养老金。[77]

必须区分共同过失和比较过失。两个概念均指受害人必须为致害事件的发生承担一部分责任的情形，它们与那些所有责任都必须

---

[75] 关于充分的概念，存在不同的解释：BGE 123 III 113 – 114 consideration 3b 以及 BGE 123 V 104 consideration 3d. 对这个判例法的批评，参见：A. Rumo-Jungo（见前注30）nos 775 et seq.

[76] 将物质性损失理解为受害人的现有资产状况与他们应有的状况之间的差异，会使致害事件不再明显。也应当指出的是，财产性损害的概念在两个方面受到限制：首先，应当将它和非物质损害区分开来，后者是某人例如因为生理痛楚、降低了生活品质、减少了人生乐趣，从而经济和社会地位也随之下滑。关于这个论题，相反要参见其他许多作者的观点：H. Rey（见前注10）nos 442 et seq. 其次，必须区分财产性损失与纯粹经济损失。关于后者，参见：P. Gauch/J. Sweet, *Selected problems of construction law: international approach* (1983), p. 130; H. Rey（见前注10）no. 329. 纯粹经济损失包括所有个人经济来源或者收入的减少，这种减少既非人身伤害或死亡的结果，又非部分或全部财产毁坏或灭失的结果，例如，由于特定雇员因病离岗而致使雇主无法交货的情形。这些纯粹经济损失只能在侵权法下获得赔偿，而且仅在导致上述损害的侵权人同时违反了一个或者更多的被设计用来预防此类损害的条文时才能获赔。关于这个论题，参见：P. Gauch/J. Sweet（见前注76）pp. 117 et seq.；K. Oftinger/E. W. Stark（见前注10）nos 72 et seq. to para 2；H. Rey（见前注10）nos 329 et seq.

[77]《伤残保险法》第37条以及《老年人与遗属保险法》第34条第5款以及1999年《老年人与遗属保险/伤残保险工资及价格增长修订条例》（1998年12月16日）第1条。

归责于受害人之外的人的情形相反。[78] 虽然共同过失完全使侵权人从支付损害赔偿金的义务中解脱出来，但比较过失仅引起侵权人责任在一定比例上的减少。[79] 在瑞士，在考虑任何可以归因于受害人的过错时，比较过失在侵权法和（尽管较不重要的）社会保障法中都发挥着作用。这实际上意味着，共同过失理论在瑞士毫不重要，但受害人故意或者自愿受伤的情形除外。因此，当受害人需要为其损害承担全部或部分责任时，该因素发挥着减轻侵权人或社会保障人应当支付的赔偿金的作用。[80] 在这个方面，受害人过错的衡量标准与任何其他各方的衡量标准相同，[81] 据此，在过错的概念上——与衡量法律效果的情形相反——在侵权法和社会保障法之间不存在显著的差异。

3.4 通常给予的赔偿金额

侵权法和社会保障法的一个重要区别即为，前者的根本目的是为发生的损害提供全部赔偿，[82] 但社会保障法下提供的救济金并非为了提供全部赔偿，无论是在它们意图修复的损害类型[83]方面，还是在这些赔偿本应具有的广泛程度方面，皆是如此。尤其是现金支付会受到或高或低的固定最高额的限制，从而，任何超过被保险收入或

---

[78] 与社会保障法相反，共同过失仅在第三人的行为在引起有争议的损害中发挥了作用的侵权法案件中才有意义。

[79] A. Rumo-Jungo（见前注30）no. 317 and nos 325 et seq.

[80] 关于在社会保障法下，当存在比较过失时拒绝或者扣减救济金的话题，参见：A. Rumo-Jungo（见前注1）pp. 142 et seq.；T. Locher（见前注1）nos 1 et seq. to para 46，进一步参见相关文献。

[81] A. Rumo-Jungo（见前注30）no. 689 参见 R. Schaer 的不同观点：R. Schaer, Das Verschulden als Zurechnungskriterium, in: R. Schaer/J. L. Duc/A. Keller: *Das Verschulden im Wandel des Privatersicherings-, Sozialversicherungs-und Haftpfichtrechts*（1992），pp. 1 et seq., p. 41 and pp. 43 – 44.

[82] 这并不是说全部损害都将获得赔偿，尤其是，在决定损害赔偿金的数额时，我们可能会碰到扣减损害赔偿金额的事由。

[83] 例如，对财产损害的赔偿、无法工作的赔偿、一家之主死亡的赔偿、对任何未来的假设损害的赔偿。

养老金款项的那部分个人工资都不能享受保险保护。给付何种社会保障救济金是一件由相关法律条文或者可适用的章程规范的事情。由于侵权法未被社会保障法取代，因此，应当负责的当事人应当承担全部损害赔偿金，而不是仅承担未被相关社会保障计划覆盖的、未能获得赔偿的金额。由此，应当负责的人被要求向各类债权人——已经就受害人的费用进行付款的人可能是一个社会保障机构、受害人或任何责任保险人——付款。

3.5 追索权

当一个社会保障机构在被保险的风险实现后支付了救济金时，随后，在自己已经提供的救济金范围内，该社会保障机构将有权向侵权人追索。只要侵权法下或者社会保障法下支付的款项不是被合计[84]而是被协调的，社会保障机构就可以享有追索权。协调旨在平衡不同责任主体应当承担的不同救济金，从而受害人获得损害赔偿，但该赔偿又不会多于弥补损害所需要的金额。[85] 在此方面，在现行侵权法以及社会保障法下，最具根本意义的是被称为竞合诉讼的协调方法。[86] 一般而言，竞合诉讼意味着受害人自己选择是希望起诉所有责任主体，还是仅起诉从不同责任主体中挑选出来的特定成员。如果一个责任主体提供了赔偿金，其他任何人都可以解除他们对受害者负担的债务（这就是所谓的外部关系；参见《瑞士债法典》第144条）。受害人最有可能收回的就是应当向他或她支付的全部赔偿金。在不同责任主体之间，应当支付的赔偿金额会被按比例分配

84　关于累积原则，参见：A. Maurer, Kumulation und Subrogation in der Sozial-und Privatversicherung,［1975］SZS19，179 et seq. 在《保险合同法》意义上的确保金额的保险计划领域，救济金的累积尤为普遍，参见《保险合同法》第96条。

85　也即，协调包括预防过度赔偿。

86　然而，不同救济金的协调可以通过许多方式进行。除了通过请求权竞合进行协调外，我们可以赋予受害者在不同的救济金中进行选择的权利，或者通过确立主要的和次要的救济金，或者确定基本的与补充的救济金。关于这个论题，更多请参见：A. Rumo. Jungo（见前注30）nos 872 et seq.

（参见《瑞士债法典》第 148 条），[87] 或者按照特定的顺序分配。如果一名责任人向受害者支付的金额超过了他或她与其他责任人相比的份额。那么他或她就有权向其他责任人追索（这就是所谓的内部关系）。[88] 该项追索权源于清偿受害人，并且通过权利代位的方法被部分地增大或加强了。[89/90]

30 具体而言，社会保障机构通常通过代位的方式享有追索权，正如法律规定的那样（《老年人及遗属保险法》第 48－2 条、《伤残保险法》第 52 条、《意外伤害保险法》第 41 条、《军人保险法》第 67 条、《健康保险法》第 79 条）。[91] 在这种背景下，一旦致害事件发生即发生代位，而不是仅在履行了付款义务时才发生。[92] 关于代位，索要赔偿金的权利被分为两种独立的请求权：社会保障机构的代位请求权以及受害人就超出部分的索赔请求权（后者的权利与未通过代

---

[87] 这些比例份额——也被称为配额——可能彼此不同：根据《瑞士债法典》第 148 条第 1 款，每个债务人负责赔偿相等的金额；根据第 50 条第 2 款，份额由法官自由裁量决定。

[88] 追索请求可针对每个连带债务人提出，而且包括他应当为其连带（共同）债务人承担的份额。连带债务人（co-debtors）参见：A. Rumo-Jungo（见前注 30）nos 891－892.

[89] 代位指一种法律程序，通过这种程序，赔偿了诉讼债权人的第三人随后取得上述债权人对债务人的法律地位。这即意味着，受害人的请求权以及所有附属的权利和任何不公平结果，在连带债务人赔偿债权人的金额范围内，被移转给了连带债务人。然而，不是所有第三人替债务人清偿的情形中都会发生代位，毋宁仅在法律有明确规定或者债务人同意的情况下才发生。关于这个论题，更多请参见：P. Gauch/W. R. Schluep/H. Rey, *Schweizerisches Obligationenrecht, Allgemeiner Teil*, Band II (7th edn. 1998)，nos 2048 et seq.；K. Oftinger/E. W. Stark（见前注 10）no. 4 to para 71；A. Rumo-Jungo（见前注 30）nos 893 et seq.

[90] 例如，这是《保险合同法》第 72 条及《瑞士债法典》第 149 条中的情况。

[91] 根据职业养老金保险计划，没有条文赋予收款代理人代位受害人的法律地位。基于这个原因，请求权竞合原则适用于侵权人与受害人之间，而且《瑞士债法典》第 51 条规定的追索顺位制度适用于不同的责任主体之间。参见 K. Oftinger/E. W. Stark 的批评：K. Oftinger/E. W. Stark（见前注 10）nos 65 et seq. to para 71；A. Rumo-Jungo（见前注 30）nos 1078 et seq.

[92] 据此，社会保障机构对受害人享有一项请求权，甚至在它给付任何救济金之前就已享有。

位移转给社会保障机构的那部分损害赔偿请求权相对应）。[93]

瑞士社会保障法区分了两种由已经提供了救济金的社会保障机构向责任人提出的追索诉讼：也即基于代位的追索诉讼和非基于代位的追索诉讼。

（1）通过代位。一般情况下，社会保障救济金和那些在侵权损害赔偿请求权基础上支付的救济金之间的相互影响是由代位的法律规则规范的。[94] 在这种背景下，在法律规定的救济金价值范围内，社会保障机构取得了受害人对责任人享有的权利。任何未通过这种方式移转的损害赔偿请求权部分均仍保留在受害人手中，受害人可直接向责任人行使这种权利。对于这一部分，社会保障机构可对侵权人，[95] 或者在可能的情况下向侵权人的责任保险公司，行使自己的追索权。下列论述试图简要概括这一程序是如何展开的：[96]

a. 社会保障机构追索权的产生及其范围。在社会保障法中包括规范代位的规则的情况下，[97] 当社会保障机构承保的[98]风险变为现实，并且在法律规定的救济金的范围内，社会保障机构取得了受害

---

[93] A. Rumo-Jungo（见前注30）no. 949.
[94] 可适用的条文有：《老年人与遗属保险法》第48-2条、《伤残保险法》第52条、《意外伤害保险法》第41条、《军人保险法》第67条、《健康保险法》第79条。根据瑞士法律思想，代位属于制定法上的转让，因此，可以适用规范合意转让的（合同法）规则；参见《瑞士债法典》第166条、167条及以下条款。
[95] 尽管针对无责任保险的私人进行追偿会受到赞同。
[96] 例如参见：T. Koller, Die Haftung des Arbeitgebers und das Sozialverischerungsrecht, [1997] *Aktuelle Juristische Praxis* (AJP) 6, 428–442 (433–434); K. Oftinger/E. W. Stark（见前注10）nos 180 et seq. to para 11; E. Schmid, Das' Dreieckverhältnis'Geschädigter/Sozialversicherer/Haftpflichtversicherung nach der neuen UVG-Praxis, in: *Festschrift Assista* (1989), pp. 3289 et seq.
[97] 《老年人与遗属保险法》第48-2条，《伤残保险法》第52条，《意外伤害保险法》第41条，《军人保险法》第67条，《健康保险法》第79条。
[98] 这是《军人保险法》第67条的情况，也是其他可适用的条文的情况（《老年人与遗属保险法》第48-2条，《伤残保险法》第52条，《意外伤害保险法》第41条，《健康保险法》第79条）。

人（或者他活着的被扶养人）对侵权人享有的权利。[99] 这一追索权的范围受到两个方面的不同限制：首先，代位仅在"法定的救济金范围内"发生，[100] 并且第二，"仅与同一种类的救济金有关"。[101] 救济金必须属于同一种类的要求即意味着，如果侵权法下的相关损害赔偿金不是社会保障法中任何一种法定复归的客体，就不存在移转权利的问题。[102] 如何进行追索则由各类条例中的规则进行规范，而且它在专门的政府通告中会被描述得更加细致。[103] 当某追索诉讼中涉及一个以上社会保障机构时，它们会被视为连带责任人这件事对任何责任人而言都是极为重要的（《老年人及遗属保险条例》，下文：AHVV，第79－4条第3款；《意外伤害保险条例》，下文：UVV，第52条）。[104]

34　　b. 社会保障机构提起追索诉讼的权利与受害人的直接请求权之间的关系。关于社会保障机构的代位，产生了两种针对侵权人的请

---

[99] 此类在致害事故发生时就存在的"早期"代位与《保险合同法》第72条中的规则相反。根据后者，代位发生于支付保险金时。

[100] 例如《意外事故保险法》第41条。关于这一论题，参见：P. Beck, Zusammenwirken der schadenausgleichsys-teme, in：P. Münch/Th. Geiser（eds.） Schaden-Haftung-Versicherung（1999），nos 6. 106 et seq.；A. Rumo-Jungo（见前注30）nos 1007－1008.

[101] 例如《意外事故保险法》第43条第1款；"同类救济金"是指在同一事件中、向同一人、并且性质相同而且同时支付的救济金。关于上述一致性的不同方面，参见：P. Beck（见前注100）nos 6. 38 et seq.；S. Fuhrer, Der Regress der Sozialversicherer auf den haftpflichtigen Dritten,［1992］SVZ60, 116－117；K. Oftinger/E. W. Stark（见前注10）nos 185 et seq. to para 11；A. Rumo-Jungo（见前注30）nos 980 et seq.；R. Schaer（见前注24）nos 1104 et seq.

[102] 例如，通过这种方式，在事故发生时，财产损害或者间接收入损失之侵权责任请求权（BGE88 Ⅱ 46－47 consideration 4）不会受到影响，因为意外保险计划不为这些损害提供法定救济金。

[103] 参见《老年人与遗属保险法》第79－4条，《伤残保险法》第39－2条，《意外伤害保险法》第52条，以及联邦社会保障局（the Federal Office of Social Security）关于老年人与遗属保险计划中对应当负责的第三人提起追索诉讼的组织及程序活动的通知。还存在一个针对伤残保险计划的相应通知。

[104] A. Rumo-Jungo（见前注30）nos 1103 et seq. 这使责任主体可以和单一机关完成追索交易，因此，无需关心它的追索款会如何在相关社会保障分支间最终分配的问题。

求权，它们都不是作为彼此竞合的请求权存在的。一方面，存在着社会保障机构依据代位权享有的请求权；另一方面，存在着仍由受害人享有的、未通过代位而被移转的任何未获赔偿的损害赔偿请求权。只要损害赔偿请求权可以为全部损害提供赔偿金，代位请求权和追索请求权就都可以获得满足。然而，在因为只有部分请求权是可获赔偿的或者因为赔偿责任被削减因而损害赔偿请求权只能为部分损害提供赔偿金的情况下，关于是否应当要求社会保障机构或者受害人承担不足部分就产生了问题：

- 当侵权法在经济上无法提供全部赔偿时，瑞士法赋予了受害人一种先获赔偿的权利，也就是说后者（及其幸存的被扶养人）的直接请求权将会优先获得赔偿，而且社会保障机构在行使自己的追索权之前必须等待。[105]

- 在责任人处分了必要财产但受害人的损害赔偿请求权——根据侵权法——已经因扣减的理由而被削减的情况下，法律仅允许社会保障机构在它支付的救济金与责任人的损害赔偿金相加超过发生的损害总额的价值范围内行使追索权。换句话说，在责任人的份额方面，受害人享有一项优先权，该权被称为份额或分配特权。因此，对代位进行限制是有利于受害人的直接请求权的。[106] 规范份额特权的规则可在《道路交通法》（下文：SVG[107]）第 88 条、《老年人及遗属保险法》第 48 – 4 条第 1 款发现，并且至少间接地在《伤残保险法》第 52 条、《意外伤害保险法》第 42 条第 1 款、《军人保险法》第 68

---

[105] 这是根据《老年人与遗属保险法》第 48 – 4 条第 3 款第 2 句，《意外伤害保险法》第 42 条第 3 款第 2 句，《军人保险法》第 68 条第 3 款第 2 句，《健康保险条例》第 123 条第 3 款第 2 句的情况。关于这个论题，参见：A. Rumo-Jungo（见前注 30）no. 1013 及其他文献。

[106] 因此，份额特权致使受害人未被要求在可被保险救济金抵销的损害赔偿金扣减额度范围内承担侵权责任。参见：A. Rumo-Jungo（见前注 30）no. 1104。

[107] 参见前注 14。

条第1款以及《公共医疗保险条例》（下文：KVV）第123条中找到。[108]

- 受害人份额特权之例外情形。仅对受害人有利的该制度，尤其在受害人在行为时具有故意或者重大过失，并促成了任何人身伤害而且社会保障机构减少向被保险人支付救济金的情况下丧失了正当性。[109] 正是基于这个原因，份额——分配[110]是由可以适用的法律条文明文规定的。[111] 受害人（及其幸存的被扶养人）的请求权，按照与社会保障救济金和发生的损害之间相对应的比例被移转给了社会保障机构。受害人（被保险人）有权依据他或她被要求承担的剩余损害在全部损害中占的比例进行直接索赔。[112]

（2）在不能适用代位规则的情况下。尤其是在由《职业养老金保险法》规范着的职业养老金保险计划下，不存在允许适格的社会保障机构在被保险的风险变为现实时取得受害人请求权的代位条款。在这种背景下，适格的社会保障机构只能在它已经提供的救济金范围内行使追索权，从本质的、暂时的、人身的以及与事故有关的考

---

[108] 尽管存在这些明确的法律规定，我们仍可主张，这构成了一个侵权法一般原则，甚至无需特别地在可适用的法律中提及，参见 S. Fuhrer, [1992] SVZ60, 116.

[109] 根据 K. Oftinger/E. W. Stark（见前注10）no. 210 to para 11，如果无需为故意或重大过失负责，或者承担部分责任，那么它会受到谴责。

[110] 关于受害人在具有重大过失时享有的份额特权，参见：K. Oftinger/E. W. Stark（见前注10）nos 209 et seq. to para 11；A. Rumo-Jungo（见前注30）nos 1021 et seq.

[111] 《老年人与遗属保险法》第48–4条第2款规定了重大过失及故意时的份额特权，而且《意外伤害保险法》第42条第2款规定了重大过失时的份额特权，但是《军人保险法》第68条第2款和《健康保险条例》第123条第2款仅规定了故意时的份额特权。

[112] 一个例子：假设在一个案件中，损害赔偿金达到1,000瑞士法郎，社会保障救济金被扣减了25%达到600瑞士法郎而不是800瑞士法郎。损害赔偿金请求达到700瑞士法郎（因为受害人的共同过失而被扣减），社会保障机构按照6/10的比例代位了700瑞士法郎的损害赔偿请求权。700瑞士法郎的损害赔偿请求权中剩下的4/10，即280瑞士法郎属于受害人。

量因素角度来看，这些救济金与那些由责任人支付的赔偿金相符合。[113] 此外，和其他社会保障机构一样，职业养老金计划必须考虑被保险人的份额特权——即使不存在有利的代位条款。[114]

3.6 受害人、加害人的家庭成员或者同事促成损害时的追索诉讼

根据特定的情形，社会保障机构提起的追索诉讼会受到不同规则的约束，具体取决于谁还需对损害负责。

（1）受害人具有比较过失情形下的追索。当受害人因故意或重大过失促使自己遭受了人身损害时，如上所述，只要社会保障机构已经减少了部分救济金，侵权人被削减的责任份额就会在受害人和社会保障机构之间进行分配（例如，《意外伤害保险法》第42条第2款、《老年人及遗属保险法》第48-4条第2款、《健康保险法》第123条第2款）。[115] 然而，如果社会保障机构没有扣减救济金（毋宁只是减少了责任方应当承担的赔偿额），份额特权仍可适用。此处应当重申的是，这种划分份额的制度代表着份额特权原则的一种例外。

（2）侵权人家庭成员具有比较过失时的追索。关于社会保障机

---

[113] 关于追索诉讼的范围，参见：J. Keller, Regress der Personalvorsorgeeinrichtung auf den haftpflichtigen Dritten, [1993] SVZ61, 20-24 (24); M. Schaetzle, Umfang des Rückgriffs von Personalvorsorgeeinrichtungen gegenüber haftpflichtigen Dritten, [1992] 36 SZS, 221 et seq. 关于职业养老金保险机构在综合性社会保险人针对应当负责之第三人提出的追索诉讼中的地位，参见：A. Rumo-Jungo（见前注30）nos 1102 et seq. 及其他文献。

[114] A. Rumo-Jungo（见前注30）nos 1098-1099 以及持异议的判例法。

[115] 《老年人与遗属保险法》第48-4条第2款和《伤残保险法》第52条第1款规定了重大过失及故意情形下的份额分配，但是《意外伤害保险法》第42条第2款规定了重大过失情形下的份额分配。《健康保险法》第23条第2款和《军人保险法》第68条第2款要求故意。自1999年1月1日起生效的《意外伤害保险法》第23条第2款规定，在重大过失情形下的任何对救济金的扣减都局限于每日津贴，这种津贴是在与工作无关的事故发生后的前两年支付的。根据《意外伤害保险法》第42条第2款，任何分配份额的使用都会被限制在与工作无关的事故中。[参见BBI（*B und esblatt* = Swiss Federal Journal）《瑞士联邦杂志》1997 Ⅲ 628]，以及由健在的被扶养人引起事故的情形下（《意外伤害保险法》第38条第2款）。

构的追索权在侵权人的家庭成员也应当对引起任何人身损害承担责任时是否会有所不同的问题，请参考《意外伤害保险法》第 44 条第 2 款。根据该款，受益于强制保险的当事人及其幸存之被扶养人，只能在侵权人故意或者重大过失地引发了劳动事故[116]时向雇主以及他或她的家庭成员索赔。在此种责任特权之外，雇主的家庭成员还被赋予了一项有利的追索特权。这样做是为了避免在损害并非由故意或重大过失导致时已向受害人支付了法定救济金的事故保险人依据《意外伤害保险法》第 41 条及以下条款规定的代位起诉雇主的家庭成员。[117] 这一规则通常可由雇主已经支付了他的保险费份额而且不愿破坏劳动关系的思想提供正当性。[118]

39　　（3）由一名雇员导致损害发生时的追索。根据受害人雇主的哪些雇员——或者说受害人的同事——也从责任及追索特权中获益，《意外伤害保险法》第 44 条第 2 款包含的第二个子类型最具实践意义。[119] 为了做到这一点，必须满足下列前提：

- 受害人和侵权人/雇员必须由同一雇主雇佣。[120]

---

[116] 事故要与工作有关这个要求是对责任和追索特权最严厉的限制，这个要求的存在有利于雇主的亲属。

[117] 在此方面，参见：P. Beck, Der Regress auf Familienangehörige und Arbeitnehmer, in: A. Koller (ed.), *Hafpflicht-und Versicherungsrechtstagung* 1995, *Tagungsbeiträge* (1995), pp. 115 et seq., pp. 122 et seq.; P. Beck（见前注 100）no 6. 150 et seq.; T. Koller, [1997] AJP, 435; K. Oftinger/E. W. Stark（见前注 10）nos 218 et seq. to para 11; P. Stein, Die Haftungsbeschränkung gemäss Art. 44/2 UVG und Art. 48 ter AHVG, in: *Festschrift Assista* (1989), pp. 403 – 414（408 – 409）.

[118] 根据 T. Koller, [1997] AJP, 435; E. Murer, Mehrseitige Arbeitsverhältnisse und Art. 44 Abs. 2 UVG, [1992] SZS 36, 1 et seq.; K. Oftinger/E. W. Stark（见前注 10）no. 220 to para 11，这些考量因素几乎不能被认为是具有说服力的。

[119] 关于此点，尤其参见：J. -M. Boller, *La limitation de la responsibility civile des proches et de l'employeur à l'égard du travailleur（art. 44 LAA）*(1984); P. Stein（见前注 118）nos 403 et seq.

[120] 鉴于现代经济状况以及公司之间的不同合作方式，这个条件被认为是极有疑问的。有关于此，参见：T. Koller, [1997] AP. 438 – 439.; E. Murer, [1992] SZS, 8 et seq.

- 致害事件是一个与工作相关的事故。[121]
- 致害事件是轻过失或中等过失的结果,而且/或者代表着一种严格责任情形。[122]
- 作为侵权损害赔偿金被支付的金额与《意外伤害保险法》第 43 条第 2 款规定的应当由事故保险人支付的救济金相当。[123]
- 在《老年人及遗属保险法》第 48 – 2 条第二段中,指涉了《意外伤害保险法》第 44 条。根据瑞士联邦特别法庭的判例法,[124] 追索特权[125]也由此适用于社会保障的这个分支,而且因此也适用于伤残保险。

3.7 社会保障机构和社会或商业保险人之间的协议

当社会保险人提出追索诉讼,试图恢复由它承保的损害时,保险人将会经常面对的是一家责任保险公司。为了简化问题并且努力节约成本,在涉及小额金钱时,《意外伤害保险法》保险人和责任保险公司经常会受到一个普遍适用的追索分配协议的约束。[126] 在意外伤

---

[121] 与《意外伤害保险法》第 44 条第 1 款相反,据此,受害者的亲属享有责任及追索特权,甚至在与工作无关的意外保险计划中也是如此。"劳动事故"一词被界定在《意外伤害保险法》第 7 条。根据《意外伤害保险法》第 7 条第 1 款,该词包括受害人在雇主的指示下或为其雇主利益工作时发生的事故(第 7 条第 1 款 a 项);或者在工作期间小休中发生的事故,以及工作前后发生的事故,在这些事故中,他仍被指挥要在他的工作场所或在存在其职业固有风险的场所周围工作(第 7 条第 1 款 b 项)。

[122] 可从《意外伤害保险法》第 44 条第 2 款及第 1 款中推导出相反的结论(*e contrario*)。

[123] 与其他一起,参见:P. Beck(见前注 117)p. 126;K. Oftinger/E. W. Stark(见前注 10)no. 224 to para 11;R. Schaer(见前注 24)no. 977.

[124] BGE 112 Ⅱ 167 et seq., particularly 170 – 171, consideration 2b.

[125] 然而,这不适用于责任特权方面。

[126] 现在,可追溯至 1992 年 1 月 1 日的《意外伤害保险法》追索协议具有效力,该协议是瑞士意外保险局和《意外伤害保险法》第 68 条意义上的商业保险人订立的,这些商业保险人一部分是可以选择加入瑞士商业医疗及商业意外保险协会的保险人,另一部分是那些属于责任与机动车保险人协会的责任保险人 A. Mauret, *schweizerisches Unfallversicherungsrecht* (1989), p. 565;K. Oftinger/E. W. Stark(见前注 10)no. 168 to para 11;A. Rumo-Jungo(见前注 30)nos 1177 et seq.,A. Rumo-Jungo 还十分详细地揭示了上述协议的内容。

害保险人提供的救济金没有超过一定数额的情况下，责任保险公司有义务向意外伤害保险人偿还该数额中的一定比例，而无需确认实际上是否应当负责并因此存在这样做的义务。

3.8 侵权法和社会保障法相互影响产生的其他问题

41 以上论述的重点主要是，从被提供的救济金角度观察的与侵权法和社会保障法相互影响有关的问题。两个法律领域之间的相互影响导致了更具一般性的问题：一方面，此类案件经常会涉及一个商业责任保险公司；或者另一个法律领域，例如对受害者的救济，我们必须要考虑到这种情况。另一方面，由于侵权法在本质上属于私法领域而社会保障是公法下的一个领域，因而产生了其他两个困境。[127] 因此，每个法律领域都拥有自己的价值，而且因此拥有自己特殊的而且与众不同的术语，或者虽然术语相同，但在内涵上有所差异。此外，两个法律领域的司法机关与上诉程序也彼此不同。在这种背景下我们可以发现，民事法庭以及在最后一个例子中的位于洛桑的瑞士联邦特别法庭都有资格审理属于侵权法的案件，但是行政法庭或者专门的保险法庭以及最后一个案例中的位于卢塞恩的瑞士联邦特别保险法庭有资格审理与社会保障法相关的争议。因此，可以适用的不同规范是法律体系的固有因素。

3.9 社会保障法与侵权法的相互影响

42 尽管侵权法和社会保障法代表着不同的法律领域，但由于二者都关心损害之恢复，所以不可避免，二者彼此会产生相互影响。正如公法的一般原则会受到私法原则[128]的某种影响而且反之亦然，[129] 侵

---

[127] A. Bühler. [1985] SZS 29, 174 et seq.; J.-L. Duc, La faute en relation avec le début et la fin du rapport d'assurance, ainsi qu'avec la survenance du dommage, in: R. Schaer/J.-L. Duc/A. Keller (eds.), *Das Verschulden im Wandeldes Privatversicherungs-, Sozialversicherungs- und Haftpflichtrechts* (1992), pp. 61 et seq., p. 116; A. Rumo-Jungo（见前注30）no. 637.

[128] 参见：A. Rumo-Jungo（见前注30）nos 522 et seq.

[129] 参见：A. Rumo-Jungo（见前注30）nos 546 et seq.

权法和社会保障法并非互不关心的。在救济金是被协调的对象以及两个法律领域使用了完全相同的术语的情况下,这种现象格外明显。关于此点,我们可以发现,在协调式救济金领域,社会保障法,尤其是规范意外保险计划的社会保障法,已经显著地通过其责任特权,如《意外伤害保险法》第44条规定的那样,对侵权法产生了深远的影响。尽管在评价可能出现于两个法律领域中的法律术语方面,二者存在一些本质的差异,但我们可以发现,侵权法和社会保障法都对彼此产生着影响:当法律术语在两个法律领域中都发挥着相同作用时尤为如此,例如,"过错"或"因果关系"就是这样。[130] 关于此点,需要参照联邦特别法庭以及联邦特别保险法庭近期的两个判决:BGE123 Ⅲ 110 et seq. 〔113-114〕consideration 3b 以及 BGE 123 V 98 et seq. 〔104〕consideration 3d,两个法庭一致判决道,在社会意外保险计划中,在评估因果关系的充分程度时,相对于那些侵权法中适用的标准,其他标准更为恰当。这一判例法的确受到了此种考量的影响,即在无法根据《意外伤害保险法》发现充分的因果关系时,仍有可能依据侵权法发现这种关系,因此,可以要求责任人(或其保险人)支付那些无法依据意外保险计划获得的赔偿金。

3.10 侵权法赔偿及社会保障保护经济规模相关数据;追索诉讼范围相关数据

唯一一个与追索诉讼的收益、如何在不同的保险人之间分配这些收益以及交易成本的范围有关的综合性研究已经过时了(1988)。根据该项研究,自为个别保险人利益而进行的追索诉讼中获得的收益大约达到23,350万瑞士法郎。在这一数据中,13,890万瑞士法郎流向了瑞士意外保险局,3,280万瑞士法郎流向了《意外伤害保险法》下的商业保险人,3,300万瑞士法郎流向了伤残保险计划,并

---

[130] 关于两个法律领域固有的、作为一般评估标准的这些条款,参见:A. Rumo-Jungo(见前注30) nos 634 et seq. and nos 741 et seq.

且 1,260 万瑞士法郎流向了老年人及遗属保险计划。[131]

44　　仅可在为社会保险机构利益而非商业保险公司利益提起的追索诉讼的收益方面获得较新的数据。

……支付的救济金（百万瑞士法郎）	1997	1998	1999	2000	2001
老年人及遗属保险	25,721	26,617	27,294	27,627	28,980
伤残保险	7,391	7,713	8,065	8,393	9,104
老年人与遗属保险及伤残保险津贴	2,029	2,143	2,237	2,288	2,351
职业养老金保险	25,200	26,455	28,100	30,500	尚无法获得
健康保险	11,360.5	11,926.9	12,430.6	13,190.3	尚无法获得
意外伤害保险	3,534	3,572	3,715	3,886	尚无法获得
军人保险	237	234.1	221	223.4	226.1
共计	75,257.2	78,409	82,017.6	86,107.7	

	1997	1998	1999	2000	2001
交通事故[132]中支付的侵权损害赔偿金（瑞士法郎百万）	1,220.7	847.4	1,552	1,526	尚无法获得
其中，仅对人身伤害支付的	671.4	466	962.2	966	尚无法获得

131　Swiss Federal Office of Justice (ed.), *Bericht der Studienkommission für die Gesamtrevision des Haftpfichtrechts an den Vorsreher des Eigenössischen Justiz-und Polizeidepartements* (1991), p. 12.

132　总体上无法获得侵权赔偿的其他数据。

……提出的追索诉讼（瑞士法郎百万）	1997	1998	1999	2000	2001
老年人及遗属保险	11.8	12.2	12	12	3
伤残保险	90.9	97.2	96	102	101
职工养老金保险	无法获得	无法获得	无法获得	无法获得	无法获得
健康保险	无法获得	无法获得	无法获得	无法获得	无法获得
意外伤害保险	258.8	264.8	284.8	277.6	尚无法获得
军人保险	无法获得	无法获得	无法获得	无法获得	无法获得
共计	361.5	374.2	无法获得	无法获得	无法获得

3.11 交易成本相关数据

侵权法下损害赔偿金款项的支付所耗费的交易成本仅在追索诉讼的成本方面留有记录。根据上文提及的1988年的研究，追索诉讼的成本，也即在社会保障制度中进行所有与人身伤害案件有关的追索诉讼的程序成本，达到了1,880万瑞士法郎。[133] 遗憾的是，只能在老年人及遗属保险和伤残保险方面获得较新的数据：

……提起追索诉讼的交易成本瑞士法郎百万	1997	1998	1999	2000	2001
老年人及遗属保险	0.6	0.6	0.8	0.7	1.1
伤残保险	3.2	3.2	4.4	4.7	5.3

3.12 改革思考

关于这一点，需要提及两个改革计划：第一，学者们正在讨论

---

[133] Swiss Federal Office of Justice（见前注131）p. 13.

编撰一部侵权法普通法典。[134] 第二，应该会在不远的将来编纂一部社会保障法普通法典（下文：ATSG 草案）。[135]

47　　最新的《社会保障法普通法典草案》中包含了对当下情况的下列修改：[136]

- 受害人共同过失的重要性已被降低：只有当被保险人故意引起了致害事件（或者加重了它的结果），或者受害人通过故意实施一项犯罪行为或违法行为导致了致害事故的情况下，现金支付才将遭受短期或长期的扣减，而且上述现金支付仅在最为严重的情况下才会被拒绝（1999年《社会保障法普通法典草案》第27条第1款）。当（幸存的）被扶养人故意实施了行为或者自愿实施了一项侵权行为或不法行为时，向他们支付的救济金适用相同的规则（1999年《社会保障法普通法典草案》第27条第2款）。

- 仅在被保险人通过一个故意行为或者自愿实施了一项犯罪行为或违法行为而引起了致害事件（或者恶化了其结果）时，才能适用份额分配（1999年《社会保障法普通法典草案》第80条第2款）。现阶段生效的份额特权不区分社会保障机构支付的救济金是否已经因共同过失而被扣减，也不区分上述救济金是否在任何情况下都仅旨在承保一定比例的收入损失。基于这个原因，新规定仅允许社会保障机构在他或她未被扣减的救济金与责任人支付的赔偿金相

134　关于此点，参见 P. Widmer/P. -A. Wessner 起草的私人临时草案，他们的草案以上文引用的、发表于［1997］*Zeitschrift für Schweizerisches Recht*（ZSR）116，407 et seq. and［1997］SVZ 65，47 et seq. 的委员会报告为基础。

135　虽然起初具有制定一部包罗万象的社会保障法普通法典（下文：ATSG）（参见：Report of the Parliamentary Council of States Commission to the Federal council dated 27 September 1990，发表于 BB1 1991 Ⅱ 185 et seq.，以及 the Federal Council's Response dated 17 April 1991，发表于 BBI 1991 II 910 et seq.）的计划，但基于政治及技术考量，现在已经决定尝试采纳一部综合性较弱的立法，它被称之为"准社会保障法普通法典"（ATSG-light）（参见：Report of the Parliamentary National Council Commission for social security and health，dated 26 March 1999，发表于 BBI 1999 4523 et seq.）。

136　BB1 1999 4523 ff.

加超过了所发生的实际损害的范围内代位行使受害人的请求权,[137]

- 根据 1999 年《社会保障法普通法典草案》第 79 条第 2 款,如果涉及一个以上的侵权人,他们应当对社会保障机构的追索请求承担连带责任。但是,笔者以为,现行法下已然如此,这不过是个竞争问题,[138] 未来的法律将会对此问题进行明确规定。
- 受害人的幸存被扶养人、他或她的雇主以及雇员享有的责任特权已经被废止了。然而,相对应的追索特权仍是有效的。因此,任何应当负责之受害人家庭成员以及他或她的雇主仍然对他或她负有责任,而无需对相关社会保障保险人最后提出的追索诉讼负责(1999 年《社会保障法普通法典草案》第 82 条)。

自一部有关侵权法的修订及标准化的联邦制定法的较早版本角度观察,有必要提及下列修订:与现行有效的法律情形相反,根据正在起草的制定法第 54 条第 2 款的规定,职工养老金保险机构可以对所有责任主体享有一项综合性的追索权,而责任主体的责任是合同责任、非合同责任,甚至是严格责任都在所不问。[139] 此外,受害人[140]的份额特权已经被明确规定了(正在起草的制定法第 54b 条第 1 款),而且份额分配要受到 1999 年《社会保障法普通法典草案》中的相同规则的约束。

---

[137] 将下列例子与脚注 112 中的例子进行比较:损害赔偿金 = 1,000 瑞士法郎;社会保险人未被扣减的救济金 = 800 瑞士法郎;基于共同过失比重被扣减后的实际保险救济金 = 600 瑞士法郎;损害赔偿请求权(因重大过失而被削弱) = 700 瑞士法郎;保险人的追索请求权 = 500 瑞士法郎(800 瑞士法郎 + 700 瑞士法郎 − 1,000 瑞士法郎);被保险人剩余的请求权 = 200 瑞士法郎(700 瑞士法郎 − 500 瑞士法郎)。

[138] A. Rum-Jungo(见前注 30)no. 959,并进一步参见瑞士法律评论者中盛行的不同观点。

[139] 根据一些评论者的观点,现行法律赋予了一种广泛的追索权,例如,K. Oftinger/E. W. Stark(见前注 10)para 11, 74 and 76;R. Schaer, Hard cases make bad law oder OR 51/1 und die regressierende Personalvorsorgeeinrichtung, [1991] *Zeitschrift für die juristische Ausbildung und Praxis*(recht)9, 18, 23;A. Rumo-Jungo(见前注 30)no. 1087.

[140] 参见:A. Rumo-Jungo(见前注 30)no. 1098.

二、案例

1. 共同工作场所

a）由于因 B 遭受了人身伤害，A 有权请求两种赔偿金：首先，与接受的医疗有关的任何费用；其次，痛苦与创伤之赔偿。在给定的案例中，A 明显没有因收入损失而遭受任何损害。他可以起诉责任人请求两种损害的全部赔偿；然而，他只能在法定的范围内向社会保障机构请求损害赔偿金。在社会保障机构的损害赔偿金未覆盖全部损害的情况下，这尤其重要。更为重要的是，我们面对的是一个《老年人及遗属保险法》第 7 条意义上的劳动事故，而且 B 在行为时仅具有轻过失。

- 对社会保障保险人的请求权：作为雇员，A 和 B 将享受预防意外事故的强制保险保护。由于意外事故发生在 A 身上，因此是 A 的事故保险人有义务支付救济金。不同公司的两名雇员在同一个事故保险人处投保并不罕见。作为被保险人，A 有权获得与事故后果有关的任何适当的治疗。意外保险计划下包含的医疗救济金的法定范围被规定于《意外伤害保险法》第 10 条及以下条款以及《意外伤害保险条例》第 15 条。

- 对 B 或 Y 的请求权：根据具体情况，可以考虑不同的、可以使 B 和 Y 被认定有责的责任基础。由于 A 和 B 是同一雇主的雇员，B 不能从《意外伤害保险法》第 44 条第 2 款规定的责任特权中获益。Y 也不可以依赖该责任特权，因为他不是 A 的雇主。基于这个原因，必须考虑一般的责任基础。通常我们可以考虑是否存在《瑞士债法典》第 41 条及以下条文规定的过错责任的基础。然而，此后，我们要检查是否存在任何严格责任或者合同责任的基础。这种分析可以沿下列主线进行：一般情况下，根据《瑞士债法典》第 41

条的规定，B 应当承担责任。在当下这个案件中，好像并不存在有利于严格责任的法律基础。根据规范雇主对由其雇员或者其他辅助人员在执行他们的工作或者职业职责时所致损害的责任的《瑞士债法典》第 55 条的规定，Y 应当承担责任（如果他不能证明他已经采取了当时的情形下所需要的所有预防措施以避免引起此类损害，或者即便采取了此类预防措施，上述损害还是发生了的话）。尽管如此，我们应当检查是否存在合同责任或者严格责任的法律基础。在这种背景下，一种可能性就是当汽车所有人的汽车被使用于建筑场地并且导致了一起事故时他的严格责任。

- 社会意外保险计划对 B 或 Y 的追索请求权：《意外伤害保险法》第 41 条规定，A 的意外保险人在法定救济金范围内获得了 A 对 B 或 Y 的法律地位，而且这种代位发生于 A 受伤之时。因此，A 的意外保险机构有权就 A 的医疗费以及痛苦与创伤之赔偿金进行追索（《意外伤害保险法》第 43 条第 2 款 a 项及 b 项）。

b）根据侵权法，B 的任何过错都是重要的，因为这些过错也恰好构成确定损害赔偿金范围的决定性因素（《瑞士债法典》第 43 条第 1 款）。但就社会意外保险计划提供的保险保护而言，B 这一方的任何过失都不重要。然而，自愿引起损害并不构成《意外伤害保险法》意义上的事故，从而——除了丧葬费这个仅有的例外请求——没有任何救济金会在公共意外保险计划的基础上唾手可得（《意外伤害保险法》第 37 条第 1 款）。

c）在 A 和 B 是由同一雇主雇佣的情况下，《意外伤害保险法》第 44 条第 2 款下对责任施加的限制将起到一定的作用。此时，A（根据《意外伤害保险法》，他享受着强制保险保护）仅能在他的同事 B 故意或重大过失地引起事故时对 B 提起侵权诉讼。如果 B 在行为时仅具有轻过失，他就可以针对 A 援引责任特权抗辩。在社会保障机构自己进行追索时，当 B 和 A 受同一雇主雇佣时，B 也处于一种较具优势的地位。由于（仍可）适用追索特权，A 的社会保障机构只能当 B 在行为时具有故意或者重大过失时向他进行追索。

2. 骑车人案

52 　　作为一名雇员，在无法工作的情况下，A 有权在有限期间内自他的雇主处获得继续支付的工资（《瑞士债法典》第 324a 条）。[141] 然而，只要 A 享受着预防因其无法工作而遭受经济性不利后果的强制保险保护，或者只要 A 从上述强制意外保险计划中获得的救济金（《瑞士债法典》第 324a 条）可以覆盖自己 4/5 的收入损失，他的雇主就无需承担上述工资支付义务。当给予 A 的救济金低于该数额时，雇主将会被要求弥补差额，从而 A 实际上获得的救济金相当于其工资的 4/5。在 A 的意外保险机构未被要求向他支付任何每日生活津贴救济金的三天等待期中，适用相同的规则。[142]

53 　　侵权人 B 应当对全部损害负责。然而，意外保险计划将在事故发生时它应当向 A 支付的救济金的范围内代位行使 A 对 B 的请求权（《意外伤害保险法》第 41 条）。在 A 的雇主也被要求承担的救济金费用的范围内（在三天等待期内通常如此），他也将会在《瑞士债典》第 51 条的意义上对 B 享有一项追索请求权。[143]

---

[141] 在雇佣的第 1 年，继续提供工资的义务一般会持续 3 周；在第 2 年，必须继续支付 1 个月的工资；在第 4 年，这个期限为 2 个月；在第 6 年为 3 个月；在第 11 年为 4 个月等等（所谓的"伯纳－斯卡拉"（"Berner Skala"）。根据巴斯勒·斯卡拉的观点，在第 2 年，必须继续支付 2 个月的工资，在第 5 年是 3 个月，在第 12 年为 4 个月等。有关于此，参见：M. Rehberg, *Berner Kommentar*, *Kommentar zum schweizerischen Privatrecht*, *Das Obligationenrecht*, 2. *Abteilung*: *Die einzelnen Vertragsverhältnisse*, 2, *Teilband*: *Der Arbeitsvertrag*, *Art*. 319–362 OR, I. *Abschnitt*: *Einleitung und Kommentar zu den Art*, 319–330a OR (1985), no. 28 to art. 324a OR.

[142] K. Oftinger/E. W. Stark （见前注 10）no. 127 to para 10；也可参见：St. Ragg, *Die Lohnfortzahlungspflicht des Arbeitgebers im System der obligatorischen Unfallversicherung*, doctoral thesis (1997), pp. 45–46.

[143] K. Oftinger/E. W. Stark （见前注 10）no. 129 to para 10.

3. 粗心大意的雇主

如果 A 在履行他的职业职责时被他的雇主 B 伤害，那么无论是依据侵权法还是合同法，B 都应当承担责任。

- B 的合同责任包括由他致使 A 受到人身伤害而引起的积极违约，如果 B 正确地实施行为，就可以避免产生这种结果。根据雇佣合同法（《瑞士债法典》第 328 条）的规定，在雇佣关系中，雇主有义务尊重并保护雇员的人格尊严，充分考虑他的健康，并维持一定的道德标准。在合同责任的背景下，应当注意在瑞士法下，通常是由雇员承担证明损害以及证明该损害是雇主方违约结果的责任。然而，雇员没有义务证明雇主存在过错，因为这通常是被推定的，也就是说，雇主应当承担证明自己绝不会具有过错的责任（《瑞士债法典》第 97 条第 1 款）。

- 在侵权责任的背景下，我们必须一方面对规范过错责任的主要条文进行分析，也即《瑞士债法典》第 41 条第 1 款，而同时另一方面检查能否找到其他条款基础上的严格责任之理由。《瑞士债务法》第 41 条第 1 款要求因故意或过失致使他人遭受非法损害的人提供赔偿金。由于请求权竞合之原则，在 A 和 B 之间存在合同责任的情形下（本案中存在雇佣合同），也可以援引侵权责任。然而，就各个方面而言，A 在侵权法中的地位不如他在合同法中的地位。这是真的。例如，在证明责任和限制法令方面都是如此。

在这种背景下，根据具体情形，B 依照诸多严格责任条款之一对 A 承担责任也并非意料之外的事情。此类严格责任的两个例证分别是，第一，《道路交通法》第 58 条下车辆所有人的责任；第二，《瑞士债法典》第 58 条下建筑物所有人的责任。在存在数个责任基础的情况下（例如，过错责任和合同责任基础彼此竞争的情形），该人被认为拥有竞合的请求权，也就是说 A 在请求损害赔偿时仅能援引一个责任基础。

55 　　正如上文简要概括的那样，必须从规范颇具影响力的公共意外保险计划的规则角度去理解侵权法。一般情况下，会在 A 对他的雇主享有的请求权与 A 对他的公共意外保险人享有的请求权之间存在请求权竞合。在一种类似的情形下，《意外伤害保险法》第 41 条规定，保险人在法定救济金的范围内取得受害人相对于任何应当负责的第三人所具有的法律地位，而且这种代位是在受害人受到伤害时发生效力的。由于此种代位的存在，就像侵权法一般规则（《瑞士债法典》第 51 条）下通常出现的情形那样，A 不能选择是否起诉以及在何种范围内起诉 B 或者意外保险人。相反，A 可以起诉意外保险人要求法定救济金，并且起诉 B 以获得其他赔偿金。在同一背景下，规范意外保险计划的（公法）规则已经对侵权法（私法）产生了更大的影响。根据《意外伤害保险法》第 44 条第 2 款，享受强制保险的一方（本案中的 A），仅在他的雇主（B）故意或重大过失地引起了劳动事故时对后者享有一项侵权责任请求权。对于意外保险人，这就意味着，一方面，（作为代位的结果）它只能在雇主 B 在行为时具有重大过失或者故意时向他追偿。另一方面，受害人 A 可能不会对 B 行使自己的损害赔偿请求权，除非他可以证明后者的违约行为必须被解释为是故意或重大过失的结果。因此，A 仅能向意外保险人请求法定救济金，而就此部分，意外保险人可能不会向 B 追索。

4. 具有共同过失的雇员

56 　　就社会保险人提供救济金的义务而言，A 的共同过失仅具有有限的意义。意外伤害保险计划中的情形通常会是，故意导致损害是一个重要的因素，但它绝不会构成相关立法意义上的事故（《意外伤害保险条例》第 9 条第 1 款）。此外，如果一起与工作相关或不相关的事故是在实施一项犯罪行为或违法行为时被引起的，那么将导致扣减、甚至拒绝救济金。最后，一起由重大过失引起的与工作无关的事故，将导致每日津贴款项在事故发生后的前两年中被扣减。然而，在与工作有关的意外事故保险计划下，一起事故是由重大过失还是轻过失引起对救济金没有影响。[144] 在伤残保险计划下，只有故意导致或者在实施犯罪行为或违法行为时导致的损害会对救济金产生不利的影响（《伤残保险法》第7条第1款）。[145]

根据侵权法，受害人对于自己遭受的损害所发挥的促成作用十分重要：在计算侵权人提供赔偿金的义务时会考虑共同过失（重大或轻微），只要共同过失已经促成了损害的发生或者使其结果恶化（《瑞士债法典》第44条第1款）。

57

在社会保险人追索诉讼的框架下，一般而言，受害人A享有一项份额特权。这种特权仅会在社会保险人因共同过失而扣减了救济金的情况下且有利于份额分配时使用（《伤残保险法》第52条第1款以及《老年人与遗属保险法》第48-4条第2款、《意外伤害保险法》第42条第2款）。[146] 然而，在只有责任人提供的赔偿金被扣减，而社会保险人的救济金未被扣减的情形下，A的份额特权仍可适用。也就是说，A可以在尚未由社会保险人提供（以救济金的形式）的赔偿金范围内向B主张赔偿金，但社会保险人仅能在责任请求权的范围内，就超出部分向B请求。

58

---

144 有趣的是，直至1993年，联邦保险特别法庭才判决，在伤残保险计划中，任何因重大过失而扣减救济金的行为都违反了瑞士的国际条约义务（BGE 119 V1 71 et seq.）。这一判例法随后在1995年被扩张至公共意外保险中：该法庭判决道，在重大过失引起的劳动事故中扣减救济金违反了瑞士的国际条约义务（BGE 120 V 128 et seq.）。有关于此，更多请参见：A. Rumo-Jungo, Die Aufhebung der Leistungsküzung bei grobfahrlässig herbeigeführten Nichtberufsunfällen,［1995］SZS 39, 321 et seq.

145 BGE 119 V171et seq.

146 只要该条还提到因重大过失而扣减救济金，就必须依据瑞士联邦保险特别法庭在BGE 119 V 171 et seq. 以及 BGE 120 V 128 et seq. 中的判决进行解释。

第二部分
经济分析报告

The Impact of Social Security
Law on Tort Law

作为人身伤害赔偿工具的社会保障法与侵权法之比较：荷兰法及经济角度

米夏埃尔·富尔　托恩·哈特列夫

一、引言[1]

本项目围绕侵权法和社会保障法的不同功能展开，其核心问题与侵权法与社会保障法赔偿人身损害的能力差异有关。我们试图在本文中遵循法律的经济分析方法对两种制度进行比较。

我们即将展开的侵权法和社会保障法的本次比较，其焦点在于由事故导致的人身伤害损失。显然，社会保障提供赔偿的情形要比人身伤害情形丰富得多。我们之所以选择将目光集中于意外事故，是因为在传统上，侵权法被限制在作为由第三人引起事故所产生的不法行为结果的人身伤害情形中。对于意外事故领域之外的众多人身伤害案件，侵权法仅因不存在导致损失的第三人这一简单理由而无法适用。因此，我们将集中精力于受害人因意外事故遭受人身损害的案件中。显然，其结果就是使受害人遭受损害，该损害可以通过收入损失、必须向医疗体系支付的费用（药费等）以及非财产性损失的形式体现出来。

此外，我们将特别关注在职业健康领域中发生的事故，因为在

---

[1] 本文完成于 2000 年 10 月。因此，此后的立法及判例法发展均未被考虑进来。

这些案件中，通常既存在大量提供赔偿金的（工人赔偿以及其他）社会保障制度，又可能存在雇主的责任。不仅如此，在许多西欧国家（例如在瑞士），围绕是应当通过雇主责任还是应当通过社会保障制度对职业性健康疾病进行赔偿的问题，当下正开展着广泛的讨论。因此，对此领域的关注恰好可以与近期的一些讨论结合起来。因此，本报告将会列举一些荷兰法中的例子，也会展示正处于变化中的、社会法与侵权法在人身伤害赔偿方面的关系之发展状况。

4　　当然，也会尽量遵循问卷中的问题。然而，在这篇有关侵权法与社会法之间关系之经济方法文章中，我们无法严格按照问卷进行，因为并非该问卷中提及的所有问题均可通过经济分析处理。此外，我们也将详细论述一些虽然未被问卷提及，但从经济角度又可能是理解社会法和侵权法之间差别的一些关键问题。其中一个就是侵权法通常都会与责任保险结合在一起这个事实。因此，保险方面也应当被包括在内。另一方面，人身伤害之赔偿也可以通过第一方（商业）保险而非社会保障的方式进行。因此，也有必要从经济角度讨论一下社会保障和商业保险之间的功能差异。同理，本报告也将提及第一方保险和责任保险之间的区别，后者在传统上与侵权法结伴而行。

5　　考虑到论域的限制，在本文中，我们将特别关注健康保险的法律和经济特征。然而，社会保障显然还有其他领域，尤其是那些在伤残情形下提供替代收入的制度，它们也极为重要。但是，在本文的论述中，无法详尽论述与替代收入有关的荷兰社会保障之特别制度。

6　　本文的结构如下：（1）一方面，本文将梳理侵权法的一些基本原则；（2）另一方面将描述社会保障法的一些基本原则；（3）进而将关注通过侵权法或者社会保障制度提供医疗赔偿金会有什么不同；（4）我们接着会将目光转向荷兰社会保障法和侵权法之间不断变化着的关系上。在荷兰，近期在社会保障法中产生了一些变化，它们对增加适用侵权法产生了引人注目的影响；（5）这引起了可能的改革及责任保险的替代选择问题；(6) 最后，我们将讨论侵权法和社会保障之间的相互独立关系，更为确切地说，通过追索权来讨论这种关系。

二、原则

1. 预防 VS 赔偿

在问卷的第一批问题中，一个问题与人身伤害领域内侵权法和社会保障之间的功能差异有关。[2] 关于此点，如果我们要从经济角度解读这种现象：经济学家假设侵权法是一种通过责任规则威慑那些从效率角度应当被避免的行为之工具，我们就会相当清楚，他们的理念是，如果依照过去的形势可以预见到将来会被认定为有责，那么就会促使潜在的事故当事人事前注意或者改变他们的活动程度。对于经济学家而言，侵权法最重要的目标就是预防事故的发生。[3]

有人此时已经看出了法律方法和经济方法之间的差异。虽然经济学家强调侵权法规则的事先预防效果的重要性，但传统的侵权法律师会强调侵权法规则之事后赔偿功能。如果有人要夸大传统经济方法和经典法律方法之间的差异，他可以说经济学家对事故的预防感兴趣，而律师对受害人的补偿感兴趣。然而，与经常出现的此类概括不同，现实往往是更加兼顾各方的。有些经济学家（或者按照法律的经济方法风格写作的律师）也指出侵权法规则具有分散损失的功能（而且因此在暗示受害人补偿的功能）；[4] 一些律师（尽管在法律制度之间也存在差异）也同样强调侵权法规则的预防功能。例

---

[2] 参见 1 (3)。

[3] 侵权法经济分析中的一些基本观点，参见：G. Calabresi, *The costs of accidents* (1970) 以及 S. Shavell, *Economic analysis of law* (1987)。

[4] 例如，这是卡拉布雷斯（*Calabresi*）的次级成本概念之情况。次级成本旨在分散损失。例

如，这就是奥地利侵权法的情形。[5] 不仅如此，在其一项出色的研究中，施瓦茨（*Schwartz*）已经论证了侵权法规则既服务于预防目标（通过威慑），又服务于赔偿目标（也经常被称为矫正正义理念）。[6]

9　　尽管存在这些细微的、在侵权法的目标方面调和了法律和经济思维的差别，但我们应当牢记，从经济角度，责任规则主要被视作一种激励制度。其中的理念是，预期会在事后担责将会促使行为人在事故发生前（朝着采取事先预防措施的方向）改变行为。在这个基本框架中，经济思维并不认为受害人可以在事故发生后获赔这件事是侵权法的目标，而只是为潜在加害人采取预防行为提供动力的一种工具。

10　　许多法律规则都可以被用来实现最佳的威慑效果。在文献中，学者们已经极大地关注了过失机制或者严格责任机制可以通过何种方法向加害人提供采取最佳预防措施以减少风险的动力。[7] 过失责任和严格责任的一个重要区别在于，如果过失规则运行良好，它将会促使加害人采取判例法要求的合理注意。然而，其法律后果将会是，如果仍然发生了一起事故（尽管采取了预防措施并保持了应有的注意），加害人没有义务赔偿受害人。根据一个运行良好的过失规则，受害人会得不到赔偿。原则上，如果我们简单地将严格责任定义为一种侵权人永远需要赔偿受害人的规则的话，过失责任的结果就与严格责任的结果相反，因为根据严格责任（如果我们不考虑破产问题），受害人将会始终获得赔偿。

11　　总之，依照经济方法，侵权法的功能明显在于事故之预防，之

---

[5] 从法律角度，侵权法的各种目标也在 H. 考茨欧的有关奥地利侵权法的著名手册中得到了详细的说明，见氏著，*Österreichisches Haftpflichtrecht* I (3rd edn. 1997), pp. 8–13。

[6] 参见：G. Schwartz, Mixed theories of tort law: affirming both deterrence and corrective justice, [1997] *Texas Law Review* Vol. 75, 1804–1834.

[7] 此前有关过错和严格责任的研究项目中已讨论过了分别与过错及严格责任规则的效率有关的经济学著作。

前的此类研究也证实了这一点。赔偿仅是一种强迫潜在加害人采取预防措施的手段。

如果有人从经济角度观察社会保障制度,结果显然会是相反的。确切地说,社会保障的主要目标是根据提供的服务类型提供补偿(例如,针对收入损害或者医疗),原则上,疾病的发生原因为何在所不问。[8]

12

因此,如果有人有意在人身伤害领域为侵权法和社会保障法划分界线[9]的话,他可以笼统地说,自经济角度,侵权法的一般功能是预防事故,而社会保障法的一般目标是赔偿因人身伤害而导致的损害。由这一条分界线产生的主要区别就是,侵权法由一起第三人被认定应当为已经发生的人身伤害负责的事故触发,但第三人应当负责在社会保障法下毫无必要。因此,社会保障制度是这样一种制度,即只要满足了法定条件,它就会直接向应当受到保护的受害者提供赔偿,而受害者的人身伤害是否是由应当负责的第三人导致则在所不问。社会保障很可能介入到人身伤害之发生可以完全归因于受害人过错的案件中。[10] 然而,在社会保障中,也有越来越多的人强调伤害之预防所具有的重要性。[11] 但是,不能认为社会保障计划下给付的

13

---

8   建构某种制度的方式显然大为不同,而且它取决于特定的法律体系。对于社会保障的原则以及欧洲社会保障制度的介绍,参见:D. Peters, *Introduction in the basic principles of social security* (1993) and D. Peters (ed.), *Introduction into the social security law of the Member states of the European community* (1993).

9   参见问题1 (2)。

10   在一些法律体系中,无论行为人的行为如何社会保障都会提供赔偿的原则很可能是不同的,我们可以想象,例如,如果受害人故意导致了人身伤害,社会保障下的赔偿就会被拒绝支付。

11   参见:S. Klosse, Schadeleer: geschikt fundament voor sociale zekerheid in de 2le eeuw?, in: S. Klosse (ed.), *sociale zekerheid: een ander gezichtspunt. Toekomstperspectief vanuit vier disciplines* (2000), p. 12. J. Van. Kessel 同样也强调社会保障中的预防,参见:J. Van. Kessel, Schade bij werknemers: aandachtspunten voor deze eeuw. Betere werking van het huidige stelsel door nauwere afstemming op schadeleer. meer flexibiliteit en verdergaandeintegratie, in: S. Klosse(见前注11)pp. 257 - 260.

款项主要是为了实现预防目标。传统社会保障仍主要致力于赔偿损失。[12]

2. 实践中的结合运用

14 尽管出发点不同（侵权法：威慑；社会保障法：赔偿），但经济文献已经表明，如果我们拥有的是完全依赖侵权法或者社会保障法某种单一制度的话，我们将不得不分别应对赔偿与事故之预防问题。我们想表达的意思是：即使在主要依赖侵权法的制度中我们也会注意到，侵权法制度（它在经济上服务于威慑目标）将会获得保险制度的补充以满足第二个目标（赔偿）。因此，潜在的加害人可能拿出责任保险单，（如果加害人被认定应当承担责任的话）这份保单也会保护受害者的利益，因为它提供了一种保障以防潜在加害者破产。不仅如此，在一种纯粹的侵权法制度下，（担心自己无法获得赔偿的）受害者可以选择购买第一方保险以弥补自己的人身伤害损失。顺带提及，这显然也是实践中经常发生的情况：许多潜在受害者都会购买意外保险以提供（额外的）保护从而防止自己遭受人身伤害。因此，源于侵权法制度的威慑可能会与（责任或第一方）保险计划结合，共同服务于赔偿目标。[13]

15 然而，同样的规则也适用于社会保障下发生的自动赔偿制度（无论受益人的行为如何）。如果存在这样一个完美实施的社会保障赔偿机制，从而所有潜在的受害人都被保障获得人身伤害之赔偿金，那么就需要侵权法外的某种制度（假设不存在这种制度）确保那些可能会引起事故风险的人正确地作为。被认为应当与社会保障结合的制度就是安全条例制度。因此，分析模型继而假设，受害人是通过社会保障获得赔偿的，它与事先存在的、通过行政法或刑法实施的政府监管结合在一起。因此，服务于威慑目标的是监管而非侵

---

12 S. Klosse（见前注 11）pp. 8–9.
13 参见 T. Hartlief, *Ieder draagt zijn eigen schade* (1997), p. 28.

权法。[14]

这是一个被许多经济学家推崇的模型：他们通常认为，如果社会希望既达到威慑事故的目的又达到赔偿受害者人身伤害的目标，就可以在两种方法间进行选择：一方面，侵权法制度（威慑）+保险制度（赔偿），或者另一方面监管制度（威慑）+社会保障（赔偿）。斯科格（Skogh）特别赞成将私法与公法安全监管结合。[15] 当然，在实践中，尽管对某种工具的关注程度可能会随着时代及社会的变迁而改变，但仍存在着所有这些威慑及赔偿工具的多种结合。然而，正如我们即将以荷兰为例展开的论述那样，所有制度（侵权法、保险、监管以及社会保障）都是相互关联并相互影响的。因此，我们可以预见到，例如，如果政府将通过社会保障收回人身损害赔偿金，受害者们就会被迫越来越多地借助侵权法以及保险来实现相同的目标。

荷兰雇主责任的例子可以说明这些关系可能会发生变化。

例证：雇主责任

在荷兰，如果雇员罹患了职业病，在传统上，社会保障是会针对收入损失提供有限赔偿并负责医疗费用的。这与社会保障负责"生计"（Existenzsicherung）这种传统观点相一致。[16] 除了荷兰社会保障制度，在传统上，侵权法也会在罹患职业病的情形下发挥作用，尽管只是一种普通作用。受害者（罹患职业病的雇员）只能借助侵

14　对于安全法规的标准，参见 S. Shavell, Liability for harm versus regulation of safety, [1984] *Journal of Legal Studies*, 57 - 374 以及 S. Shavell, A model of the optimal use of liability and safety regulation, [1984] *Rand Journal of Economics*, 271 - 280.

15　参见 G. Skogh, Public insurance and accident prevention, [1982] *The International Review of Law and Economics* Vol. 2, 67 - 80 以及 G. Skogh, The combination of private and public regulation of safety, in: M. Faure/R. Van den Bergh (eds.), *Essays in law and economics. Corporations, accident prevention and compensation for losses* (1989), pp. 87 - 101.

16　参见 H. Koziol, Die Arzthaftung im geltenden und künftigen Recht, in: *Huftungsrechtliche Perspektiven der Ärztlichen Behandlung* (1997), pp. 21 - 35.

权法获得顶端收入（这部分收入是没有被社会保障覆盖的部分）以及非财产性损失的赔偿。准确地说，这些是未被社会法覆盖的损害类型。预防职业病在很大程度上是通过健康及安全监管，苛责雇主承担特定安全义务的方法保证的。

　　这导致了一种制度，在此制度中，职业病的受害者主要通过社会保障制度获得赔偿以维持"生计"。如果满足了特定条件，侵权法就可以被适用于那部分没有被社会保障覆盖的损害之上。显然，两种制度可在下列意义上存在某种关系——再次指出，在特定条件下——即社会保障制度在试图追偿已支付给受害者的救济金时可以利用侵权法。准确地说，这就是我们下面要讨论的追索问题。

19　　引人注目的是，在这项传统（荷兰的，但在一定程度上可说是欧洲的）制度中，侵权法是个奢侈的制度，而且同时，它在受害者的赔偿中作用相当有限。的确，只有不多的社会损害是通过侵权法获得赔偿的。[17] 社会保障或者商业第一方保险保护着大部分损害。我们可以在下列意义上认定侵权法是一种奢侈的制度，即原则上，侵权法为受害人遭受损害的全部赔偿，甚至非财产性损失的赔偿提供了保护。因此，在文献中，全部赔偿被称为一种奢侈品，一种社会保障制度无法承担的奢侈品。[18] 的确，"生计"的本质是提供最少的赔偿而非"奢侈的"全部赔偿。社会保障不保障全部赔偿（包括非经济损失之赔偿）的经济原因是多方面的；全部赔偿的成本很高，而且这将导致更高的保险费或者增加公共财政的压力。此外，每个人的非财产损失各不相同，而社会保障通常采用或多或少是固定的，至少是标准化了的赔偿水平。

---

[17] 这已由 A. R. 布隆伯根（A. R. Bloembergen）的实证研究证明了（通过计算与社会保障相比侵权法特有的贡献程度），参见：A. R. Bloembergen, De invloed van verzekeringen, in: *Schade lijden en schade dragen* (1980), pp. 16 – 17.

[18] T. Hartlief（见前注 10）pp. 29 – 30.

3. 侵权法：奢侈品还是"生计"？

因此，有学者认为，只有在例外情形下或者满足了特殊条件时才能提供侵权法的"奢侈品"。因此，侵权法无法确保每个遭受人身伤害的受害者都能获得全部赔偿，它甚至不能保证同一事故中的所有受害者都能获得全部赔偿。在大多数法律体系下，受害者能否获得全部赔偿将取决于加害者的行为。这再次与上文描述的经济观点相一致，也即侵权法更多地属于一种影响加害行为的制度而非提供赔偿的制度，至少在它无需提供这种社会保障功能的体系下如此。正如我们下文所要阐述的那样，在我们看来，这是美国人眼中的侵权法和欧洲人眼中传统的侵权法之间的主要差异。

显然，一国的法律体系对侵权法功能的特定理解（维持"生计"还是仅是一种奢侈制度）也会产生重要的社会影响。例如，如果因为社会保障不提供基本的保障，而使受害者们被迫借助侵权法以获得基本"生计"的话，我们就可以认为，受害者事实上是被迫更多利用侵权法，而且这将诱使法官扩大责任范围。但另一方面，如果"生计"基本上是由社会保障提供，那么我们就至少可以说，侵权法无需被用于提供此类基本赔偿。我们可以断言，在许多西欧国家的体系下（尤其是在荷兰），传统的（尽管可能是含蓄的）观点是，基本赔偿应当由社会保障提供。侵权法仅在满足了特定条件（取决于加害人的行为）时才介入，而且它通常仅针对社会保障未能覆盖的损害类型。然而，尽管这可能是传统的路径，至少对于职业病的赔偿是这样进行的，但似乎发生了一些变化（至少在荷兰），这些变化可能会对人们看待和利用侵权法的方式产生重要的影响。[19] 社会保障的这些变化不仅发生于医疗保健领域，而且更为确切地说也发生在旨在发生伤残时提供替代收入的社会保障领域中。由于这些变化，

---

19 在上文中，我们已经明确回答了有关侵权法与社会保障法之间关系的问卷中第Ⅲ部分的一些问题，尤其是社会保障是否取代了侵权法抑或相反的问题。

社会保障不再无条件提供全部收入的保证，这显然会增加侵权法的压力。

三、责任与保险 VS 社会保障：不同路径

1. 不同的出发点

22　　让我们再次关注责任及保险与社会保障之间的不同方法及出发点。在上一部分，我们已经指出，仅比较侵权法和社会保障法是不够的，我们必须在侵权法上加上保险（第一方或第三方），因为侵权法制度实际上总是由一项保险计划补充的。让我们再次将目光集中于侵权法和社会保障法的不同路径上，允许我们对问卷第 Ⅱ 和第 Ⅲ 部分的一些问题进行简要回答；随后我们就可以回答如何既可由侵权法（和商业保险）又可由社会保障提供医疗费之赔偿。

2. 侵权法

23　　侵权法的基础（而且在此方面，侵权法与社会保险法明显不同）在于，损害的发生本身并不足够。甚至在近期，荷兰最高法院明确判决道："单纯发生了使另一人受损的行为这件事并不必然意味存在一项以侵权法为基础的赔偿请求权。"[20]

24　　为赋予受害者一项损害赔偿请求权，还需要具备一些其他要素。尽管许多法律体系都有朝着严格责任发展的趋势，但在传统上这个要素就是"过错"。[21] 在文献中，有学者主张，通常会要求加害人方存在一些瑕疵作为侵权责任的基础。[22] 在严格责任机制下，必要瑕疵的观念可能是高度含蓄的，但也有可能会被明确规定。侵权法的一个基本规则是，

---

[20] Supreme Court 27 May 1994, *Nederlandse Juisprudentie*, 1994, 590.
[21] 也有人通过经济学方法分析了从过错责任向严格责任转变的趋势，参见：B. A. Koch/H. Koziol（eds.），*Unification of Tort Law: Strict Liability* (2002), pp. 361－394.
[22] 更多详情参见：S. Klosse/G. Vonk, De betekenis van het recht voor de toekomst van de sociale zekerheid, in: S. Klosse（见前注 11）p. 200.

如果受害人可以证明他的损失是由加害人的过错（在缺点的意义上）行为导致的话，原则上他就可以以侵权法为基础请求全部赔偿。该全部赔偿仅在受害者自己也促成了损害时会被扣减（在一定程度上）。因此，侵权责任法的基本理念是，如果受害者能够证明其损失与不法行为之间存在因果关系，那么他就有权就自己的损失请求全部赔偿。[23]

3. 社会保障[24]

社会保障的出发点不同：无论疾病或伤残的原因为何，社会保障都会提供赔偿（如收入损失或者医疗费）。原则上，申请人的共同过失不会排除他申请社会保障法上的赔偿。然而，尽管侵权法上的原则是全部赔偿，但社会保障法仅提供在时间和数量上均受限制的赔偿——"生计"。此外，在社会保障中，受害者的经济状况可能会影响赔偿额的确定。这些分配因素再次与侵权法的基本方法相反：如果满足了侵权法的特定条件，受害者就有权请求全部赔偿，他的个人财产状况如何则无关紧要。[25]

基于这些十分基本的观点，我们为问卷中的一些问题提供了答案，尤其是对本文第三和第四部分所涉及的问题。的确，在传统上，过错在社会保障制度中并无作用：受害者无需证明第三人的过错就可以向社会保障申请赔偿。但侵权法不同。在侵权法中，传统上必须证明加害人具有过错，至少存在一个不法行为。此外，根据社会保障制度，受害人仅需证明自己具备一个特定条件（例如患病或失业），而且该条件可以满足赔偿的法定要求。受害人没有必要证明在该条件（引起损失的条件）和第三人的行为之间存在因果关系（因果关系是侵权法的典型要求）。荷兰社会保障以及更为具体的伤残基础上的款项（所谓的长期伤残救济金）的典型特征被认为是所谓的

23　T. Hartlief（见前注 10）pp. 26 – 28.
24　对于社会保障法的原则，亦可参见 S. Klosse/G. Vonk（见前注 21）pp. 196 – 198.
25　T. Hartlief（见前注 10）pp. 28 – 29.

"社会风险"。荷兰的一个基本观念是，如果某人丧失了工作能力，则无论疾病的原因为何，社会保障（在特定的案件中是所谓的长期伤残救济金）都将提供替代收入。另一方面，侵权法原则上提供全部赔偿，既包括财产性损失的赔偿又包括非财产性损失的赔偿（尽管其数量及范围会随法律体系的不同而不同），但社会保障制度传统上仅覆盖财产性损失（而且在数量和时间上都常常受到限制）。另一方面，共同过失在社会保障制度中几乎不起作用（除非在受害者故意作为的极端案件中可能会起作用），但在大多数侵权法制度中，受害人的共同过失可以导致己方请求权的缩减。

27　　社会保障的出发点也是国民互助理念。所有国民（根据各自的收入情况）都向社会保障制度贡献力量。因此，在很大程度上是"劳动阶级"群体在为那些因各种原因无法工作（因此也无法为社会保障献力）但又获得社会保障救济金的人买单。这再次与侵权法形成鲜明的对比，侵权法中不存在加害人或受害者之间的互助原则。据说，只有在（责任）保险中才有时存在全体被保险人之间的互助。然而，那是与社会保障中的互助不同的互助类型。保险中提及的互助仅是一种风险分散制度，据此制度，当风险发生在一个特定的被保险人身上时，所有被保险人（通过支付保险费）为其损失做出贡献。然而，鉴于保险费原则上就是根植于保险中的风险的，因此坏风险应当比好风险支付更多的保费。因此，风险差异是保险中的指导原则，而不是存在于社会保障中的收入依赖型互助类型。[26]

4. 资金来源：商业保险 VS 社会保障

28　　让我们现在回答这一问题：在资金来源方面，商业（责任）保

---

[26] 这进一步完善于：M. Faure, The applicability of the principles of private insurance to social healthcare insurance seen from a law and economics perspective, [1998] *The Geneva Papers on Risk and Insurance*, 265–293.

险如何有别于社会保障制度。[27] 我们将通过观察商业保险和社会保障在医疗领域中的资金来源方面的基本区别来回答这个问题。在这个方面,我们应当再次强调,尽管该分析的大部分内容都指向社会保障的一个方面(那就是提供医疗),但下文提及的大部分内容也适用于社会保障的其他方面,这些方面至少同等重要(例如发生伤残时提供替代收入的荷兰长期伤残救济金)。在更为详细地论述商业及社会保险的一些特征之前,我们将简要回顾一下两种制度的基本特征。即使这个简单的比较也将会体现出在社会保障计划中适用商业保险的原则可能有多难。[28]

5. 风险型保费 VS 收入依赖型保费

的确,商业保险的出发点是保险需求来源于规避风险的个人这一简单假设。这些避免风险的个人需要由竞争性保险市场中的保险人提供的保险保护着。保险公司将相似但不相关的风险加入风险池中,而且由于保险公司可以在大量案件中分散这些风险,因此它们可以接受这些风险。为了控制道德风险[29]以及逆向选择,保险人根据特定被保险人引起的个人风险类型对风险进行了区分。因此采用了一种风险区分制度,根据该制度,狭义的风险池是通过对应特定池中被保险人引起的风险收取保费的方式构建的。因此,商业保险的一个重要特征就是收取的费用,例如保费,与风险相一致。

保险人经常会收取比公平的价格更高的保费。这取决于保险人的市场地位及经营成本。根据被保险人厌恶风险的程度以及他被收取的保险费,个人需要保险为他厌恶的特定风险提供保护。

社会保障通常在许多方面都与上述情形不同。[30] 至少在基本需求

---

27 参见问卷中的问题 2.4。
28 在本文的范围内,的确无法过多地关注这些原则,我们仅能指出一部分最重要特征。
29 参见下文。
30 D. 彼得斯(D. Pieters)讨论了社会保障的原则,参见:D. Pieters, *Introduction into the Basic Principles of Social Security* (1993)。

方面，社会保障几乎可以向全体国民免费或以适当的可被减免的价格提供医疗服务。就谁能从社会保障获得救济金及其付款制度而言，法律体系之间可能会有所不同。在一些国家，医疗完全是免费提供的；在其他国家，患者必须支付费用，但他可以自他的保险人处弥补这笔钱，或者在其他情况下，（社会）保险人直接支付医疗费用。[31]在社会保障制度下，平等地获得医疗制度的保护（在或大或小的范围内）通常是基本的。此外，社会保障的费用通常是通过从受雇工人的工资中扣除的方法收取的。因此，一部分保险费通常由被雇佣的个人自己支付；此外，雇主通常会做出相当大的贡献。[32]

32　　除了在来源上扣留保险费之外，也需要提及的是，为社会保障支付的保险费在数量上通常是取决于收入的。因此，尽管各国之间可能存在很大差异，但医疗制度的一些本质特征似乎是一致的：与商业保险下的情形不同，在好风险与坏风险之间除了一个互助原则外不存在风险差异。[33]此外，保险费并不取决于风险，而是取决于收入。

6. 道德风险

33　　医疗究竟由保险提供还是由政府提供的核心问题在于如何通过保险避免人为的高医疗需求。准确地说，道德风险就是问题所在；对一项特定服务（在此情况下为医疗服务）的需求会因服务价格的降低或废除而增加。在一篇关于道德风险的经典论文中，阿罗（Arrow）

---

[31] 制度的构建方式可能取决于特定的法律体系。对于欧洲社会保障制度的介绍，参见：D. Pieters (ed.), *Introduction into the Social Security Law of the Member States of the European Community* (1993).

[32] 自经济角度，我们当然可以主张，雇主的保险费贡献实际上也是通过扣减工资的形式向雇员收取的。

[33] 相似地，O. 米切尔（O. Mitchell）/S. 塞尔迪斯（S. Zeldes）认为再分配与国民共担风险是社会保障制度的本质特征，参见 O. Mitchell/S. Zeldes, *Social Security Privatisation: A Structure for Analysis* (1996). p. 11.

指出，只要可以获得全部的保险保护，对医疗的需求就会增加。[34] 道德风险不会仅在需求一方出现。考虑到信息不对称，医生经常决定着需要哪些服务以及需要多少服务。这也可能在提供方引起一个道德风险问题。本文中，我们只关注需要医疗服务的受害者。道德风险问题产生影响的程度取决于对特定服务需求的急迫性。如果需求是完全无弹性的，而且不取决于价格水平时，将根本不会产生道德风险。然而，如果需求是有弹性的，保险将会减少医疗费用以及道德风险发生的边际成本。[35]

7. 风险区分

传统的回答是，对于道德风险，大致有两种可能的措施：或者通过保费的相应调整来控制被保险人的行为；或者通过部分地将被保险人曝露于风险之下来控制其行为，例如，通过在保险上设置一个免赔额或者上线。[36] 考虑到由传统保险经济学提出的第一种潜在补偿措施，我们可以主张，在被保险人引起的风险与他支付的保费之间应当存在某种关联。在理论上，这即意味着，医疗制度被使用的越多，保费就应当越高。在保险经济学理论中，此类个人将会被归入高风险群体。通过这样一个风险的个别化过程，被保险人就会像他根本没有获得保险一般作为，从而可以避免道德风险。

通过考察社会保障制度的保费设定实践，社会保障保费的收取方式很明显并不总是与传统保险经济学对道德风险问题的回答相一致。首先，收取的保费通常取决于收入，而非引起的风险。因此，个人风险区分似乎是不可能的。其次，强烈的风险区分观念似乎与

---

34 K. Arrow, Uncertainty and the Welfare Economics of Medical Care, [1963] *American Economic Review*, 941 – 973.

35 参见 M. Pauly, The Economics of Moral Hazard: Comment, [1968] *American Economic Review*, 531 – 537.

36 S. Shavell, on Moral Hazard and Insurance, [1979] *Quarterly Journal of Economics*, 541 – 562.

好风险与坏风险之间的互助理念相冲突,而该理念是许多社会保障制度的基础。[37] 在实践中,风险区分的确意味着高风险个人必须比低风险个人支付更多保费。但从政策角度,社会保障实施者可能不太愿意仅仅因为一些人生病了就向他们收取更高的保险费。此外,与风险挂钩的保费所蕴含的保险经济学理念似乎与社会保障的收入分配目标相矛盾。[38]

36   一边是保险经济学的有必要对风险进行区分以控制道德风险,另一边是社会保障中好风险和坏风险之间的互助,这就会当然产生这一疑问:二者之间的矛盾是否会导致无法克服的问题。该问题显然不在于患病并依赖于(商业或社会)医疗制度的那些人;问题更多的是,如果可以不花钱就获得医疗服务,有些人可能会太过频繁地看医生或者购买太多药。为了回答是否存在严重的道德风险的问题,区分小风险和大风险是有用的。对于大风险,例如手术,需求之价格弹性可能比较小。不太可能有人仅为寻求乐趣而去做手术;因此,我们可以推测,手术的数量不会在价格降低时就急剧增加。[39] 但在看医生或者购买药物的情况下可能并非如此。对于此类医疗服务,价格很可能影响特定服务的需求量。在小风险和大风险之间,就道德问题而言,也可以进行一种类似的区分。例如,没有人仅仅因为手术是免费的就愿意将自己的腿截肢。因此,没有区分低风险个人和高风险个人这件事似乎不会在大风险方面成为一个问题。但

---

[37] 一个例子就是年轻雇员与较老的患者之间的互助,这与大多数医疗费通常都耗费在人生的最后阶段这一事实有关。

[38] 范米尔洛(Van Mierlo)指出,实际上,政府令人费解地混合了两个政策目标:确保平等获得医疗帮助与收入再分配。(JG. A. Van Mierlo, Een alternatief voor het Plan-Simons? Overwegingen vanuit de welvaartstheorie, [1991] ESB, 1164).

[39] 然而,比如隆胸等"美容"手术可能会不同,这些"美丽改善"可被视作一个市场化了的事物。A. H. M. Kerkhoff, The Physicians' Fraternity: Safeguard for Quality or Cartel?, in: L. J. Gunning-Schepers/G. J. Kronjee/R. A. Spasoff (eds.), *Fundamental Questions About the Future of Health Care* (1996), p. 117.

小风险的情况可能相反。对于小风险，根据个人风险调整保费似乎是重要的。

8. 使被保险人曝露于风险之下

这将我们引导至第二种潜在的道德风险控制方法：部分地将被保险人曝露于风险之下。考虑到破产问题，在保单上增加上限似乎不是一个有效的补救措施，这可能会导致搭便车。然而，更为具体地以小风险为例，道德风险可以通过免赔额来控制。比如说，对看医生的需求弹性可能是相当大的。如果情况是这样的话，就可以通过引入免赔额来控制道德风险。[40]

如果我们必须在控制道德风险的两种方法中进行选择的话（根据被保险人的个别行为调整保费或者部分地将被保险人曝露于风险之下），我们应当明白，部分地将被保险人曝露于风险之下这件事，例如通过规定免赔额，显然要比对被保险人的行为进行详尽控制耗费更少的信息成本。以相应的风险区分来对被保险人的行为进行详尽控制也与社会保障要求的好风险与坏风险之间的互助相抵触。即使对于较小的风险，比如，向老人（他可能需要更多药物并且看医生的次数更多）收取比向更健康、更年轻的人收取的更高的保费，可能是相对残酷的。在风险小的保险和风险大的保险上强加一个免赔额，可以阻止一些效率低下的过度需求，而且同时可以避免严格区分坏风险和好风险的最严重后果。此外，即使是一种取决于收入的社会保障制度，就低风险而言，强加免赔额可以改变需求。因此，在社会保障制度中引入免赔额在许多西欧国家的制度中已经成为一种势头渐涨的趋势。如果它们的引入是针对那些需求量依赖于价格

40　M. Pauly, The Economics of Moral Hazard, [1968] *American Economic Review*, 534 – 535 以及 J. Ehrlich/G. Becker, Market Insurance, Self Insurance, and Self Protection, [1972] *Journal of Political Economy*, 623 – 648.

的服务的话,这种趋势可自经济角度获得支持。[41] 显然,免赔额可以成为促进避免医疗服务过度需求的适当工具。[42] 然而,我们应当谨慎,只能在高需求已经确实成为一个问题的情形下使用这一机制。免赔额太高的话,可能会产生威慑过度的反作用,这会误导应当就诊的人做出一个错误的决定(避免必要的就诊);对于整个医疗制度而言,这可能最终导致高得多的费用(例如,医疗费用)。因此,即便是强加一个免赔额,我们也必须谨慎行为以避免过度威慑。[43]

是通过商业市场还是政府给予来提供医疗保险?

9. 商业保险人 VS 官僚体制

可以明确地区分社会保险和商业保险。在大多数西欧国家的体系下,社会保障是由政府干预提供的(就是项目中所指的社会法),而商业保险是由竞争市场中的保险公司提供的。尽管西欧的社会保障制度十分慷慨(主要是因为历史及政治原因),一些制度似乎再次认可了传统的区分,也即我们此前讨论过的较小风险和较大风险的区分。显然,例如在比利时,对于从事独立经营的工人,较大风险是由政府提供的社会保险保护的,但较小的风险则由商业保险市场的保险人承保。此外,这种社会保险通常都是强制性的,但对较小风险的商业保险是可以选择的。然而,并不必然总是如此。在一些国家,比如说荷兰,低收入人群可以通过(政府资助的)医疗基金为较小的风险购买额外保险。

---

41 关于与提供预防性医疗有关的越来越多的讨论,参见下列著作中的论述:P. J. van Wijngaarden/F. G. van den Heuvel/J. C. Vrooman (eds.), *Preventie in de sociale zekerheid* (1992) 以及 J. van Steenberge/S. Klosse/L. J. M. de Leede (eds.), *Preventie: een solide basis voor sociale zekerheid*? (1994).

42 M. Whinston, Moral Hazard, Adverse Selection and the optimal Provision of Social Insurance, [1983] *Journal of Public Economics*, 49–71.

43 关于最佳的预防激励与最佳风险分配之间可能存在的冲突,参见:R. Zeckhauser, Medical Insurance: a Case Study of the Trade-off Between Risk Spreading and Appropriate Incentives, [1970] *Journal of Economic Theory* 2, 10–26.

社会保险和商业（第一方）保险之间的选择显然与侵权法和社会法之间的选择是紧密联系着的。

关于选择政府提供的保险还是自由市场提供的保险，经济学家经常援引政府理论，主张政府所有的、没有受到竞争压力的企业缺乏提供充分产品的动力，因而也可能会比由商业保险公司提供同一产品的成本更高。[44] 因此，一般而言，即使过去已经对此作出了决定，即这些风险应当受强制性保险的约束，但我们仍可主张，可以由商业市场提供保险保护。[45] 的确存在许多强制保险不是由社会保险或政府所有的机构提供，而是由商业保险公司提供的例子。然而，这假设了商业保险市场是足具竞争力的。在此情况下，保险理论预期，多种保单都会以极具竞争力的保费提供。仅当商业保险市场无力承保特定风险或者提供效率低下的结果时，比如说由于市场高度集中时，才存在一个政府干预的理由。[46] 另外一个有利于政府干预的理由可能在于，有些风险可能在商业市场是无法获得保险的，比如，由于无法解决的逆向选择问题。如果政府可以比保险公司以更低的成本收集到风险信息，这就可以作为由政府提供保险的一个

---

44 主要参见：J. Ferejohn/Ch. Shipan, Congressional Influence on Bureaucracy, [1990] *Journal of law, Economics & Organization* Vol. 6, 1 - 20.

45 荷兰政府决策科学委员会（Netherlands Scientific Council for Government Policy）具有相似的倾向，该委员会认为，在1994年的一份报告"利益与政策"中，公共保险人缺乏商业保险人具有的减少医疗费容量的动力。（参见 M. W. Dijkshoorn, Ontwikkelingen in de WAO, [1996] *Verzekeringsarchief*, 82 - 86）.

46 关于限制保险市场上的竞争有关的消极后果，参见：M. Faure/R. Van den Bergh, Het toelaten van kartels op de Europese verzekeringsmarkt: hogere premies, lagere kwaliteit en meer ongevallen?, [1993] *Nederlands Juistenblad*, 261 - 267 以及 M. Faure/R. Vanden Bergh, Restrictions of Competition on Insurance Markets and the Applicability of EEC Antitrust Law, [1995] *Kyklos*, 65 - 85; 关于医疗保险，参见：M. Pauly, Competition in Health Insurance Markets, [1988] *Law and Contemporary Problems*, 237 - 271.

理由。[47]

42　　这表明，即使基于上述原因保险条款有时应当具有强制性，在论证商业保险人原则上能更好地比政府机构以具有竞争性的保费提供保单时，仍存在一个商业医疗保险方面的强有力的例证。然而，对引入强制保险不利的一面是政策制定者开始依靠商业保险市场为风险提供保险保护。只要市场具有竞争性而且提供充分的保护，这本身不应当成为问题。然而，有些风险在商业市场可能是不可保的。因此，我们可以主张它们根本不应当得到保险，但是，在那种情况下，由于搭便车的问题，鉴于这些人无论如何在公立医院都可以获得治疗，可能会产生并非最理想的结果。因此，即使是对于商业市场提供的强制保险，政府也可能有机会提供那些不能在普通市场获得保险的保险种类。[48] 显然，向不能通过其他途径获得保险的人提供此类保险与提供一种普遍的社会保险计划不同。此外，即便政府介入，为剩余的这种类型提供保险，但基于上述原因的考量，我们也应当在这种类型中尽可能地区分风险。

43　　至此，我们已经通过假设医疗保险可以通过商业市场由风险基础上的保费提供，将保险的一般原则，更为确切地说是风险区分原则纳入了考量，讨论了由商业市场或政府提供保险之间的选择问题。从这个角度，我们已经主张，只要保险可以由一个竞争市场提供，并且可以控制道德风险和逆向选择，那么政府干预就不是必需的。再次出现的问题是，社会保障政策显然通常也旨在再分配收入。因

47　参见：W. Johnson, Choice of Compulsory Insurance under Adverse Selection, [1977] *Public Choice*, 23–25; M. Pauly, Overinsurance and the Public Provision of Insurance: The Roles of Moral Hazard and Adverse Selection, [1974] *Quarterly Journal of Economics*, 44–62 以及 M-Rothschild/J. Stiglitz, Equilibrium in Competitive Insurance Markets: an Essay on the Economics of Imperfect Information, [1976] *Quarterly Journal of Economics*, 629–649 中的观点。

48　例如，关于美国的医疗制度，参见：W. van de Griendt, De Amerikaanse paradox, [1995] *Sociaal bestek* (7/8), 9–12 以及 R. Frank, Lessons from the Great Battle: Health Care Reform, 1992–1994, [1997] *Arch. Phys. Med. Rehabil*, 122–123。

此，社会保障计划的保险费通常都不是以风险为基础，而是取决于收入的。不可避免，这就与保费应当与实际风险相一致的保险原则相冲突了。这种收入再分配目标只能通过政府干预实现。如果不考虑再分配的目标，应当由国家而非商业市场提供医疗保险的理由就更少了。据此可以得出，政府干预是否是必需的这个问题仅能在社会保障政策的目的已经得到澄清时进行回答。这种选择难免与一种规范因素相结合。如果认为收入再分配是社会保障的目的，那么，同时附加风险区分显然是不可行的。

10. 医疗计划的资金来源

一个与选择商业市场还是监管密切相关的热门政治问题显然是医疗计划应当通过何种方式获得资金。在一个商业保险的经典模式中，答案会相对简单。在这种情况下，一名风险厌恶型消费者会自竞争性保险市场购买（自愿或被迫）医疗保险并支付相应保费，该保费与他的保险要求以及他引起的个人风险有关。商业保险的本质即是保险费的收取必须与风险相一致，这样做不仅是为了控制道德风险，而且是为了确保在被保险的风险发生时资金是充足的。原则上，支付的保险费会被储备起来作为未来风险的预算。保险人负有向其被保险人履行合同义务的责任。因此，他将必须承担以后会给他自己带来麻烦的坏的风险评估后果。原则上，商业保险人不可能，比方说，因被保险人而降低赔偿或者提高所有既有被保险人的保费。[49] 糟糕评估的最终后果可能是传统的破产之市场制裁。

社会保险下的保护基本上来源于不同的视角。由于社会保障制度产生于19世纪后期的俾斯麦改革，[50] 因此它们假设应当为那些没

---

49 如果一名保险人这样做了，他就会处于不利的竞争地位。
50 参见 L. J. C. M. Le Blanc, Bismarck als benchmark. Enkele rechtseconomische beschouwingen over publieke sector en sociale zekerheid in Nederland, [1990] *Ars Aequi Libri*, 654 – 659 以及 V. Fuchs, From Bismarck to Woodcock: the 'Irrational' Pursuit of National Health Insurance, [1976] *Journal of law and Economics*, 347 – 359.

有能力购买保险保护自己的人提供包括医疗在内的最低限度社会服务。再者，假如政府可以为没有能力购买保险的人提供保险保护，那么就可以向低收入群体提供这种保护，而且从政治角度，这种保护也被认为是必需的。然而，在许多情况下，好风险与坏风险之间的互助原则将导致设置收入依赖型保险费。这将不可避免地导致这一问题，即是否收入依赖型保险费的设定可与避免道德风险的保险经济学目标相协调。正如我们在上文所表明的那样，考虑到这两种制度的不同出发点，这可能是有问题的。

46　　与商业保险不同，由政府提供的社会保险不具有赔偿被保险人全部损失的合同义务。由于社会医疗制度的收入不是与风险相挂钩的，有可能在某些时候，储存的金额不足以为医疗计划买单。在那种情况下，不会出现破产，只是政府可能会或者减低应支付的款项（通过监管介入），或者寻求其他资金来源（例如，从一般所得税收入中寻求）。这表明了商业保险与社会保险计划在资金来源方面的区别。一个重要的结果就是，对于被保险人而言，从社会向商业转变并不必然产生负面的影响。由于（预算的）限制，政府总能出乎意料地降低社会保险救济金，但是保险人却需要受他的合同义务的约束。[51] 一些学者的确主张过，向私有化制度的转变有利于降低被保险人的政治风险。[52]

11. 小结

47　　比较社会保障和商业保险的经济来源方式突出了构成商业及社会保险基础的其他不同原则。例如，社会保障制度似乎需要依赖于收入依赖型保费的设定，然而商业保险原则上是基于一个为了能够为未来的请求提供储备而将保费与风险相连的制度的。简单的理由是，与社会保险的情况不同，商业保险人不能依赖政府来应付亏损。

51　参见：M. W. Dijkshoorn, [1996] *Verzekeringsarchief*, 86.
52　O. Mitchell/S. Zeldes（见前注27）p. 11.

如果商业保险人不将保费与风险联系起来,他可能就会遭受破产的市场制裁。

这表明,不仅侵权法和社会保障的出发点不同,[53] 而且毫无悬念的是,相关的保险计划也不相同:社会保险 VS 商业保险。虽然两个制度之间存在差异,但似乎也存在一些相似之处,或者至少看起来彼此接近。一个例证就是构成了许多社会保障制度基础的平等获得医疗服务的理念。该理念显然不能通过所有方式实施。的确,在大部分法律体系中都存在平等获得基本医疗需求的规定,但是,在许多国家,个人可以根据他们自己的需求购买额外的保险并支付补充性的(与风险挂钩的)保险费。相似地,在商业保险领域,当下也正开展一场有关是否可在所有方面都贯彻风险区分原则的辩论。库西经常倡导,保险公司应当也将道德原则纳入考量。这可以引导他们接受好风险与坏风险之间的某种互助。换句话说,这些道德原则在一个十分详细的风险区分之上强加了一些限制。[54] 威尔斯(Wils)也已指出,一个细致的风险区分可能有违基本人权,例如风险是根据性别或者性取向进行区分的话。[55] 显然,社会与商业保险之间的一个基本区别就是,政策制定者希望通过资助医疗制度来实现收入分配之目标。然而,这显然有可能会在该制度的效率方面付出代价。

今天,许多人也主张将有限的社会保障制度结合起来提供基本医疗,由收入依赖型保险费提供着资金,并且可以根据特定个人的

---

53 正如我们在上文 II 中所呈现的那样。

54 H. A. Cousy, Lectuurnotities en reflecties over ethiek in het zakenleven, in het bijzonder in de verzekeringen, in: F. Fleerackers (ed.), *Mens en recht. Essays tussen rechtstheorie en rechtpraktijk*, Liber Amicorum Jan M. Broekman (1996), pp. 47 – 63.

55 W. P. J. Wils, Insurance Risk Classifications in the EC: Regulatory Outlook, [1994] *Oxford Journal of Legal Studies*, 449 – 467. 亦可参见: G. Schoorens, Segmentering en discriminatie, in: H. Cousy/H. Claassens/C. van Schoubroek (eds.), *Competitiviteit, ethiek en verzekering* (1998), pp. 217 – 277.

喜好及需求在市场上购买其他保险。[56] 因此，也并非总是需要在商业和社会（医疗）保险之间做一个严格的选择，毋宁有时可将二者结合起来。有关于此，我们显然可以对较大的风险考虑一个强制性的社会保险计划（在这一类风险中，上文讨论的道德风险问题并未发挥重要的作用），而为较小的风险可以考虑一个商业保险。

四、侵权法与社会保障法之间的关系：不断变化的风景

1. 社会保障的压力

50 我们已经表明，与社会保障相比，在传统上，侵权法实际上是作为一种例外制度适用的。只有一小部分因意外事故而发生在社会中的损害是通过侵权法获得赔偿的。而比这大得多的部分是通过社会保障获得赔偿的。侵权法仅在特殊情形下（加害人实施了不法行为）才介入，而且是针对特定种类的损害：收入的顶端以及非财产性损失。[57] 事实上，在一些方面，例如，在职业健康领域，侵权法已经或多或少地被社会保障取代了。[58] 在荷兰，这种制度存在于1901年《劳动事故法》中：该法为雇员提供了社会保障并且赋予了雇主

---

56 参见 J. C. A. van Mierlo, Hervorming van het Nederlandse stelsel van sociale zekerheid：financiële consequenties en politieke haalbaarheid, in：F. A. J. van den Bosch/C. Peterson (eds.), *Economie en arbeidsongeschiktheid*：*analyse en beleid*（1983），pp. 215 – 241. 这也是 C. A. 德·卡姆 (C. A. deKam) 所辩护的，参见：C. A. de Kam, Privatisering van sociale zekerheid：*een werkbaar alternatief?*, in：W. J. P. M. Fase etal. (eds.), *Sociala Zekerheid*：*privaat of publiek?* (1994), pp. 52 – 57. H. A. Cousy 也强调了在基本的社会救济金制度之外存在补充性医疗保险的可能性，参见：H. A. Cousy, De rol van de private verzekeringen in de aanvullende sociale verzekeringen：de regels van het spel, in：J. van Langendonck (ed.), *Liber Amicorum Roger Dillemans*（1997），pp. 55 – 74.
57 T. Hartlief（见前注10）p. 29.
58 参见问卷中的问题 3. 1.

责任豁免权。[59] 这样一种制度在许多法律体系中都仍是有效的。稍晚些的立法修订允许雇员向雇主索赔，但实际上这些请求权基本上都不会被利用。其中简单的理由就是社会保障仍然为基本需求提供赔偿金。因此，例如在荷兰，受害者仅在例外的情况下诉诸于侵权法。[60] 然而，就由劳动事故所致损害的经济来源而言，无论是普遍地在欧洲还是特别地在荷兰，近期都发生了许多变化。这是由一个有关西欧社会保险改革的辩论引起的。

在许多法律体系下，人们都会感到，产生于数十年前的健康保险计划承载越来越多的压力。[61] 医疗计划（以及一般意义上的社会保险）越来越高的成本已经引发了许多建议。[62] 在一些法律体系中，值得注意的是，政府已经逐渐放弃提供包罗万象的社会保险计划，而宁愿更多地依靠市场途径及商业保险了。这一举动显然与上世纪80年代冲击西欧政治信仰的解除管制浪潮相一致。

作为这种解除管制的结果——例如在荷兰——有人主张增加利用责任制度，以便侵权法可以被更多地用来赔偿事故受害者，并因

---

59 参见 R. S. J. Schwitters, Riskante aansprakelijkheid, [1991] *Recht en Kritiek*, 5 et seq.
60 参见 M. Faure/T. Hartlief, Verzekering en financiering van beroepsziekten: enkele tips voor de SER, [1998] *Nederlands Juristenblad*, 1135.
61 在美国医疗改革方面，一些相关的保险经济学问题已经在下列著作中讨论过了，参见 H. Aaron, Issues Every Plan to Reform Health Care Financing must Confront, [1994] *Journal of Economic Perspective* Vol. 3, 31 – 43; R. Frank, [1997] Arch. Phys. Med. Rehabil, 120 – 124 以及 M. Pauly, Taxation, Health Insurance and Market Failure in the Medical Economy, [1986] *Journal of Economic Literature*, 629 – 675; 亦可参见 J. 纽豪斯 (J. Newhouse) 的近期调查，参见: J. Newhouse, Reimbursing Health Plans and Health Providers: Selection versus Efficiency in Production, [1996] *Journal of Economic Literature* Vol. 34, 1236 – 1263; 同样地，从公共财政角度对此辩论的讨论，参见: R. Zeckhauser, Public Finance Principles and National Health Care Reform, [1994] *Journal of Economic Perspective*, 55 – 60.
62 参见 P. van Wijngaarden/F. van den Heuvel, Privatisering sociale zekerheid ter discussie, [1995] *Sociaal Bestek* 12, 2 – 6.

此将社会保障制度从沉重负担中解放出来。[63] 在那场辩论中，人们已经注意到了可以作为社会保险替代物的商业保险的作用。因此就产生了如何在二者之间寻找一个适当的平衡点的问题。

2. 责任范围的重要性

53   因此，我们可以注意到，不仅在荷兰，而且在许多西欧国家的体系下，社会保障近期都发生了一些变化，这些变化可能已经对企业的责任范围产生了重要的影响。[64]

54   我们的基本推测是，与美国的受害者不同，西欧的受害者长期没有多少动力提起侵权诉讼，因为许多西欧国家的社会保障制度都为受害者在事故发生时支出的许多费用提供了相对广泛的保险保护。[65] 在某种程度上，由于国际公约[66]及欧盟指令，[67] 许多国家已经精心设计了覆盖医疗费用的强制第一方保险制度。此外，收入损失也经常被包括在内。如果某人是雇员，那么第一方保险通常就是强制性的；但如果他是独立经营者，则原则上第一方保险是自愿参加的；强制与否最终要取决于法律体系。在一些情况下，根据事故的类型，即使是财产损失也可获得保险保护。由于这种比较精心设计

---

63 尽管已有人指出这种发展也会给侵权法施加太多负担：M. Faure/T. Hartlief, Towards an Expanding Enterprise Liabilityin Europe? How to Analyse the Scope of Liability of Industrial Operators and Their Insurers, [1996] *Maastricht Journal of European and Comparative Law*, 235 – 270.

64 对于因责任范围而缩减社会保障的重要性，亦可参见：S. Klosse/G. Vonk（见前注21）pp. 204 – 217.

65 亦可参见 G. Brüggemeier, Judizielle Schutzpolitik de lege lata-Zur Restrukturierung des BGB-Deliktsrechts, [1986] *Juristenzeitung*, 969.

66 例如参见：1961年10月18日《欧洲社会章程》（European Social Charter），以及《世界劳工组织章程》（ILO-Convention）第24条：与工商业工人及家庭用工的疾病保险有关；第25条：与农业工作者的疾病保险有关；以及第102条：与社会保障的最低标准有关。

67 概述请参见：P. F. van der Heijden, Privatisering van de sociale zekerheid: begrensd door (internationale) sociaalrechtelijke normen, in: W. J. P. M. Fase (ed.), *Sociale zekerheid: Privaat of Publiek* (1994), p. 58.

的第一方保险制度，受害者遭受的大部分损害都已经得到了保护。因此，单个受害者仅有动力就未能通过第一方保险计划获得赔偿的那部分损害依据侵权法起诉加害人。在一些情况下，这可能是财产损失或者未获得赔偿的更高部分的收入损失，以及——在大多数情况下——无法获得第一方保险保护的所谓的痛苦与创伤损失。[68]

因此，如果我们希望去分析特定法律体系下的责任范围，我们就应当也将已经通过其他（商业或公共的）赔偿机制获得赔偿的损失范围考虑在内，因为它消除了诉诸于侵权法制度的必要性。[69] 此外，如果我们渴望分析责任范围的可能演变，我们也应当关注社会保障法的可能变化。我们将讨论荷兰的情况，将它作为一个证明社会保障制度中的变化如何影响企业介入为潜在受害者提供的赔偿金数额的例证。显然，一个国家改变其社会保障制度的力量会受到它履行欧洲及国际法下的义务的限制。[70]

一个关联密切的问题是是否上文提及的第一方保险人或者社会保障机构有权在赔偿受害者后要求加害人补偿。我们也可以理解，比如说如果医疗保险人不能在医疗中支付的金额范围内代位行使受害者的权利，这会严重地限制加害人的责任范围。从经济角度，这可能会明显地危及加害人采取预防措施的动力。出于相同原因的考虑，部分人建议的增加社会保险人的追偿范围之变化将会明显扩张企业责任的范围。由于荷兰正围绕这一话题再次进行广泛的讨论，我们将在下文第 6 部分将荷兰作为例证来证明社会保障法与侵权法中的变化是如何通过追索权影响企业责任范围的。

---

68 经济学解释参见：M. Adams, Warum kein Ersatz von Nichtvermögensschäden?, in: C. Ott/H. B. Schäfer (eds.), *Allokationseffizienz in der Rechtsordnung* (1989), p. 210.

69 例如参见：O. A. Haazen/J. Spier/A. T. Bolt (eds.), *De uitdijende reikwijdte van de aansprakelijkheid uit onrechtmatige daad* (1996), p. 32 以及 p. 44.

70 荷兰情况参见：D. De Wolff, Internationaal recht verbiedt privatisering ziektewet, [1993] *Nederlands Juristenblad*, 1517.

3. 荷兰近期的变化——在社会保障领域

57 由于无法在本文中大量讨论工人赔偿问题，我们将讨论荷兰法中体现该领域中解除监管趋势的一些近期变化，就上世纪90年代许多西欧国家法律体系中的政策而言，解除监管似乎具有典型性。一般而言，近期的荷兰变化旨在增加雇主的个人责任，和其他途径一道负责与其雇员缺席有关的费用。其中蕴含的基本理念就是，通过使雇主直接感受缺席的经济后果，从而增加他们采取一项有效的预防策略的动力。我们知道，许多这些变化在荷兰都已经被广泛讨论过了。其中最为重要的原因就是这些变化是在使雇主个人承担社会保障款项的理念基础上产生的。这些理念明显与荷兰社会保障法的传统基本理念——社会保障以"社会风险"理念为基础——形成了鲜明的对比。

4. 病假工资

58 自1994年以来，关于工人赔偿与劳动安全，已经发生了两个重要变化，而且其他近期发展也值得进一步讨论。就工人赔偿而言，自1994年1月1日起，雇主被强迫在6周的时间内向其雇员支付后者工资的70%。[71] 近来，该制度已被改变得更多了，因为荷兰政府决定在1996年年初将工人赔偿计划彻底地私有化。现在，支付工资的义务已经被扩展至52周，而且雇主可以购买保险以预防必须继续支付雇员工资的风险。[72] 但雇主购买保险这件事又受到了批评，因为有人认为，这可能恰恰又稀释了雇主有效管理雇员的动力，而这种动力又恰是从一开始引入该制度的目的所在。应当注意的是，保险

---

[71] 更多详情，参见：M. G. Faure/A. J. C. M Geers/T. Hartlief（eds.），*Verzekering en de groeiende aansprakelijkheidslast. Een juridisch, gezondheidskundig en economisch onderzoek naar ontwikkelingen met betrekking tot de annsprakelijkheidslast en de consequenties voor verzekeraars naar aanleiding van de werkgeversaansprakelijkheid voor bedrijfsongevallen en beroepsziekten* (1995), pp. 38－40.

[72] 更多详情参见：S. Klosse/G. Vonk（见前注21）pp. 207－208.

人主张，几乎不可能对雇主实行充分控制，这是监管所暗含的结果。除了预期的激励效果，这种新立法的另一个重要依据显然在于，政府期望在1998年从被私有化的新制度中节省高达6亿荷兰盾的钱。

并不能立即得知哪些近期变化将会对责任的范围产生什么样的影响。[73] 但是显然，该私有化意味着，提供工人赔偿的成本不再由社会保障制度承担（而且因此一般会在社会中再分配），而是被转移给了个人雇主。无论是否有责任，都存在这一支付工资的义务。原则上，雇员仍能获得赔偿，从而我们可以主张，他诉诸于责任制度以获得赔偿的动力在原则上并未改变。然而，有一种变化可能会影响受害者利用侵权法制度获得赔偿的需求，也就是除非雇主同意支付更多，否则他仅需支付70%工资。[74] 如果不能工作是由侵权行为引起的，那么受害者仍有动力起诉主张剩余的30%，并且显然也总是有动力主张痛苦与创伤之赔偿。[75] 此外，正如上文提及的那样，我们应该附带说明的是，强加于雇主身上的向雇员支付工资的义务限于52周。在这52周之后，雇员进入"传统的"社会保障制度范围之内，尽管现在替代款项已被大幅削减了。在生病的第一年之后（雇主支付），仍处于患病当中的雇员将进入上文提及的伤残保险计划中。根据可以适用的制度，这将为收入损失提供一些（尽管是有限的）赔偿，但仍会有时间限制。因此，由于所有这些损害，侵权法重新变得重要起来了，尤其是对长期收入损失而言。的确，经过一定的伤残保险期间之后，荷兰的一些雇员可能只能获得相对较低的社会保障救济金，这些救济金勉强可以支撑生活。这显然可以解释侵权法制度为何逐渐变得重要起来，尤其是对长期患病情况下的长期收入损失而言。

---

[73] 的确，雇主仍有权依据《民法典》第6编107a条向应当负责的第三人索赔他已经向自己的雇员支付的金额。

[74] 实践中，仍会基于集体劳动协议提供100%赔偿。

[75] 事实上，对于他支付的金额中的70%（或者更多），雇主有动力起诉。的确，由于近期的立法活动，他有权利追索（《荷兰民法典》第6编第107a条）。

5. 工作场所的安全

60 第二个解决方案与工作场所的安全有关。自1994年1月1日以来，1994年《荷兰劳动健康与安全法》（Arbeidsomstandighedenwet）已经经历了数次修订。在这个方面尤为重要的是，已经由一个建议完全放弃《劳动安全法》监管的委员会启动了计划。一个由科特曼（Kortmann）担任主席的委员会建议通过侵权民事责任去预防劳动事故取代现有的旨在维护工作场所安全的法规。在新的解除监管的制度中，《劳动场所安全法》仅包括一些由民事责任支持的基本原则。尽管这些建议已经受到了严厉的批评，[76] 因此也不清楚这些观点在政治上是否具有可行性，[77] 但似乎也并非完全不可能引入某种解除监管的制度，该制度采用广义的雇主照顾义务。

61 尽管这些变革性观念的未来发展趋势尚不清晰，但是《劳动场所安全法》中影响深远的、旨在促进利用民事责任制度的解除监管，可能会扩大责任的范围。[78] 在那种情况下，变化将不会由侵权法本身的改变引起，而是由外部迫使受害者增加利用侵权法既有的利用可能性引起。[79] 应当再次强调的是，我们刚刚描述的这些立法上的所有近期变化都导致了社会保障法范围的缩小。对于荷兰伤残保险（在伤残的情况下提供替代收入）的变化，这更具重要性。由于这些变化，社会保障款项在范围上和实践中都变得更加有限了，这可能会

---

76 例如参见：M. Faure, Rechtseconomische kanttekeningen bij de deregulering van de arbeidsomstan-dighedenwet, [1995] *Sociaal Recht*, 140. 亦可参见：R. A. Ball/C. J. J. M. Stolker, Dereguleren in Arbo-land: een heroriëntatie op de arbeidsomstandighedenwet, [1997] *Nederlands Juristenblad*, 969–975.
77 由于完全废除《劳动场所安全法案》中的监管将会与许多欧洲指令冲突，所以这似乎不太可能。
78 难以预期这一改变的精确效果。的确，人们也可以主张，与已被证明违反了一般注意义务的制度相比，具有详细精确准则的现行体系应当使受害者证明雇主的过失更为容易。
79 更多详情：M. Faure/T. Hartlief, [1996] *Maastricht Journal of European and Comparative law*, 235–270.

促使受害者更多地利用侵权法制度。

6. 在侵权法中

由此，令人惊讶的是，在荷兰的政治层面上，可以听到一些声音，这些人主张（劳动事故）的受害者应当更多地利用侵权法制度，因为它被认为是一种减轻社会保障制度压力的手段。显然，当时的政治家们（上世纪90年代初期）并未意识到（或者忽略了）这件事，即降低社会保障保护程度可能不仅导致受害者更多地利用侵权法制度，还可能甚至扩张至侵权法制度的合理（可被保险的）能力范围之外。的确，除了上述在社会保障制度中的变化（以及部分由它产生的结果），劳动事故中的受害者越来越多地利用侵权法制度以便获得赔偿金。因此，社会保障保护的减弱与荷兰侵权法朝着加强对受害者保护以及扩大职业病的雇主责任方向的发展是并行不悖的。

通过观察判例法，可以轻松地证明上述结论。在1997年，荷兰的立法者改变了雇主责任，引入了雇主过错的举证责任倒置（参见《荷兰民法典》的7编第658条）。[80] 此外，在判例法中，存在许多当雇主负有责任时提高对受害者保护程度的趋势。[81] 更为确切地说，荷兰最高法院也在判断与一名雇员吸入致命的石棉水晶并导致石棉沉滞症的准确时间有关的不确定因果关系时倒置了举证责任。在最高法院的一个著名的案件——凯耶索诉德舍尔德（*Cijsouw v. De Schelde*）中，一个石棉沉滞症的受害者不能证明他何时与导致他患病的致命石棉纤维接触过。这个时间的确定对于该案是个关键问题，

---

80 关于减轻受伤雇员证明责任，参见：Dutch Supreme Court 10 December 1999, [2000] *Nederlandse Jurisprudentie*, 211.

81 关于这个方面，参见：L. Bier, *Aansprakelijkheid voor bedrijfsongevallen*, dissertation (1988); S. Klosse, Bedrijfsongevallen en beroepsziekten: individuele of collectieve verantwoordelijkheid?, [1993] *Nederlands Juristenblad*, 1608 et seq.; S. D. Lindenbergh, *Arbeidsongevallen en beroepsziekten* (2000) 以及 T. Hartlief, Van art. 7A: 1638x naar art. 7: 658BW, in: S. C. J. J. Kortmann (ed.), *Onderneming in vijf jaar nieuw burgerlijk recht* (1997), pp. 495 et seq.

因为凯耶索已经为被告公司工作了许多年,但在开始的一段时间里,雇主并不知道他必须采取措施保护其雇员以免后者受石棉侵害,因此他也不应当承担责任。最高法院通过判决推定雇员是在他和被告的雇佣关系中第二个阶段接触了致命的石棉纤维,将因果关系的不确定性转移给了企业。[82] 这种推定是可以被推翻的,如果被告可以证明凯耶索接触到致命纤维的时间不是在他被被告雇佣的第二个阶段即可。[83] 显然,对于雇主而言,这种证明实际上是不可能的。

64　　此外,在雇主应当负责的情况下,最高法院的判例法会减弱共同过失的抗辩效果。而且最高法院判决,只有在雇员方具有重大过失时,才能减轻雇主的责任。[84] 此外,最高法院判决,重大过失必须被解释为故意或者自甘冒险(wilful recklessness)。[85] 仅当雇员在实施直接导致事故发生的行为时的确清楚自己行为的冒险性时,才属于自甘冒险。[86] 换句话说,共同过失之抗辩在雇主责任的背景下几乎失去了它的意义。此外,尽管在形式上,雇主的责任仍以过失为基础,但其责任范围以及注意义务已经以这样一种方式扩张了,以至于有人认为荷兰的雇主责任实际上是以严格责任为基础的,尽管根据判例法,这还不是正式的情形。[87]

65　　因此,责任的认定、证明责任、因果关系以及共同过失的解释问题都倾向于增加对受害者的保护并且有利于增加雇主责任。雇员不仅得到了预防劳动危险的保护,而且得到预防由自己造成的危险

---

[82] J. Spier (ed.), *The Limits of Liability, Keeping the Floodgates Shut* (1996), pp. 124 – 125.

[83] Hoge Raad(荷兰最高法院) 25 June 1993, [1993] *Nederlandse Jurisprudentie*, 686.

[84] Hoge Raad 9 January 1987, [1987] *Nederlandse Jurisprudentie*, 948.

[85] Hoge Raad 27 March 1992, [1992] *Nederlandse Jurisprudentie*, 496.

[86] Hoge Raad 20 September 1996, [1997] *Nederlandse Jurisprudentie*, 198.

[87] 参见 T. Hartlief/R. P. J. L. Tjittes, De aansprakelijkheid voor bedrijfsonsevallen en-ziekten. Recente ontwikkelingen met betrekking tot tewerkstelling en bewijslast, [1990] *Sociaal Recht*, 286.

的保护。有人主张，这种趋势与责任法的根本原则相冲突。[88]

7. 两个领域的最佳结合

因此，需要重点指出的是，显然有多个趋势是朝向同一个方向发展的：社会保障保险在荷兰已经被减弱了（在因职业疾病而产生的损害方面），而且雇主责任的范围也通过判例法被扩大了。此外，在其他责任领域中也是如此。这种发展产生的一个结果就是侵权法和社会保障之间的传统差别可能会变得更小。

传统观点认为，社会保障将提供一种简便的赔偿（规定较低的门槛），而且是有限的金额。然而仅当可以满足侵权责任之更复杂的条件时才能判予全部赔偿。[89] 现在，事故受害者自侵权法中寻找"两个世界的最佳结合"：他们追求着社会保障赔偿的低门槛与侵权法全部赔偿的结合。的确，由于上文提及的责任法的发展，雇员现在根据侵权法向雇主索赔都是在一个十分低的门槛基础上进行的（这在社会保障法中司空见惯），但却有较高的赔偿额（侵权法所独有的）。此外，这发生在社会保障保护降低，而且因此受害者对侵权法的需求增加的时期内。然而，这种发展可能导致保险层面上的问题。传统侵权法和责任保险尚未发展为应当确保所有事故受害者均获全部赔偿的机制。[90] 一个问题就是，虽然侵权法现在得到了扩张或者与有利于无过错赔偿计划的理由相结合，但是，似乎忽略了谁应当为扩张后的保护提供资金的问题。未来很可能出现受害者和政策制定者必须在两个制度之间做出选择，一个是可以通过无过错赔偿计划获得给付保障的自动赔偿（社会保障、第一方保险或者赔偿基金），但给付的损害赔偿必然是有限的（而且如何激励预防的问题仍需回答）；另一个就是仍然依赖侵权法以及它对必然有限的受害者的全部赔偿。

88　T. Hartlief（见前注 13）pp. 43 – 44 也是如此。
89　参见：H. Koziol（见前注 13）pp. 33 – 34.
90　参见：T. Hartlief（见前注 10）pp. 56 – 57.

8. 朝着"索赔文化"发展？

68   因此，必须对荷兰是否已经考虑了改革的问题作出肯定的回答，该问题影响着侵权法与社会保障法之间的关系。[91] 社会保障范围的缩减的确已经导致了侵权法需求的增加。十分有趣的是，近年来，这已经引起了荷兰政府的担忧，荷兰政府的确注意到在荷兰发展着一种"索赔文化"的风险。[92]

69   根据荷兰政府的观点，索赔文化是一种文化，在这种文化中，市民可以正常地相互请求并主张较高数额以获得损害赔偿。[93] 荷兰政府指出一些因素并考核了一些举措，前者可能已经促成了这样一种索赔文化，而后者可以被用来阻止这种趋势。

70   在此方面，人们也注意到了侵权法和社会法之间的关系。[94] 荷兰政府表示，社会保障保护的缩减可能已经导致了利用侵权责任制度之需求的增加。此外，荷兰政府意识到，政府对待广义赔偿的态度（例如，对待洪水受害者的态度）已经加强了遭受的损害必须原则上总能获得赔偿的印象。的确，荷兰著作已经表明，提供赔偿的自动赔偿基金，例如对因洪灾而遭受损害的赔偿，可能恰好引起这样一种诉讼文化。[95] 而且，相关著作也提出警告，社会保障的解除管制和私有化可能会导致利用侵权法的增加。[96] 的确，有人主张，社会保障

---

91 参见问卷中的问题 3.12。
92 该文档发表于 Handelingen II，1998/99，26630 no. l. 总结请参见：Oprukkende claimcultuur moet halt toegeroepen worden，[1999] *Nederlands Juristenblad*，1175 – 1178，而且批判性评论参见：M. Faure/T. Hartlief, Enkele opmerkingen naar aanleiding van de brief van het kabinet over de claimcultuur，[1999] *Aansprakelijkheid en Verzekering*，75 – 84 以及 M. Faure/T. Hartlief, Het Kabinet en de claimcultuur. Over de (onbezonnen) Hollandse vrees voor Amerikaanse toestanden of het-Hollands medicijn voor Amerikaanse ziektes，[1999] *Nederlands Juristenblad*，2007 – 2015。
93 II. 1998/99，26630，no. 1，p. 2。
94 参见：S. Klosse. /G. Vonk（见前注 21）pp. 214 – 217。
95 在此方面，参见：R. J. Tjittes, Hollandse toestanden，[1999] *RMThemis*，141 – 142。
96 参见 M. Faure/T. Hartlief [1998] Nederlands Juristenblad，1135 – 1142。

的缩减导致了一种情况,根据这种情况,在荷兰侵权法中,"生计"变得重要起来。[97] 政府在主要的赔偿领域——例如医疗费及收入损失——从社会保障中退出,将不可避免地导致受害者更多地诉诸于侵权法。[98] 实际上,荷兰政府已经意识到,在一定程度上,它自己已经引起了侵权法的增加利用。例如,引人注目的是,在几年前进行过一个与《劳动安全法》的解管制化有关的讨论。在那个方面,甚至有人建议废除所有安全法规并由侵权责任取代它。[99] 当时,显然许多人的目光被集中在侵权法潜在的好处上,但一直到现在,硬币的另一面(增长的索赔文化)才得到关注。

正如在那个引人注目的领域中,许多注意力被集中在"美国索赔文化"的担忧上,但荷兰政府显然忽视了这件事,即美国的多诉讼文化可能在很大程度上源于美国侵权行为之受害者必须利用侵权法以维持"生计"这一事实,然而荷兰的情况直到最近才是如此。[100] 在一篇较早的文章中,我们主张,欧洲和美国在社会保障水平方面的差异很可能是两种制度在"索赔文化"方面存有不同的最重要的原因。我们可以看到,由于社会保障领域中的解除管制和私有化,诉讼的数量正在增加。因此有人认为,应当主要在社会保障的改革

---

[97] 在此方面,参见 W. J. P. M. Fase, *Wederzijds begrip: over de aansluiling tussen het arbeids- en sociaal verzekeringsrecht* (1993) 以及 W. J. P. M. Fase, Privatisering van de ziektewet, [1995] *Sociaal Maandblad Arbeid*, 348 - 362.

[98] 在此方面,亦可参见: N. Frenk, De directe schadeverzekering als verv anging van aansprakelijkheid, [1999] *Nederlands Juristenblad*, 15 - 47 以及 N. F. van Manen, De paradox van individualisering en collectivisering, in: N. F. vanManen/R. H. Stutterheim (eds.), Wie draagt de schade?, [1998] *Ars Aequi Libri*, 95 - 113.

[99] 对于建议的评判性评论已由下列著作提出: M. Faure, Rechtseconomischekantte keningen bij de deregulering van de arbeidsomstandighedenwetgeving, [1995] *Sociaal Recht*, 140 - 149 以及 T. Wilthagen, Normativiteit en effectiviteit van de regulering van arbeidsomstandigheden, in: P. deJongetal. (eds.), *Arbeid, recht en risico* (1995), pp. 85 - 111.

[100] 对于批判性分析,参见: M. Faure./T. Hartlief, [1999] Nederlands Juristenblad, 2014.

中，而不是在侵权法的改革中寻求补救办法。[101]

72 　　因此，在今天的荷兰，其侵权法中无疑存在着一个因诉讼增长而导致的问题。这种增长的主要原因可能在于，与十年前相反，今天的荷兰受害者现在也被迫利用侵权法去保障基本需求了。这与乔治·普里斯特（George Priest）的主张一致，即美国的侵权法与保险危机在很大程度上源于第三方责任保险和侵权法越来越多地被用来确保基本需求这一事实，但侵权法制度并不适合去保障基本需求。[102] 我们的确可以发现，一方面，责任法中的一些发展与社会保障的缩减是有关的，这些发展似乎与侵权法的传统出发点相矛盾，而且是由所有损害无论如何都得获赔的观念引起的。这就导致一个悖论：侵权法"社会化"的产生是与社会保障"私有化"联系在一起的。

　　关于这种索赔文化的增长，一些荷兰学者并不是如此悲观〔例如，伯坎普（Bergkamp）认为，社会保障的减少并不必然导致侵权诉讼的增加〕。[103] 然而，法律原理以及工会明确表示，由于社会保障的退出，受害者们无疑会被迫更多利用侵权法。[104] 顺带提及，甚至荷兰政府也已意识到，社会保障的减少可能会导致诉讼的增加。[105] 伯坎普还主张，从公共政策角度，赔偿金是通过侵权法支付还是通过社会保障支付都是一样的。在我们看来，这是一个严重的误解。正如我们在本文中主张的那样，侵权法和社会保障法是两个不同的制度，

---

[101] 亦可参见 L. deLeede, Meer aandacht voor beroepsziekten, [1998] *Nederlands Juristenblad*, 1779 – 1780.

[102] G. Priest, The current insurance crisis and modern tort law, [1987] *Yale law Journal*, 1521 – 1590.

[103] 参见 L. Bergkamp, Aansprakelijkheid is geen schadeverzekering, [2000] *Nederlands Juristenblad*, 273 – 276.

[104] 在此方面以及其他，参见：B. de Vroom（ed.）, *Betwijfelde zekerheden. Reacties op nieuwe risico's in Nederland*（1998）, p. 14 以及首席检察官 J. 施皮尔（J. Spier）在 Rouwhof/Eternit（number C98/220）of the Dutch Supreme Court under 4. 4. 3. 案中的结论。

[105] 参见荷兰政府给众议院的信：1998 – 1999, 26630, number 1, pp. 2 – 3.

它们不会自动地互相替换。当侵权法的门槛同样降低时，社会保障的削减产生的一个问题就是，以侵权法以及责任保险为基础的诉讼增加可能确实会危及到可保性。[106]

保险人极力主张，这种越来越多地利用侵权法获得基本需求的赔偿，可能会导致无法预测的诉讼，并且由此导致不可保。荷兰的保险人已经通过改变保险制度、保单条件等方式来保护自己不受这种索赔文化的影响。由于保险人采取了这些应对措施，一些受害者可能无法再通过侵权法获得赔偿了。[107] 如果这是与社会保障的削弱结合在一起的，一些受害者将不能通过任何一种制度获得赔偿，而且至少在职业健康领域（但也在其他领域），荷兰在不远的将来，十分可能会发生一些资金制度的改革，这些改革可能导致侵权法和社会保障之任务的再分配。

需要澄清的是：仅仅是更多诉讼依据侵权法提出这一事实本身并不会必然被断言为消极的。如果所有这些增加提起的诉讼都是根据侵权法的根本原则提出的话，它就不应当成为造成政治层面担忧的原因。然而，在现实中对侵权法的利用与这些根本原则不一致的情形，增加了侵权法的压力，而且也可能引起问题。如果侵权法被用于例如责任的认定等永远不会对采取预防措施产生积极影响的情形，或者虽然受害者具有共同过失但他仍获得全部赔偿的情形，情况尤为如此。正如上文陈述的那样，已经在与雇主责任有关的判例法中发现了这些趋势。如此利用侵权法也可能导致责任保险承担高压，而且因此危及到责任风险的可保性。

---

[106] 在此方面，参见 J. 施皮尔在蒂尔堡大学的极为有趣的演讲：J. Spier, *Een nieuwe dageraad voor het aansprakelijkheidsrecht* (1999) 以及 M. Faure/T. Hartlief, Claimcultuur in Nederland. Over diagnoses en medicijnen, [2000] *Nederlands Juristenblad*, 276.

[107] 因此，关于朝索赔型保险发展的趋势，存在许多批评；例如参见：S. Klosse/G. Vonk（见前注21）pp. 216 – 217.

五、进一步改革：责任（保险）的替代品？

75 的确，处于变化中的侵权法与社会保障法之间的关系已经给侵权法和责任保险增加了压力。因此，保险人和受害者都已经对责任的扩张怨声载道，尤其是在职业健康领域，但在许多其他侵权法领域也是如此。特别是在所有那些发生了人身伤害的领域中，可以发现一种朝着扩张责任方向发展的趋势。[108] 显然，我们可以理解为什么企业及其被保险人都抱怨责任范围的扩张了。然而，对于受害者而言，当下的荷兰制度也并非令人满意的。受害者抱怨民事程序旷日持久，诉讼耗费太多金钱而且（雇主）责任审判的结果经常是不确定的。此外，即便在数年民事审判之后雇主最终被认为有责，但仍存在他会破产的风险。[109] 基于这些原因，为了赔偿职业疾病，许多人已经开始诉诸于替代性的传统侵权制度。我们简要地讨论了三种替代措施，这些措施最近已经引起了许多人的注意。[110]

1. 赔偿基金

76 在荷兰，在许多情形下都会被提出的首要选择就是设立一个赔偿基金。[111] 经常会在那些受害者难以通过侵权法制度获得赔偿的情形中提出赔偿基金。就职业健康问题而言，我们将目光对准由前任司

---

[108] 对在荷兰可以注意到的侵权责任扩张的所有领域的详细叙述，参见：A. T. Bolt/J. Spier (eds.), *De uitdijende reikwijdte van de aansprakelijkheid uit onrechtmatige daad* (1996). 对于保险后果，参见：J. Spier/O. Haayen, Amerikaanse toestanden en de nieuwe aansprakelijkheidsverzekering voor bedrijven en beroepen, [1996] *Nederlands Juristenblad*, 45 – 50.

[109] 参见：M. Faure/T. Hartlief, [1998] Nederlands Juristenblad, 1139.

[110] 对这些替代措施的讨论，亦可参见：S. Klosse/G. Vonk（见前注 21）pp. 214 – 217.

[111] 参见：J. P. Hustinx/C. J. J. M. Stolker, Massaschade en fondsvorming, [1997] *Verzekering-sarchief*, 58 et seq.

法部长德勒伊特（De Ruiter）提出的建立一个石棉基金的建议。[112] 德勒伊特的这些建议最终为石棉受害者设立了一个机构：该机构将在受害者向雇主索赔时给予他们帮助或援助。尽管这个石棉基金直至今日仍规模有限，但它可以与荷兰的一种普遍趋势融合，并为赔偿基金取代侵权法，尤其是在大规模侵权中取代侵权法提供依据。然而，我们对这种发展持批判态度，并且认为，如果赔偿基金与侵权法一样根据效率和公平原则运行的话，它会产生相似的问题。[113]

一种特殊基金已经在有关石棉受害者赔偿的辩论中受到了关注，这种基金就是提前付款基金。这样一种基金将提前向受害者付款以弥补民事诉讼的冗长，也考虑了大多数石棉受害者相对较短的寿命预期。[114] 在那种情况下，赔偿基金仍可利用侵权法向应当负责的雇主索赔。

尽管已经围绕赔偿基金在荷兰的有效性展开了辩论，但这种基金不会完全取代雇主对职业病的责任。

2. 社会保障

也有人建议，荷兰侵权责任当前面临的危机应当通过消灭问题根源的方式进行补救，而根源就是社会保障的解除管制及私有化。如果我们相信责任范围的扩张主要是因为社会保障制度的变化，那么这种补救方法似乎就是直接了当的。然而，责任的扩张显然具有比单单社会保障制度中的变化更多的原因。此外，当西欧国家政府信任自由化和私有化比信任管制更多时，主张扩张社会保障计划似

---

112 参见 L. Dommering-van Rongen, Een schadefonds voor asbestslachtoffers, [1996] *Tijdschrift voor Milieuaanprakelijkheid*, 96 et seq. 以及 N. Frenk, Asbestslachtoffers, [1997] *Verkeersrecht*, 295 – 298.

113 参见：M. Faure/T. Hartlief, Compensation funds versus liability and insurance for remedying environmental damage, [1996] *Review of European Community and International Environmental Law*, 321 – 326.

114 关于这些建议，参见：Woertmann in: *Jaarboek Consumentenrecht* (1995), pp. 181 – 182 以及 M. Faure/L. Hartlief, Een asbestfonds als alternatief voor de aansprakelijkheid van de werkgever?, [1996] *Sociaal Recht*, 37 – 43.

乎在政治上是不可行的。不仅如此，关于社会保障的扩张，也可以构想出许多批评。事实上：在社会保障中引入私有化和市场力量本身显然不是一个坏主意。只是奇怪的是，政府显然没有意识到，社会保障的私有化必然会导致侵权法补充性功能的压力变大。因此，现在有人提出建议要引入第三种工具，它可以依赖商业保险的市场力量，但可能会构成责任保险的替代品。

3. 诱人的替代物——第一方保险

在今天的荷兰，一个经常被人们建议取代责任保险的替代物就是第一方保险。责任保险与第一方保险之间的主要区别已是众所周知。责任保险是一种第三方保险，根据这种保险，保险人承保其被保险人（雇主责任情形中的雇主）必须赔偿第三方（雇员）的风险。第一方保险是建立在保险人直接赔偿受害者的原则之上的。现在在荷兰，许多人都提倡将这种第一方保险作为应对责任保险危机的颇具吸引力的替代制度。例如，在环境责任领域，荷兰保险人已经完全放弃了责任保险，并用第一方保险取代了责任保险。在与人身保险有关的情形下，也存在一个类似的讨论。[115] 为了雇员的利益，有些人已经建议将雇主责任变为强制第一方保险制度。[116]

这样一个第一方保险是否可被认为是第三方责任的有效替代的问题，尚不能如此笼统地进行回答。这在很大程度上取决于这个建议的细节，尤其是取决于第一方保险是否与雇主责任结合这个问题。第一方保险中的基础原则是，如果受害者能够证明他的损害是由被保险的风险引起的，则不管是否存在第三方（雇主）的责任，原则上一发生损害，保险就发挥作用。第一方保险的优势明显在于，交

---

[115] 除了别的以外还可参见：R. P. H. Elzas, Personenschade: enkele ontwikkelingen en suggesties, [1998] *Verzekeringsarchief*, 2 et seq.

[116] 在此方面，参见：P. A. J. Kamp, Verslag vergadering over de uitdijende reikwijdte van de aansprakelijkheid uit onrechtmatige daad, in: *Handelingen Nederlandse Juristenvereniging* II (1996), pp. 36–37；亦可参见：R. F. Ruers, [1997] *Nederlands Juristenblad*, 1174.

易成本相对较低而且风险区分将会简单得多。[117] 其原因很简单，即保险人直接承保被保险人的风险。因此，与责任保险相比，第一方保险的被保险人更容易向保险人告知某些情形。传统责任保险的问题在于，保险人承保其被保险人（雇主）伤害一名受害者（雇员）的风险，其中涉及的财产是保险人事先无法获知的。在第一方保险中，保险人原则上会直接为受害者提供保险保护。

4. 第一方保险 VS 直接保险

现在在荷兰被推荐的第一方保险并非传统的第一方保险，因为传统的第一方保险意味着雇员将自己购买保单，雇主不会参与其中。现在的第一方保险更像一个直接保险，意味着雇主代表雇员购买保险，后者可以直接依据保险求偿。这一方面的关键问题显然是与责任法的关系问题。在荷兰提出的观点倾向于支持取代责任制度，以免引入强制性的直接保险（例如，针对职业健康）。因此，它相当于一个部分免除雇主责任的制度，但另一方面，雇主又有义务为雇员购买直接保险。

原则上，这样一种计划对双方都是有利的。我们已经提及，雇员对漫长的程序以及不确定的结果怨声载道，但是雇主和它们的保险人也同样厌恶这些不确定性，因为它们危及到了风险的可预测性。在一定程度上，这些不确定性可在一种制度中获得补救，在这种制度中，责任问题不再是必须解决的事项，因为雇主的保险人强迫自己赔偿成为劳动职业病受害者之雇员的人身伤害。因此，在这样一种直接保险计划中，保险人将仅需计算职业病发生在特定雇主的受害者身上的可能性。在直接保险计划中，雇主是否被认定为应当为疾病负责的问题变得无关紧要。然而，一个仍需解决的问题显然是受害者遭受的人身伤害是否真的由职业病引起的。显而易见，这个问题是重要的，因为保险应当仅承保所谓的"职业风险"（*risque-*

---

117 G. Priest, [1987] *Yale Law Journal*, 1521 – 1590 也是如此。

sprofessionnels)。因此，因果关系问题不能被完全避免。

84 　　另一个仍有待解决的问题是，假如没有侵权法制度的威慑效果，雇主如何还有预防职业病的动力。许多人都已告诫，与责任无关的无过错计划可能会稀释注意的动因。在这个方面，政策必须完全依赖大量安全法规，而这些安全法规恰是《劳动安全法》的私有化所要减少的。相反，如果在责任保险之外还存在雇主对职业病的责任的话，可能会导致保险之间发生重叠，这几乎不能被认为是具有效率的。

85 　　尽管许多问题都有待回答，但在未来的荷兰，传统的、投保了责任保险的雇主责任似乎也可能会被改良。一个可能的发展是朝着直接（第一方）保险的方向而不是转身回到更多的社会保障中。的确，荷兰司法部长已于近期组建了一个工作小组去核查法律体系，这可能是实施这样一个直接保险计划所必须的。如果可以完成这次改革，荷兰将会加入到其他国家——例如比利时和德国——的行列中，这些国家已经有一段时间是通过社会保障型制度来赔偿职业病所引起的损害的，而且仅在例外的情形下考虑雇主的责任。然而，需要注意的是，当下司法部长层面上的并且为直接保险提供了法律框架的讨论（以及相关的、它是否应当——部分地——取代侵权法的讨论），不仅限于职业健康领域，而且对侵权法和社会法之间的关系有更为宽泛的影响。因此，关注荷兰在这个方面的发展仍是饶有趣味的。

六、侵权法和社会保障法的关系：追索权[118]

1. 四种选择

86 　　就侵权法、商业保险以及社会保障之间的关系而言，我们注意

---

[118] 关于荷兰法中的追索权，更多参见：W. H. van Boom, *Verhaalsrechten van verzekeraars en risicodragers* (2000), 以及 T. Hartlief/R. P. J. L. Tjittes, *Venzekering en aansprakelijkheid* (2nd edn. 1999), pp. 69–111.

到，需要考虑使这些赔偿问题之间彼此独立的一系列机制。有四种不同的机制是可行的。[119] 在第一种机制中，侵权法将被其他赔偿制度完全取代。这就是规范劳动事故的1901年《事故法》在荷兰实施的机制。该机制为雇员提供社会保障，而且几乎赋予了雇主责任豁免权。第二种机制是这样一种制度，根据该制度，所有赔偿制度都相互介入，根本没有独立性。从受害者的角度，这即意味着，他可能获得损害的全部赔偿。因此，受害者由于例如意外保险而获得的赔偿金都会被支付，无论该金额在侵权法下是否是可被恢复的。在这两个极端之间存在一些其他制度，在这些制度中，各种赔偿制度的确将彼此的地位纳入了考量。例如，在侵权法中，受害者自社会保障获得的金额通常都会从加害人应当支付的赔偿金中扣除。但是此时，存在两种可能性。最常见的制度是社会保障机构对加害人享有追索权。在其他制度中不存在此种追索权。因此，这即意味着规范不同制度之间的关系具有多种可能性。

2. 追索：经济角度的分析[120]

自法律及经济角度，这些关系又如何呢？[121] 再次，分析的起点是已经提及的吉多·卡拉布雷西（Guido Calabresi）的观点。[122] 卡拉布莱斯告诉我们，事故法应当旨在减少事故成本的总额。在此方面，他区分了初级、次级及三级事故成本。初级事故成本指可预见的损害以及预防事故的成本；次级事故成本指最佳地分散损失的成本；第三级事故成本是侵权法制度的管理成本。在卡拉布莱斯的框架中，

---

119 参见 A. R. Bloembergen（见前注17）pp. 15 – 16 以及 T. Hartlief（见前注10）p. 30.
120 参见：M. Faure, Regres in een rechtseconomisch perspectief, in: W. H. van Boom/T. Hartlief/J. Spier (eds.), *Regresrechten. Afschaffen, handhaven of uitbreiden?* (1996), pp. 45 – 71.
121 在此处，将会回答问题3.5，该问题就是社会保障机构对引起损害的人是否享有追索权。
122 参见 G. Calabresi, *The costs of accidents: a legal and economic analysis* (1970) 以及 G. Calabresi, *Some thoughts on risk distribution and the law of torts* (1961), pp. 499 – 553.

应当降低那些成本的总额。这通常是困难的，因为虽然拥有精炼而且复杂的责任规则并最佳地降低初级事故成本令人向往，但这样一种精炼的制度可能实施起来费用昂贵而且会随之导致过高的三级成本。因此，在一些情况下，有必要在彼此之间权衡这些成本，以便实现在总体上减少事故成本的目标。

88 我们从经济角度考虑追索问题也是格外重要的。考虑到侵权法的经济出发点，也不难发现追索权的经济学解释。经济分析的起点是导致风险的加害人必须承担其行为的全部成本，这将促使他考虑最佳的边际成本/边际效益以减少风险。排除追索权即意味着一部分损害不能被移转给加害人，而加害人将不会有最强的动力去预防损失。从而，追索权的排除将必然导致威慑不足。因此，经济分析可以为赋予商业及社会保险人对在侵权法上应当负责的加害人享有追索权之必要性提供简单的理由。

89 如果加害人受到责任保险的保护，情况也是如此。在那种情况下，追索——比如社会保障机构进行的追索——将意味着对责任保险人行使追索权。然而，后者会最佳地区分风险，而且将这种增加了的风险（由于追索）列为被保险之加害人的保单条件。在理论上，这可能意味着对责任保险人进行追索等同于增加保费或者强加其他保单条件以加强事故之预防。其他人也认为，社会保障机构的追索权对于实现成本的正确分配是必要的。[123] 如果社会保障机构没有追索权，这将导致威慑不足，而且加害人（以及他的保险人）没有完全承担他们造成的风险。再次，这对成本分配会起到反作用。

90 因而，如果有人信赖经济分析的出发点（即侵权法为预防提供动力），那么追索权仅能被认为是侵权法的逻辑结果和必要附加。显然，仅当某人认为侵权法本身还具有预防功能时，这才是正确的。

---

123 参见 T. Hartlief/G. E. van Maanen, Regresrecht voor werkgevers ter zake van loonbetalingen na letseltoebrenging door een derde, [1996] *Sociaal Recht*, 5.

例如，如果是在交通责任的情形下，有人可能会辩驳说侵权责任不再具有威慑功能，那么使追索权建立在预防理念之上就会变得毫无意义。[124] 问题的确在于，在一些情形下，加害人被认定应当承担侵权责任（准确地说，由于赔偿受害者之原因）；而且在侵权责任不应当影响他们的动力的情形中，也是如此。在那些情况下，我们也可以怀疑追索的有效性。

用卡拉布莱斯的话说：一眼望去，追索权似乎对实现最佳地减少初级事故成本而言是必要的。然而，鉴于追索可能会导致高额的三级成本，很可能追索对预防产生的这些影响是值得怀疑的。如果三级（管理）成本相对于（可疑的）威慑益处而言高得离谱的话，追索权的行使将会导致社会损失。

3. 涉及的管理成本：一些荷兰数据

与管理成本范围有关的问题随之产生。问卷也恰好问到了与社会保障和侵权法之间的影响以及交易成本有关的数据。[125] 显然，获得精确的追索成本数据是困难的。然而，仍可给出一些数据。有人认为，在荷兰，在所有人身伤害追索诉讼中，有95%发生在交通责任的情形下。[126] 这允许我们提供一些追索成本的初步情况。布隆伯根（*Bloembergen*）认为，在责任保险人为人身伤害支付的全部金额中，有1/3被支付给了行使追索权的（商业或社会）保险人。[127] 他认为，在1980年，在责任保险人支付的所有金额中，有2/3是被支付给了社会保险机构。[128] 责任保险人已经承认，在因人身伤害而支付的金钱

---

[124] 参见 T. Hartlief, Het aansprakelijkheidsrecht en de macht van het getal, [1995] *Nederlands Juristenblad*, 118–125.

[125] 参见问卷中的问题 3.9–11。

[126] 更多详情请参见：M. Faure（见前注 106）p. 54.

[127] 参见 A. R. Bloembergen, Naar een nieuw ongevallenrecht I, [1973] *Nederlands Juristenblad*, 969.

[128] A. R. Bloembergen, De invloed van verzekeringen, [1980] *Nederlands Juristenblad*, 182.

中，大约有50%是在追索权的框架下进行的。[129] 责任保险人也确认，在1983年，由荷兰汽车保险人支付的全部人身伤害赔偿金大约有10亿荷兰盾。在这个数字中，5亿荷兰盾被支付给行使追索权的机构。

此外，也有人预测了行使追索权的成本。有人估计，机构行使追索权的成本大约达到了其所得的15%。[130] 不仅如此，我们必须考虑责任保险人一方支出的交易成本。如果我们假设这些在原则上不会低于进行追索方的交易成本的话，这就意味着，在全部损害（赔偿金）中有30%将成为进行追索的管理成本。显然，这已经引起了布隆伯根等人的严厉批评，这些批评涉及追索权的有效性。[131]

显而易见，这些预测并非特别准确，而且仅构成管理成本的表征。然而，它可以表明，处理追索诉讼的管理成本可能的确是相当大的，而且是不应被忽视的。知情人透露，管理成本的确有那么高，因为在荷兰进行追索的法律环境显然是高度复杂的。事实上，并不存在一般规则，而且几乎每一个单独的社会保障法都有一个不同的追索机制。[132] 一个关于追索的复杂法规必然会导致高额管理成本。这些管理成本还会增加，因为进行追索的金额有时是十分小的。在冲突和混乱当中，处理许多不同的小额诉讼的管理成本显然要比仅处理少量涉及大宗金钱诉讼的管理成本高得多。一些专家估计，在追索诉讼上，处理因交通事故而发生的人身伤害案件的责任保险人将

---

[129] 参见 M. Faure（见前注107）p. 55.
[130] 这些数额是由布隆伯根在1973年通过实证方法估算的（A. R. Bloembergen, *Nederlands Juristenblad*, 1006）而且可以在 an Advice of the Social Economic Council 中发现（批判性分析请参见：T. Hartlief/G. E. van Maanen, Regres bij volksverzekeirng; de dader heeft het gedaan, [1994] *Nederlands Tijdschrift voor Burgerlijk Recht*, 75 – 78）.
[131] 参见 A. R. Bloembergen, [1973] *Nederlands Juristenblad*, 969 以及 A. R. Bloembergen, Het SER-rapport over regresrecht: een fout verhaal, [1994] *Nederlands Juristenblad*, 120 – 121.
[132] 关于荷兰追索权的概述，请参见：W. H. van Boom（见前注106），并参见：T. Hartlief/R. P. J. L. Tjittes（见前注104）pp. 69 – 111.

花费25%的精力。[133]

如果这一个与在荷兰追索的管理成本有关的数据是正确的,那么进行追索似乎谈不上是有效的。仅当以威慑形式存在一种弥补性的优点时,它才是有效的。然而,如果有人留意了荷兰好/坏(bonus/malus)制度在交通事故案件中的运行方式的话,这种威慑效果就是极为可疑的。在许多情况下,行使追索权不会对保险费产生影响。用布隆伯根的话说:加害人将绝不会发现追索已经将手伸向了他的钱包。[134] 现在在荷兰,追索诉讼因此似乎仅导致了高额的管理成本,而不具有清晰的赔偿益处。

4. 荷兰的追索:当下的发展

在讨论荷兰那些旨在解决这些低效的改革趋势之前,首先简要回顾与赔偿权领域有关的变化趋势似乎是有意义的,这些趋势可能会影响到责任保险人承担的责任。

5. 赔偿权的重要性

在追偿权中,民事责任和社会保障制度聚集到了一起。追偿权与(社会)保险人向加害人索取它们已经支付给受害者的金额有关。这种赔偿范围显然可能会对责任的总范围产生重要的影响。例如,在荷兰,只要受害人已经从(社会)保险人处获得了补贴,他可以向保险人请求的金额将会被扣减,这是一般规则。然而,这并不是要让加害人获益,因为向受害者付款的保险人可以行使追索权,要求加害人返还自己已经支付给受害者的款项。这可能意味着,对于一名加害人或者他的责任保险人而言,无论他们是否必须向受害者本人或者他的保险人付款,结果都是一样的。在理论上,加害人应当支付的损害赔偿金总额在两种情况下都应当是相同的。然而,这

---

[133] M. Faure(见前注107)p. 56.
[134] A. R. Bloembergen, [1994] *Nederlands Juristenblad*, 119.

是理论。在实践中，追偿权通常都是受到限制的。[135]

6. 限制

98　　的确，在实践中，追偿权的范围通常都没有受害者的原权利大。例如，当加害人和受害人属于同一个家庭时，在行使追偿权时就存在一些问题。尽管原则上，正常的侵权法规则也可适用于家庭成员之间，但荷兰法通常会在那类特殊的情形中排除适用追偿权。[136] 这种限制不仅对于荷兰的情形而言是典型的，而且也适用于德国[137]和法国。[138] 由于追偿不可能存在于一个家庭内部，因此我们可以说，加害人和他的保险人自该限制获益了。

99　　例如，当保险人是受害者／雇员的雇主或者同事时，存在相似的限制。根据荷兰法，在那些特殊的案件中，追偿权也被排除了。[139] 再次，这种限制并非荷兰特有的。例如，它也适用于法国。[140] 显然，这种限制在企业责任的案件中格外重要。在许多与工作有关的事故中，它排除了追偿权。顺带提及，荷兰政府正在考虑撤销这种限制，以便扩大追偿权的范围。

100　　在追偿权上的另一种限制确实是荷兰所特有的。[141] 根据这一规则，（社会）保险人试图起诉加害人的责任规则基础对于了解是否存在追偿权具有决定性的作用。如果针对加害人的诉讼是根据经典的侵权法规则提起的，就不存在问题而且可以行使追偿权。然而，如

135　关于其他欧洲国家的情况，主要参见：S. B. de Haas/T. Hartlief（见前注113）以及 S. J. A. Mulder, *Subrogatie* (1988)。

136　参见 T. Hartlief/R. P. J. L. Tjittes（见前注104）pp. 85–87。

137　《保险合同法》第67条以及《社会法典》第116条。

138　《保险法典》第 L121–12 条。

139　T. Hartlief/R. P. J. L. Tjittes（见前注117）p. 95。

140　《保险法典》第 L121–12 条。

141　这可以在所谓的"追索权临时安排"（*Tijdelijke regeling verhaalsrechten*）中发现（被规定于《荷兰民法典》第6编第197条）参见：G. E. van Maanen/P. Römers, De tijdelijke regeling verhaalsrechten,［1994］Ars Aequi Libri。

果加害人的责任是以新荷兰民法典下的严格责任为基础的，追偿权就不能以相同的严格责任规则为基础，而仅可以一般的过失规则为基础（《荷兰民法典》第6编第162条）。

7. 追偿权的扩张

这些例子表明，尽管在理论上行使追偿权的（社会）保险人和受害者地位相同，但实践中根本不是如此。在很大程度上，责任保险人获益于追偿权上的这些限制。他们必须向进行追偿的社会保障人支付的金额比他们本来应当直接向受害人支付的金额更少。在荷兰，关于扩大社会保险人的追偿权，近来展开了一场辩论。这种追偿权的扩张是以这一理念为基础的，即追偿权将会对事故的预防产生积极的效果，而且将使事故成本获得充分的分配。最近，《荷兰民法典》第6编第107a条为被迫在雇员因病离岗期间仍支付工资的雇主引入了一种追偿权。[142] 在其他国家，例如比利时和法国，雇主已经依据普通侵权法规则拥有了一项追偿权。扩大追偿权显然扩大了加害人及其保险人的责任范围。此外，在荷兰，政府也正考虑在劳动事故情形下取消上文讨论的追偿权上的限制。的确，在此方面，我们可以参照这一事实，即荷兰政府考虑废止对同事追偿权的排除。

因此，我们可以得出结论，尽管许多欧洲国家在传统上都为第一方保险人设置了追偿权，但这些权利受到的限制通常都比受害者自己可以向加害人或者加害人的保险人行使的权利多。这些限制显然有利于加害人及其保险人。如果存在要扩大这种追偿权的趋势，责任的范围也将会被放宽。

8. 集体追索

现在让我们回到是否这种增强追偿权的趋势可以被认定为高效

---

142 参见关于这种私有化的讨论，私有化追使雇主在上述第4C条的1年时间内继续支付工资。

率的问题上来。我们刚刚主张，在理论上，追偿权可以更好地促进事故预防，但是在实践中，由于责任保险人在行使追偿权之后几乎没有再实施过充分的事后控制，因此这种威慑效果是值得怀疑的。因此，仍然存在高额的管理成本。这就显然产生了是否可以发展出一些方法的问题，该问题可以降低管理成本。在此方面，我们可以回顾一下社会保障机构和社会或商业保险人签订的规范分摊损害赔偿金问题的协议。[143]

由于个人追索明显会涉及大量管理成本，因此许多专家都把在荷兰进行追索的方式描述为"围着钱乱跳"。正是因为这个原因，荷兰保险人显然十分愿意由社会保障机构废止个人追索。[144] 显而易见，保险人的利益是各自独立的。面临（高额）追索诉讼的责任保险人显然十分厌恶它们，但是，可以利用追索的第一方保险人仍然为这一机制进行辩护。[145] 考虑到追索的高额三级（管理）成本，荷兰保险人已经考虑了一个可以降低这些管理成本的制度，旨在建立一个同时仍可充分分散风险的制度（降低次级成本）。因此，有人提出了所谓的"集体化"追索的想法，而且在一定程度上，这种想法已经在荷兰实施了。[146] 顺带提及，追索的集体化并不仅是荷兰的现象。范博姆列举了德国和法国的一些例子。[147]

其中一个简单的理念就是追索不应当再发生在个人身上，其发

---

143 准确地说，这就是问卷 3.7 提出的问题。
144 他们可以自 A. R. 布隆伯格的作品中获得一些支持他们观点的论据，参见：A. R. Bloembergen，［1973］ *Nederlands Juristenblad*，1006 以及 A. R. Bloembergen， *Nederlands Juristenblad*，695 及 705。
145 参见：J. O. Möller, Erosie van het verhaalsrecht bij ziektekostenverzekeringen, ［1992］ *Nederlands Juristenblad*, 1109 – 1111。
146 参见：A. R. Bloembergen，［1994］ *Nederlands Juristenblad*，122，以及 T. Hartlief/G. E. Van Maanen, *Sociaal Maandblad Arbeid*, 302。亦可参见：W. H. van Boom（见前注 101）pp. 116 – 119 以及 T. Hartlief/R. P. J. I. Tjittes（见前注 104）pp. 107 – 110。
147 参见：W. H. van Boom（见前注 104）p. 117，同样参见 S. B. deHaas/T. Hartlief（见前注 112）p. 7。

生应当以集体为基础。这即意味着，在社会保障机构已经支付的赔偿金中，有一部分将会被移转给责任保险人。这种集体方式的优势在于，不存在双方的个人追索成本。当下，荷兰已经有了一些集体追索的尝试。[148] 从经济角度分析，我们显然可以在这种集体追索无论如何不会降低初级成本这层意义上批判"集体化"：责任保险人赔偿全体人，好风险和坏风险之间没有任何区别。然而，我们注意到，在今天的荷兰，个人追索也没有导致任何风险区分。因此，结论十分简单：由于当下荷兰的个人追索没有对降低初级成本起到积极作用，因此集体追索也不会产生这种作用这个事实不应当过多地干扰政策制定者。然而，虽然集体追索可能不会影响个人加害人采取的预防措施，但它可以对安全产生其他一些影响。经济学家已经指明了这一事实，即事故风险不仅可以通过潜在的加害人更为谨慎的行为（更高的预防）降低，而且可以通过降低活动水平来降低。[149] 如果集体追索意味着比如汽车驾驶人的责任保险人，必须向社会保障机构缴纳一大笔钱的话，那么他们将会将集体诉讼转嫁至汽车驾驶人应当支付的保险费当中。因此，集体追索将会引起更高的保费，而且从可以降低高风险行为的活动水平之意义上讲，可能会由此产生一种积极作用。

此外，集体诉讼无疑会对次级事故成本（风险分散）产生积极影响。由社会保障机构支付的赔偿现在被移转给责任保险人，并进而被移转给了引发风险的加害人。因此，集体追索可以充分地分配风险，因为那些引起风险的人集体为此买单了。然而请注意，仅可以在集合体的层面上这样说。集体诉讼并不保证所有加害人群体中的个人风险区分。

最后，还是在三级事故成本（管理成本）方面，集体追索可能

148　详细描述请参见：S. B. deHaas/T. Hartlief（见前注113）p. 23.
149　P. Diamond, Single activity accidents, [1974] *Journal of Legal Studies*, 107–164.

具有一种显著优势。[150] 由于责任保险人只需与社会保障机构就自己必须支付的金额磋商一次，因此集体追索十分简便。这些费用将会比当下的个人追索成本低很多。[151]

106　　　显然，集体追索现在在荷兰被视为一种理想的模式，但是它还需要满足一些限制和条件。首先，集体追索的有效性只能在特殊的荷兰背景下体现，因为在这里，适用既有责任保险经验等级（好/坏制度）的低下效率不能促进初级事故成本的降低。由于据说95%荷兰人身伤害案件追索诉讼发生在交通责任案件中，这一结论仍是正确的，因为在那类案件中，几乎不存在因个人追索而发生的事后控制。然而，在其他案件中，假如进行追索也对政策条件产生了影响，那么个人追索可能有利于降低初级事故成本（例如，在公司责任的案件中）。

107　　　第二，只有当集体追索的追索人与付款人之间的交易成本的确很低时，集体追索的管理成本更低这件事才具有根据。在荷兰拥有这一正面经验的特殊案件中，双方群体（社会保障机构和责任保险人）都是有组织的，这可以降低交易成本。如果我们考虑到个人雇主可以向应当负责的第三人之保险人进行追索，那么结果就会完全不同。保险人希望与所有潜在的、可能涉及的雇主进行协商的交易成本必然是巨大的。因此，追索主体的多元性可能会抑制集体追索的有效进行。[152]

108　　　第三，参与其中的追索群体实际上仍有必要是足够大的。对于责任保险人而言，如果仍存在许多其他人通过付出高额管理成本进行个人追索的持续风险，与相对较小的追索群体达成合意的作用就

150　W. C. T. Weterings, *Vergoeding van letselschade en transactiekosten, een Kwalitatieve en kwantitative analyse*（1999）一文也对荷兰处理侵权法诉讼的管理成本进行了评估。

151　对集体追索的经济分析，参见：M. Faure（见前注107）pp. 63 – 65.

152　S. B. deHaas/T. Hartlief（见前注113）第45页也是如此。

不是太大了。

尽管追索的集体化仍处于初始阶段，但它可能会是未来荷兰的重要发展，而且会对社会保障和侵权法之间的关系产生重要的影响。

七、结论

通过回答本项目的基本问题（在侵权法和社会保障法之间是否存在根本差异），借助法律的经济分析以及荷兰经验，我们主张两种制度的确具有不同的原则、目标以及出发点。虽然侵权法欲通过威慑预防损害，但社会保障也强调损害的预防，只是后者主要还是一个赔偿制度。社会保障根据"风险社会"理念提供各类基本赔偿：无论疾病或伤残的原因何在，社会保障都会提供赔偿。相反，侵权法自"谁导致损失谁赔偿"的原则出发，仅当满足特定条件（传统上是过错）时才移转损失（从受害人到加害人）。如果我们注意到两个制度的经济来源，就同时可以注意到这些差异。我们通过借助医疗赔偿的例证来证明这种观点。在社会保障中，医疗赔偿基本上是通过收入依赖型保险费提供资金，以好风险和坏风险之间的互助为基础。而侵权法提供的赔偿基本上是由加害人或其保险人提供资金的。保险既是以风险分配，又是以风险区别为基础的。因此，商业保险的本质就是收取风险依赖型保费。

尽管我们可以由此指出侵权法和社会保障之间的显著差异，但二者之间也通过使社会保障机构可以借助侵权法要回已支付款项的追索权彼此联系起来。

除了这些传统的出发点以及原则，我们还简要介绍了，自上世纪90年代以来，社会保障制度的蓝图不断变化，在替代收入领域，变化尤其明显。社会保障制度承担的压力在替代收入领域也尤为显著。在由雇主支付了一年的病假工资之后，雇员将会被列入所谓的伤残保险计划中，然而，该计划仅提供具有严格时间及数额限制的收入损失赔偿。在荷兰，社会保障范围的缩减同时伴随着责任承担压力的增加。我们介绍了雇主责任的例子，证明更多受害者在较低门槛上请求更多赔偿，而且判例法似乎对朝着这些较低门槛的发展有很大帮助。增加侵权法压力的趋势伴随着社会保障实施者追偿权的扩张产生。一些人认为，两种趋势（缩减社会保障＋扩大责任范围）的结果使受害者现在想要"两全其美"，至少在侵权法中：他们希望（保持着）社会保障赔偿的低门槛与侵权法全部赔偿的结合。这种发展的结果可能会危及到责任的可保性。荷兰逐渐增长的"索赔文化"已经为荷兰保险人的保险制度带来了一些变化，转变为一种由诉讼构成的保护制度。这可能是一种危险的趋势，因为不可保性（以及由诉讼构成的保护制度）可能最后导致受害者的处境变为不能再借助侵权法获得赔偿。

113　　另一方面的结果是诉讼将会越来越多地依赖侵权法进行，即使在与侵权法制度的传统功能不符的情况下也是如此。相反，由于缩减了社会保障并且具有不可保的风险，也会危及两种制度的赔偿功能。

114　　这就产生了这样一个问题，即荷兰的近期发展是否应当引起对侵权法和社会保障各种功能的根本思考。重新思考这些根本功能，以便提供一个混合两种制度的替代制度似乎是重要的，该制度也能保证最佳预防以及对事故受害者的最佳赔偿。

第三部分
比较报告

The Impact of Social Security
Law on Tort Law

人身伤害领域社会保障法对侵权法的影响

乌尔里希·马格努斯

一、比较报告之内容及方法概述

本报告的核心目的在于说明：在具有代表性的西欧国家中，社会保障法是否影响了侵权法？如果影响了，它又是如何影响的？我们将比较各个国家的报告，进而会就社会保障法在人身伤害赔偿领域对私法之侵权法的影响提出一般性的结论。为了达到这一目标，随后的报告将总体上遵循问卷的顺序，该顺序构成了十一个国家的报告以及与该主题有关的法律及经济观点报告的基础。在简要回顾了历史（下文二）之后，本报告将处理一般性问题并对它们进行比较，这主要与社会保障保险的范围有关（下文三）。本文会详细论述侵权法与社会保障法的独特之处以及二者之间的关系（下文四及五）。也必然会讨论被调查国家的改革思考（下文六）。而且为了反映国家法律规则具有的实践意义，也需要讨论不同国家对假设案例的解决办法（下文七）。最后，将会详细阐述一些一般性结论。

对于比较时所运用的方法，本文将会遵循功能方法。这即意味着，比较的起点是特定的——社会问题，而且要调查该法律问题在不同法律背景下是如何获得解决的。[1] 例如，追索问题就是从这样一个角度进行分析的，即一个法律体系对社会保障机构已经支付了本应也由商业保险人负责的损害赔偿款项这件事作何种反应。正如各个国家的报告所体现出的那样，追索诉讼——如在许多被比较的国家中——可能并不鲜见，但至今它并不是该问题的唯一答案。因此，仅比较多种类型的追索诉讼并非所有可能的解决方案。

二、历史背景

3 　　虽然有关私人侵权责任的规定可以追溯至《汉谟拉比法典》（约公元前1750年），但现代意义上的社会保障法仅产生于19世纪。截止至19世纪末期，许多国家开始建构社会保障制度，起初仅为工人构建，后来也为各国的其他人员构建。[2] 主要模式是德国俾斯麦的社会保险立法。[3] 简言之，该模式规定，设立一个由雇主和雇员所缴纳的保险费提供资金的国家机构，在雇员因劳动事故、职业病或者年迈而无法工作时向他们提供经济救济。为了巩固且扩大社会福利，社会保障立法及举措在20世纪有了显著的增长。针对劳动事故或其他事故、职业病或一般疾病、工作伤残及一般伤残的保护都逐步得到改良及扩展。[4] 不仅如此，被保护的个人应当为救济金作出贡献（应当已经购买了社会保险）这种观念已逐渐被舍弃了。提供社会保

1　关于这种方法，参见：K. Zweigert/H. Kötz. *An Introduction to Comparative Law* (3rd ed 1998) 33ss.
2　奥地利的发展参见：霍尔策报告页边码10；法国的发展参见：卡瓦尔报告页边码4。
3　例如，这也是希腊的模式，参见：克雷姆利斯、斯卡拉库、斯皮罗普洛斯报告报告页边码22，在一定程度上是比利时的模式：库西、卓夏武特报告页边码2。而且它也启迪了西班牙制度：帕斯·加西亚·鲁维奥、莱特、戈麦斯·阿韦列拉、费雷罗报告页边码9。
4　比利时参见：库西、卓夏武特报告页边码1；显然，瑞典参见：文德尔报告页边码6及以下。

障以避免多种人生风险被认为是国家的主要任务。这已显著地由荷兰的经验证明了。在荷兰,上世纪70年代的社会保障费用约达国民收入的30%,由此也成为全国人民关心的话题。[5]

尽管社会保障法的扩张发展,传统侵权法本身仍为有效——几乎没有改变——而且继续提供保护以避免多种人身伤害结果。两种保护制度在损害发生后都介入其中,都赔偿一些损害,而且两种制度在相当大的范围内发生了重叠。在一定程度上,在社会保障法的适用范围内,侵权法无论如何都被排除适用了。[6] 当侵权损害赔偿请求权与社会保障救济金同时发生时,经常启动一轮追索诉讼。随着社会保障法重要性的提高,有人称侵权法已经丧失了主要地位。下文将会更加细致地研究这个方面的现状。

三、一般性问题

1. 定义

为了能够实现本次研究的目的,"人身伤害"指任何身体损伤,它的结果(伤害、疾病、长期残疾)或原因(事故、疾病、另一个人的行为)均在所不问。

"社会保障法"、"社会保障制度"或"机构"诸词被认为指国家颁布的法律以及由国家控制,至少是由国家管理的计划或机构,无论它们以何种形式出现,都在人身伤害的情况下执行着给付救济金的任务。尽管一些国家不认为国民健康计划是社会保障制度的组成部分,[7] 但在本次研究中,它被包括在"社会保障法或制度"一

---

5 杜佩龙、范博姆报告页边码2。
6 这是俾斯麦模式中的解决方案,而且依然是德国劳动事故领域中的情况,对照费德克、马格努斯报告页边码13。
7 瑞典的情况,参见:文德尔报告页边码4。

词中。从所有国别报告可以清楚地看到，社会保障被认为是现代国家的一个核心任务。同样清楚的是，存在多种形式的组织，从自己管理、国家监管[8]的机构到半国家半私人的机构[9]，再到主要由国家经营的机构。[10] 但是也必须强调的是，随着时间推移，国家参与的范围也是在剧烈变化着的。因此，例如在荷兰，近期的修订回到了一定程度的私有化，以便降低国家的社会福利开支。然而，社会保障涉及一种国家因素，这是一种强制保护因素，这种因素是与此相对的避免身体伤害结果的私法保护形式所没有的。在许多社会保障计划中，潜在受害者被迫为自己的保护缴纳保费，但对于商业保险，则只可能强迫潜在侵权人购买。

2. 社会保障制度之比较

a) 没有单一的社会保障制度

7 尽管对欧洲社会保障制度进行普遍研究已经超出了本次研究的范围，但必须注意的是，似乎没有哪个国家采用单一而且包罗万象的、以所有与人身伤害风险有关的措施为特征的社会保障保护制度。被调查的国家拥有相当复杂而且混乱的社会保障制度——由许多单独的根须组成，其主要原因可在传统以及从仅有的工人赔偿计划到广泛的社会保障保护的历史发展过程中发现。

8 这甚至也适用于荷兰。在所有被调查的国家中，荷兰似乎现在已经采纳了最为宽泛的社会保障制度，因为它向普通人"提供适当经济保护以避免生活中的各类风险，例如生病或伤残、失业、养家糊口的人去世、衰老以及抚养儿童的费用。[11] 然而，即使在这一体系

---

[8] 奥地利：霍尔策报告页边码1。
[9] 希腊：克雷姆利斯、斯卡拉库、斯皮罗普洛斯报告页边码1；瑞士：鲁莫－琼戈报告页边码2；相似的德国：费德克、马格努斯报告页边码1；荷兰：杜佩龙、范博姆报告页边码9。
[10] 英格兰与威尔士：刘易斯报告页边码1；意大利：科曼德、波莱蒂报告页边码1。
[11] 杜佩龙、范博姆报告页边码4。

下，其他预防着包括疾病在内的身体伤害风险的保护计划与国民保险计划同时并存。[12] 瑞士的情况也是如此。在瑞士，所有人都必须投保以避免伤害、疾病、孕产的医疗费以及衰老及残疾的风险。[13] 然而，保护的范围会因属于社会保险的不同分支而差别较大。法国和西班牙的情况与此相似。法国已于 1999 年引入了一个一般健康计划。[14] 但是许多单独针对特殊群体的计划仍具效力。[15] 在西班牙，1994 年的一部法律已经确立了一种社会保障制度，该制度保护所有国民以避免直接的人身伤害（包括疾病）医疗费用等。[16] 但是，如果特定群体——工人、学生——已经为该计划缴纳了费用，他们就享受更广的保护。[17] 与此相似，瑞典的大规模福利制度是由不同机构管理的多个子制度组成的。[18]

因此，对于所有被调查的国家皆是如此，即不同立法以及不同机构管理着预防特定社会风险的保护，也即一方面是劳动事故及职业病风险，另一方面是健康保险以及更多为预防诸如失业、退休等其他社会风险而设计的计划，[19] 但后者这些计划超出了本次研究的范围。有时，为了说明不同子制度的结合构成了"整个"社会保障制度，使用了不同"支柱"的比喻。[20] 在与侵权法进行比较这一点上，

---

[12] 杜佩龙、范博姆报告页边码 3-4。
[13] 鲁莫-琼戈报告页边码 15。
[14] 参见：卡瓦尔报告页边码 4。
[15] 卡瓦尔报告，同上注。
[16] 帕斯·加西亚·鲁维奥、莱特、戈麦斯·阿韦列拉、费雷罗报告页边码 1。
[17] 帕斯·加西亚·鲁维奥、莱特、戈麦斯·阿韦列拉、费雷罗报告页边码 2-3。
[18] 文德尔报告页边码 8。
[19] 奥地利的情况参见：霍尔策报告页边码 1；比利时：库西、卓夏武特报告页边码 3 及以下；法国：卡瓦尔报告页边码 1 与 4；德国：费德克、马格努斯报告页边码 1；英格兰与威尔士：刘易斯报告页边码 19；希腊：克雷姆列斯、斯卡拉库、斯皮罗普洛斯报告页边码 1；意大利：科曼德、波莱蒂报告页边码 1；荷兰：杜佩龙、范博姆报告页边码 7-8；西班牙：帕斯·加西亚·鲁维奥、莱特、戈麦斯·阿韦列拉、费雷罗报告页边码 1；瑞典：文德尔报告页边码 8；瑞士：鲁莫-琼戈报告页边码 3。
[20] 德国的情况参见：费德克、马格努斯报告页边码 1；瑞士：鲁莫-琼戈报告页边码 3。

有必要牢记的是，社会保障法涉及无数不同机构，具有复杂且广泛的管理机制。即便是提供保护以免遭受人身伤害风险的任务，也有条不紊地由不同社会保障分支及机构执行着。这也是奥地利、[21] 比利时、[22] 德国、[23] 希腊、[24] 意大利、[25] 荷兰、[26] 瑞典[27]以及瑞士的情况。[28] 基于语言方面的原因，下文依然使用"社会保障机构"一词来指称所有那些各异的法规及组织。

b）组织

10　　然而，国别报告也体现出，在存在国家组织的保险计划、申请人必须属于被保护的群体而且通常必须向特定社会保险机构缴纳费用的意义上，事故及疾病的社会风险经常是通过社会保险计划的方式处理的。[29] 但是其他类型的社会保障保护同样也会通过国家基于各种保护目的——例如，保护逃逸司机引起的交通事故中的受害者等——而组建的基金处理。[30]

11　　因此，尽管社会保险计划仍是最为重要的形式而且（如上所述）是现代福利制度的起点，但是，不仅各国的社会保障计划各不相同，而且每个国家都适用许多不同的保护方式。

c）商业保险

---

[21] 霍尔策报告页边码1。
[22] 库西、卓夏武特报告页边码6及以下。
[23] 费德克、马格努斯报告页边码1。
[24] 克雷姆利斯、斯卡拉库、斯皮罗普洛斯报告页边码1。
[25] 科曼德、波莱蒂报告页边码1。
[26] 杜佩龙、范博姆报告页边码35。
[27] 文德尔报告页边码4及8。
[28] 鲁莫-琼戈报告页边码3。
[29] 参见，奥地利：霍尔策报告页边码1及4；比利时：库西、卓夏武特报告页边码9及以下；德国：费德克、马格努斯报告页边码1；希腊：克雷姆利斯、斯卡拉库、斯皮罗普洛斯报告页边码15；荷兰：杜佩龙、范博姆报告页边码3；西班牙：帕斯·加西亚·鲁维奥、莱特、戈麦斯·阿韦列拉、费雷罗报告页边码2及以下；瑞典：文德尔报告页边码4及以下；瑞士：鲁莫-琼戈报告页边码1。
[30] 尤其参见意大利的报告：科曼德、波莱蒂报告页边码1及7。

虽然超出了当下项目的范围，但在处理社会保障法和侵权法之间的关系问题时，不能完全忽视商业保险以及商业保险法。在一定程度上，商业保险可以取代社会保障法，因此二者可以相互替换。[31] 任何潜在的受害者都可购买第一方保险以避免遭受疾病及事故风险，而且显然这种情况十分普遍。[32] 如果规定这种保险保护具有强制性，其结果或多或少会与由被保险人群体提供全部资金的社会保险计划的结果一致。[33] 纵然那些引起了特定风险的人（因此他们需要在造成他人人身伤害时承担责任，例如驾驶车辆等）必须购买第一方保险，其效果也与社会保障保护相似。[34] 进而就会面临这一问题：哪种制度更为有效、能更好地提高预防程度并且在面临政权更迭以及破产风险时更具保护力。[35] 因此，社会保障可能会（而且在一定程度上会）被商业保险保护取代。尽管我们无法得出在本项目的研究范围内商业保险法对侵权法的影响，但我们必须将此牢记于心。

3. 社会保障救济金的范围

所有国别报告都指向了这一事实，即因身体伤害而给付的社会保障救济金仅构成以社会保障名义给予的所有救济金的一部分（尽管是重要的一部分），[36] 或者正如英国报告中描述的那样，社会保障

---

[31] 对于比利时的情况（以及与此有关的特殊EC规则），比较库西、卓夏武特报告页边码5。

[32] 尤其参见英国的报告：刘易斯报告页边码8及以下，以及富尔、哈特列夫报告的报告中页边码22及以下。

[33] 另外可大量参见富尔、哈特列夫的报告，同上注。

[34] 至少当受害者被赋予了一项针对商业保险人的直接请求权时。

[35] 关于此点参见：富尔、哈特列夫报告，同上注。

[36] 奥地利：霍尔策报告页边码1；比利时：库西、卓夏武特报告页边码6及以下；法国：卡瓦尔报告页边码1；德国：费德克、马格努斯报告页边码6；英格兰与威尔士：刘易斯报告页边码1；希腊：克雷姆利斯、斯卡拉库、斯皮罗普洛斯报告页边码1与3；意大利：科曼德、波莱蒂报告页边码1；荷兰：杜佩龙、范博姆报告页边码4；西班牙：帕斯·加西亚·鲁维奥、莱特、戈麦斯·阿韦列拉、费雷罗报告页边码1；瑞典：文德尔报告页边码5；瑞士：鲁莫-琼戈报告页边码3。

法"为社会最弱势群体提供帮助，他们的处境是由事故还是疾病造成则在所不问"。[37]

4. 社会保障对人身伤害的保护范围

当论及国家社会保障制度为遭受身体损伤之人提供保护的范围时，必须考虑不同类型的损害。首先就是医疗费用；其次是因部分或全部、短期或长期生产能力受损而导致的收入损失等经济性损失。[38] 正如下列国家的调查研究所表明的那样，社会保障提供的保护会因损害的类型不同而存在相当大的差异。本次调查研究也揭示出一种奇怪的见解，即给予的社会保障保护越少，商业保险就越重要。

• 在奥地利，据估计，提供医疗以及伤残救济金的社会保障计划保护着99%的人口。[39]

大约30%的人购买了商业保险以及意外保险，这主要是为了确保社会保障计划以外的救济金。[40]

• 在比利时，几乎所有人都有权获得医疗救治，然而在补偿的医疗费用上存在一些限制条件。[41] 丧失劳动能力以及收入损失的赔偿取决于受害者是否是一名雇员、公务员或者独立经营者。[42]

• 法国在1999年引入了一种普遍的健康计划〔全民健康保险（*la couverture maladie universelle*）〕，该计划保护所有合法居住于法国的人，并且覆盖了大部分医疗费用。[43] 收入损失由专门的计划进行保护，这些计划仅适用于特定群体。[44]

商业保险在填补保护空白方面发挥着重要的作用，因为为了预防过

---

[37] 刘易斯报告页边码2。
[38] 关于此点同样参见：鲁莫-琼戈报告页边码7及以下。
[39] 霍尔策报告页边码8。
[40] 霍尔策报告页边码9。
[41] 库西、卓夏武特报告页边码12。
[42] 库西、卓夏武特报告页边码10、13。
[43] 卡瓦尔报告页边码4-5。
[44] 卡瓦尔报告同上注。

度开支，社会保障将一部分费用［所谓的共同支付（*ticketmodérateur*）］留给了患者。[45]

- 在德国，覆盖医疗费用的社会健康保险大约保护着90%的人。[46]

预防生产能力受损后果的社会意外保险保护着大约85%的人口，也即所有雇员以及在教育机构中学习的人。[47] 商业保险不仅在填补社会保障制度留给受害人一部分（尤其是医疗）费用的空白方面具有重大意义，而且在社会保障机构根本没有提供保护的空白方面，例如在所谓的"假期意外"（*Freizeitunfälle*），有重要意义。[48]

- 在英格兰及威尔士，每个人都会或多或少地受国家保护以免遭受身体损伤或患病之风险。救济金的水平取决于受害人是否是雇员。[49]

然而，商业健康及意外保险也发挥着一定的作用，因为有7%至9%的家庭在此方面购买了保险。[50] 至今，最普遍的商业保险是人寿保险，有2/3的家庭都购买了这种保险。[51]

- 在希腊，所有受雇者及其家庭成员都可在受到身体伤害时享受社会保障保护。救济金的数量会因雇佣的类型不同而变化较大。[52]

预防伤及疾病的商业集体保险在实践中十分普遍，其保险费由雇主支付。[53] 失业者仅享受有限的保护。[54]

- 对于意大利，可以说所有人身伤害或疾病的受害者都由社会保障法保护着，以避免他们在永久丧失1/3及以上生产能力时遭受

---

45 卡瓦尔报告页边码5。
46 费德克、马格努斯报告页边码7。
47 费德克、马格努斯报告页边码8。
48 费德克、马格努斯报告同上注。
49 刘易斯报告页边码7。
50 刘易斯报告页边码10及以下有更多详情。
51 刘易斯报告页边码9。
52 克雷姆利斯、斯卡拉库、斯皮罗普洛斯报告页边码18。
53 克雷姆利斯、斯卡拉库、斯皮罗普洛斯报告页边码19–20。
54 克雷姆利斯、斯卡拉库、斯皮罗普洛斯报告页边码23。

经济损失。[55] 特定群体可以获得更多救济金，例如针对未成年人、老人（65 岁以上）和贫困人口的免费医疗，对工人或犯罪行为受害者等人的赔偿等。[56] 商业保险填补着剩余的保护空白。

- 在荷兰，虽然国民保险计划——与特殊计划不同——在理论上保护着全体国民，但是这并不意味着每个人都有权获得救济金，毋宁是那些需要保护的人才可以。[57] 他们获得的救济金十分有限，从而商业人寿、健康及意外保险可以在填补剩余的保护空白方面发挥重要的作用。[58] 除了普通的社会保障计划，特殊计划为特定群体以及特定风险提供更多的保护。[59]

- 在西班牙，大约48%的人由适用于雇员等人的社会保障计划保护着以免遭受伤害之结果。救济金的范围主要与受伤前的收入状况有关。[60] 但是，所有居住于西班牙的西班牙人都可以依据医疗计划获得保护。[61]

- 瑞典将一种针对所有人的基本保护模式和一种针对特定群体的特殊保护模式结合在一起。[62] 在瑞典的每一位居民以及每一个欧盟公民都有权获得医疗救治。不仅如此，雇员（大约占瑞典人口的一半）由国民保险机构以及其他公共机构承保，而且他们有权在遭受身体伤害时获得与收入挂钩的救济金。[63] 然而，据估计，有1/3的瑞典人在遭受人身伤害时未被纳入相关社会保障制度中——除了医疗救助。[64]

55　科曼德、波莱蒂报告页边码 6。
56　科曼德、波莱蒂报告页边码 1、7。
57　杜佩龙、范博姆报告页边码 14。
58　杜佩龙、范博姆报告同上注。
59　参见：杜佩龙、范博姆报告页边码 15。
60　帕斯·加西亚·鲁维奥、莱特、戈麦斯·阿韦列拉、费雷罗报告页边码 9、11、12。
61　帕斯·加西亚·鲁维奥、莱特、戈麦斯·阿韦列拉、费雷罗报告页边码 12。
62　文德尔报告页边码 8。
63　文德尔报告页边码 20 及以下。
64　文德尔报告页边码 25。

- 在瑞士，自 1996 年起，每一位居民都享受强制性医疗保险，以预防疾病、意外事故以及生育风险。[65]

不仅如此，雇员也得到预防伤残的保护。然而，保护的程度会随着涉及的风险以及保护计划的不同而有较大差异。[66] 因此，商业保险在保护全部而非基本保护方面发挥着重要的作用。[67]

如果某人试图从本次调查研究中得出一些结论，那么可以说，近年来，许多国家扩大了社会保障制度的范围，覆盖了所有患病或遭受伤害之居民的医疗费用。然而，导致生产能力降低以及经济损失的长期损伤仅在满足其他条件时才能获得赔偿。进一步扩大社会保障保护的趋势看起来已经达到了顶峰。对身体损伤给予基本的"即时"保护——从治愈基本上是免费的意义上讲——似乎是广为接受的目标。[68] 一些自己参与/扣除的因素——在法国是"共同支付"——部分人认为这是预防滥用此种赔偿计划所必要的。关于与伤害及疾病有关的经济损失之赔偿，在被调查研究的国家中，流行着一种更为严苛的态度。这即意味着，在正常情况下，在某人有权获得包括这些损失的救济金之前，必须满足更多的条件，尤其是还处于被雇佣状态中的要求。仅在相当有限的范围内，社会救济计划才会介入保护那些未能被"社会网"覆盖的人。[69]

预防伤害及疾病风险的商业保险发挥着重要的、似乎正逐渐加强的作用，尤其是通过填补社会保障制度遗留的保护空白的方式。

5. 受保护的群体以及区分的原因

从前面提及的内容可知，在被调查研究的国家中，显然没有哪

65　鲁莫－琼戈报告页边码 15－16。
66　鲁莫－琼戈同上注。
67　鲁莫－琼戈报告页边码 16。
68　自经济角度，参见：富尔、哈特列夫报告页边码 19。
69　例如，比利时参见：库西、卓夏武特报告页边码 14。

个国家的全体国民都享受着预防身体伤害及疾病之一切后果的完全社会保障保护。社会保障的历史起点是工人应当得到保险保护以免遭受与工作有关的健康风险之模式，而且受雇者现在仍然是受到特殊保护的群体。[70]

其他群体不断加入进来：首先是家庭成员、其他被扶养人，接着是独立经营者、刑事犯罪行为的受害者以及其他许多人。各国各有不同。[71] 这种发展既可通过扩大社会健康及意外保险的范围，也可通过确立单独的保护计划实现。这种发展的原因在于福利国家的兴起，或者正如荷兰报告所描述的那样："所有差异，如果不能被解释为社会保障制度的综合化时期的发展成果，就无疑可以被解释为平衡政治喜好的结果"。[72] 人们认为，国家应当照顾那些无法独立承担事故及疾病风险的人。但是，就应当向谁、在何时、在何种范围内以及为何给予保护而言，直至今天似乎都难以找到一个理性的标准。作为扩张既有社会保障制度的主要理由，保护需求是一个既具有吸引力但又相当模糊的标准。难怪社会保障法以一种混乱而复杂的方式发展着，至少自侵权法律师的角度观察是如此。

6. 他人所致损害之社会保障保护

18 　　在所有被调查研究的国家中，没有一个国家的社会保障保护是

70　参见奥地利：霍尔策报告页边码10；比利时：库西、卓夏武特报告页边码10、13；法国：卡瓦尔报告页边码4；德国：费德克、马格努斯报告页边码10；英格兰与威尔士：刘易斯报告页边码87；希腊：克雷姆利斯、斯卡拉库、斯皮罗斯洛斯报告页边码22；意大利：科曼德、波莱蒂报告页7；荷兰：杜佩龙、范博姆报告页边码16；西班牙：帕斯·加西亚·鲁维奥、莱特、戈麦斯·阿韦列拉、费雷罗报告页边码12；瑞典：文德尔报告页边码7；瑞士：鲁莫－琼戈报告页边码17－18.
71　参见上注引用的文献。
72　杜佩龙、范博姆报告页边码18.

取决于被保护者的伤害是否是由第三人引起的。[73]

相反，仅在伤害必须源于特定社会保障计划被设计用来预防的风险之范围内，受伤原因才是重要的，这是社会保障保护的特点。仅在这种意义上，社会保障保险可被归类为是与原因有关的。[74] 几乎所有其他导致损害的情形——即使是自己过失造成的损害——也是无关紧要的。无论某人需要社会保障救济金的原因为何都给予他救济金，恰是社会保障制度的目标所在。

7. 社会保障保护的经济来源

在大多数国家中，特别是针对劳动事故及疾病的社会保障保护仍采用着保险的形式。[75]

事实上，被保险人群体应通过自己缴纳保险费为自己的保护提供资金。然而，俾斯麦模式强迫被保险的工人以及他们的雇主缴纳保险费。今天，雇员、雇主以及——在被调查研究的国家中程度各有不同的——国家，通常一起为该制度提供资金。[76]

雇主及雇员的贡献程度通常与雇员的收入有关，一般被确定为

---

[73] 奥地利：霍尔策报告页边码11；比利时：库西、卓夏武特报告页边码10；法国：卡瓦尔报告页边码6；德国：费德克、马格努斯报告页边码11；希腊：克雷姆利斯、斯卡拉库、斯皮罗普洛斯报告页边码24；意大利：科曼德、波莱蒂报告页边码8；荷兰：杜佩龙、范博姆报告页边码19；西班牙：帕斯·加西亚·鲁维奥、莱特、戈麦斯·阿韦列拉、费雷罗报告页边码4；瑞典：文德尔报告页边码11、12；瑞士：鲁莫-琼戈报告页边码19。

[74] 尤其参见：帕斯·加西亚·鲁维奥、莱特、戈麦斯·阿韦列拉、费雷罗报告页边码3。

[75] 参见例如，奥地利：霍尔策报告页边码10；德国：费德克、马格努斯报告页边码1；希腊：克雷姆利斯、斯卡拉库、斯皮罗普洛斯报告页边码1；西班牙：帕斯·加西亚·鲁维奥、莱特、戈麦斯·阿韦列拉、费雷罗报告页边码2、9；瑞典：文德尔报告页边码8。

[76] 奥地利：霍尔策报告页边码12；法国：卡瓦尔报告页边码7；德国：费德克、马格努斯报告页边码12；希腊：克雷姆利斯、斯卡拉库、斯皮罗普洛斯报告页边码30及以下；意大利：科曼德、波莱蒂报告页边码9；荷兰：杜佩龙、范博姆报告页边码20；西班牙：帕斯·加西亚·鲁维奥、莱特、戈麦斯·阿韦列拉、费雷罗报告页边码9、14；瑞典：文德尔报告页边码29；瑞士：鲁莫-琼戈报告页边码20。

其中的一定比例。[77]

23 继而，国家会作出适量贡献以稳固该制度。[78]

24 在英格兰与威尔士，虽然社会保障制度完全由国家提供资金，但个人的贡献也是必需的。[79] 然而，我们也发现了这种模式，即雇员的意外保险完全由雇主的保险费提供资金。[80]

25 只要社会保障覆盖失业情形以及失业者，那么主要就由国家——通过税收——为该制度提供着资金（例如，这就是荷兰一般保护计划、[81] 瑞典医疗制度、[82] 意大利犯罪行为受害者赔偿计划[83]以及西班牙所谓的无需缴费型社会保障计划的情况[84]）。相反，被保险人（潜在的受害者）有时会被要求单独缴纳保险费，例如在意大利家庭事故的情形下。[85] 或者，潜在加害人必须为该计划提供资金。[86]

26 在被调查的国家中，当一并考虑时，社会保障的资金来源遵循许多模式。这些模式从纯粹的保险计划（在该计划中，受益于该计划之人必须为此计划提供全部资金）变化到完全由国家提供资金的计划（在该计划中，从中获益的被保护人无需缴纳任何费用）。差异背后的标准也是难以捉摸的。正如米夏埃尔·富尔和托·哈特列夫在他们的

---

[77] 参见例如，法国：卡瓦尔报告页边码7；德国：费德克、马格努斯报告页边码12；希腊：克雷姆利斯、斯卡拉库、斯皮罗普洛斯报告页边码31；西班牙：帕斯·加西亚·鲁维奥、莱特、戈麦斯·阿韦列拉、费雷罗报告页边码9；瑞典：文德尔报告页边码8、23；瑞士：鲁莫－琼戈报告页边码20。一般讨论请参见：富尔、哈特列夫报告页边码28 及以下。

[78] 参见例如，奥地利：霍尔策报告页边码12；法国：卡瓦尔报告页边码7。

[79] 刘易斯报告页边码17。

[80] 这是奥地利的情况：霍尔策报告页边码12。

[81] 杜佩龙、范博姆报告页边码20。

[82] 文德尔报告页边码28（尽管受害人也必须支付少数费用）。

[83] 科曼德、波莱蒂报告页边码1。

[84] 帕斯·加西亚·鲁维奥、莱特、戈麦斯·阿韦列拉、费雷罗报告页边码14。

[85] 科曼德、波莱蒂报告页边码9。

[86] 参见意大利为道路交通受害者设置的基金以及为狩猎受害者设置的基金：科曼德、波莱蒂报告页边码1。

报告中清楚说明的那样，必须协调互相冲突的目标与原则。[87] 也即与风险挂钩的保费及资金来源 VS 与收入挂钩的保费及资金来源；有需之人的基本保护 VS 仅给予缴费者救济金；一般道德风险问题（如果保护太容易获得的话）；计划的管理效率；以及加害人及受害者双方预防伤害及疾病的充分动力。正如富尔、哈特列夫以及其他人建议的那样，社会保障计划、商业保险以及侵权法的混合体是可能的解决之道。[88]

然而，何为"最佳"混合的问题仍有待解决——可能会一直有待解决。

四、侵权法与社会保障法之间的差异

1. 侵权法与社会保障法之间大致的分界线

尽管国别报告都同意在社会保障法和侵权法之间存在一条颇为清晰的分界线，但大多数报告也同时强调两个法律领域之间的差异并不是根深蒂固的，而是仍可接受的。[89] 两个领域在相当大的范围内重叠了，而且当考虑到侵权人通常都是商业保险的被保险人（因此他们的保险人赔偿他们导致的损害）这种事实时，二者就走得更近了。[90] 然而很明显，在两个法律分支之下，享有权利的条件以及赔偿的范围是不同的。就赔偿条件而言，为了将一方的损害移转给其他一些自然人或法人，侵权法预先假设了一些与侵权人的行为/活动有

---

87 富尔、哈特列夫报告页边码 28 及以下。
88 富尔、哈特列夫报告页边码 49。
89 参见奥地利：霍尔策报告页边码 2 及以下；法国：卡瓦尔报告页边码 2；德国：费德克、马格努斯报告页边码 5；英格兰与威尔士：刘易斯报告页边码 3-4；希腊：克雷姆利斯、斯卡拉库、斯皮罗普洛斯报告页边码 3 及以下；意大利：科曼德、波莱蒂报告页边码 2；荷兰：杜佩龙、范博姆报告页边码 9；西班牙：帕斯·加西亚·鲁维奥、莱特、戈麦斯·阿韦列拉、费雷罗报告页边码 2 及以下；瑞典：文德尔报告页边码 15 及以下；瑞士：鲁莫-琼戈报告页边码 9。
90 亦可参见：卡瓦尔报告页边码 2。

关的原因（例如过错、风险以及因果关系）。相反，社会保障法要求申请人属于应受保护的群体，而且他的损害属于被保险的风险，接着他就可以向一个集体计划申请救济金了。[91] 极其简单地说：当受害者需要保护时，社会保障法介入，而当侵权人违反了一般注意义务时，侵权法介入。[92] 另一方面，已经提及的两个法律领域下赋权条件之间的区别并不是特别大，因为在社会保障法中，人身损害也必须可归因于特定的被保险风险。[93] 这与侵权法的要求差异不大，即受害者的损害必须可以归因于某人的行为。

29　　就赔偿范围而言，与侵权法不同，社会保障法并不打算赔偿所有实际损失，只是为受害者提供克服危险处境所通常必需的金钱。[94] 因此，社会保障赔偿金通常以客观方式计算，与受害者的实际经济损失没有直接关联，但经常会与受害者的收入挂钩。[95]

30　　不仅如此，通常情况下，只有侵权法赔偿非财产性损失。[96] 但一

91　参见霍尔策报告页边码 2 及以下；卡瓦尔报告页边码 2；刘易斯报告页边码 3 - 4；克雷姆利斯、斯卡拉库、斯皮罗普洛斯报告页边码 3 及以下；科曼德、波莱蒂报告页边码 2；杜佩龙、范博姆报告页边码 9；文德尔报告页边码 16；鲁莫 - 琼戈报告页边码 10。

92　亦可参见：杜佩龙、范博姆报告，同上注。

93　关于一起事故是否是一起劳动事故，参见希腊报告中的例子：克雷姆利斯、斯卡拉库、斯皮罗普洛斯报告页边码 6。

94　参见奥地利霍尔策报告页边码 2 及以下；法国：卡瓦尔报告页边码 2；英格兰与威尔士：刘易斯报告页边码 35；希腊：克雷姆利斯、斯卡拉库、斯皮罗普洛斯报告页边码 3 及以下；意大利：科曼德、波莱蒂报告页边码 2；荷兰：杜佩龙、范博姆报告页边码 9；瑞士：鲁莫 - 琼戈报告页边码 9。

95　尤其参见奥地利：霍尔策报告页边码 5；比利时：库西、卓夏武特报告页边码 10；西班牙：帕斯·加西亚·鲁维奥、莱特、戈麦斯·阿韦列拉、费雷罗报告页边码 9；瑞典：文德尔报告页边码 36；英格兰与威尔士：刘易斯报告页边码 3 - 4；意大利：科曼德、波莱蒂报告页边码 2；瑞士：鲁莫 - 琼戈报告页边码 9。

96　参见比利时：库西、卓夏武特报告页边码 10；德国：费德克、马格努斯报告页边码 5；英格兰与威尔士：刘易斯报告页边码 3 - 4；希腊：克雷姆利斯、斯卡拉库、斯皮罗普洛斯报告页边码 3；意大利：科曼德、波莱蒂报告页边码 2；瑞士：鲁莫 - 琼戈报告页边码 26。

个例外是意大利。在意大利，即使是社会保障保护，也赔偿"生物损伤"（danno biologico）。这种损害在一定程度上包括心灵创伤，如果该创伤导致了可以确定的疾病。在某种程度上，意大利的社会保障计划保护非财产性损失。社会保障法和侵权法之间另一个相异的特征是共同过失。通常，共同过失在社会保障法中几乎毫不重要。[97]

据报道，在英格兰，其他区别在于依据侵权法或社会保障法获得赔偿程序的成本及速度。侵权法程序因耗费时间、费用昂贵且给人造成沉重的心理负担而受到谴责。[98]

然而，我们必须牢记，在大多数国家，大部分侵权案件都是由商业保险人——第一方保险或者第三方保险人——处理的。因此，自受害者角度观察，涉及的是一个社会保险机构还是商业保险人并无多大差异。

总之：在比较条件及赔偿程度时，在侵权法和社会保障法之间存在一条分界线。一般而言，获得社会保障赔偿权利的条件要比侵权法的条件简单。然而，社会保障法给予基本保护，而侵权法允许全部赔偿。

2. 功能差异

在人身伤害方面，国别报告一致声称，侵权法和社会保障法之间的功能差异主要如下：社会保障法意图向因伤害或疾病而需要救助的人提供保护。其主要目的在于：在此处境中提供能满足需求的（不必然是全部的）赔偿。因此，社会保障法发挥着社会保护的功能。而且，为了实现这个目的，是否可归责于另一人而且他是否需

---

[97] 参见奥地利：霍尔策报告页边码6；法国：卡瓦尔报告页边码3；意大利：科曼德、波莱蒂报告页边码2；瑞士：鲁莫－琼戈报告页边码27。
[98] 参见英格兰与威尔士：刘易斯报告页边码3－4；意大利的类似评论：科曼德、波莱蒂报告页边码3；荷兰：杜佩龙、范博姆报告页边码11。

要为损害负责的问题极不重要。[99]

35　　侵权法中没有而社会保障法具有的另一个特殊方面是在保护那些承担着——由于不幸事故或其他事件的发生——被降低为危难及贫困生活危险的人时所体现的互助及公共利益因素。[100] 然而，我们必须认识到，（正如上文提及的那样）商业保险已经取代了社会保护的许多功能，尤其是对于潜在的侵权人，商业第三方保险被规定为强制保险之时。

36　　但是，侵权法也具有赔偿受害者的目的（但是是全部赔偿）。然而，与社会保障法不同，侵权法仅在侵权人符合特定条件时才进行赔偿。这些条件与侵权人的行为有关，而且潜在地确保了避免有害行为。[101] 与社会保障法相比，侵权法因此也旨在预防。通过赔偿之惩罚，侵权法意图威慑侵权人，从而使后者放弃对他人造成不法伤害。[102] 一些报告也强调，侵权法在一定程度上服务着赔偿功能，这种赔偿是受害者应当自强加在侵权人身上的惩罚中获得的。[103] 所有国别报告都强调的社会保障法与侵权法的另一个功能差异与保护范围及程度有关。社会保障保护的适用范围要比侵权法大得多。在侵权法不赔偿受害人损害的许多时候，社会保障法都可介入。而且即使侵权法诉讼是正当的，但由于各种原因——比如侵权人破产、证明的问题等——此类诉讼最终将不能胜诉，此时对于受害者，社会保障

99　参见奥地利：霍尔策报告页边码 6；法国：卡瓦尔报告页边码 3；德国：费德克、马格努斯报告页边码 6；英格兰与威尔士：刘易斯报告页边码 5–6；希腊：克雷姆利斯、斯卡拉库、斯皮罗普洛斯报告页边码 11 及以下；意大利：科曼德、波莱蒂报告页边码 4；荷兰：杜佩龙、范博姆报告页边码 10 及以下；瑞典：文德尔报告页边码 34；瑞士：鲁莫－琼戈报告页边码 12、14。而且自经济角度：富尔、哈特列夫报告页边码 12–13。

100　参见国别报告中对德国的评论：费德克、马格努斯报告页边码 6；希腊：克雷姆利斯、斯卡拉库、斯皮罗普洛斯报告页边码 14。

101　关于此点，更为深入的讨论参见：富尔、哈特列夫报告页边码 7 及以下。

102　参见上注引用的文献。

103　德国：费德克、马格努斯报告页边码 6；英格兰与威尔士：刘易斯报告页边码 6。

保护功能就像社会安全带。而且正如已经提及的那样，社会保障计划旨在提供基本的保护，而侵权法下的赔偿目的在于完全恢复原状。在一定程度上可以说，关于人身伤害，社会保障法和侵权法代表着同一硬币的两面：社会保障法自受害人角度，根据受害者的要求看待伤害情形；而侵权法是从侵权人角度，根据后者的行为来看待人身伤害的。

总之，社会保障法和侵权法的目的和功能相当不同。尤其是以社会保障为背景进行比较观察时，侵权法也费力预防侵权行为/活动这一事实是十分明确的，它并非专门为了不惜任何代价赔偿损害，因为对受害者身体完整性的保护主要是由社会保障计划完成的。我们坚定地指出，社会保障保护的范围越大，侵权法的预防功能就越强。但是反之亦然：社会保障保护开展得越少，侵权法就得越多地服务于赔偿与保护功能。

就赔偿问题而言，社会保障法和侵权法产生的效果几乎相同，也即在满足了各自的要求时赔偿受害者的损失。但是，由于两个法律分支下的要求与赔偿范围不完全相同，因此，两套规则在赔偿方面仅存在为数不多的重合。

五、侵权法与社会保障法之间的关系

1. 替代侵权法

社会保障法和侵权法之间关系的一个核心问题是其中一个是否应当取代另一个，以及如果应当，则应在何种范围内取代的问题。此处的"取代"是在这一意义上使用的，即一种制度排除另外一种，并排他地规范着身体伤害之赔偿。首先必须说明的是，我们显然不是要建议完全废除社会保障保护并相应恢复侵权法作为一个在社会中解决人身伤害及疾病结果的唯一手段。并且过去我们也从未真的这样做。因此，由侵权法完全取代社会保障法显然不是真正的备选方案。

40　　另一方面，在被调查研究的国家中，没有一个国家完全放弃了侵权法；没有一个国家完全将遭受身体损伤之人的赔偿问题交给社会保障法。[104]

41　　然而，许多被调查研究的国家都存在社会保障法部分取代侵权法的现象。工人赔偿领域是这个解决方案发挥作用的主要领域，在该领域中，雇主和同事经常享有特权，雇员不能对他们提起侵权诉讼。在上世纪60和70年代，有人提出建议，要在交通事故领域内涉及人身伤害的情形中取代侵权法。[105] 但是，除了新西兰，[106] 没有国家，尤其是没有欧洲国家采纳一种包罗万象的社会保障计划而非传统的侵权法去赔偿各种人身伤害。相反，在上世纪80年代以及随后的90年代，越来越多的人鼓吹社会保障保护的部分私有化及缩减，这主要是由于该制度的资金问题。[107] 现在有关社会保障保护应当在何种范围内取代侵权法的论述使欧洲国家的情况相当复杂：

- 在奥地利，雇主对其雇员的侵权责任被取代了。"雇主责任特权"将雇主及其执行人员（经理、监事等）从他们对雇员造成的

---

[104] 详情请参见下文。

[105] 奥地利的讨论请参见：B. Schilcher, *Theorie der sozialen Schadensverteilung* (1977)；德国的：E. vonHippel, *Schadensausgleich bei Verkehrsunfällen. Haftungsersetzung durch Versicherungsschutz. Eine rechtsvergleichende Untersuchung* (1968)；D. Güllemann, *Ausgleich von Verkehrsunfallschäden im Licht internationaler Reformprojekte* (1969)；以比较观点：A. Tunc, Traffic Accident Compensation: Law and Proposals, in: *International Encyclopedia of Comparative Law* XI. ch. 14 (1971)。

[106] 新西兰采用了一种普遍的人身伤害社会保障方案，这种方案通过1972年事故赔偿法取代了侵权法制度，参见 S. Todd (ed.), *The Law of Torts in New Zealand* (2nd edn. 1997) 20 et seq. 实质上新西兰的社会保障制度发生了重要的改变，近年来降低了方案的范围和扩展，参见：Todd，同上注。

[107] 亦可参见：富尔、哈特列夫报告页边码50及以下以及杜佩龙、范博姆报告页边码2。

劳动事故及职业病中解放出来，除非他们故意实施了致害行为。[108]

这种特权已经被扩张至其他一些被视为雇主的群体中了，例如：无偿雇佣自己成年子女的父母、教育及培训机构的开办人以及学校或大学的老师、自愿提供帮助的人等。[109] 被如此一个"雇主"伤害的人只能申请社会保障救济金。仅当加害人故意作为时受害人才能提起侵权诉讼。

雇主的特权可以从雇主为社会保险计划缴费，从而在一定程度上"购买了"特权这件事中获得正当性。[110]

- 在比利时，社会保障法在劳动事故领域中取代了侵权责任。一般而言，雇主和同事对受伤雇员都免于承担侵权责任。[111] 但是存在一些例外情形：如果雇主和同事故意实施了侵害行为或者涉及一起交通事故，或者如果雇主虽然事先获得了警告，但他仍严重忽视安全或卫生法规时，他们仍然要承担侵权责任。[112] 但是，在社会保障计划未能覆盖的损害范围内，例如非财产性损失，受害人仍可提起一项侵权诉讼。[113] 雇主和同事的特权也排除了依赖受害人生活的人提起侵权诉讼的权利，但是似乎仅当这些人自己有权申请社会保障救济金时才如此。[114]

- 在法国，已经完全从侵权法的效力范围内移除了劳动事故赔偿。在这些情况下，即使根据传统侵权法规定受伤雇员的雇主或同事应当承担责任，受伤雇员对其雇主或同事也不享有侵权损害赔偿请求权。其正当性依据可在历史中找寻，因为法国首先在 1898 年引

108　霍尔策报告页边码 14。
109　参见：霍尔策报告页边码 16 及以下。
110　霍尔策报告页边码 18。
111　库西、卓夏武特报告页边码 17 及以下。
112　库西、卓夏武特报告页边码 20。
113　库西、卓夏武特报告页边码 17。
114　关于这个最新的发展，参见：库西、卓夏武特报告页边码 19。

入了雇主的严格但有限的责任，接着（在 1946 年）它将这种制度改变为劳动事故社会保障计划。[115]

- 在德国，社会保障也在劳动事故领域取代了侵权法。雇员不能依据侵权法成功起诉其雇主或同事，要求后者赔偿他们引起的损害，除非他们在行为时具有故意或者通过一起交通事故导致了损害。[116]

这一规则被扩展至其他许多群体，如学校或幼儿园的儿童、大学或其他教育机构里的学生等。[117] 当被机构工作人员、其他小学生、同学等伤害时，这些人只能申请社会保障救济金，而不能援引侵权法，除非侵权人故意实施了侵权行为。[118] 雇主和同事享有特权的部分原因在于他们的贡献——购买保险保护；另一部分原因在于应尽量避免同一企业员工之间出现侵权诉讼，因为这些诉讼会影响工作氛围。[119]

- 相反，英格兰和威尔士展示了这样一种制度，在这种制度中，社会保障保护和侵权法根本没有正式互相取代。[120] 即使发生了劳动事故或职业病，被雇主或同事伤害的雇员既有权申请社会保障救济金又可以根据侵权法起诉侵权人。然而，那些救济金的获得会影响侵权诉讼的价值。[121]

- 希腊遵循了一种更普通的制度，即社会保障在劳动事故及职业病领域部分地取代了侵权法。[122] 因此，雇主不能被认定为应当为受伤雇员的经济损失承担侵权责任，相应地，雇员只能申请社会保障

---

[115] 卡瓦尔报告，同上注。
[116] 费德克、马格努斯报告页边码 13。
[117] 参见：费德克、马格努斯报告，同上注。
[118] 费德克、马格努斯报告，同上注。
[119] 费德克、马格努斯报告，同上注。
[120] 刘易斯报告页边码 18。
[121] 刘易斯，同上注。
[122] 克雷姆利斯、斯卡拉库、斯皮罗普洛斯报告页边码 35 及以下。

救济金。[123] 但是，雇主仍应当对雇员的所有非财产性损失负责，而且在发生了致命事故时，他也应当对未被社会保障计划覆盖的被扶养人的此类损失负责。[124]

- 意大利的报告强调，社会保障保护实际上经常取代侵权法，尤其是在无法确认侵权人的时候。[125] 但是，似乎仅在特殊的社会保护领域中排除了侵权诉讼，例如在劳动事故领域。[126]
- 荷兰现在已经采取了社会保障保护不影响侵权法的原则。由于在1967年废止了于1901年引入的雇主特权，因此受害人仍可自由提起侵权诉讼。[127] 然而，需要从损害赔偿金中扣除社会保障救济金。[128] 迄今，在交通事故领域由社会保障计划取代侵权法的建议还未被采纳，而且在不久的将来也不会被采纳。[129]
- 根据西班牙的报告，社会保障计划根本没有取代侵权法。[130]
- 在瑞典，社会保障法未以任何方式正式地取代侵权法。但事实上，由于侵权法仅在社会保障法留下的空白处发挥作用，社会保障法已经取代了侵权法。[131] 此外，需从侵权法的赔偿金中扣除社会保障计划给予的救济金。[132]
- 在瑞士，侵权法被部分地取代了。受伤雇员不能对其雇主提起侵权诉讼，除非后者在行为时具有故意或重大过失。[133] 当被保险人

---

123 克雷姆利斯、斯卡拉库、斯皮罗普洛斯报告页边码40–41。
124 克雷姆利斯、斯卡拉库、斯皮罗普洛斯报告页边码41–41。
125 科曼德、波莱蒂报告页边码10–11。
126 科曼德、波莱蒂报告页边码11。
127 杜佩龙、范博姆报告页边码21。
128 杜佩龙、范博姆报告页边码23。
129 杜佩龙、范博姆报告页边码22。
130 帕斯·加西亚·鲁维奥、莱特、戈麦斯·阿韦列拉、费雷罗报告页边码15–16。
131 文德尔报告页边码31。
132 文德尔报告页边码30。
133 鲁莫－琼戈报告页边码21。

被其亲属伤害时，情况也是如此。[134]

42 可以从上述调查研究中得出的第一个结论就是，在提供报告的国家中，没有哪个国家的社会保障保护完全取代了侵权法。相反，在社会保障法发挥作用的领域中，英格兰与威尔士、荷兰、西班牙以及瑞典没有以任何形式正式地限制侵权法。被调查研究的其他国家已经部分地在劳动事故及职业病领域废除了侵权法。但是废除的程度有所不同：法国、希腊以及意大利仅在雇主和雇员或同事之间废除了侵权法；比利时似乎也是如此；奥地利、德国和瑞士还在其他受害者及侵权人群体间废除了侵权法。此外，有些国家将"取代"侵权法限制在轻过失或中等过失的情形下（瑞士），但有些也达到了重大过失（奥地利、比利时、德国）。在部分国家，侵权法仍可适用于非财产性损失的索赔（希腊）。因此，呈现出相当不同的趋势：一方面，保留侵权法的完整性；另一方面，继续扩大排除侵权法的范围。废除侵权法的部分原因在于历史及传统，另一部分在于侵权人已经购买了豁免特权，再一部分在于侵权诉讼对同一个企业内部工作氛围产生的影响。但这些理由似乎说服力不强，尤其是当谈及那些没有为计划资金作出贡献而被赋予侵权豁免特权的侵权人时。报告中提及的两种趋势都还面临着这个问题：不仅受害者不应当被重复赔偿，侵权人也不应当无正当理由而被解除责任。因此，当侵权法与社会保障法互相独立并存时，必须从侵权损害赔偿金中扣除社会保障救济金，侵权人必须通过追索诉讼对这些救济金作出贡献，尽管瑞典遵循了不同的路径——该国不存在追索诉讼。[135] 相反，在社会保险取代了侵权法的情况下，再次产生了侵权人不应当无正当理由地自他不能被诉这一特权中获益这个问题。而且必须再次考虑社会保障计划的追索诉讼。因此，追索问题对于侵权法和社会保障法

134　鲁莫－琼戈报告，同上注。
135　文德尔报告页边码38－39。

之间的关系而言是个核心问题；我们会在下文单独讨论它。

2. 社会保障法与侵权法在赔偿核心要素方面的显著差异

a）过错

在被调查研究的国家中，没有国家要求将他人过错作为受害人有权请求社会保障救济金的前提。[136] 相反，在所有的这些国家中，侵权法都是基于过错或者严格责任的。因此，一般情况下，过错概念的适用领域仅为侵权法的效力范围。[137] 但是，（如上所述）一些国家部分地将侵权人（雇主等）从侵权责任中解放出来，除非他们具有故意或者重大过失——如在瑞士那样。[138] 为了实现社会保障及侵权法的目的，故意或重大过失的概念似乎被同等对待了。[139] 因此，在本质上，侵权法与社会保障法在过错的概念方面没有区别，但是，对于侵权法和社会保障法，过错的重要性大为不同。

b）因果关系

同样地，因果关系在社会保障法和侵权法中发挥着不同的作用。[140] 根据侵权法，必须在侵权人的行为和受害者的损害之间确立一种因果关系。只有那样才能确认侵权人的责任。而根据社会保障法，无论伤害的原因何在，受害人都会被赋予赔偿金。然而，

---

136 参见奥地利：霍尔策报告页边码 19；比利时间接地参见：库西、卓夏武特报告页边码 15；法国：卡瓦尔报告页边码 14；德国：费德克、马格努斯报告页边码 15；英格兰与威尔士：刘易斯报告页边码 21；希腊：克雷姆利斯、斯卡拉库、斯皮罗普洛斯报告页边码 48 及以下；意大利：科曼德、波莱蒂报告页边码 13；荷兰：杜佩龙、范博姆报告页边码 11；西班牙：帕斯·加西亚·费德克、马格努斯报告页边码 15；英格兰与威尔士：刘易斯报告页边码 21；希腊：克雷姆利斯、斯卡拉库、斯皮罗普洛斯报告页边码 48 及以下；意大利：科曼德、波莱蒂报告页边码 13；荷兰：杜佩龙、范博姆报告页边码 11；西班牙：帕斯·加西亚·鲁维奥、莱特、戈麦斯·阿韦列拉、费雷罗报告页边码 17；瑞典：文德尔报告页边码 34；瑞士：鲁莫-琼戈报告页边码 19。

137 参见上注引用的文献。

138 参见上注。

139 但是瑞士的情况参见：鲁莫-琼戈报告页边码 24 中关于这一问题的相反观点。

140 亦可参见鲁莫-琼戈报告页边码 25。

此时需要确定的是，社会保障计划是否覆盖了所有类型的伤害或疾病（所谓的不要因社会保障计划），或者它是否要求伤害来源于组建该计划所保护的特定风险、保护劳动事故等（所谓的要因社会保险计划）。[141] 对于后一种计划，在身体受到伤害之人的损害必须通过因果关系链条与被保险的风险相连此种意义上，因果关系问题是重要的。[142]

45　　由于所有被调查研究的国家都已经确立了一个"混合型"的、融合了要因与不要因社会保障计划的社会保障保护制度，因此，即便在社会保障法下，因果关系概念也具有一定程度的重要性。而在另一种意义上也是如此。只要社会保障救济金是为了赔偿某些特定损失，如特定的医疗费用，经常要求采取这些措施的费用是因损害而变为必要的。再次，在此方面也要求存在特定的因果关系。

46　　由于因果关系在侵权法与社会保障法中的地位不同，在被调查研究的国家中，有一小部分国家认为社会保障法以及侵权法中的因果关系完全相同，但一些国家将二者区分开来。

47　　在某种程度上，一些国家遵循了更为狭义的因果关系概念，在此背景下，只有"必要条件"才能成立社会保障法中的因果关系。这是奥地利[143]以及德国的情况。[144] 条件必须是损害的主要原因。这必须通过衡量各种考量因素才能决定，而且在与侵权法下的因果关系概念进行比较时，可能（并非必然）导致稍微不同的结果。[145] 在一定程度上，在社会保障法中，被调查研究的国家接受一种比侵权法

141　我借用了瑞士报告中的"要因"与"不要因"社会保险方案的概念，参见鲁莫－琼戈报告页边码25。亦可参见西班牙报告中关于社会保障保护的原因的论述：帕斯·加西亚·鲁维奥、莱特、戈麦斯·阿韦列拉、费雷罗报告页边码3。
142　此外亦可参见瑞典报告：文德尔报告页边码35。
143　霍尔策报告页边码20。
144　费德克、马格努斯报告页边码15。
145　参见上注引用的文献。

中的因果关系更为宽泛的标准。希腊的情况似乎就是如此（在希腊社会保障法中，存在因果关系的可能性即为已足[146]）；意大利的情况也是如此（在意大利，当损害被罗列在立法者预见的致害事故类型中时，它们就会获得赔偿，无论是否证明了因果关系[147]）。即使是两个法律领域中的因果关系地位相似的法国，在工人赔偿计划中，损害与被保险的风险之间的因果关系也是被推定的。[148] 英格兰与威尔士、[149] 瑞典、[150] 西班牙[151]以及瑞士[152]显然都未区分社会保障因果关系和侵权法上的因果关系。比利时可能也是如此。[153] 然而在荷兰，该问题似乎仍悬而未决。[154]

社会保障法与侵权法区别对待因果关系的原因可能在于社会保障法的保护目的。然而，该目的不仅只能部分地解释因果关系的一般观念，而且它会根据必须使用的各目的标准不同而相互变化。因此，我们提倡，两个法律分支中应当使用相同的因果关系概念。也应当将相应规范的保护范围纳入考量，而且应当根据该规范的潜在目的决定。显而易见，在社会保障法条文与侵权法条文之间，那些目的会有所不同。

c）损害

由于社会保障法的目的不是尽可能完全地使受害者恢复至事故发生前的状态，而是在存在需求的情形下提供必要的帮助，因此，社会保障法的损害概念与侵权法的损害概念之间存有两个方面的差

---

[146] 克雷姆利斯、斯卡拉库、斯皮罗普洛斯报告页边码 53。
[147] 科曼德、波莱蒂报告页边码 14。
[148] 卡瓦尔报告页边码 15。
[149] 参见：刘易斯报告页边码 25。
[150] 文德尔报告页边码 35。
[151] 帕斯·加西亚·鲁维奥、莱特、戈麦斯·阿韦列拉、费雷罗报告页边码 18。
[152] 鲁莫-琼戈报告页边码 25。
[153] 库西、卓夏武特报告页边码 56 没有提及任何差异。
[154] 杜佩龙、范博姆报告页边码 4。

异。首先，经济性赔偿的金额仅与受害者的实际损失大致对应（详情将会于下文页页边码 50 和 54 论述）。其次，社会保障保护通常不包括受害者的非财产性损失（痛苦与创伤、丧失乐趣等）。这几乎是所有被调查研究的国家的一致起点。[155] 然而，在一定程度上，该规则存在一些例外。尤其是，正如已经提及的那样，在意大利，作为给予社会保障救济金原因的"生物损伤"包括人的全部心理——生理完整性，而且因此包括非财产性损失因素。[156] 而且英国的报告也的确表明了这一事实：在一些情况下，社会保障计划的标准赔偿水平也可能包括非物质损失。[157]

50   相反，所有被调查研究的国家都接受非财产性损失必须依靠侵权法获得赔偿的观点。[158] 这导致了这一结果，即在那些社会保障法与侵权法并存的国家中，例如在英格兰与威尔士、荷兰、希腊以及一定程度上在奥地利，受害者可以依据侵权法索赔非财产性损失（如果也满足了侵权责任的所有其他条件）。[159] 在比利时、法国、德国以及瑞士，一些社会保险计划尤其是劳动事故社会保险计划，排除了侵权责任并且也赔偿非财产性损失。[160] 因此，在这些国家中，如果侵权人在行为时不具有故意或者社会保险赔偿的标准化形式没有例外

---

[155] 奥地利参见：霍尔策报告页边码20；比利时：库西、卓夏武特报告页边码10；法国：卡瓦尔报告页边码14；德国：费德克、马格努斯报告页边码16；英格兰与威尔士：刘易斯报告页边码26；希腊：克雷姆利斯、斯卡拉库、斯皮罗普洛斯报告页边码54；意大利：科曼德、波莱蒂报告页边码15；荷兰：杜佩龙、范博姆报告页边码25；瑞典：文德尔报告页边码36；瑞士：鲁莫－琼戈报告页边码26。但是西班牙的情况不清楚：帕斯·加西亚·鲁维奥、莱特、戈麦斯·阿韦列拉、费雷罗报告页边码19、21.

[156] 参见科曼德、波莱蒂报告页边码3、15。

[157] 刘易斯报告页边码26。

[158] 此外参见欧洲侵权法与保险法中心的各个研究：H. Rogers（ed.），*Compensation of Non-Pecuniary Loss in a Comparative Perspective*（2001）.

[159] 参见上注。

[160] 参见上注。

地包括这种损失，受害者必须承担自己的非财产性损失。但是这种情况很少发生。它可能发生于通过作为正常生产能力一定比例的标准形式获得任何生产能力赔偿的情况中（例如，失去一个大拇指＝失去20%的生产能力[161]）。由此，轻微伤害倾向于获得相对较高的社会保险救济金，这些救济金也可能赔偿非物质损失。相反，标准化制度通常不足以赔偿严重伤害，而且不可能包括非财产性损失。[162]

根据政策性考量，这种解决方法是否具有正当性值得怀疑，因为根据这种解决方法，仅仅因为可以获得社会保障救济金，受害人就不能依据侵权法起诉，不能收回非物质损失。这增加了社会保险法不应当取代，至少不应全部取代侵权法的论据。[163] 51

d）共同过失

就共同过失而言，被调查研究的国家一致认为，对于社会保障保护，这一因素通常无关紧要，但它在侵权法中有重大影响。[164] 只有在被保险人故意导致自己受伤的情形中才可能丧失或扣减社会保险救济金。[165] 52

有时，因过失自我导致伤害也会减少或排除被保险人的社会保 53

---

[161] 《德国民法典》第845条。
[162] 亦可参见：刘易斯报告，页边码26以及脚注18。
[163] 亦可参见：霍尔策报告页边码21。
[164] 奥地利：霍尔策报告页边码19；比利时：库西、卓夏武特报告页边码34及以下（侵权法）；法国：卡瓦尔报告页边码14；德国：费德克、马格努斯报告页边码15；英格兰与威尔士：刘易斯报告页边码21；希腊：克雷姆利斯、斯卡拉库、斯皮罗普洛斯报告页边码57；意大利：科曼德、波莱蒂报告页边码19；荷兰：杜佩龙、范博姆报告页边码26；西班牙：帕斯·加西亚·鲁维奥、莱特、戈麦斯·阿韦列拉、费雷罗报告页边码20；瑞士：鲁莫－琼戈报告页边码27。
[165] 奥地利参见：霍尔策报告，同上注；德国：费德克、马格努斯报告，同上注；希腊：克雷姆利斯、斯卡拉库、斯皮罗普洛斯报告，同上注；荷兰：杜佩龙、范博姆报告，同上注。（但是在荷兰的实践中，从未提出过这种抗辩）；瑞士：鲁莫－琼戈报告，同上注。

险救济金。[166]

3. 不同的赔偿水平？

54　　所有国别报告都认同社会保障保护和侵权法适用不同的赔偿水平。[167]

55　　侵权法为受害者的实际损失提供全部赔偿；社会保障法旨在提供可以满足需求的帮助而仅提供受各种限额、时间限制或者其他限制约束的有限赔偿。[168] 因此，社会保障法下的赔偿水平通常要比侵权法中低。[169] 因此，赔偿水平之间的差异反映了侵权法与社会保障法的不同目的及功能。而且，除非排除了依照侵权法进行追偿——正如劳动事故领域中的通常现象——否则受害者可向侵权人追索剩余的损害。

4. 追索问题

56　　在实践中，即使对侵权人享有请求权，受害人仍通常仅诉诸于社会保险计划，而且满足于从中获得的救济金。这是一个细致的观察。[170] 成本与时间障碍、事实的、法律的或者程序上的不确定性等，阻碍了侵权人被诉，更不用说他可能破产、享有上文提及的侵权豁免特权（这种特权会被经常适用）或者因共同过失而扣减侵权损害赔偿金。因此，社会保障法已经在很大程度上取代了侵权法，尽管

166　参见奥地利的例子：霍尔策报告页边码19。
167　奥地利：霍尔策报告页边码21；比利时：库西、卓夏武特报告页边码10；法国：卡瓦尔报告页边码16；德国：费德克、马格努斯报告页边码17及以下；英格兰与威尔士：刘易斯报告页边码27；希腊：克雷姆利斯、斯卡拉库、斯皮罗普洛斯报告页边码58及以下；意大利：科曼德、波莱蒂报告页边码17；荷兰：杜佩龙、范博姆报告页边码27；西班牙：帕斯·加西亚·鲁维奥、莱特·戈麦斯·阿韦列拉·费雷罗报告页边码21-22；瑞典：文德尔报告页边码37；瑞士：鲁莫-琼戈报告页边码28。
168　参见上注引用的文献。
169　比较脚注167中的文献。
170　确切地说，例如比利时参见：库西、卓夏武特报告页边码15。但是对于西班牙的本国实践参见：帕斯·加西亚·鲁维奥、莱特、戈麦斯·阿韦列拉、费雷罗报告页边码21。

这种取代并非法律上的而是事实上的。

因此，社会保障计划经常代替应当负责的侵权人支付救济金，而且，它们是否可向侵权人索要这些救济金，以及如果可以，在何种条件下进行追索的问题，仍有待回答。

对侵权法与社会保障法之间的关系问题进行回答颇为关键。这也是一个社会中所有人身伤害赔偿制度的奠基石。此时必须融合不同的目标：一边是全部赔偿侵权行为受害者的目标（但也不会累加社会保障救济金和侵权损害赔偿金从而重复赔偿受害者）；而另一边是不使侵权人受益并且尽量避免因公共利益而耗费计划费用的目标。

a）一般解决方案

西欧国家主要通过赋予给付救济金的社会保障机构以追索权的方法解决这一难题。然而，现实中的解决方案体现出巨大的差异。

- 奥地利法规定了下列方法。在受害者确定对侵权人享有侵权请求权时，只要社会保障机构有义务向受害者给付救济金满足该请求权，该请求权会在此范围内通过法定让与移转给社会保障机构。[171] 这种法定让与假设侵权请求权与社会保障救济金是"一致的"，例如，它们与相同的损失有关而且"旨在实现相同的、赔偿实际的、暂时的人身伤害之目的"。[172] 在排除某些人的侵权责任的情况下（如在劳动事故等领域），社会保险机构自己拥有一个针对应当负责的雇主、同事等的法定请求权，但是仅当该人在行为时具有故意或重大过失时如此。[173] 也需提及的是，在短时间内，雇主必须继续支付全额工资，即使雇员是因另一人引起的伤害而无法工作。继而，雇主也有权向侵权人追索那些——令人沮丧的——工资。[174]

---

[171] 霍尔策报告页边码22。
[172] 霍尔策报告页边码23。
[173] 霍尔策报告页边码24、28。
[174] 霍尔策报告页边码29及以下。

- 在比利时，针对劳动事故的社会保障赔偿与针对医疗措施的社会保障赔偿不同，因为后者仅存在于侵权法赔偿之外，而前者在许多情况下排除了侵权法赔偿。[175] 但是，就追索诉讼而言，针对劳动事故和医疗措施的社会保险机构都有权要求偿还自己已经支付给受害人的救济金，只要这些救济金是赔偿身体伤害的。[176]

- 在法国，社会保障机构对应当向接受社会保险救济金的受害者承担侵权责任的不法行为者享有法定请求权。[177] 这一代位权的唯一前提就是受害人必须已经获得了侵权人引起侵权行为事件的救济金——"作为一个结果"。[178] 社会保障机构的追索诉讼与受害者是否起诉侵权人相互独立。也可以请求偿还未来的救济金——只要它们是确定的。[179] 根据工人赔偿计划，各个机构的追索诉讼被限制在实际被免除侵权责任的雇主或者同事故意导致了被保险人的身体伤害之情形中。[180]

- 德国的规则与奥地利适用的规则十分相似。在社会保障机构赔偿损害的范围内，受害人对侵权人的侵权损害赔偿请求权通过法定让与被移转给了社会保障机构。[181] 但要求侵权行为损失与社会救济金之间在内容和时间上具有"一致性"。[182] 如果侵权责任在数量上受有限制（如严格责任立法中经常规定的那样），追索权则排在受害者自己对侵权人享有的请求权之后，后者必须优先受偿。[183] 在劳动事故领域，雇主、同事以及其他人的侵权责任基本上都被排除了（除了

175　库西、卓夏武特报告页边码17、25。
176　库西、卓夏武特报告页边码21、27、28。
177　卡瓦尔报告页边码17。
178　卡瓦尔报告，同上注。
179　卡瓦尔报告，同上注。
180　卡瓦尔报告页边码18。
181　费德克、马格努斯报告页边码20。
182　费德克、马格努斯报告，同上注。
183　费德克、马格努斯报告页边码20。

故意情形），社会保险机构对这些人提起的追索诉讼也被限制在这些人在行为时具有故意或重大过失的情形下。[184] 在后一种情形下，如果侵权人（尤其是雇员）的经济状况不佳，社会保障机构可能会放弃自己的追索权。[185]

在德国，当雇员受伤而且无法工作时，雇主有义务在一定时间内（6周）继续向雇员支付全额工资。就像奥地利那样，雇主可以对侵权人提起追索诉讼。[186] 而且，当雇主没有继续支付工资而社会保障机构相应介入时，该机构享有一个类似的追索权。[187]

• 在英格兰与威尔士，情形迥异。在1989年之前，国家经营的社会保障机构都没有追索权。当它们向由第三人实施的侵权行为之受害者给付了救济金时，就必须从侵权损害赔偿中扣除这些救济金，而不能被社会保障机构追偿，这实际上是补贴了侵权人。[188] 在1989年改变了这种情形。当年，立法引入了一种全新的制度。为了追回那些应当由侵权人对接受社会保障救济金之人的损害负责时的救济金，建立了一个新的社会保障机构——赔偿金追索局。[189] 然而，赔偿金追索局的追索诉讼是一种例外情形。这是通过"一项调查已经支付给受害者的救济金的义务"来实现的。[190] 该义务被苛加于所谓的"赔偿人"身上——相应有义务偿还赔偿金追索局所有救济金，并赔偿受害人的其他损失的侵权人或者保险人。[191] 与机构方的追索权相对应，侵权人或者保险人方的主要义务是调查并偿还救济金，由此构成了解决追索问题的英国方案。

---

184 费德克、马格努斯报告页边码22。
185 费德克、马格努斯报告，同上注。
186 费德克、马格努斯报告页边码21。
187 费德克、马格努斯报告，同上注。
188 刘易斯报告报告页边码28、21.
189 刘易斯报告页边码28。
190 刘易斯报告，同上注。
191 刘易斯报告页边码28。

但是，可追索的救济金在时间和内容上受有限制。只有在受伤后的前五年或者直到诉讼最终和解——无论哪个时间点更早——的救济金是必须偿还的。[192] 此外，偿还仅针对相应的损害类型。此时也存在一致性问题。[193]

英国的报告强调，此种追索问题解决方案不仅对侵权诉讼的价值产生了影响，而且也对审理侵权诉讼的速度及方法产生了影响，因为它强烈地促使侵权诉讼的快速和解。[194]

- 希腊法遵循更为传统的制度，社会保险机构对实施侵权行为的第三人享有一项追索权，可要求后者偿还该机构已经给付给侵权行为受害人的所有救济金。[195] 但是，在与劳动事故有关的案件中，对雇主、同事等提起追索诉讼被限制在这些人故意实施了侵害行为的情形中。[196]

- 意大利的报告指出，在意大利，追索问题的解决方案似乎不完全协调。[197] 在一些情况下，制定法完全排除了社会保障机构的追索权。[198] 在其他情况下，例如关于犯罪及恐怖行为的受害人时，相关机构可以要求侵权人偿还所有救济金。[199] 在劳动事故领域，追索被限制在雇主或同事被刑事法院作出判决并被认定为应当负责的情形中。[200]

- 荷兰大体上采纳了传统的追索解决方案。在大多数情况下，受害人的侵权请求权被移转给了社会保险机构，受害人就侵权损害

---

[192] 刘易斯报告页边码29。
[193] 此外参见：刘易斯报告页边码33。
[194] 参见：刘易斯报告页边码32。
[195] 克雷姆利斯、斯卡拉库、斯皮罗普洛斯报告页边码63。
[196] 克雷姆利斯、斯卡拉库、斯皮罗普洛斯报告页边码64。
[197] 科曼德、波莱蒂报告页边码18。
[198] 参见：科曼德、波莱蒂报告，同上注中所举的例子。
[199] 科曼德、波莱蒂报告，同上注。
[200] 科曼德、波莱蒂报告，同上注。

从该机构获得了救济金。[201] 与其他大多数欧洲国家相似，在劳动事故领域，雇主和同事不会面临追索诉讼，除非他们在导致另一名雇员遭受损害时具有故意或者有意识的重大过失。[202] 然而，1992 年的立法在侵权人仅根据严格责任才需负责时排除了大多数追索诉讼。追索权假设侵权人具有过失。[203] 此外，荷兰的特色在于机动车驾驶人伤害行人及骑车人时只存在一个受限的追索权。后者的责任不是严格责任，而是由过失原则规范的。然而，不能对 14 岁以下的人提出共同过失抗辩，而且在其他所有情形中，被扣减的金额不能超过 50%。[204] 但是，社会（以及商业）保险人不能从这些"有利于受害人"的判例法规则中获益——他们的请求权要受正常的"不可抗力"以及共同过失规则约束。

- 在西班牙，已经承担了受害人医疗费用的社会保障机构，可以向根据民法应当对损害承担责任的侵权人索要这些费用。[205] 社会保障机构不能收回其他类型的损害（收入损失等）。[206] 而且西班牙法院的实践在确定私人侵权人必须向受害者支付的赔偿金时是否应当考虑社会保障救济金这个问题上存在分歧。[207] 这种事实状态在西班牙受到了批评，因为它可能导致重复赔偿受害者。[208] 但是，关于医疗费之外的救济金，它也可能致使侵权人受益，也即在社会保障救济金的范围内削弱了私人损害赔偿金请求权。

- 瑞典似乎是唯一一个社会保障机构就其给付给应当由侵权人

201　杜佩龙、范博姆报告页边码 28。
202　杜佩龙、范博姆报告页边码 32。
203　杜佩龙、范博姆报告，同上注。
204　杜佩龙、范博姆报告页边码 30。
205　帕斯·加西亚·鲁维奥、莱特、戈麦斯·阿韦列拉、费雷罗报告页边码 23。
206　帕斯·加西亚·鲁维奥、莱特、戈麦斯·阿韦列拉、费雷罗报告页边码 25。
207　帕斯·加西亚·鲁维奥、莱特、戈麦斯·阿韦列拉、费雷罗报告页边码 22。
208　帕斯·加西亚·鲁维奥、莱特、戈麦斯·阿韦列拉、费雷罗报告页边码 26。

赔偿的受害者的救济金没有追索权的国家。[209] 正如瑞典报告指出的那样，这种解决方法是和自此类救济金数额中扣除侵权损害赔偿金相配套的。[210] 追索权的排除是出于避免交易成本的动机。[211]

- 一般情况下，瑞士承认社会保障机构有权就自己为弥补受害者的侵权行为损害而给予的那部分救济金向侵权人追索。[212] 在一些情况下，制定法规定了代位，但有些情况下没有此类条文。在两种情况之间似乎存在一些技术差异。[213] 和在其他国家一样，追索权假设给予的救济金与侵权行为损害之间具有一定程度的一致性。[214] 如果侵权损害赔偿金因各种原因受到了限制（例如限额；因共同过失而被扣减，但受害者具有故意的除外；等等），社会保险机构的追索被限制在救济金和侵权损害赔偿金超出受害者实际损失的范围内。[215] 在劳动事故领域，也可以通过追索权反映出雇主和同事的侵权豁免权。社会保险机构仅在故意或重大过失的情况下才有权要求雇主和同事偿还救济金。[216]

很难从被调查研究的各国所采纳的迥异模式中提炼出一个清晰的结论。总体的目标应当是，必须向受害人提供即时帮助，但要避免累计社会保险救济金和全部的侵权损害赔偿金从而避免重复赔偿。而且正如已经提及的那样，社会保险款项不应当使侵权人受益并减轻他的负担。因此，由社会保险机构支付给受害人的救济金，必须由有责任赔偿同一损害的侵权人偿还。[217] 然而，应当尽量避免徒劳的

209　文德尔报告页边码 38。
210　文德尔报告页边码 30。
211　文德尔报告页边码 39。
212　鲁莫－琼戈报告页边码 29。
213　鲁莫－琼戈报告页边码 31 及以下。
214　鲁莫－琼戈报告页边码 33。
215　鲁莫－琼戈报告页边码 34。
216　鲁莫－琼戈报告页边码 39。
217　但是参见瑞典报告中追索权被排除的例子（文德尔页边码 38），也可参见西班牙报告中仅可追索医疗费用的例子；帕斯·加西亚·鲁维奥、莱特、戈麦斯·阿韦列拉、费雷罗报告页边码 23。

循环付款——从社会保障机构到受害者,再从侵权人到社会保障机构。因此,英国模式是最佳模式,因为它事先算清楚应当支付的救济金以及侵权损害赔偿金金额后才进行支付。侵权人的必要调查要比社会保障机构付款后提起追索诉讼耗费少,因此,这个赔偿体系内所有成本的总体比较可以揭示出,"事前的调查制度"比"事后的追索制度"效率高。[218] 此外,(如在英国模式中的)时间限制可以增强和解侵权诉讼的动力并由此加快侵权诉讼进程。受害者对即时帮助的需求可以通过提前部分支付满足。

b)受害人和其他人的促成

我们已经指出,在一些国家,受害人的共同过失会在一定程度上影响社会保险机构对侵权人的追索权。这些国家确保追索诉讼的进行不会对受害者不利。因此,在这些案件中,追索会受到这样或那样的限制。[219]

同事促成一名雇员发生人身伤害这件事通常不会成为对该同事提起追索诉讼的正当理由。无论该名雇员促成的程度如何,通常都会排除支付救济金的社会保险计划对该同事提起追索诉讼。只有当同事在行为时具有故意——在一些国家,重大过失即为已足——他才会遭到全额追索。[220]

如果受害者的家庭成员导致了前者的损害或者促成了损害的发生,支付救济金的社会保障机构通常也会被禁止进行追索。[221]

5. 一揽子追索协议

如上所述,在被调查研究的大多数国家中,社会保障机构在向

---

218 也可参见刘易斯的评论,见氏文,页边码39。
219 参见上注国别报告。
220 参见上注页边码59。
221 奥地利:霍尔策报告页边码25;法国:卡瓦尔报告页边码21(但是,如果成员是被保险人,结论则不同);德国:费德克、马格努斯报告页边码13(故意情况例外);荷兰:杜佩龙、范博姆报告页边码33。

侵权行为受害者支付了社会保障救济金后有权对侵权人进行追索——事实上是对他的责任保险人。为了使社会保障机构和商业（责任）保险人之间的追索程序合理化、简单化并且标准化，部分国家使用了一揽子追索协议。基于追索诉讼过去的数据与经验，社会和商业保险人通常同意在社会保险机构支付的全部救济金上确定一个固定比例。商业保险人必须依照该比例进行偿还，每个案件中实际的追索权如何则在所不问。

66　　此类协议在德国、[222] 荷兰[223]及瑞士相当普遍。[224] 奥地利[225]和法国[226]也存在此类协议，但它们的重要性不大。在希腊、[227] 瑞典、[228] 意大利[229]以及西班牙，[230] 虽然也有人希望这些国家存在追索协议，但它们并不存在此类协议。由于英国制度规定了侵权人/保险人具有调查义务，因此不需要一揽子追索协议，而且因此在社会保险和商业保险人之间也不存在此类协议。只有在商业保险人之间才能发现一揽子协议。[231]

67　　作为一种符合经济原则并且提高所有与人身伤害有关的赔偿程序之管理效率的手段，规定了广泛追索权的制度显然对一揽子追索协议的结论有利。由于那些从个案中提炼出来的协议，侵权行为损害和赔偿之间的关系变得比没有那些协议时更为间接了。然而，只要涉及保险——无论是商业还是社会保险——就会在一定程度上斩断侵权人、侵权行为之损害以及赔偿之间的联系，并且弱化了损害

---

[222] 费德克、马格努斯报告页边码 26 – 27。
[223] 杜佩龙、范博姆报告页边码 35 及以下。
[224] 鲁莫 – 琼戈报告页边码 40。
[225] 霍尔策报告页边码 38。
[226] 卡瓦尔报告页边码 23 及以下。
[227] 克雷姆利斯、斯卡拉库、斯皮罗普洛斯报告页边码 68 – 69。
[228] 文德尔报告页边码 42 – 43。
[229] 科曼德、波莱蒂报告页边码 20。
[230] 帕斯·加西亚·鲁维奥、莱特、戈麦斯·阿韦列拉、费雷罗报告页边码 25。
[231] 刘易斯报告页边码 37 – 38。

赔偿金之判决所被认为具有的预防及威慑作用。[232] 一揽子追索协议仅稍微增加了这种"弱化效果"。因此，国别报告并不认为这些一揽子协议对侵权法产生了重要影响。

6. 社会保障法和侵权法相互影响的其他问题

在国别报告中，仅提及了几个因侵权法与社会保障法相互影响而产生的其他问题。

因此，法国的报告强调，社会保障机构的长期支付中的变化提出了这个问题：如何将这些变化纳入与侵权损害赔偿金和追索权有关的考量。[233] 此外，在法国，劳动事故计划也受到了类似的批评。有人认为在劳动事故领域部分地排除侵权法是过时而且不公平的，因为社会保障通常都不赔偿受害者的全部损失（特别是不赔偿非物质损失）。此外，受害者——受有此类伤害的受害者——的待遇千差万别，因为社会赔偿取决于受害者在事故发生前获得的工资。[234] 奥地利和德国的报告也提及了工人赔偿计划下不赔偿痛苦与创伤的问题。[235] 英国、荷兰、西班牙以及瑞士的报告或多或少提及了各个国家的制度中具有的特殊问题，也即私法（侵权法）与公法（社会保障法）之间的差异所导致的程序上以及一些实体上的差异。[236] 荷兰的追索权临时规定在一定程度上使高风险行为获益，因为制定法在侵权人仅承担严格责任而无过失行为时排除了追索诉讼；[237] 而且，英国的报告表明，赔偿追索局的设立会增加管理成本的所有担心都被证实是没有根据的。[238] 然而，新的英国模式改变了侵权法的功能；在一定程度

---

[232] 此外参见：费德克、马格努斯报告页边码 27。
[233] 卡瓦尔报告页边码 27。
[234] 卡瓦尔报告页边码 28。
[235] 霍尔策报告页边码 39 及以下；费德克、马格努斯报告页边码 28；帕斯·加西亚·鲁维奥、莱特、戈麦斯·阿韦列拉、费雷罗报告页边码 26。
[236] 鲁莫－琼戈报告页边码 41。
[237] 杜佩龙、范博姆报告页边码 39－40。
[238] 刘易斯报告页边码 39。

上，侵权法现在是增加财政收入的制度。[239] 瑞典报告提及了（瑞典）当下的制度是否满足经济效率要求这个一般性问题。[240] 希腊和意大利的报告没有阐述其他问题。[241] 总之，对于非财产性损害赔偿的排除，有人提出了一针见血的批评，但是现状仍是如此。诚然，很难查明如此排除及区分的正当理由。因此，非财产性损失应当获得赔偿——通过侵权人——但是现在，它仍被排除在赔偿范围之外。

7. 相互影响

国别报告仅揭示出侵权法与社会保障法之间不太多的相互影响。

侵权法功能的普遍变更可以被诊断为：在一定范围内，侵权人对于人身伤害赔偿的重要性被降低了，而在此范围内社会保障的重要性增加了。[242] 而且，排除非财产性损失之赔偿还导致意大利引入了"生理损伤"一词，[243] 以及——不是那么深远的结果——奥地利引入了"完整性之赔偿"。[244] 新的英国模式（正如已经提及的那样）促进了侵权诉讼的快速解决。

没有报告其他相互影响。因此，社会保障法对侵权法的影响是相当有限的，反之亦然。

8. 数据

仅在几个被调查的国家中可以获得与赔偿费用、追索收益以及交易成本有关的数据，而且，即使是那几个国家，它们也不能提供完整且清晰的图像，因为不是所有必要的数据都是可以获得的。因此，仍有进一步研究的空间。

---

[239] 刘易斯报告页边码40。
[240] 文德尔报告页边码44。
[241] 克雷姆利斯、斯卡拉库、斯皮罗普洛斯报告页边码70；科曼德、波莱蒂报告页边码21-22。
[242] 费德克、马格努斯报告页边码29；刘易斯报告页边码41。
[243] 科曼德、波莱蒂报告页边码21-22。
[244] 霍尔策报告页边码41.

a）经济规模

关于"赔偿问题"的经济规模，只有荷兰的报告称大约有30%的国民收入转化成了社会保障救济金。[245] 但该数据仍忽视了其中哪一部分被预留给了人身伤害赔偿。而且侵权损害赔偿金的数量也是被推测出来的。[246] 然而，一些报告估计，人身伤害的社会保障救济金已经大幅超过了侵权法的赔偿额。[247] 而且，瑞士的报告也提供了可以清楚地证明这一事实的数据。其他报告承认，无法获得官方的或者精确的数据。[248]

关于（社会保障计划）通过追索诉讼获得的金额，荷兰、英国以及瑞士的报告介绍了极为不同的数据。在荷兰，自追索中获得的收入不太重要（它达到社会保障计划支出的0.5%）。[249] 英国和瑞士报告了绝对数据，也即在今年（1999），英国与威尔士大约为365,000,000英镑，[250] 瑞士为233,000,000瑞士法郎（在1988年就已经如此），而且德国仅在交通领域就已经达到了10亿欧元。[251] 这些数据说明可在不同强度上进行追索。但是否这些差异已经实际影响了侵权行为，仍仅能依靠推测。

b）交易成本

关于交易成本，同样缺乏精确的数据。据粗略估计，侵权法下的交易成本要高于社会保障法下的交易成本。[252] 例如，瑞士的报告

245　杜佩龙、范博姆报告页边码41.
246　杜佩龙、范博姆报告，同上注。
247　刘易斯报告页边码42；杜佩龙、范博姆报告，同上注。
248　鲁莫-琼戈报告，同上注，页边码44。
249　杜佩龙、范博姆报告页边码42；也可参见富尔、哈特列夫给出的（有关上世纪80年代的）数据，见氏文页边码92。
250　刘易斯报告页边码46。
251　鲁莫-琼戈报告页边码43。
252　霍尔策报告页边码43；卡瓦尔报告页边码30－39；刘易斯报告页边码47；克雷姆利斯、斯卡拉库、斯皮罗普洛斯报告页边码75及以下；科曼德、波莱蒂报告页边码24；杜佩龙、范博姆报告页边码45；文德尔报告页边码47。

称，追索诉讼的成本少于被追回金额的10%。[253] 在英国的体系下，这一比例达到了15%，这与富尔和哈特列夫报告中提及的预测一致。他们也预测交易成本会达到15%，而且指出这一事实，即也应当考虑侵权人的保险人会耗费相同的比例，从而全部的交易成本达到被追回总额的30%。[254]

六、改革思考

75　　在大多数被调查研究的国家中，都不存在能够真正影响侵权法与社会保障法关系的改革计划。[255] 只有瑞士准备了一个社会保障法典草案，该草案可能引入了一些主要与共同过失（仅在故意情形下有意义）、份额特权（未来也仅在故意情形下有意义）以及雇主特权（相对于受害者，已被取消）有关的改变。[256]

76　　在其他国家，大家讨论了为医疗事故伤害引入一种基金的解决方法[257]或者为交通事故建立社会保障计划的建议。[258] 在西班牙，为了避免重复赔偿，已经有人建议制度改革。[259] 在瑞典，已经有人建议引入社会保障机构的追索权。[260] 但是，至今未就任何建议进行立法活动。原则上必须注意到，缩减社会保障保护范围的趋势似乎十分明

253　鲁莫-琼戈报告页边码45。
254　富尔、哈特列夫报告页边码93。
255　奥地利：霍尔策报告页边码44；法国：卡瓦尔报告页边码32；德国：费德克、马格努斯报告页边码32；英格兰与威尔士：刘易斯报告页边码48；希腊：克雷姆利斯、斯卡拉库、斯皮罗普洛斯报告页边码80-81；荷兰：杜佩龙、范博姆报告页边码46-47；显然也包括意大利。
256　鲁莫-琼戈报告页边码47。
257　奥地利：霍尔策报告页边码44；希腊：克雷姆利斯、斯卡拉库、斯皮罗普洛斯报告页边码81。
258　在荷兰：杜佩龙、范博姆报告页边码47。
259　帕斯·加西亚·鲁维奥、莱特、戈麦斯·阿韦列拉、费雷罗报告页边码30。
260　文德尔报告页边码39。

显地占据了上风。[261] 此种发展将可能增加侵权法的重要性。

七、假设案例解决方案之比较

1. 案例 1：共同工作场所

a）选项 a

X 的雇员 A，在某建筑工地工作时为 Y 的雇员 B 所伤。B 主观上具有轻过失。对于自己的医疗费以及所遭受的痛苦（非财产性损失），A 可以向谁主张？是对通常给予如 A（也有 B）般雇员保险的社会保障机构请求，还是向 B（或他的雇主 Y）请求？如果社会保障机构承担了费用，那么它可否针对 B（或他的雇主 Y）提起追索诉讼？

所有被比较研究的国家间的共同点在于，对假设的第一个问题的回答都是雇员 A 可以向为他提供保险保护的社会保障机构申请医疗费用。[262] 社会保障救济金不覆盖痛苦与创伤，但有少数例外——尤其是采纳了"生物损伤"概念的意大利。尽管在意大利，仅在犯罪的情况下[263]才能被正式赋予痛苦与创伤之赔偿金，但该概念可能在一定程度上包括了心理伤害。[264] 但是在大多数国家，A 可以依据侵权法起诉 B——或者 Y，只要 Y 应当为 B 承担替代责任——要求他赔偿此

---

261 特别参见杜佩龙、范博姆报告页边码 46。
262 奥地利：霍尔策报告页边码 45；法国：卡瓦尔报告页边码 43；德国：费德克、马格努斯报告页边码 33、34；英格兰与威尔士：刘易斯报告页边码 33；希腊：克雷姆利斯、斯卡拉库、斯皮罗普洛斯报告页边码 82 及以下；意大利：科曼德、波莱蒂报告页边码 27；荷兰：杜佩龙、范博姆报告页边码 48 及以下；西班牙：帕斯·加西亚·鲁维奥、莱特、戈麦斯·阿韦列拉、费雷罗报告页边码 31；瑞典：文德尔报告页边码 51 及以下；瑞士：鲁莫－琼戈、安里格－贝克瑞报告页边码 49。
263 参见科曼德、波莱蒂页边码 25、27；也比较奥地利的评论：霍尔策报告页边码 20。
264 奥地利参见：霍尔策报告页边码 20、45；法国：卡瓦尔报告页边码 33；德国：费德克、马格努斯报告页边码 34；英格兰与威尔士：刘易斯报告页边码 50、51；希腊：克雷姆利斯、斯卡拉库、斯皮罗普洛斯报告页边码 82；荷兰：杜佩龙、范博姆报告页边码 50；瑞典：文德尔报告页边码 53；瑞士：鲁莫－琼戈报告页边码 49。

类损害。然而，在奥地利[265]与德国,[266] 当两名雇员（尽管是由不同雇主雇佣）是在同一工作场所、在相同的监管或协调下工作时，请求赔偿剩余损害的侵权诉讼就会被禁止。

78　　在大多数国家中，社会保障机构在其给予的救济金范围内对雇员 B 或者他的雇主 Y 享有追索权。[267] 由于同事及雇主的豁免特权也被赋予了与受害者在同一场所协同工作的工人/雇主，因此就不存在追索诉讼，例如在德国。[268]

b) 选项 b

如果 B 在行为时具有故意或者重大过失，结果还是否相同？

79　　对于大多数国家，当在与选项 a[269] 中得到的结论进行比较时，除了在侵权法中，过错程度会影响赔偿的范围这件事之外，并没有什么不同。[270] 报告例外情形的就只有德国、荷兰和瑞士。在德国，如果雇员 B 在行为时具有故意,[271] 雇员 A 就可以依据侵权法起诉雇员 B；在荷兰，B 的故意或者重大过失可能会排除 Y 的替代责任;[272] 在瑞士，如果故意实施了侵权行为，公共意外事故保险计划会承担丧葬费。[273]

265　霍尔策报告页边码 46。
266　费德克、马格努斯报告页边码 34。
267　奥地利参见：霍尔策报告页边码 45；法国：卡瓦尔报告页边码 33；希腊：克雷姆利斯、斯卡拉库、斯皮罗普洛斯报告页边码 83；荷兰：杜佩龙、范博姆报告页边码 48；西班牙：帕斯·加西亚·鲁维奥、莱特、戈麦斯·阿韦列拉、费雷罗报告页边码 32；瑞士：鲁莫－琼戈报告页边码 49。
268　费德克、马格努斯报告页边码 34。
269　奥地利：霍尔策报告页边码 46；法国：卡瓦尔报告页边码 34；英格兰与威尔士：刘易斯报告页边码 52（除了致害行为是犯罪行为的情形）；希腊：克雷姆利斯、斯卡拉库、斯皮罗普洛斯报告页边码 82 及以下；意大利：科曼德、波莱蒂报告页边码 28；帕斯·加西亚·鲁维奥、莱特、戈麦斯·阿韦列拉、费雷罗报告页边码 33；瑞典：文德尔报告页边码 53。
270　克雷姆利斯、斯卡拉库、斯皮罗普洛斯报告页边码 85；科曼德、波莱蒂报告页边码 28 以及鲁莫－琼戈报告页边码 50 正好指出了这一事实。
271　费德克、马格努斯报告页边码 36。
272　杜佩龙、范博姆报告页边码 51。
273　鲁莫－琼戈报告页边码 50。

c）选项 c

A 和 B 的雇主相同时，结果是否会不同？

在许多国家，具有过失的 B 都可以享有同事的免于侵权诉讼[274]以及社会保障机构追索诉讼的特权。[275] 但是，例如在英国，这种特权已于 1948 年被废除了。[276]

2. 案例 2：骑车人案

骑车人 B 使雇员 A 严重受伤，因此 A 生病三周以致无法工作。A 可否请求他的雇主 C 继续支付他的工资？全额支付还是部分支付？如果仅可请求部分支付的话，就其余部分，A 可否起诉 B？如果 C 有义务支付 A 的工资，那么 C 是否可以对 B 提起一项追索诉讼？

被比较研究的大多数国家都规定，雇主 C 必须继续支付工资，[277] 尽管雇主有时仅在短暂的等待期之后支付（三天）[278] 并且经常是以

---

[274] 奥地利参见：霍尔策报告页边码 46；法国：卡瓦尔报告页边码 35；德国：费德克、马格努斯报告页边码 37；瑞士：鲁莫-琼戈报告页边码 51。

[275] 奥地利参见：霍尔策报告页边码 46；法国：卡瓦尔报告页边码 35；德国：费德克、马格努斯报告页边码 37；荷兰：杜佩龙、范博姆报告页边码 52-53；瑞士：鲁莫-琼戈报告页边码 51。

[276] 刘易斯报告页边码 53。

[277] 奥地利参见：霍尔策报告页边码 47（尽管在白领工人和蓝领工人之间存在差别）；德国：费德克、马格努斯报告页边码 38；希腊：克雷姆利斯、斯卡拉库、斯皮罗普洛斯报告页边码 88；意大利：科曼德、波莱蒂报告页边码 30；荷兰：杜佩龙、范博姆报告页边码 54；西班牙：帕斯·加西亚·鲁维奥、莱特、戈麦斯·阿韦列拉、费雷罗报告页边码 35（但是，雇主仅是在短期内向雇员支付社会保障救济金）；瑞典：文德尔报告页边码 55；瑞士：鲁莫-琼戈报告页边码 52。在法国，仅在集体协议如此规定时雇主才必须支付：卡瓦尔报告页边码 36。

[278] 希腊：克雷姆利斯、斯卡拉库、斯皮罗普洛斯报告页边码 88；西班牙：帕斯·加西亚·鲁维奥、莱特、戈麦斯·阿韦列拉、费雷罗报告页边码 35；瑞士：鲁莫-琼戈报告页边码 52。在法国，三天的等待期适用于社会保障机构的付款：卡瓦尔报告页边码 37。

被扣减后的 50%－80% 的比例支付雇员工资。[279] 在另一个十分短暂的期间之后——三天至一年[280]——如果 A 已经投保而且满足保险要求，例如特定的等待期等，相应社会保障机构必须承担病假工资。[281] 但是，也有一些国家——如英格兰与威尔士[282]——雇员不享有自其雇主[283]或者社会保障计划中获得病假工资的一般法定权利。但是据统计，在所有雇员中，大约有 90% 都通过一些职业病假工资计划获得了保险保护。[284]

82　　如果受伤雇员在无法工作的期间无权自其雇主或者社会保险机构获得全额工资，那么通常的解决方法就是，如果侵权人负有侵权

---

[279] 参见希腊：克雷姆利斯、斯卡拉库、斯皮罗普洛斯报告页边码 88（50%）；荷兰：杜佩龙、范博姆报告页边码 54（70%，尽管大多数雇主必须支付 100%）；西班牙：帕斯·加西亚·鲁维奥、莱特、戈麦斯·阿韦列拉、费雷罗报告页边码 35（75%）；瑞典：文德尔报告页边码 55（80%）；瑞士：鲁莫－琼戈报告页边码 52（80%）。在法国，由社会保障方案提供的病假工资通常包括原本工资的一半：卡瓦尔报告页边码 37。在英格兰与威尔士，据报道，仅有 75% 的雇员获得了病假工资，而 25% 的人无法获得：刘易斯报告页边码 56。

[280] 奥地利参见：霍尔策报告页边码 47（3 周）；德国：费德克、马格努斯报告页边码 38（6 周）；希腊：克雷姆利斯、斯卡拉库、斯皮罗普洛斯报告页边码 88（3 天）；荷兰：杜佩龙、范博姆报告页边码 54（1 年）；西班牙：帕斯·加西亚·鲁维奥、莱特、戈麦斯·阿韦列拉、费雷罗报告页边码 35（12 天）；瑞典：文德尔报告页边码 55（14 天）。在瑞士，雇主必须继续支付工资的期间长度取决于雇员受雇时间的长短：鲁莫－琼戈报告页边码 52 脚注 141。

[281] 希腊：克雷姆利斯、斯卡拉库、斯皮罗普洛斯报告页边码 88；西班牙：帕斯·加西亚·鲁维奥、莱特、戈麦斯·阿韦列拉、费雷罗报告页边码 35；瑞典：文德尔报告页边码 55。

[282] 刘易斯报告页边码 54。

[283] 法国和西班牙同样没有赋予雇员一种继续自他们的雇主处获得工资的权利：法国的情况参见：卡瓦尔报告页边码 36；西班牙：帕斯·加西亚·鲁维奥、莱特、戈麦斯·阿韦列拉、费雷罗报告页边码 35。

[284] 刘易斯报告页边码 55。

责任，则雇员就可以起诉侵权人要求他赔偿剩余的损害。[285]

如果受伤雇员的雇主——或者其社会保险人——已经支付了全额或部分工资，占据主导地位的规则规定，雇主或保险人对应当对损害负责的侵权人享有追索权。[286]

3. 案例3：粗心大意的雇主

由于雇主B的粗心大意，雇员A受到了伤害。就自己的损失，A是否可以向B请求赔偿？还是说A仅能向社会保障机构请求？如果是后一种情况，社会保障机构是否可以对雇主B提起一项追索诉讼？

相当多被比较的国家都禁止雇员对其雇主提起一般侵权诉讼，因为雇主享有免于被其雇员提起侵权诉讼的特权。[287] 仅在特定条件下，这些国家才允许受伤雇员提起侵权诉讼，即当雇主在行为时具有故意或重大过失，[288] 或者——在一些国家——在请求非财产损失时

---

[285] 法国参见：卡瓦尔报告页边码38；德国：费德克、马格努斯报告页边码39；英格兰与威尔士：刘易斯报告页边码57；荷兰：杜佩龙、范博姆报告页边码54；西班牙：帕斯·加西亚·鲁维奥、莱特、戈麦斯·阿韦列拉、费雷罗报告页边码36；瑞典：文德尔报告页边码56；瑞士：鲁莫-琼戈、安里格-贝克瑞报告页边码53。在意大利，雇主必须支付全部工资（如果社会保障方案没有承担的话）：科曼德、波莱蒂报告页边码30。

[286] 奥地利参见：霍尔策报告页边码47；法国：卡瓦尔报告页边码39；德国：费德克、马格努斯报告页边码40；希腊：克雷姆利斯、斯卡拉库、斯皮罗普洛斯报告页边码89；意大利：科曼德、波莱蒂报告页边码31；荷兰：杜佩龙、范博姆报告页边码54；西班牙：帕斯·加西亚·鲁维奥、莱特、戈麦斯·阿韦列拉、费雷罗报告页边码37（但是仅在非常有限的范围内，雇主必须支付社会保障救济金）；瑞士：鲁莫-琼戈报告页边码53。在英格兰与威尔士，仅当雇佣合同包括一条效果为雇员必须（向他的雇主）返还他可以从有责的侵权人处获得的所有收入损失的条文时，才发生此种结果：刘易斯报告页边码58。在瑞典，雇主没有追索权：文德尔报告页边码56。

[287] 奥地利参见：霍尔策报告页边码48；法国：卡瓦尔报告页边码40；德国：费德克、马格努斯报告页边码41；希腊：克雷姆利斯、斯卡拉库、斯皮罗普洛斯报告页边码91；意大利：科曼德、波莱蒂报告页边码34；瑞士：鲁莫-琼戈报告页边码55。

[288] 奥地利参见：霍尔策报告页边码48；法国：卡瓦尔报告页边码40（故意或不可原谅的过错）；德国：费德克、马格努斯报告页边码41（仅有故意满足）；希腊：克雷姆利斯、斯卡拉库、斯皮罗普洛斯报告页边码46；意大利：科曼德、波莱蒂报告页边码33-34（要求雇主的行为是犯罪行为）；瑞士：鲁莫-琼戈报告页边码55。

(社会保障法仍大多不赔偿非财产性损失)。[289]

85　　但是一些国家没有禁止侵权诉讼,如英格兰与威尔士、[290] 荷兰[291]以及西班牙[292]。受伤雇员可以选择起诉他的雇主或者相应的社会保障机构。

86　　两种方法都解决了已经支付了救济金的社会保障机构是否应当有权依据不同但差异不大的条件要求雇主 B 清偿的问题:追索权经常被限制在雇主在行为时具有故意[293]或重大过失[294]的情形中。相反,西班牙普遍排除了追索权:在该国,如果雇主已经支付了受伤雇员应当支付的所有社会保障保险费,社会保障机构就没有追索权。[295] 在瑞典,支付救济金的社会保障机构同样无权追索。[296] 相反,在英格兰与威尔士,承担替代责任的雇主必须偿还雇员获得的所有社会保障救济金,无论他在行为时是否具有故意或重大过失,或者甚至不承担严格责任。[297] 但是,我们必须牢记,在英国的制度下,可被追回的救济金受到一种特殊的时间限制。[298]

4. 案例 4:具有共同过失的雇员

由于工友 B(雇主 C,第三人)的过失,雇员 A 受到了伤害,但是同时,A 对自己的损失也存在过失,那么,A 的共同过失是否

---

[289] 希腊:克雷姆利斯、斯卡拉库、斯皮罗普洛斯报告页边码 93;意大利:科曼德、波莱蒂报告页边码 33-34。
[290] 刘易斯报告页边码 59。
[291] 杜佩龙、范博姆报告页边码 55。
[292] 帕斯·加西亚·鲁维奥、莱特、戈麦斯·阿韦列拉、费雷罗报告页边码 38。
[293] 对于只有故意满足的希腊,参见:克雷姆利斯、斯卡拉库、斯皮罗普洛斯报告页边码 94。
[294] 奥地利参见:霍尔策报告页边码 48;法国:卡瓦尔报告页边码 40;德国:费德克、马格努斯报告页边码 41(在德国,重大过失也满足);意大利:科曼德、波莱蒂报告页边码 33-34(雇主的行为必须属于犯罪行为);瑞士:鲁莫-琼戈报告页边码 55。
[295] 帕斯·加西亚·鲁维奥、莱特、戈麦斯·阿韦列拉、费雷罗报告页边码 38。
[296] 文德尔报告页边码 57。
[297] 刘易斯报告页边码 60。
[298] 参见:刘易斯报告页边码 29。

会影响到他向社会保障机构或者侵权行为人求偿？如果答案是肯定的，那么在何种程度上会影响？A 的共同过失又是否会影响社会保障机构可以对侵权行为人提出的任何追索请求？

无论侵权人是 A 的同事、雇主还是第三人，主流的观点是，A 的共同过失一般不会影响他获得全部社会保障救济金的权利。[299] 但是，如果受伤雇员的共同过失达到了故意或重大过失，许多国家都会部分地扣减或排除救济金请求权。[300] 只要 A 有权依据侵权法请求赔偿——尤其是对第三人——显然，共同过失发挥着正常的作用，并影响着赔偿的金额。[301]

关于在被比较的国家中 A 的共同过失对支付了救济金的社会保障机构对有责之侵权人提起的追索诉讼的影响，追索的情形仍是完全或部分未受影响。

在许多国家，尽管受伤的雇员存在共同过失，社会保障机构都

---

[299] 奥地利参见：霍尔策报告页边码 49；法国：卡瓦尔报告页边码 41；德国：费德克、马格努斯报告页边码 42；英格兰与威尔士：刘易斯报告页边码 62；希腊：克雷姆利斯、斯卡拉库、斯皮罗普洛斯报告页边码 95；意大利：科曼德、波莱蒂报告页边码 36 - 37；荷兰：杜佩龙、范博姆报告页边码 56；西班牙：帕斯·加西亚·鲁维奥、莱特、戈麦斯·阿韦列拉、费雷罗报告页边码 39；瑞典：文德尔报告页边码 58 - 59；瑞士：鲁莫 - 琼戈报告页边码 56。

[300] 法国：卡瓦尔报告页边码 41；英格兰与威尔士：刘易斯报告页边码 62（如果伤害是由于受害者的一项完全在雇主安排下的行为导致的话）；希腊：克雷姆利斯、斯卡拉库、斯皮罗普洛斯报告页边码 95（如果受害者自己导致了损害）；意大利：科曼德、波莱蒂报告页边码 36 及以下（如果的受害者的行为是不正常的而且完全无法预期）；西班牙：帕斯·加西亚·鲁维奥、莱特、戈麦斯·阿韦列拉、费雷罗报告页边码 39；瑞典：文德尔报告页边码 58（要求严重冒险以及极其缺乏的注意和关心）；瑞士：鲁莫 - 琼戈报告页边码 56。

[301] 例如，法国参见：卡瓦尔报告页边码 42；英格兰与威尔士：刘易斯报告页边码 61；荷兰：杜佩龙、范博姆报告页边码 56；瑞士：鲁莫 - 琼戈报告页边码 56。

仍可对任何侵权人行使全部的追索权。[302] 此时，共同过失被认为与追索情形毫无关联。英国为这一途径提供的原因是，应当避免操纵——侵权人与受害人人为地就严重的共同过失达成协议——并且整个赔偿程序的速度也不应当被与共同过失程度有关的冗繁争执所拖累。[303]

90　　另一方面，在社会保障机构对同事及雇主完全不享有追索权的国家中，由于这些人享有特权，共同过失也不重要。[304] 即使是在那些追索诉讼存在于同事或雇主具有故意或重大过失情形中的国家中，[305] 受伤雇员的共同过失也因对侵权人的普遍指责而大多被忽略了。

91　　仅在对第三人追索方面，各解决方案才在是否应当考虑受伤雇员的共同过失上有所不同。部分国家采用的方案是社会保障机构的追索权会因雇员的共同过失而被扣减。[306] 但是同样地，许多被比较的国家喜欢社会保障机构对侵权人享有一项不受妨碍的追索权的解决方案。[307]

302　像在英格兰与威尔士那样：刘易斯报告页边码 63–64；希腊：克雷姆利斯、斯卡拉库、斯皮罗普洛斯报告页边码 96；意大利：科曼德、波莱蒂报告页边码 38；西班牙：帕斯·加西亚·鲁维奥、莱特、戈麦斯·阿韦列拉、费雷罗报告页边码 39；瑞典：文德尔报告页边码 58–59。

303　参见：刘易斯报告页边码 63。

304　如在奥地利那样：霍尔策报告页边码 49；法国：卡瓦尔报告页边码 40；德国：费德克、马格努斯报告页边码 43。

305　参见上注。

306　奥地利参见：霍尔策报告页边码 49；德国：费德克、马格努斯报告页边码 43；荷兰：杜佩龙、范博姆报告页边码 56；西班牙：帕斯·加西亚·鲁维奥、莱特、戈麦斯·阿韦列拉、费雷罗报告页边码 40；瑞士：鲁莫–琼戈报告页边码 58（受害人的份额特权）。

307　法国：卡瓦尔报告页边码 42；英格兰与威尔士：刘易斯报告页边码 63；希腊：克雷姆利斯、斯卡拉库、斯皮罗普洛斯报告页边码 96；意大利：科曼德、波莱蒂报告页边码 38；瑞典：文德尔报告页边码 58–59。

八、最终结论

从上文有关侵权法与社会保障法之间关系的比较中可以得到许多结论。

1. 首先，在所有被比较的国家中，侵权法和社会保障法都为（广义上的）人身伤害赔偿提供了规则。由于没有国家排他地将人身伤害赔偿领域留给社会保障法或侵权法[308]——特殊情形例外，因此，两个法律分支之间存在一定的重叠以及不可避免的影响与相关性。因此，社会保障保护程度的改变也必然会影响到侵权法，反之亦然。

2. 一般而言，在被调查研究的国家中，与在类似情形下借助侵权法机制相比，获得人身伤害社会保障救济金相对会比较容易些。为了获得社会保障救济金而必须满足的条件比为获得侵权法上的赔偿而需证明的条件更少而且更加容易。受害者更喜欢社会保障保护的其他真正原因在于，受害者既无需确定一名侵权人（侵权人可能无法获知或者难以确定），也不需要承担侵权人即将破产的风险。这些原因已经导致这样一个结果，即尽管在法律上侵权法仅在有限的范围内被社会保障保护取代，[309] 但实际上的取代范围要大得多。自受害者角度观察，侵权法主要保留着填补社会保障法遗留空隙的作用。这些空隙越大，援引侵权法的需求就越大，侵权法对于受害人的重要性也越大。自必须给付救济金的社会保障机构角度观察，对于对应承担最终责任的侵权人进行追索的问题，侵权法仍是有意义的（追索问题请参见下文）。

3. 比较表明，人身伤害之社会保障保护遗留的主要空隙在于非物质损失的赔偿方面——正常情况下是社会保障法所排除的——以

---

[308] 也即在由自己的雇主或同事引起劳动事故的情况下。
[309] 参见前一个脚注。

及全部赔偿方面——社会保障通常旨在提供基本且标准化的保护，无意完全恢复原状。

4. 被调查的国家未来很可能将缩减社会保障保护的范围，而且这似乎的确是无法避免的。瑞典这一出类拔萃的福利国家已经在上世纪 90 年代就开始重塑自己的社会保障制度，并且将它降低至较低的水平。[310] 对于荷兰而言，当下该国在人身伤害情形下拥有最为广泛的社会保障保护，在该国的报告中，报告人表达了对这种状况的强烈担忧。[311] 其中的主要原因在于难以为当下的制度提供资金。该困境可以归因于社会的老龄化，正因如此，提供医疗费、养老金等的社会保障制度的成本极大地增加了，但集体保险计划的主要贡献者却在减少。因此，就人身伤害之社会保障保护而言，当下的反应是：存在越来越多的其他约束和限制，例如免赔额、等待期、救济金的扣减及限额、可得救济金的期间的缩减以及类似措施，而且这也是未来最有可能出现的并且是最为强烈的答案。而且，"赔偿氛围"也已经改变了。福利国家的局限已经变得明显起来。打消任何试图依赖所谓的"社会吊床"的念头（如果存在此类念头的话）的政策已经开始取代先前的加强扩大社会保障保护的想法。这尤其意味着，为了预防损害并且/或者减少损害，反而需要借助侵权法的威慑及预防功能。

5. 上述发展已经引起了这一结果：社会保障计划保护程度的降低——尽管是适度的——必然会加强侵权法的重要性。社会保障给付的救济金越少，在可能的情况下，受害者将会并且必须更多地依赖侵权法。这导致侵权法在人身伤害赔偿领域中的重要性在一定程度上"回归"及"复兴"了。在此方面，社会保障法对侵权法有显著的影响。

310　参见文德尔报告页边码 23、35。
311　参见杜佩龙、范博姆报告页边码 2。

6. 另一个更为特殊的结论与雇主免受雇员侵权诉讼的特权有关。被比较的国家在过去几十年间发生的社会保障保护的扩张也同样扩大了已被接受的雇主与同事的特权。它现在覆盖了更多的群体，如同学、病友等。而且，虽然该特权最初可由雇主和同事已经通过他们对社会保障计划的贡献"购买"了豁免权这一理由支撑，但是对于因特权扩张而被覆盖的人而言，并非如此。该特权是为维持各个企业或机构内部的和平[312]这个理由也较为牵强，因为该和平状态的确保是以受害人必须自己承担部分损失为代价的。因此，这种特权缺乏一个令人信服的正当理由，从而应当被废除，尤其是它实际上排除了非物质损失的赔偿。越来越多的国家已经废除了该特权这一事实也支持了它的完全废除。[313]

7. 不会从社会保障救济金中扣除受害者有权或者可能有权依据侵权法获得的损害赔偿金。在被比较的国家中，没有哪个国家会因为可能的侵权损害赔偿金而否认或限制受害者获得全部社会保障救济金的权利。只有凭借追索，社会保障机构才可能向侵权人索要赔偿金。另一方面，在受害者已经获得一些社会保障救济金之后，他通常无权向侵权人请求全部损害赔偿金。这个问题再次被认为是一个侵权人是否必须补偿社会保障机构的追索问题。然而，为了避免金钱的循环移转以及重复赔偿，如英国那样，[314] 由应当负责的侵权人或者其他赔偿人承担事先调查受害人是否已经获得社会保障救济金以及金额多少的责任，并继而返还这些救济金给相应的机构似乎是效率较高的。

而且，为了使侵权诉讼得到快速处理，如果设置一个时间限制似乎是有效的——如英国那样——在该时间之后，在追索权方面，

---

312 关于这一理由，参见：费德克、马格努斯报告页边码 13。
313 甚至瑞士的最新改革草案也建议废除特权：参见鲁莫－琼戈报告页边码 47。
314 比较刘易斯报告页边码 28。

社会保障救济金就不会再被纳入考量。

8. 追索问题是社会保障法与侵权法关系中的关键问题。在此方面，第一个结论就是，在社会保障机构或计划已经赔偿了侵权人应当负责的损失的情况下，它们应当享有普遍的追索权。其决定性原因在于缺乏免除侵权人责任的正当理由。任何其他规则都会使侵权人受益而且放弃了利用侵权法威慑及预防损害功能的可能性，即使这种功能可能仅仅是适中的。关于追索权的第二个结论与应当如何构建追索权及其程序的问题有关。此方面的目标十分清晰：纠正错误、不使侵权人获益也不使他负担过重、有效管理整个赔偿程序。有事前调查及时间限制的英国模式似乎可以很好地实现这些目标，因而我们在此主张，这种解决方法可以作为未来欧洲方案的模板。

9. 最后一个结论与应当如何处理受害人的共同过失之问题相关。由于共同过失在侵权法中十分重要但通常与申请社会保障救济金的权利无关，因此，必须决定是否应当将它纳入考量，以致不利于受害者、侵权人或者社会保障机构——受害者的社会保障救济金从而会被扣减；或者侵权人必须向社会保障机构偿还所有救济金，尽管在事实上，依照侵权法，他仅应当对部分损害负责；或者社会保障机构必须支付所有救济金但仅能自侵权人处收回一部分，这要取决于受害人共同过失的程度。同样地，国别报告以及报告人在他们的讨论中都赞同受害人具有共同过失的瑕疵应当由社会保障机构承担这种解决方法。因此，受害者可以获得全部社会保障救济金。但是，和受害人对侵权人的直接损害赔偿请求权一样，社会保障机构对侵权人的追索请求权将会因受害人的共同过失而被削弱。

索 引[*]

Accident 事故

　　~ costs 事故成本　323

　　~, holiday 假期事故　111

　　~, housework 家务事故　171

　　~, industrial, see accident, occupational 工伤事故，参见职业事故

　　~, nuclear 核事故　177

　　~, occupational 职业事故　8 及以下，22，28，31 及以下，42 及以下，46 及以下，57，61，73，86，91 及以下，97，99，111，129 及以下，122 及以下，103，127 及以下，129，133，140，146，151，155 及以下，160 及以下，171，176 及以下，181，189，201，208 及以下，217 及以下，226，230，249 及以下，252 及以下，272 及以下，310 及以下

　　~, prevention of 事故预防　284

　　~, traffic 交通事故　8，40，54，59，76 及以下，92 及以下，97，99，138，158，167 及以下，171，193，197

Agreements, bulk recovery 协议，一揽子追索协议　23，59，77，97，136，161，176，178，198 及以下，216，229，265，330，373 及以下

Annuity 年金，see pension 参见养老金

Benefit 救济金　4，15，28 及以下，32，39 及以下，43，51，55，59，72，76，122，129，146，160

　　~, amount of, see compensation amount 救济金金额，参见赔偿额

　　~, cash 现金救济金　15，65，153

　　~, congruent 一致的救济金　17，27，29

　　~, deduction of 救济金的扣减　76，94，156，159，161，165，194，197 及以下，226，256，261，270，389

　　~ for incapacity, see disability 残疾救济金，参见伤残救济金

---

[*] 此处页码为译文页码。——译者注

~ for sickness, see disease 疾病救济金，参见疾病

~ for medical care, see medical care 医疗费救济金，参见医疗救治

~, level of 救济金水平 15, 38, 74, 80, 110, 150 及以下, 128, 137, 142, 191, 194, 211 及以下, 179 及以下, 246, 365 及以下

~ prerequisites 救济金先决条件 14, 35, 51 及以下, 68, 71, 93, 122, 149, 190, 361 及以下

~, reduction of, see benefit, deduction of 救济金的扣减，参见救济金之缩减

~, reimbursement of the, see recourse, right to 救济金之追索，参见追索权

~, scope of 救济金的范围 32 及以下, 88 及以下, 220, 343

~ unemployment 失业救济金 31, 32

Bismarckian model 俾斯麦模式 31 及以下, 37, 41, 43, 61, 152, 211, 221, 338, 349

Case law 判例法 12
Causation 因果关系 14, 40, 55, 94, 122, 124, 143, 158, 175, 194, 214, 227, 254 及以下, 291, 322, 361

及以下

Cessio legis 法定让与, see legal cession, 参见法定让与
Claim culture 索赔文化 314 及以下
Compensation 赔偿，赔偿金

~, accumulation of 赔偿金的累计 51, 67 及以下, 99, 153, 217, 226, 257

~, adequate 能够满足需求的赔偿 190, 194 及以下

~ amount 赔偿额 15, 31, 33 及以下, 38, 56, 67, 73, 84, 87, 94, 97, 125 及以下, 149, 153 及以下, 159, 164, 167, 176, 190, 194, 211, 214 及以下, 219, 228, 256 及以下, 291, 307 及以下, 313 及以下, 365 及以下

~, anticipatory 先期赔偿 50 及以下

~, calculation of 赔偿金的计算 37, 168, 211, 352

~, claim for 索赔 17, 54, 101

~, conditions for 赔偿之前提 14, 27, 35, 52 及以下, 68, 72, 93, 122, 149, 157, 175, 189, 222, 243, 251, 273, 370

~, core elements of 赔偿之核心要素 13 及以下, 54 及以下, 72, 93, 122, 158, 175, 194 及以下, 214

及以下，227，253 及以下，361 及以下

~ for bodily injury, see injury personal 身体损伤之赔偿，参见人身伤害赔偿

~ for criminal injury, see injury, criminal 刑事损害之赔偿，参见刑事损害

~ for death 死亡赔偿金　16，33，68，159，240 及以下

~ for disease, see compensation for death 疾病赔偿金，参见死亡赔偿金

~ for mental distress 精神痛苦之赔偿　160

~ for moral suffering 精神创伤之赔偿　33，162，168，174

~ for pain and suffering, see pain and suffering 痛苦与创伤之赔偿，参见痛苦与创伤

~ for patient 病人之赔偿金　26

~ for personal injury, see injury, personal 人身伤害之赔偿，参见人身伤害

~, full 全部赔偿　126，159，189，194，291 及以下，388

~, fund 赔偿基金　318

~, level of 赔偿水平　5，76 及以下，168，189，241

~, non-pecuniary, see loss, non-pecuniary 非财产性赔偿，参见非财产性损失

~ of advantage 提前赔偿　8

~ of integrity 完整性之赔偿　9，15，19，25

~, pecuniary, see loss, pecuniary 财产性赔偿，参见财产性损失

~, renunciation of the 放弃赔偿　23

~, requirements for, see condition for compensation 赔偿要求，参见赔偿之条件

~, statutory limitsto 法定赔偿限制　16，33，50，125 及以下

~, worker's 工人赔偿　31，45 及以下，83，92 及以下，124，171，308

Conditio sine qua non 必要条件　14，40，55

Costs of medical treatment 医疗费用，see medical costs 参见医疗费

Damages 损害赔偿，see loss 参见损失
Danger, self created 自致危险，see self-endangering，参见自我导致的危险
Danno biologico（biological damage）生物损害　169，179，183，353，364
Disability 伤残　31，34 以下，51，68，72，86，94，100，127 及以下，

147，及以下，160，163 及以下，170，175，189 及以下，195，231，239，246 及以下，291，310，344

Disablement rent 伤残补贴，see Pension 参见养老金

Disablement 伤残，see disability 参见残疾

Disease 疾病　34，41，55，59，72，84，122，126 及以下，145，152，155，164，192.，249，341

　　~，occupational 职业病　8，31，34，49，72，86，171，189，249，287 及以下，353，311 及以下，321 及以下

　　~，professional，see occupational 职业疾病，参见职业病

Drugs 药物　35，226

European directives, influence of 欧洲指令的影响　42，206，306

Existenzsicherung 生计　287 及以下，291

Fault 过错　4，8，13，26，31，54，72 及以下，86 及以下，92 及以下，100，122，147，156，158 及以下，164，167，175，194，214，227，253，273，290 及以下，361

Faute inexcusable 不可宽恕的过错 92 及以下，97，101

Free artists 自由的艺术家　7

Freistellungsanspruch 豁免申请，see indemnification 参见赔偿

Fund for Occupational Diseases 职业病基金　37

Handicap, permanent 终生残疾　9

Health care 医疗保健　49，52，73，83，103 及以下，113，145 及以下，188，224，225，289 及以下，300

Help, individual 个人帮助　12

Hospital care 医院治疗　15

Housewife 家庭主妇　7

Human dignity 人格尊严　38，109

Illegal behaviour 非法行为　14

Illness 疾病，see disease 参见疾病

Impairment psychic 心理伤害，see pain and suffering 参见疼痛与痛苦

Immunity, civil 民事豁免权，see liability, immunity from 参见责任豁免权

Incapacity rent 伤残津贴，see pension 参见养老金

Incapacity to work 丧失工作能力，see disability 参见伤残

Indemnification 赔偿　15，120

Individual security 个人保障 108

Injury 伤害

~, bodily, see injury, personal 身体伤害，参见人身伤害

~ caused by others 他人所致伤害 7，43，77，91，95，100，115，121，135，143，153，158，161，173，192 及以下，196，212，216，226，229，250，263，348

~, criminal 刑事伤害 83

~, personal 人身伤害 5 及以下，15，22，32 及以下，39，68 及以下，81，89 及以下，107，110，122，145 及以下，151 及以下，160，167 及以下，170 及以下，190，190，208 及以下，211 及以下，223，238 及以下，245，285 及以下，318 及以下，387

~, self-inflicted, see self-harm 自己引起的伤害，参见自己导致的伤害

Insurance 保险

~, accident 事故保险 5，6，20，25，42，69 及以下，122，140，249 及以下，251

~, additive 附加保险 6，42，304

~ bankruptcy 保险公司破产 301

~, compulsory 强制保险 12，22，32，42 及以下，103，113，123，135，140，145，187，245，298 及以下，306，320 及以下

~, complementary, see Insurance, additive 强制保险，参见附加保险

~, contribution 保险费 4，7 及以下，19，22，44 及以下，68，71 及以下，91，116，154，208，212 及以下，226

~ control by state 国家控制 42 及以下，107，187

~, coverage of the, see Insurance, extent of 保险承保范围，参见保险的范围

~, direct 直接保险 321

~, disability, see disability 伤残保险，参见伤残

~, extent of 保险的范围 12 及以下，15，41，70，80，90 及以下，110 及以下，151 及以下，170 及以下，190 及以下，212 及以下，245 及以下 307，341，343 及以下，388

~, first party, see insurance, private 第一方保险，参见商业保险

~, government provided 政府提供的保险 297 及以下

~, health care 医疗保险 6，14，34，68，104，188

~, industrial accident, see insurance, accident 劳动事故保险，参见事故保险

~，liability，see insurance，compulsory 责任保险，参见强制保险

~，life 人寿保险 69，71，191

~ market 保险市场 43，298 及以下

~，motor 机动车保险 8，81

~，national 国民保险 71，83，103 及以下，113，186，190，224，226

~，obligatory，see insurance，compulsory 强制性保险，参见强制保险

~ organisation 保险组织 3，23

~，pension 养老金保险 6，31，104，111 及以下

~，private 商业保险 5，18，32 及以下，37 及以下，42，68，70，77，90，111 及以下，110，151，161，176 及以下，185 及以下，195，198，216，225 及以下，266，290，293 及以下，298，320，342

~，public health 公共健康保险 31，35，51，57，61，188，203

~，social 社会保险 3，103，106，112，298

~，social security 社会保障保险 103 及以下，112 及以下

~，state supervision of the，see insurance control 保险的国家监管，参见保险监管

~，sport 运动保险 6

~，state health 国家健康保险 110，188

Integritätsabgeltung 完整性补偿，see compensation 参见赔偿

Intent 故意 9，19，62，92，101，118，123，142，156 及以下，160，164，204，215，256，263，312，361，380，383

Interference 妨碍 4

Invalidity 伤残，see disability 参见残疾

Leasing 出租 6

Legal cession 法定让与 8，15，28，29，115，120，131 及以下，143

Liability 责任

~ by analogy 类推责任 13，20 及以下，21，23，28，49

~，civil，see insurance，private 民事责任，参见商业保险

~，contractual，see insurance，private 合同责任，参见商业保险

~，employer's 雇主责任 8，12，42，46，及以下，83，92，95，100，121，148，156 及以下，181，287 及以下，305，308 及以下，317 及以下

~，enterprise，see insurance，private 企业责任，参见商业保险

～, immunity from 责任豁免　46 及以下, 52, 58, 62, 193, 197, 305, 323 及以下, 380

　　～ of a third party 第三方责任　7 及以下, 19 及以下, 24, 28, 32, 44 及以下, 57, 63, 93, 81, 97, 116 及以下, 161 及以下, 251, 320, 353

　　～ of pupils 学童的责任　11

　　～ of students 学生的责任　11

　　～ privilege 责任特权　11 及以下, 22, 28, 92, 120, 141, 148, 156, 261, 263, 272, 380, 381, 389

　　～, quota privilege 责任份额特权　18, 25, 29, 261, 270, 277

　　～, restriction of 责任限制　75, 92, 120, 127

　　～, strict 严格责任　18, 31, 46, 72, 131, 158, 195, 284, 290, 329, 361

Loss 损失

　　～, economic, see loss, pecuniary 经济损失，参见财产性损失

　　～, financial, see loss, pecuniary 经济损失，参见经济损失

　　～, future 未来的损失　75, 159, 165, 301

　　～, immaterial, see loss, non-pecuniary 非物质损失，参见非财产性损失

　　～, indirect 间接损失　20

　　～, non-financial, see loss, non-pecuniary 非经济损失，参见非财产性损失

　　～, non-pecuniary 非财产性损失　15 及以下, 55, 66 及以下, 62 及以下, 93, 99, 107, 110, 140, 及以下, 149, 157, 167, 176, 189, 193 及以下, 203, 214, 223, 225, 227, 232, 239, 255, 288, 292, 352, 364

　　～ of amenity 愉悦感的丧失　73, 157 及以下, 162

　　～ of a third-party 第三方损失　21, 134 及以下

　　～ of earning, see loss of income 所得损失，参见收入损失

　　～ of earning capacity, see loss of income 谋生能力损失，参见收入损失

　　～ of income 收入损失　15, 21, 33, 33, 35, 68, 69, 73 及以下, 85, 94 及以下, 99, 111, 126, 143, 152, 159 及以下, 164, 189, 192, 195, 205, 226, 287 及以下, 344 及以下

　　～ of maintenance 生活费损失　15, 191

　　～, pecuniary 财产性损失　55, 66, 73, 93, 115, 155, 159, 162, 176, 189, 194, 214, 226, 227, 255, 292 及以下

~, pure economical 纯粹经济损失 133, 183

Medical 医疗

~ care 医疗护理 344

~ costs 医疗费用 33, 62, 68, 73 及以下, 89 及以下, 93, 100, 122, 126 及以下, 140, 143, 159, 164, 165, 168, 181, 189, 194, 203 及以下, 205, 210, 216, 218, 231, 239 及以下, 272, 296 及以下, 344 及以下, 379

~ equipment 医疗器械 127

~ expenses, see medical costs 医疗支出, 参见医疗费用

Moral hazard 道德风险 162, 293, 294 及以下, 351

National Health Service 国民健康服务, see social security agency 参见社会保障机构

National Office for Social Security 国家社会保障局, see social security agency 参见社会保障机构

National pension insurance 国民养老金保险, see insurance, pension 参见养老金保险

Negligence 过失

~, contributory 与有过失 4, 13, 18, 28, 35, 39 及以下, 54, 56, 64, 86 及以下, 102, 123, 132, 135, 143, 159, 161, 165, 168, 175, 178, 183 及以下, 194, 197, 205, 166 及以下, 215, 219, 233, 255, 276, 291, 312, 353, 365, 384, 390

~, gross 重大过失 9, 19, 23, 28, 35, 62, 120, 123, 133, 141 及以下, 164, 197, 204, 215, 253, 263, 312, 361, 380, 383

~, slight 轻过失 23, 28, 142, 231, 272

Ombudsman 行政监察专员 67

Pain and suffering 痛苦与创伤 15, 24, 24, 27, 62, 67, 73 及以下, 83, 108, 116, 120, 125 及以下, 138, 140, 157 及以下, 181, 203, 228, 272, 307, 309, 379

Pension 养老金 61, 94, 126, 128, 146 及以下, 154, 247 及以下, 251

Permanent health policy 长期健康保单 68

Personal interest 个人利益 123

Policy 保单, see insurance, private 参见商业保险

Pre-existing condition 既有条件 15

Premium, risk-based 风险基础型保费 293 及以下

Prevention（idea of）预防思想 5, 108

Principle 原则

~ of equal treatment 平等对待原则

~ of risk differentiation 风险区分原则 297 及以下，303

~ of solidarity 互助原则 292, 294, 302

~, privacy * 共同利益原则 98

~, Social State 社会国家 109

Proof, burden of 证明责任 27, 32, 55, 189, 311

Protection 保护, see social security protection 参见社会保障保护

Recourse 追索

~ action 追索诉讼 25, 100, 138, 180, 200, 230, 267

~, collective 集体追索 329 及以下

~, costs of 追索费用 325 及以下

~ in case of contribution of a co-employee 同事促成损害时的追索 17, 22, 58, 77 及以下, 97, 119 及以下, 161, 182, 196, 264, 373

~ in case of contribution of a family member 家庭成员促成损害时的追索 18, 58 及以下, 77 及以下, 95 及以下, 161, 196, 263, 328

~ in case of contribution of the injured person, see negligence, contributory 受害人促成损害时的追索, 参见共同过失

~, restriction of 追索的限制 23, 75, 136, 153, 184, 260 及以下

~, right to 追索权 16 及以下, 20, 29, 45, 56 及以下, 62, 74 及以下, 85, 94, 110, 130 及以下, 153, 160 及以下, 164 及以下, 177 及以下, 195 及以下, 203, 205, 209, 216, 218, 228, 257 及以下, 277, 322 及以下, 327 及以下, 338, 366 及以下, 379, 383, 389 及以下

Recovery 追偿, see recourse, right to 参见追索权

Redress, right of 补偿权, see recourse, right to 参见追索权

Rehabilitation 康复 127, 226

Reimbursement 偿还, see recourse, right to 参见追索权

---

* 此处可能为笔误，应当为 privity。——译者注

Relationship between tort and social security system 侵权法与社会保障制度之间的关系 8 及以下，24，44 及以下，59 及以下，72 及以下，91 及以下，118 及以下，155 及以下，174 及以下，193 及以下，213 及以下，226 及以下，252 及以下，304 及以下

Remuneration 补偿, see compensation 参见赔偿

Rent 津贴, see pension 参见养老金

Restitution 恢复原状, see compensation 参见赔偿

restitutio in integrum 恢复原状 40，89

Retirement 退休, see Pension 参见养老金

Risk 风险

~ aversion 风险厌恶 293

~, employment 雇佣风险 4，36，231 及以下，249

~, future 未来的风险 301

~, political 政治风险 302

Risque professionel (occupational risk) 职业风险 31，41，186，189 及以下，199，321

Risque social (social risk) 社会风险 186，189，199，292 及以下，308

Salary payment 工资支付, see permanent wage payment 参见终生工资支付

Sanction (idea of) 惩罚（思想） 5

Self-employed persons (protection of) 个体经营者的（保护） 6，34 及以下，38，48 及以下，52，84，114，192，306

Self-endangering activity 自我导致危险的行为 5，15，95，123，263

Self-harm 自我伤害 5，14，34，64，93，194，263，285

Self-mutilation 自残, see self-harm 参见自我伤害

Servant 服务人员

~, civil 公务员 34，36，38，48 及以下，111

~, public 公职人员 151

Sickness 疾病, see disease 参见疾病

Social 社会的

~ assistance 社会救济 83，172

~ hardship 社会困苦 20，

~ insurance agency, see social security agency 社会保险机构，参见社会保障机构

~ insurance pension, see pension 社会保险养老金，参见养老金

Social security 社会保障

~, aim of 社会保障之目的 3 及以下，30 及以下，65 及以下，88

索引

及以下，188及以下，223及以下，285及以下，301，333，352，355

~，agency 社会保障机构 3，6及以下，16及以下，30，45，58，65及以下，77及以下，80，88，91及以下，94及以下，100及以下，103，114，及以下，123，130，145及以下，198，229，237及以下

~，benefits, see benefit 社会保障救济金，参见保险金

~，coverage of, see social security, scope of protection of 社会保障保护覆盖范围，参见社会保障之保护范围

~，definition of 社会保障之定义 3，30，65，88，103，145，166，187及以下，207，220及以下，234及以下，239

~，development of 社会保障之发展 74，185及以下，226及以下，304及以下，307，333，339

~，economic dimensions of 社会保障之经济规模 25，100，138，162，180及以下，199及以下，230及以下，267及以下，377

~，financing of 社会保障之经济来源 7，44，71，91，116，154，174，193，213，226，251，292及以下，349

~ function 社会保障功能 4，40，67，89，108，138，148，170，189，211及以下，223及以下，244，353及以下，283及以下

~，historical background of, see development of social security 社会保障之历史背景，参见社会保障之发展

~，impact of（on tort law）社会保障（对侵权法）的影响 24，59，79，99，138，162，179及以下，217，229，266，376及以下

~ institution, see social security agency 社会保障组织，参见社会保障机构

~ law 社会保障法 4，24及以下，39，78，98，145及以下，166，189，221

~，limit of, see social security protection, 社会保障法之限制，参见社会保障保护

~ net, see social security scheme 社会保障网，参见社会保障计划

~ organisation 社会保障组织 3及以下，30，65，88，103，145，166，207，220，234，342

~，privatisation of 社会保障的私有化 61，308，319

~，protected groups of 社会保障的保护群体 9，27，30，34及以下，37，56，60，75，87及以下，92及以

下，120及以下，122，134，137，153，154，166及以下，169，179及以下，198，274

~ , purpose, see social security function 社会保障的目的，参见社会保障功能

~ scheme 社会保障计划 31，36及以下，65及以下，145及以下，167及以下，186及以下，236及以下，285及以下，301及以下，340

~ , scope of protection of 社会保障保护的范围 5及以下，41，51及以下，68，90及以下，110及以下，151及以下，170，190及以下，212及以下，245及以下，307及以下，341，343及以下，388

~ sectors, see social security organisation 社会保障部门，参见社会保障机构

~ structure, see social security scheme 社会保障结构，参见社会保障计划

~ system, see social security scheme 社会保障制度，参见社会保障计划

Subrogation 代位 94，258及以下
Suicide 自杀, see self-harm 参见自我伤害
Therapeutic treatment 治疗措施 15

Tort law 侵权法 4及以下，32，39，44及以下，45，67及以下，72，91，110，115及以下，137，145及以下，156及以下，163，189，196，208及以下，213，226及以下，238，289及以下，311及以下

~ , aim of 侵权法的目的 4，40，67，89，108，138，148，170，189，223及以下，243，284及以下

~ , applicability of 侵权法的适用 39，66，88，157，214

~ , function of, see tort law, aim of ~ , reform considerations of 侵权法的功能，参见侵权法的目的

~ , reform considerations of 侵权法的修改思考 26，61，82，100，139及以下，163，169，202，218，269，318及以下，378

~ , replacement of（by social security law）（社会保障法）对侵权法的取代 8，45，72，91，118及以下，155及以下，174，193，213，226及以下，252，304，339，355及以下，387

Totalreparation 完全补偿, see compensation, full 参见全部赔偿

Transaction costs 交易成本 26及以下，82，100，139，163，180，200及以下，228及以下，230，269，321，325及以下，377

Unlawfulness 不法性　157 及以下

Veteran 老兵　4
Victim 受害者
　　~, asbestos 石棉受害者　319
　　~, crime 犯罪行为受害者　4, 83, 93, 171, 173, 181, 213
　　~ of medical malpractice 医疗事故受害者　171
　　~, war 战争受害者　4

Wage payment 工资支付
　　~, continued 继续支付工资　36, 58, 63 及以下, 84 及以下, 101, 133 及以下, 142, 165 及以下, 218, 及以下, 274, 308, 381
　　~, guaranteed 保障工资　36 及以下, 58
Worker 工人
　　~, blue-collar 蓝领工人　19, 22, 84
　　~, part-time 兼职工人　7, 113
　　~, very low-paid 低薪工人　7, 113
　　~, white-collar 白领工人　20 及以下, 84

Zurechnungsgründe（reasons for assigning responsibility）归责原因　4
Zweitschädiger 第二侵权人, see injury caused by others 参见他人所致伤害

图书在版编目（CIP）数据

社会保障法对侵权法的影响/（德）马格努斯主编；李威娜译．—北京：中国法制出版社，2012.12
ISBN 978-7-5093-4163-6

Ⅰ.①社… Ⅱ.①马…②李… Ⅲ.①社会保障-行政法-研究②侵权行为-民法-研究 Ⅳ.①D912.104②D913.04

中国版本图书馆CIP数据核字（2012）第264531号

北京市新闻出版局出版境外图书合同登记号　图字01-2010-1146
Translation from the English language edition:
The Impact of Social Security Law on Tort Law
Copyright © Springer-Verlag Wien New York
All Rights Reserved

策划编辑：戴蕊　　　责任编辑：戴蕊　　　封面设计：蒋怡

社会保障法对侵权法的影响
SHEHUI BAOZHANGFA DUI QINQUANFA DE YINGXIANG

主编/乌尔里希·马格努斯（Ulrich Magnus）
译者/李威娜
经销/新华书店
印刷/三河市紫恒印装有限公司
开本/880×1230毫米　32　　　　　　印张/13.5　字数/356千
版次/2012年12月第1版　　　　　　　2012年12月第1次印刷

中国法制出版社出版
书号 ISBN 978-7-5093-4163-6　　　　　　　　　定价：35.00元

北京西单横二条2号　邮政编码100031　　　　传真：66031119
网址：http://www.zgfzs.com　　　　　　　　编辑部电话：66065921
市场营销部电话：66017726　　　　　　　　　邮购部电话：66033288